Übergänge in eine neue Arbeitswelt?

Maja S. Maier • Thomas Vogel (Hrsg.)

Übergänge in eine neue Arbeitswelt?

Blinde Flecke der Debatte zum Übergangssystem Schule-Beruf

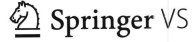 Springer VS

Herausgeber
Dr. Maja S. Maier
Martin-Luther-Universität Halle-Wittenberg
Deutschland

Prof. Dr. habil. Thomas Vogel
Pädagogische Hochschule Heidelberg
Deutschland

ISBN 978-3-531-19344-1
DOI 10.1007/978-3-531-19345-8

ISBN 978-3-531-19345-8 (eBook)

Die Deutsche Nationalbibliothek verzeichnet diese Publikation in der Deutschen Natio-nalbibliografie; detaillierte bibliografische Daten sind im Internet über http://dnb.d-nb.de abrufbar.

Springer VS
© Springer Fachmedien Wiesbaden 2013

Gedruckt auf säurefreiem und chlorfrei gebleichtem Papier

Springer VS ist eine Marke von Springer DE. Springer DE ist Teil der Fachverlagsgruppe Springer Science+Business Media.
www.springer-vs.de

Inhalt

I
Kontinuität und Wandel
des Übergangs Schule/Beruf

II
Übergänge zwischen Bewältigungsproblematik und Gestaltungschance

III
Pädagogische Praktiken am Übergang und die Rolle der Betriebe

IV

Entwürfe einer Pädagogik des Übergangs

Blinde Flecke der Debatte zum Übergangssystem Schule-Beruf

Maja S. Maier / Thomas Vogel

Aktuelle Problembeschreibungen zum Themenfeld „Übergang Schule/Beruf"
nehmen zum einen auf die in ungleichheitstheoretischen Untersuchungen identifizierten ‚Risikofaktoren' beim Übergang von der Schule in den Ausbildungsmarkt
Bezug; zum anderen werden unter der Perspektive mangelnder ‚Ausbildungsreife'
die Kompetenzdefizite von Jugendlichen ohne Ausbildungsplatz beschrieben und
darauf abgestimmte Maßnahmen entwickelt und dokumentiert. In den Blick genommen werden in beiden Fällen die Jugendlichen selbst, ihre schulischen Leistungen, ihre berufsbezogenen Kompetenzen, ihre sozialen Ressourcen etc. Mit
diesem Fokus geht jedoch eine Verkürzung der Perspektive einher, bei der die
Ursachen von Übergangsproblemen den Betroffenen selbst zugeschrieben werden und die strukturellen, bildungs- und arbeitspolitischen und ökonomischen Bedingungen, die die Problematik des Übergangs von der Schule in den Beruf (und
den Übergang als solchen!) hervorgebracht haben und weiter hervorbringen, zugleich außen vor bleiben. Die verkürzte Perspektive führt folglich zur Ausblendung der gesellschaftlichen Dimensionen der ‚Übergangsproblematik'. Diese Ausblendung zeigt sich im öffentlich-politischen Diskurs (z. B. Bundesministerium
2012-1, Bertelsmannstiftung 2011) ebenso wie in manchen Problembeschreibungen der pädagogischen Disziplinen.

Mit dem Bild der „blinden Flecke" [1] richtet sich der vorliegende Band darauf, Beiträge zu versammeln, in denen bei der Analyse des Übergangsgeschehens
Aspekte herausgearbeitet werden, die in der Debatte zum Übergang Schule/Beruf
bislang nicht oder kaum zur Kenntnis genommen wurden. Zu einem großen Teil
resultieren die blinden Flecke der Debatte daraus, dass die strukturellen Veränderungen der Arbeitswelt und die neoliberal ausgerichtete politische Regulierung
des Arbeitsmarktes nicht bzw. nur in affirmativer Weise berücksichtigt werden.

---

[1] In der Humanbiologie bezeichnet der blinde Fleck im Auge einen Punkt, in dem der Sehnerv
das Auge verlässt und somit für den Menschen in diesem Punkt ein Teil des Sehbildes fehlt.
Weshalb wir den blinden Fleck nicht bemerken, obwohl er relativ groß ist, liegt daran, dass
er sich in jedem unserer zwei Augen an einer anderen Position befindet. Durch die Kreativität
des menschlichen Gehirns wird die Fehlstelle im Bild ergänzt und ausgeglichen.

Blinde Flecke ergeben sich aber auch aus den jeweils spezifischen disziplinären Perspektiven, die, indem sie einen Aspekt hervorheben, andere vernachlässigen. Interdisziplinär konzipiert, liefert der Band insofern eine Zusammenschau unterschiedlicher Problembeschreibungen zu den „Übergängen in eine neue Arbeitswelt", die von den Autorinnen und Autoren aus Pädagogik und Soziologie herausgearbeitet und reflektiert werden.

Entlang dieser gemeinsamen Fragestellung werden einleitend die Eckpunkte des fundamentalen Veränderungsprozesses der Arbeitsgesellschaft skizziert, bevor drei dominante Diskussionsfelder der aktuellen Übergangsforschung und ihre Problembeschreibungen umrissen werden. An ihnen zeigen sich erste blinde Flecke der Debatte. Manche Beiträge des Bandes greifen diese auf, manche Beiträge verfolgen Fragestellungen, die darüber hinaus gehen oder bislang in der Debatte noch gar nicht vorkommen.

1. Übergänge in eine sich wandelnde Arbeitsgesellschaft

Der Wandel der Arbeitsgesellschaft wird von technologischen, ökonomischen und kulturellen Entwicklungen getragen, die sich mehr oder weniger stark gegenseitig beeinflussen. Vier sogenannte „Megatrends" sind festzustellen, zwischen denen ein Spannungsfeld von unterschiedlichen, ungleichzeitigen, widersprüchlichen und komplexen Entwicklungen besteht:

- Internationalisierung/ Europäisierung/ Globalisierung,
- Informations-/Wissensgesellschaft,
- Wandel der Arbeitsgesellschaft und
- Individualisierung/Differenzierung/Pluralisierung (vgl. Rützel und Faßhauer 1999, S. 4).

Erst im Zusammenwirken erzeugen diese Trends eine zunehmende (globale) Vernetzung der Wirtschaft, eine Beschleunigung insbesondere der Produktionsprozesse sowie insgesamt eine wachsende Ausdifferenzierung und Flexibilisierung sozialer Strukturen. Besonders der Einzug der Informations- und Kommunikationstechnologien in die industrielle Produktion änderte schon in den 1980er Jahren die Strukturen und Organisationsformen der Arbeit. Routinetätigkeiten wurden automatisiert; gleichzeitig ermöglichten die neuen Technologien eine flexiblere Gestaltung von Fertigungsprozessen. Neue informatisierte Produktionskonzepte erlaubten eine Flexibilisierung der Arbeitszeit, Teamarbeit, die Re-Integration von Hilfs- und Hauptfunktionen sowie die Etablierung flacher Hierarchien in den Unternehmensorganisationen (vgl. Klauder 1998, S. 37). Durch rechnergestützte Produktionskonzepte wie dem der „Fertigungsinsel" und des „Flexiblen Fertigungssystems" ergaben sich zugleich betriebsinterne Dezentralisierungen (vgl. Dehnbostel und Peters 1991, S. 17). Eine wesentliche Folge dieser Umstrukturierungen war die (Rück-)Verlagerung von Verantwortung und Kompetenzen aus den Planungs- und Konstruktionsabteilungen in den unmittelbaren Produktionsprozess. Die Zusammenfassung zuvor getrennter Einzelfunktionen wie beispielsweise dispositive Aufgaben aus der Arbeitsvorbereitung, Berücksichtigung materialwirtschaftlicher Probleme, Einbeziehung verschiedener Fertigungsverfahren bis hin zur Qualitätskontrolle erfordert es stärker als zuvor, dass die Beschäftigten über die Fähigkeit zur Planung, Ausführung und Kontrolle ganzheitlicher Aufgabenstellungen im Rahmen von Teamarbeit verfügen.

Durch die zunehmende internationale Arbeitsteilung, die mit einer Spezialisierung auf unterschiedliche Bereiche im Produktions- und Dienstleistungssektor einhergeht, ergab sich außerdem eine verstärkte internationale Konkurrenz. Die nationalen Volkswirtschaften und Unternehmen reagierten mit Flexibilitäts- und Effizienzsteigerungen. Alle Bereiche, insbesondere der kostenintensive Personalbereich einschließlich dem der beruflichen Ausbildung, wurden auf Einsparmöglichkeiten hin untersucht. Produziert wird entsprechend der ökonomischen Vorgaben dort, wo das Lohnniveau bei entsprechender Qualifikation am günstigsten ist. Während viele Unternehmen in den entwickelten Industriestaaten dadurch einen großen Bedarf an hoch qualifizierten Arbeitskräften entwickelt haben, ist die Binnennachfrage nach gering qualifizierten Arbeitnehmern hier in den letzten Jahren zurückgegangen. Dies wirkt sich insbesondere auf die Chancen der Jugendlichen mit niederen Schulabschlüssen nachteilig aus.

Um den durch den internationalen Wettbewerb gesteigerten Flexibilitätsanforderungen zu genügen, wurden außerdem zeitraubende Abstimmungs- und Umstellungsprozesse im Rahmen hierarchischer und stark arbeitsteiliger, formalistischer Organisationsstrukturen als kontraproduktiv identifiziert und zunehmend sogenannte ‚Selbstorganisationsstrukturen' als Lösung idealisiert (Ribolits 1997, S. 130). Diese Entwicklungen zusammengenommen, haben demnach nicht nur zu Strukturveränderungen, sondern auch zu veränderten Qualifikationsanforderungen geführt und wirken sich somit auf das Bildungssystem aus. Experten sprechen zusammenfassend in diesem Zusammenhang von fünf Komplexen des Wandels (vgl. Mayer 2000, S. 383f.), die das Verhältnis von Erwerbsarbeit und Wissen entscheidend verändern:

- Wandel des Wissens: Der sich beschleunigende Wandel in der Arbeitswelt erfordert einen permanenten Anpassungsprozess der nachgefragten Fertigkeiten und Kompetenzen.

- **Wandel der Verknüpfung zwischen Ausbildung, Wissen und Arbeitsmarkt-zugang:** Traditionelle „Formen der Modernisierung und Vermittlung des Wissens in der Form berufsfachlicher (…) Kompetenzbündel" (ebd., S. 384) entsprechen immer weniger den auf dem Markt nachgefragten Qualifikationen.

- **Wandel des Verhältnisses von Wissensstrukturen und der Organisation von Arbeit:** „[D]ie herkömmliche berufliche Arbeitsteilung in der Form fachlich spezialisierter und hierarchisch organisierter innerbetrieblicher Arbeitspro-zesse" erscheint immer weniger geeignet, „den Effizienzkriterien moderner funktionaler und prozessorientierter Produktions- und Arbeitsabläufe" (ebd.) zu begegnen.

- **Verlust des lebenslangen Berufs:** Der rasche Wandel des Wissens lässt immer weniger eine „berufskontinuierliche Erwerbsbiographie" zu und entwertet dadurch tendenziell berufliche Erstausbildungen sowie die „motiv- und sinnstiftende subjektive Bindung an eine stabile Berufsidentität" (ebd.).

- **Lebenslanges Lernen:** Beruflich verwertbares Wissen verliert auf Grund der Beschleunigung von Neuerungsprozessen in zunehmend kürzerer Zeit an Aktualität. Diese Entwicklung erzeugt die Notwendigkeit einer permanenten Fort- und Weiterbildung und löst „das alte starre Lebensverlaufsschema von Ausbildung, Erwerbsarbeit und Ruhestand" auf. (ebd.)

Es lässt sich konstatieren, dass die ökonomisch, technisch und arbeitsorganisa-torisch bedingten Entwicklungen zu einer „Verflüssigung" der Arbeits- und Bil-dungsstrukturen geführt haben. Der Übergang von der Schule in den Beruf ist davon insofern betroffen, als eine einmal abgeschlossene Ausbildung nicht län-ger den Einstieg in ein kontinuierliches und dauerhaftes Erwerbsarbeitsverhält-nis garantiert.

In Europa haben sich die skizzierten Entwicklungen bekanntlich darin nie-dergeschlagen, dass in den unterschiedlichen Politikbereichen Programme ver-einbart wurden mit dem Ziel, die Staatengemeinschaft zu einem wettbewerbsfä-higen gemeinsamen Bildungs- und Wirtschaftsraum zu machen. Innerhalb der Bildungswissenschaften wurden die Reformen des Bildungssystems (u. a. Qua-litätsentwicklung, Out-put-Orientierung, Bildungsstandards, Dezentralisierung von Steuerung) hinsichtlich ihrer neuen Möglichkeiten, Probleme und Grenzen kontrovers diskutiert. Demgegenüber werden die ebenfalls auf die europäische Zielsetzung rekurrierenden wirtschafts-, arbeits- und sozialpolitischen Umstruk-turierungen aus dem Jahre 2003 (Agenda 2010) hinsichtlich ihrer bildungspoli-tischen Folgen seltener in den Blick genommen. Dabei wirkt sich der vielzitierte ‚Umbau des Sozialstaats' auf den Übergang von der Schule in den Beruf in (min-destens) zweierlei Hinsicht direkt aus: erstens wurden die institutionellen Kontroll- und Sanktionsmöglichkeiten gegenüber Beziehern von Sozialleistungen – darunter fallen auch viele der Jugendlichen im Übergangsbereich – erweitert; zweitens wurden für alle so genannten „Arbeitsfähigen" Fördermaßnahmen installiert. Das produktive Zusammenwirken von Kontrolle und Förderung wurde dabei mit der Rede vom „Fördern und Fordern" – bis in die Bildungsinstitutionen hinein – beschworen.

Die bildungspolitischen Folgen der nationalstaatlichen Arbeitspolitik lassen sich an dieser Stelle nicht umfassend aufklären. Angemerkt seien in diesem Zusammenhang jedoch die Tendenz zu einer stärkeren Gewichtung der Entwicklung berufsbezogener Kompetenzen, die Legitimierung von rein ökonomischen Begründungen der Investition in Bildung und schließlich, die Durchsetzung einer auf individuelle Aktivierung setzenden Arbeits- und Ausbildungspolitik, in deren Sog nicht zuletzt auch die (sozial-)pädagogischen Fördermaßnahmen von Jugendlichen am Übergang geraten sind.

2. Dominante Diskussionsfelder zum Übergang Schule/Beruf

Der Übergang von der Schule in eine Berufsausbildung oder direkt in das Arbeitsleben ist in den vergangenen 20 Jahren zunehmend problematisch geworden. In dieser Zeit entwickelte sich eine ausdifferenzierte Landschaft an Maßnahmen, die Jugendlichen und jungen Erwachsenen bei individuellen Schwierigkeiten der Einmündung in die Arbeitswelt helfen sollten. Bund, Länder, Kommunen, die Wirtschaft und zahlreiche karitative Einrichtungen mühten sich – allerdings mit bescheidenem Erfolg: Auf dem Höhepunkt der Entwicklung im Jahr 2005 mündeten über 50 % der Schulabgänger, die vergeblich einen Ausbildungsplatz suchten, in das so genannte Übergangssystem ein (vgl. Autorengruppe Bildungsberichterstattung 2012, S. 102). Die aktuellen Daten belegen zwar eine kontinuierliche Verringerung der absoluten Zahl von 417.647 Jugendlichen, die noch 2005 im Übergangsbereich verblieben waren. Dennoch sind es auch im Jahr 2011 noch 294.294 Jugendliche (Bundesministerium 2012-1, S. 28). Aufgrund der demografischen Entwicklung und der Konjunkturentwicklung scheint das Problem schon fast überwunden. Einzelne Experten gehen sogar davon aus, dass sich die Situation umkehren könnte: Aus einem Mangel an Ausbildungsplätzen würde in den nächsten Jahren ein Mangel an Fachkräften.

Vor diesem Hintergrund stellt sich die Frage, ob es sich angesichts der antizipierten positiven Entwicklung eigentlich noch „lohnt", sich grundlegender mit der Übergangsproblematik von der Schule in den Beruf beziehungsweise in die Arbeitswelt auseinanderzusetzen. Dass es dafür gute Argumente gibt, zeigt eine

etwas detailliertere Betrachtung: So mag die Wirtschaft zukünftig mehr Jugendlichen eine Ausbildung im dualen System anbieten und der Nachfrageüberhang
nach Ausbildungsplätzen demografisch bedingt etwas zurückgehen, aber zum
einen gehen auch die unterschiedlichen offiziellen Szenarien davon aus, dass
das Übergangssystem bestehen bleiben wird. Prognostiziert wird je nach Schät-
zungskonzept eine Anzahl von 100.000 bis 230.000 Jugendlichen, mit denen im
Übergangsbereich zu rechnen sei (Bundesministerium 2012-1, S. 30). Zum anderen zeigen die aktuellen Übergangsquoten der Einmündung in ein reguläres Beschäftigungsverhältnis, dass mit einer dualen Ausbildung allein der Übergang in
die Arbeitswelt noch nicht geschafft ist: 33,9 % der Auszubildenden wurden 2010
nach erfolgreicher Beendigung ihrer dualen Ausbildung arbeitslos (Bundesministerium 2012-2, S. 265). Die Übergangsproblematik scheint sich – zumindest
in manchen Bereichen – lediglich auf die zweite Schwelle des Übergangs zwischen Berufsausbildung und Einmündung in ein Arbeitsverhältnis zu verschieben. Vieles deutet sogar darauf hin, dass sich die Phase der erwerbsbiografischen
Unsicherheit auf die gesamte Lebensspanne ausdehnt, so dass sich der/die Einzelne auf zahlreiche erwerbsarbeitsbezogene Übergänge wird einstellen müssen.
    Zu unterscheiden sind drei Diskussionsfelder, in denen je unterschiedliche
Aspekte des heutigen Übergangsgeschehens problematisiert werden: erstens der
Nutzen und die Effektivität der Übergangsmaßnahmen; zweitens die Benachteiligung bestimmter Gruppen von Jugendlichen am Übergang und drittens die Gestaltung der Bildungsangebote am Übergang. Die knappe Skizze aller drei Diskussionsfelder soll einer Konturierung der „blinden Flecke" der Debatte dienen.

Übergänge ohne System?

In vielen Problembeschreibungen des Übergangssystems dominieren die Begriffe „Maßnahmedschungel" und „Maßnahmekarrieren". Problematisiert wird damit die Unübersichtlichkeit und fehlende Koordinierung von berufsvorbereitenden und teilqualifizierenden Maßnahmen einerseits und die daraus resultierende
teils wiederholte Teilnahme von Jugendlichen an denselben oder ähnlichen Maßnahmen. Die fehlende Steuerung der Qualifizierungswege am Übergang und der
Verlust von ‚Zeit' und ‚Geld' werden beklagt. Eine Umstellung des Steuerungs-
modus, der die Koordination der Maßnahmen auf der regionalen Ebene vorsieht
(„Regionales oder Kommunales Übergangsmanagement") gilt mittlerweile als
vielversprechende Lösungsstrategie. Die Akteure sollen sich vor Ort vernetzen,
um in gemeinsamer Absprache die Qualität der Maßnahmen am Übergang zu
verbessern. Neben den Schwierigkeiten, die sich bei einem Steuerungshandeln,
dass auf Koordination und Kooperation abzielt, immer ergeben, tritt die Frage in

den Vordergrund, welche Maßnahmen überhaupt zum so genannten „Übergangssystem" gezählt werden sollen. Davon, dass die Maßnahmen am Übergang überhaupt den Charakter eines „Systems" haben, also der Übergang von der Schule in den Beruf im Rahmen einer systematisch aufgebauten und aufeinander verweisenden institutionalisierten Maßnahmenabfolge vollzogen wird, kann eigentlich keine Rede sein. Bereits die unterschiedlichen Definitionen des „Übergangssystems" deuten darauf hin, dass es sich hier um ein Konglomerat von zusammenhangslosen und kaum auf eine einheitliche Zielsetzung ausgerichteten Bildungsinitiativen handelt. Bei Baethge, Solga und Wieck (2007) wird das Übergangssystem beispielsweise als Zusammenfassung aller Qualifizierungsmaßnahmen am Übergang von der Schule in den Beruf verstanden, die unterhalb eines anerkannten Berufsabschlusses abschließen, also auch Berufs- und Berufsfachschulen sowie Berufsvorbereitende Maßnahmen wie BVB, BVJ, BGJ. In den Nationalen Bildungsberichten wird das Übergangssystem neben dem dualen System und dem Schulberufssysten als eigenständiges Teilsystem der beruflichen Bildung aufgefasst (z. B. Konsortium Bildungsberichterstattung 2006, S. 20), „das berufsvorbereitende Kompetenzen unterschiedlicher Art vermittelt" (Autorengruppe Bildungsberichterstattung 2012, S. 101). Im kommunalen Übergangsmanagement werden unter der Begrifflichkeit „Lokales Übergangssystem" demgegenüber alle Maßnahmen des Unterstützungssystems am Übergang verstanden, die vor Ort angeboten werden. Dazu gehören auch Berufsorientierungsmaßnahmen, die bereits in der Schule, in der Sekundarstufe I, aber auch in der Sekundarstufe II ansetzen und Maßnahmen, die die Berufsausbildung unterstützen (Kruse 2010, S. 12-13).

Welche der unterschiedlichen Definitionen des „Übergangssystems" präferiert wird, mag zunächst beliebig erscheinen. Für die Problembeschreibungen ist es jedoch folgenreich, ob in der Definition des Gegenstandes systematisierungsbezogene, bildungszertifikatsbezogene oder zeitliche Dimensionen des Übergangs in den Vordergrund gerückt werden. Bezogen auf die Definition „unterhalb der Berufsausbildung" geraten beispielsweise Bildungsungleichheiten in den Blick, bei einer Ausweitung des Begriffs auf die Zeit des Übergangs wird die regionale Optimierung im Sinne einer „ganzheitlichen Mobilisierung der Bildungspotenziale" vor Ort zum Maßstab (Kruse 2010, S. 13), bei systematisierungsbezogenen Definitionen wiederum, wie sie in der Publikation „Übergänge mit System" der Bertelsmannstiftung 2011 vorgelegt wird, liegt der Fokus auf der Forderung nach standardisierten institutionellen Verfahrensweisen.

Einzelne Beiträge des vorliegenden Bandes arbeiten sich in unterschiedlicher Weise an ihrem Verständnis des Übergangs, des Übergangssystems und des Geschehens am Übergang ab. Dabei eröffnen die verschiedenen Perspektiven Einblicke in unterschiedliche Problemzusammenhänge und blinde Flecke der Debatte zum Übergang.

Bildungsungleichheit am Übergang?

Die Forschungen zu sozialer Ungleichheit im Hinblick auf den Übergang von der Schule in den Beruf stellen bislang besonders stark auf die „Besonderheiten" einzelner Gruppen von Jugendlichen in Übergangsmaßnahmen ab. Angeschlossen wird – wie bereits erwähnt – häufig an die in der PISA-Studie grundgelegte Begrifflichkeit der „Risikoschüler". Gemeint ist die Gruppe der Jugendlichen, die bei den Leistungstests nur eine niedrige bzw. die unterste Stufe der verwendeten Kompetenzskalen erreicht hat und die entlang statistischer Variablen wie ‚sozioökonomischer Status', ‚Geschlecht', ‚Migrationshintergrund' beschrieben werden kann. Bezogen auf die Beschreibung der Jugendlichen in Übergangsmaßnahmen werden anhand dieser Merkmale „Risikofaktoren" identifiziert, die individuelle Übergangsschwierigkeiten befördern könnten. Dabei bleibt die Unterscheidung zwischen „Kompetenzarmut" und „Zertifikatsarmut" (vgl. Powell und Solga 2006), die am Übergang eine zentrale Größe darstellt, weitgehend unreflektiert. Denn Schulabschlüsse werden für den Zugang zu einer Ausbildungsstelle weder zwingend benötigt, noch garantieren sie dem einzelnen Jugendlichen einen Ausbildungsplatz. In Übergangsmaßnahmen finden sich demzufolge Jugendliche, die sich in ihren Abschlüssen, Notendurchschnitten, Kompetenzen und vermeintlichen „Risikofaktoren" stark unterscheiden. Verallgemeinernde Aussagen über die Jugendlichen im Übergangsbereich erweisen sich daher in dreierlei Hinsicht als problematisch:

Erstens wird angenommen, dass schwache Schulleistungen auf geringe Kompetenzen und – weiter gedacht – auf ein geringes kognitives Vermögen schließen lassen. Und dies obwohl die Schulentwicklungsforschung und auch PISA zeigen, dass die Schulwahl/Schulempfehlungen selbst schon soziale Ungleichheiten reproduzieren und infolge dessen die besuchte Schulform und die erzielten Noten nur wenig Aufschluss über Kompetenzen oder gar Potenziale geben. In der Debatte zum Übergang taucht dieser Aspekt nicht mehr auf, im Gegenteil: die Jugendlichen scheinen die Legitimität schulischer Selektionsmechanismen eher zu bestätigen.

Zweitens wird davon ausgegangen, dass der Übergang von der Schule in den Beruf ähnlichen Selektionsmechanismen folgt wie die Schule – sich demzufolge „schlechte Schüler" im Übergangssystem finden. Dabei werden Marktlogik und die Einstellungskriterien der Betriebe implizit als kontinuierlich an die Logik der Schule anschließend betrachtet und kaum auf ihre Eigenständigkeit hin analysiert.

Jugendliche, die familiär eingebunden sind, junge Mütter, Jugendliche mit körperlichen Beeinträchtigungen, Krankheiten oder mit besonderen äußeren Merkmalen, Jugendliche, die (egal aus welchen Gründen) nicht mobil sind, Jugendliche, die ,unrealistische' Berufswünsche haben, Jugendliche, die geschlechtsuntypische Berufswünsche haben – sie entsprechen häufig nicht den Marktkriterien und finden sich im Übergangssystem, während sie im schulischen Kontext keine Probleme haben (dürften). Die Annahme einer strukturellen Analogie von schulischen Übergängen und dem Übergang Schule/Beruf verhindert es jedoch, die Besonderheit des Übergangs von der Schule – als einer auf Gleichbehandlung verpflichteten gesellschaftlichen Institution – in den Betrieb, d.h einem privatwirtschaftlichen, auf Produktivität und Wachstum konzentrierten Wirtschaftsunternehmen, zu erfassen. Ebenso unausgeleuchtet bleibt auch, ob durch die intensive Bearbeitung des Übergangs an der ersten Schwelle – beispielsweise durch Fehlqualifizierungen – die Probleme nur auf die „zweite Schwelle" der Einmündung in den Arbeitsmarkt verschoben werden (Spies und Tredop 2006, S. 13).

Drittens entfaltet der Benachteiligungsdiskurs selbst stigmatisierende Wirkungen. Benachteiligung als Sammelbegriff für „Jugendliche mit Berufsstartschwierigkeiten" (Kruse 2010, S. 66) oder für „Risikogruppen"[2] zu verwenden, impliziert, dass Benachteiligung individualisiert bzw. als in einer biografischen Konstellation begründet verstanden wird. Die Definition von Benachteiligung als „biografisches Risiko der Nichtanschlussfähigkeit", das nicht länger nur Randgruppen betrifft, sondern potentiell in die Mitte der Gesellschaft gelangt (ebd., S. 11), mag als theoretische Konzeption einleuchten; für eine Analyse von gesellschaftlichen Prozessen, die die Benachteiligung Einzelner hervorbringen, greift eine solche ,Biografisierung' von Benachteiligung jedoch zu kurz. Indem Jugendliche im Übergangssystem anhand von potentiellen Risikofaktoren als „Benachteiligte" klassifiziert werden, lässt sich zwar die Notwendigkeit präventiver Behandlung, Begleitung, Betreuung und Kontrolle begründen, die benachteiligenden Strukturen und Prozesse bleiben dann jedoch ein blinder Fleck.

Einzelne Beiträge des Bandes entfalten Forschungsperspektiven, mit denen sich Prozesse der Benachteiligung genauer erklären lassen, liefern Beschreibungen von Benachteiligungserfahrungen von Jugendlichen im Übergangssystem und rekonstruieren Argumentations- und Erklärungsmuster aus Wissenschaft und Praxis, die – oftmals entgegen der ursprünglichen Intention – eine Stigmatisierung der Jugendlichen reproduzieren.

---

2   Laut Berufsbildungsbericht 2012 zählen zu den Risikogruppen „Altbewerber und Altbewerberinnen, Jugendliche mit Migrationshintergrund sowie sozial benachteiligte, lernbeeinträchtigte und behinderte Jugendliche" (Bundesministerium 2012-1, S. 41).

Übergänge als pädagogische Problemstellung?

Das Übergangsystem wird aus pädagogischer Perspektive in zweierlei Hinsicht problematisiert: einerseits wird kritisch markiert, dass sich seit dem Ausbau des Übergangssystems in den 1990er Jahren zunehmend auch Jugendliche mit mittlerem Bildungsabschluss finden, die aufgrund der schlechten konjunkturellen Lage keinen Ausbildungsplatz gefunden haben; andererseits wird darauf hingewiesen, dass die Lernbedingungen im Übergangssystem aufgrund der sozialen Konstellation von lernschwachen, verhaltensauffälligen und in Multiproblemfamilien aufwachsenden Jugendlichen als schlecht eingeschätzt werden müssen. Reformvorschläge changieren daher zwischen der – disziplinär jeweils in Variation formulierten – Forderung nach einer stärkeren Selektion, um tatsächlich unterstützungsbedürftige Jugendlichen besser fördern zu können und der Forderung nach der Etablierung eines inklusiven Bildungssystems (auch) am Übergang, um soziale Teilhabemöglichkeiten für alle zu ermöglichen.

Vor diesem Hintergrund werden die Schulbildung und die duale Ausbildung im Hinblick auf ihre Leistungen für einen gelingenden Übergang analysiert, mit dem Ergebnis, dass Allgemein- und Berufsbildung stärker verzahnt (Praktika, Vernetzung durch Schulpartnerschaften mit Unternehmen, Modularisierung der dualen Ausbildung) und mit einer pädagogischen Begleitung des Übergangs („Joblotsen", Mentorenprogramme) verbunden werden sollen. Der Übergang wird dabei implizit oder explizit als ein Prozess konzipiert, der pädagogisch begleitet und gesteuert werden kann. Im Fokus der pädagogischen Perspektive steht demnach mittlerweile weniger die äußere Strukturierung der Berufseinmündung, wie sie beispielsweise in sozialisationstheoretischen Konzepten der „Statuspassage" oder „Entwicklungsaufgaben" hervorgehoben werden, sondern die „Selbstorganisationspotentiale" des Individuums (Karl und Schröer 2006, S. 46). In disziplinärer Hinsicht mag diese Entwicklung begrüßenswert sein, in gesellschaftlicher Hinsicht geht damit zumindest die Gefahr der Reproduktion und Legitimation sozialer Ungleichheit einher (vgl. ebd.).

Die Beiträge des Bandes nehmen zur Möglichkeit und Form pädagogischer Gestaltung von Übergangen unterschiedliche Perspektiven ein; einige analysieren laufende Maßnahmen in kritischer Absicht, andere entwickeln eine eigenständige Position zu einer Pädagogik am Übergang oder einer „Übergangspädagogik" im Rahmen einer sich verändernden Arbeitswelt.

3. Zu den einzelnen Beiträgen[3]

Die im ersten Teil versammelten Beiträge widmen sich den weitgehend offenen Fragen, welche Kontinuitäten sich bezüglich der Übergangsproblematik rekonstruieren lassen, wie der Wandel respektive die Beständigkeit im gesellschaftlichen Umgang mit dieser Problematik beschrieben werden kann und welche Forschungsprogramme sich dafür eignen, die aktuellen Veränderungen des Übergangssystem zu analysieren. *Karin Büchter* rekonstruiert in ihrem grundlegenden Beitrag die Gleichzeitigkeit von Kontinuität und Wandel der Übergangsproblematik und positioniert sich dabei in der berufsbildungswissenschaftlichen Diskussion: Es wird herausgearbeitet, dass trotz andauernder Forderungen und Reformbemühungen kaum Verbesserungen der „Ungelerntenbildung" zu verzeichnen sind – nicht zuletzt, weil sozialpolitische Motive traditionell vor allem auf die Entpolitisierung der Ungelernten zielten. *Martin Koch und Arnulf Bojanowski* rekonstruieren die (hier: kultur-)geschichtliche Dimension des Übergangsgeschehens als „Deklassierungsmuster" unterschiedlicher arbeitsgesellschaftlicher Formationen. Dass Deklassierung nicht allein durch ökonomisch fundierte Machtgefälle erklärt werden kann, diskutieren die Autoren an Foucaults, Poulantzas und Bourdieus macht-, staats- und klassentheoretischen Überlegungen und schlagen als Perspektive den Leitbegriff der „deklassierenden Dispositive" vor. *Friederike Frieling und Joachim Gerd Ulrich* untersuchen den – möglichen Wandel – des Übergangssystems anhand einer Befragung von Bildungsexperten unterschiedlicher Organisationszugehörigkeit. Es wird aufgezeigt, dass die Reformdebatte von den divergierenden organisationsbezogenen Interessen und Einflusspotenzialen der verschiedenen Akteure bestimmt wird und sich nur nachrangig an den Interessen der Jugendlichen orientiert. Um Einflusspotenziale unterschiedlicher Akteure im Übergangssystem geht es auch im Beitrag von *Arnd Kierchhoff und Martin Heinrich*: Verbindet sich mit der Strategie einer „Regionalisierung des Übergangsmanagements" die Hoffnung, dass das von Unübersichtlichkeit gekennzeichnete Übergangssystem an die jeweiligen Bedingungen vor Ort besser angepasst und dadurch optimiert werden kann, so führt die Kooperation unterschiedlicher Akteure zu einer Komplexitätssteigerung. Die Autoren entwickeln unter dem Leitbegriff des „regionalen Übergangsregimes" eine governance-analytische Perspektive, die es ermöglicht, Spezifika und Gemeinsamkeiten regionaler Steuerung zu rekonstruieren.

Die Beiträge im zweiten Teil positionieren sich zu der Frage, inwieweit der Übergang Schule-Beruf als Bewältigungsproblematik verstanden werden muss oder inwieweit Übergänge zugleich auch Gestaltungschancen bieten. *Lehmkuhl,*

---

3   An dieser Stelle möchten wir Nicola Ankenbauer ganz herzlich für inhaltliche Anregungen und ein ausgesprochen sorgfältiges Lektorat danken.

Schmidt und Schöler beleuchten die aus pädagogischer Perspektive fatalen Konsequenzen der strukturellen und diskursiven Rahmungen des Übergangssystems, die sich darin zeigen, dass den Jugendlichen mit geringen Chancen auf eine Ausbildungsstelle selbst die Verantwortung für ihre Situation aufgebürdet wird. Der Beitrag von *Sylvia Buchen* betrachtet den berufsbildenden Bereich, zu dem der Zugang mit einem niederen Schulabschluss möglich ist, mit Blick auf seine vergeschlechtlichte Struktur. Problematisiert wird, dass sich die Bewältigung individueller Übergangsprobleme bei jungen Frauen und Männern auf traditionelle Geschlechterrollenmuster stützt und damit in verschärfter Form zur Reproduktion von Geschlechterungleichheit beiträgt. *Susanne Völker* befasst sich mit den Aneignungspraktiken prekär Beschäftigter im Einzelhandel. Dabei zeigt sich, wie diese ihre Situation als Chance umdeuten, solche Formen der Selbstverwirklichung und der sozialen Einbindung zu entwickeln, die ihren individuellen Unabhängigkeits- und Autonomiebedürfnissen entsprechen. *Kirsten Puhr* formuliert in ihrem Beitrag den Entwurf einer allgemeinen – und an die Übergangsproblematiken von Jugendlichen, die Förder- oder Sonderschulen besuchen, anschließenden – Kritik an einer erwerbsarbeitsbezogenen Lebensführung. Vor dem Hintergrund der jüngeren Entwicklungen auf dem Arbeits- und Ausbildungsmarkt gewinnt die Idee eines Lebens ohne Erwerbarbeit neue Aktualität.

Die Beiträge im dritten Teil des Bandes beleuchten das Übergangssystem im Hinblick auf konkrete bildungshinderliche pädagogische Praktiken bzw. Ungleichheit reproduzierende Mechanismen am Übergang. Dabei stehen in den ersten beiden Beiträgen die Bildungsangebote selbst, in den beiden darauf folgenden die Rolle der Betriebe im Zentrum. *Marc Thielen* konkretisiert im Zuge einer ethnografischen Analyse die schulischen Praktiken zur Herstellung von Ausbildungsfähigkeit in der dualisierten Berufsvorbereitung. Dabei wird deutlich, dass der Betrieb im Sinne einer Legitimierung institutioneller schulischer Regeln und Sanktionierung von Unterrichtsstörungen funktionalisiert wird. Problematisiert wird die konzeptionell-didaktische Leerstelle im Hinblick auf Bedeutung und Gestaltung von Schule in der dualisierten Berufsvorbereitung. Auch *Maja S. Maier* geht es um pädagogische Praktiken: Paradoxien und bildungshinderliche Effekte, die sich in pädagogischen Praktiken und kollektiven Deutungen der teilnehmenden Jugendlichen rekonstruieren lassen, werden auf die Konzeption der Berufsvorbereitungsmaßnahmen (BvB) der Agentur für Arbeit rückbezogen. Als notwendig erachtet wird eine erziehungswissenschaftliche Reflexion von aktivierungspolitisch fundierten Bildungsmaßnahmen. Im Beitrag von *Ulrike Hormel* wird der Übergang von der Schule in die Berufsausbildung als Prozess sozialer Schließung in den Blick genommen. Während üblicherweise angenommen wird, dass sich am Übergang in die Berufsausbildung die schulische Selektionslogik schlicht fortsetzt, wird anhand der Daten zu Jugendlichen mit Migrationsgeschichte aufgezeigt, dass diese im Zuge der Etablierung des Konzepts der ‚Ausbildungsreife' in besonderer Weise von Prozessen sozialer Schließung betroffen sind, Ausbildungsreife also demnach der ‚Ethnisierung' unterliegt. Der Beitrag von *Bettina Kohlrausch* widmet sich ebenfalls der Rolle der Betriebe beim Übergang: Welche innerbetrieblichen Abläufe und Überlegungen die Rekrutierungsprozesse strukturieren und welche Bedeutung sie für die Einstellung bzw. Ausgrenzung von Hauptschüler/inne/n haben, wird anhand der Ergebnisse einer Betriebsbefragung aufgezeigt: Schulische Zertifikate spielen bei der betrieblichen Einschätzung der Ausbildungseignung von Bewerber/inne/n mit Hauptschulabschluss demnach eine eher untergeordnete Rolle. Sozialkompetenzen, Praktika oder elterliche Unterstützung sind die Ressourcen, die das „Manko Hauptschulabschluss" kompensieren helfen.

In den Beiträgen des vierten Teils werden angesichts des fundamentalen gesellschaftlichen Wandels in Wirtschaft und Arbeitswelt Eckpunkte eines zukunftsorientierten pädagogischen Diskurses zu Übergängen und Qualifikationsmustern entwickelt. *Thomas Vogel* beschreibt vor dem Hintergrund der sich in den letzten Jahrzehnten zuspitzenden Krise der Arbeitsgesellschaft die Entstehung prekärer Beschäftigungsverhältnisse und deren biografische Auswirkungen. Auf dieser Grundlage stellt er die Frage, vor welchen Aufgaben eine berufsbezogene Pädagogik steht – will sie ihre Konturen nicht allein an einem an der Bildung von Humankapital orientierten Konzept verlieren. Aus einer poststrukturalistischen Perspektive versucht er zentrale Eckpunkte einer neu zu justierenden ‚Übergangspädagogik' zu entwickeln. Im Beitrag von *Frank Elster* wird ausgehend davon, dass die aktuellen auf Systematisierung und Verschlankung zielenden Reformvorschläge keine pädagogischen Bezugspunkte aufweisen, dafür plädiert, eine pädagogisch begründete Struktur des Übergangs Schule-Beruf zu entwerfen. Dem folgend wäre nicht eine Reduzierung, sondern eine Vervielfältigung der Angebote am Übergang angezeigt, deren vorderstes Ziel nicht der schnellstmögliche Eintritt in die Erwerbsarbeit, sondern die Gewährleistung von Erfahrungsräumen wäre, in denen Jugendliche Anerkennung und Wertschätzung erfahren. *Anna Nigges-Gellrich und Christian Schmidt* verdeutlichen in ihrem Beitrag, dass die in Folge der demografischen Entwicklung erhoffte Bedeutungsabnahme des Übergangssystems sich nicht einlösen lässt, sondern dessen mangelnde (soziale) Integrationsfähigkeit in verschärfter Form zu Tage treten wird. Mit Bezugnahme auf einen (sonder-)schulpädagogischen und soziologischen Inklusionsbegriff entfalten die Autoren pädagogische und didaktische Desiderata des Übergangssystems. Im

Beitrag von *Wolfgang Mack* wird das Übergangssystem als eine der Schule folgende Sozialisationsinstanz, die – wie diese – auf Bildungsverläufe einwirkt und spezifische (teils problematische) Bewältigungsmuster begünstigt, in den Blick genommen. Bildungstheoretisch reflektiert, lässt sich erkennen, dass die Angebote am Übergang den Jugendlichen Möglichkeiten der Differenzerfahrung und damit der Bearbeitung bisheriger Erfahrungen enthalten sollten. Ein Fokus auf den – subjektiv negativ besetzen – Erwerb und Nachweis formaler Qualifikationen erwiese sich in dieser Perspektive daher nicht als zielführend.

Beim Lesen der Beiträge wird man nicht nur feststellen, dass es in der Debatte zum Übergang von der Schule in den Beruf eine Vielzahl an unterschiedlichen blinden Flecken gibt. Anschaulich wird auch, dass jeder einzelne Beitrag mit seiner spezifischen Perspektive eines oder mehrere Problemfelder aufzudecken vermag, die bisher kaum beleuchtet wurden und als Impuls für die zukünftige Forschung zum und die Praxis am Übergang dienen können.

Literatur

Autorengruppe Bildungsberichterstattung (Hrsg.) (2012) Bildung in Deutschland 2012 http://www.bildungsbericht.de/daten2012/bb_2012.pdf

Baethge M, Solga H, Wieck M (2007) Berufsbildung im Umbruch: Signale eines überfälligen Aufbruchs. Berlin: Friedrich-Ebert-Stiftung

Beck U (1986) Risikogesellschaft – Auf dem Weg in eine andere Moderne. Frankfurt/M., Suhrkamp.

Bertelsmann Stiftung (Hrsg.) (2011) Übergänge mit System. Rahmenkonzept für eine Neuordnung des Übergangs von der Schule in den Beruf. Gütersloh: Verlag Bertelsmann Stiftung

Bundesministerium für Bildung und Forschung (BMBF) (Hrsg.) (2012-1): Berufsbildungsbericht 2012. Bonn/Berlin.

Bundesministerium für Bildung und Forschung (BMBF) (Hrsg.) (2012-2) Datenreport zum Berufsbildungsbericht 2012. Bonn/Berlin.

Dehnbostel P, Peters S (Hrsg.) (1991) Dezentrales und erfahrungsorientiertes Lernen im Betrieb. Alsbach/Bergstraße: Leuchtturm-Verlag.

Klauder W (1998) Welche Bildung braucht die Zukunft? In: Glaser, H und Lindenmann, R (Hrsg.) Arbeit in der Krise – von der Notwendigkeit des Umdenkens. Cadolzburg: ars vivendi verlag. S. 34-42.

Mayer K U (2000) Arbeit und Wissen: Die Zukunft von Bildung und Beruf. In: Kock J, Offe C (Hrsg.) (2000): Geschichte und Zukunft der Arbeit. Frankfurt und New York, Campus. S. 383-409.

Ribolits E (1997) Die Arbeit hoch – Berufspädagogische Streitschrift wider die Totalverzweckung des Menschen im Postfordismus. 2. durchges. und erg. Aufl. München und Wien.

Rützel J, Faßhauer U (1999) Lehrerbildung für berufliche Schulen – Professionalisierung und Reformvarianten. In: Berufsbildung – Zeitschrift für Praxis und Theorie in Betrieb und Schule. Seelze, 53 Jg. August 1999. S. 3-7.

Konsortium Bildungsberichterstattung (Hrsg.) (2006) Bildung in Deutschland. Ein indikatorengestützter Bericht mit einer Analyse zu Bildung und Migration, http://www.bildungsbericht.de/daten/gesamtbericht.pdf

Kruse W & Expertengruppe (2010) Jugend: von der Schule in die Arbeitswelt: Bildungsmanagement als kommunale Aufgabe. Stuttgart: Kohlhammer

Spies A, Tredop D (Hrsg.) (2006) „Risikobiografien": benachteiligte Jugendliche zwischen Ausgrenzung und Förderprojekten. Wiesbaden: VS Verlag für Sozialwissenschaften.

Karl U, Schroer W (2006): Fördern und Fordern – sozialpädagogische Herausforderungen angesichts sozialpolitischer Umstrukturierungen. In: Spies A, Tredop D (Hrsg.): „Risikobiografien" Benachteiligte Jugendliche zwischen Ausgrenzung und Förderprojekten. Wiesbaden: VS Verlag für Sozialwissenschaften, S. 41-56

Solga H, Powell, J W (2006) Gebildet – Ungebildet. In: Lessenich S, Nullmeier F. (Hrsg.) Das gespaltene Deutschland. Frankfurt/Main: Campus, S. 175-190

I
Kontinuität und Wandel
des Übergangs Schule/Beruf

Berufsschule und Jugendliche ohne Ausbildungsvertrag zwischen den 1920ern und 1970er Jahren – Die Gleichzeitigkeit von Kontinuität und Wandel als blinder Fleck berufsbildungswissenschaftlicher Diskussion

Karin Büchter

1. Einleitung

1960 schreibt Heinrich Abel: „In allen Entwicklungsstadien der Berufsschule ist die Beschulung der Jugendlichen ohne anerkannte Lehr- und Anlernverhältnisse als besonders vordringlich bezeichnet und die jeweils gegebene Form ihrer Erziehung als unbefriedigend empfunden worden" (1960, S. 219). Der Autor belegt dies anhand kommentierter Literaturnachweise aus den Jahren von 1910 bis 1960. Auf der Grundlage ihrer „Quellen und Dokumente zur Beschulung der männlichen Ungelernten" weisen Martin Kipp und Horst Biermann (1989) für den Zeitraum von 1869 bis 1969 die Kontinuität der „Ungelerntenfrage in der Berufsbildungspolitik" (S. 8) nach. Fest steht in der berufspädagogischen Diskussion, dass die Berufsschule in Deutschland seit ihren Anfängen einerseits die Aufgaben der beruflichen Ausbildung für Lehrlinge, andererseits die der Aufbewahrung bzw. Vorbereitung für „Ungelernte", „Jungarbeiter" oder „benachteiligte Jugendliche" hatte (vgl. Stomporowski 2007; Eckert 2007). Beide Aufgaben hatten in der Geschichte der Berufsschule wenig Berührung: „Alle Indikatoren weisen darauf hin, dass berufsbildende Schulen weder von ihrem Selbstverständnis noch von der Kompetenz ihres Personals her hinreichend für die Aufgaben [der beruflichen Bildung benachteiligter Jugendlicher] gerüstet sind" (Bojanowski und Niemeyer 2009, S. 27). Solche Hinweise führen zurück zur Frage Abels (1960): „Warum die Jugendlichen ohne Lehrverhältnis von Anfang an die Stiefkinder der Berufsschule waren und geblieben sind, präziser zu der schon 1920 gestellten und unterschiedlich beantworteten Frage, ob diese Jugendlichen in der überkommenen Berufsschule echte Hilfe für die Daseinsbewältigung, für ihre berufliche und menschliche Förderung finden können" (S. 220).

Auf die aktuelle Situation Jugendlicher in berufsbildenden Schulen des Übergangssystems und auf die Tatsache, dass den meisten „die Erreichung des von allen

gesellschaftlichen Gruppen postulierten bildungspolitischen Ziels einer ‚Berufsausbildung für alle' nicht [gelingt]" (Sektion Berufs- und Wirtschaftspädagogik
2009, S. 9), soll hier nicht weiter eingegangen werden. Bemerkenswert ist nur,
dass sich dieser Zustand trotz zahlreicher Förderprogrammatiken, Forschungs-
investitionen und praktischer Initiativen, die es ohne Zweifel spätestens seit der
Benachteiligtenförderung der 1980er Jahre in der beruflichen Bildung gibt (vgl.
Eckert 2007), so hartnäckig hält.

Die Paradoxie, dass sich nämlich einerseits an dem Sachverhalt, dass Jugendliche nach Verlassen der allgemeinbildenden Schule keinen Ausbildungsplatz bekommen und mit unbefriedigenden Ressourcen, Kapazitäten und Erfolgen schulisch versorgt werden, nichts geändert hat, dass es andererseits aber aufgrund
von politischen Entscheidungen, fortlaufenden Initiativen und Bemühungen von
Interessengruppen und einzelnen Akteuren im Laufe des zurück liegenden Jahrhunderts etliche Reformen gegeben hat, ist bislang noch weitgehend ein blinder
Fleck in der berufspädagogischen Diskussion geblieben.

Wie kommt es zu der Gleichzeitigkeit von Kontinuität und Wandel dazu, dass
Benachteiligung von Jugendlichen nach der allgemeinbildenden Schule durch Institutionen, Strukturen, Entscheidungsprozesse und Deutungsmechanismen reproduziert wird, dass bürokratische Hürden, zur Verfügung stehende Ressourcen
und Kapazitäten, Selektionsprozesse und nicht zuletzt auch (implizite) Theorien
oder Menschenbilder über von Ausbildung ausgeschlossenen Jugendlichen dazu
beitragen, dass es in jeder Generation immer wieder neue Jugendliche gibt, denen
der Zugang zur Ausbildung verschlossen bleibt, während gleichzeitig seit über
dreißig Jahren eine nicht mehr überschaubare Anzahl an mitunter hoch bezahlten Konzepten, Modellen, Empfehlungen vorliegt, die die Integration Jugendlicher ohne Ausbildungsvertrag zum Ziel haben? Ist es so, dass der Wandel nur in
der Kontinuität dazu dient, die Kontinuität erträglich zu machen oder sie zu ver-
schleiern, damit sie weiter existieren kann?

Im folgenden Beitrag soll anhand eines Rückblicks auf die Entwicklung berufsschulischer Bildung Jugendlicher ohne Ausbildungsvertrag in der Zeit von
den 1920er bis in die 1970er Jahre nach Kontinuität und Wandel gefragt werden.

2. Vorlauf im 19. Jahrhundert: Bildungsprivilegien und die
Fortbildungsschule als Abgrenzung nach unten

„‚Ungelernte' gab es zu allen Zeiten. Diesen Tatbestand muß man immer wieder
in Erinnerung rufen, um nicht der irrigen Vorstellung zu erliegen, erst mit der industriellen Entwicklung sei ein Teil der Jugend ohne berufliche Ausbildung in den

Arbeitsprozeß eingetreten. Jahrhundertelang wurden große Teile der Bevölkerung als nicht zunftfähig von handwerklicher Berufsausbildung ausgegrenzt" (Kipp und Biermann 1989, S. 3). Die aufklärerische Zunftkritik seit dem 17. Jahrhundert, die „Transformierung der geburtsständischen in eine berufsständische Gesellschaft" (Stratmann 1993, S. 30), durch die persönliche Chancen nicht mehr von Herkunft, sondern von Bildungs- und beruflichen Leistungen abhängig gemacht werden sollten, sowie die daran anknüpfenden Diskussionen um Wahlmöglichkeiten bei der Übernahme eines Berufs (vgl. ebd.) bedeuteten nicht automatisch „eine edukative Öffnung der Gesellschaft, oder anders formuliert: Modernisierung der Produktion hat nicht notwendigerweise und quasi von sich aus eine Liberalisierung aller Bereiche zur Folge" (ebd. S. 35). Vielmehr bestand das Interesse gesellschaftlich privilegierter oder aufstrebender Gruppen im Sinne ihrer eigenen Statuswahrung darin, die geöffneten Zugänge zu Bildung und Beruf zu kontrollieren und gegebenenfalls zu schließen (vgl. Vondung 1976). Die oberen Stufen der durch sie konstituierten und reproduzierten hierarchisch gegliederten Sozialstruktur, die nur über bestimmte Leistungszertifikate, hohes Einkommen, Besitz und soziale Beziehungen erreichbar sein sollten, setzte untere Stufen voraus, auf denen diejenigen gehalten werden mussten, die über all diese Nachweise und Vermögen nicht verfügten bzw. denen diese verwehrt blieben (vgl. Geißler 2011). Bildung und Beruf galten von nun an als wichtige Voraussetzungen für den sozialen Aufstieg, gleichzeitig wurden sie zu zentralen Schleusen bei der Verteilung von Chancen bzw. bei der Besetzung besser situierter Positionen. Entsprechend wurde die Ausdifferenzierung des Bildungswesens sowie die in ihm verankerten Mechanismen der Bildungszuteilung an den verschiedenen Übergängen mit dem Leistungsprinzip (vgl. Offe 1970) legitimiert, wodurch Bildung immer mehr „zum Instrument der Gegenaufklärung" und „Klassen- und Schichtdifferenzierung" (Friedeburg 1997, S. 117f.) wurde. Besonders deutlich wurde das Bemühen, die hierarchische Sozialstruktur über Bildung zu reproduzieren, als im 19. Jahrhundert das Berechtigungswesen als formalisierte Legitimation von Zugangsverweigerung im Bildungswesen steuernd bei der Verteilung von Bildungschancen und -zugängen wirksam wurde (vgl. Behrend 1929; Kell 1982). Es entsprach weitgehend den sozialen Status- und Abgrenzungsinteressen der Obrigkeit und des Bildungsbürgertums sowie deren Vorstellung einer sozialen Ordnung. Im Zusammenhang mit der Berechtigungspolitik im Bildungswesen erfolgte nach „meritokratischer Logik" (Lutz 1979) auch die Bürokratisierung der Selektion, Rekrutierung und Allokation auf dem beruflich gegliederten Arbeitsmarkt. Struktur, Verteilungslogik, Zugänge und Ausgrenzungen im Bildungswesen gingen immer mehr mit denen auf dem Arbeitsmarkt Hand in Hand. Bildung, Beruf und damit

auch berufliche Bildung reproduzierten die Gliederung des Bildungswesens, des
Arbeitsmarktes, der Betriebe und damit der gesamten Sozialstruktur. Dementsprechend umfasste das Bildungswesen Ende des 19. Jahrhunderts verschiedene
Schulformen, die drei Komplexen zugeordnet werden konnten: Gymnasien und
Universitäten für das höhere finanzstarke Bürgertum (vgl. Friedeburg 1989, S.
140), die „mittlere Bürgerschule" (ebd., S. 142) bzw. Real- und Fachschulen für
das mittlere Bürgertum, Volks-, Bauern-, Armen-, Industrie- und Fortbildungsschulen für die „unterständigen und ungebildeten Massen" (Blankertz 1982, S.
185) und schließlich daneben bzw. darin eingebunden verschiedene Klassenfor-
men für Jugendliche ohne Schulabschluss oder ohne Lehrvertrag, wie beispielsweise die sog. „Tagelöhnerklassen" oder „ungelernte Klassen der gewerblichen
Fortbildungsschule" (vgl. Abel 1960, S. 223). Zwar stieg im Laufe des 19. Jahrhunderts das Bildungsniveau in Deutschland an, das Bildungswesen gab also
„mehr Menschen zwischen 1870 und 1914 eine Chance, als dies in anderen west-
europäischen Ländern der Fall war" (Heydorn 1980, S. 228), auch differenzierten sich verschiedene Bildungseinrichtungen weiter aus, dennoch blieb Bildung
Sache des bürgerlichen Milieus, während „soziale Kontrolle und Disziplinierung
[…] in sozial-integrativ-kontrollierender Absicht für die Unterschichten geplant
und realisiert [wurde]" (Tenorth 2000, S. 168). Der Sinn der Schule lag demnach
auch darin, eine große Masse der Bevölkerung zu entpolitisieren und ihnen einen durch eigene Leistung erlangten Platz in der Gesellschaft zuzuweisen. Das
Bürgertum im 19. Jahrhundert sah die Schulen vor allem als Stätten zur „Verer-
bung von Status und Privilegien" (ebd., S. 159).

   Auch die Fortbildungsschulen, Vorläufer der Berufsschulen, nahmen quantitativ zu. Ein wesentlicher Anstoß hierfür war die Gewerbeförderung seit Ende
des 19. Jahrhunderts und die technische Entwicklung im Zuge der Industrialisie-
rung. Genauso entscheidend aber war die Bedeutung der Fortbildungsschule bei
der Schließung der „großen Lücke zwischen Schulentlassung und Militäreinstellung" (Pache 1893, S. 300) und der „Integration der proletarischen und kleinbür-
gerlichen Jugend in den bürgerlichen Nationalstaat" (Greinert 2003, S. 42). Die
Jugendlichen in den Fortbildungsschulen kamen zu einem überwiegenden Anteil
aus unteren, allenfalls mittleren sozialen Schichten. Sie waren Arbeiter-, Hand-
werkerkinder oder Kinder niedriger Angestellter. Sie schafften es höchstens bis
zur Volksschule („Volksschulentlassene") und wurden als „bildungsunlustige Leute" (Pache 1893, S. 300) bezeichnet.

   Aus der Perspektive des in die Universitäten strebenden Bildungsbürgertums waren Fortbildungsschulen Versorgungseinrichtungen für Jugendliche unterer oder wenig privilegierter Bevölkerungsschichten und damit eine bildungs-

politische Entlastung im Zuge steigender Bildungsaspiration. Denn so konnte sicher gestellt werden, dass die „Positionen des höheren Beamtentums weiterhin den Söhnen des deutschen Bildungsbürgertums vorbehalten" (Greinert 2003, S. 54) blieben. Das Interesse daran, diejenigen Jugendlichen, die weder Zugang zur höheren Bildung, noch einen Lehrvertrag hatten, empor kommen zu lassen, war also weitgehend gering. So ist denn auch „die Genese der Ungelernten-Berufsschule [...] zureichend nur mit den Faktoren zu erklären, die den Obrigkeitsstatt veranlaßten, seinen eigenen Bestand durch politische Erziehung der Arbeiterklasse zu sichern" (Kipp und Biermann 1989, S. 8).

3. 1920er Jahre: Bildungspolitischer Aufbruch und Pazifizierung der Ungelernten

Nach dem Ersten Weltkrieg galt für die verschiedenen politischen Interessengruppen Erziehung und Bildung zunächst als Hoffnungsträger für die Bewältigung der Krise, den Aufbau eines neuen Staates und einer neuen nationalen Identität (vgl. Langewiesche und Tenorth 1989, S. 1)

Die Verfassung der Weimarer Republik sah mit dem Artikel 146 vor, dass es Pflicht und Aufgabe der Regierungen des Reiches und der Länder sein soll, dafür zu sorgen, dass das niedere, mittlere und höhere Schulwesen „organisch aufgebaut" ist, außerdem sollten „für die Aufnahme eines Kindes in eine bestimmte Schule [...] seine Anlage und Neigung, nicht die wirtschaftliche und gesellschaftliche Stellung oder das Religionsbekenntnis seiner Eltern maßgebend [sein]". Die Grenzen der daran angeknüpften bildungspolitischen Vorhaben wurden jedoch recht bald offensichtlich, denn eine generelle Umsetzung dieses Artikels, der nur Bestandteil eines Rahmengesetzes war, scheiterte, und zwar nicht nur an den spezifischen Auslegungen der Länder und den von ihnen dafür zur Verfügung gestellten unterschiedlichen Ressourcen, sondern vor allem auch an den interessenpolitischen Gewichtungen von Bildungsfragen auf der Reichsebene. Ende der 1920er Jahre konnte festgehalten werden, dass von Kindern, „sofern sie der Arbeiterschicht angehören, doch nur 17% in die höhere Schule [Realschule und Gymnasien] übertreten, daß es also heute noch nicht gelingt, den Begabungen aus unbemittelten Schichten tatsächlich den Aufstieg zu ermöglichen" (Bäumer 1930, S. 38).

Dennoch waren die 1920er Jahre das Jahrzehnt, in dem die öffentliche und publizistische Aufmerksamkeit gegenüber Erziehung und Bildung ein bis dahin nicht gekanntes Ausmaß hatte. Dabei ging es nicht mehr nur um Erziehung und Bildung von Kindern in Familie und Schule, sondern auch um die für Erwach-

sene, Beschäftigte, Arbeitslose, „Krüppel" sowie für Jugendliche mit und ohne
Lehrvertrag (vgl. Büchter 2010). In einer Reihe an Veröffentlichungen wurde somit auch die Ungelerntenfrage thematisiert (vgl. Abel 1935, S. 16). Unterstützt
durch das zu dieser Zeit sich entfaltende Publikations- und Medienwesen konnte
dieses Thema auf verschiedene Weise an die Öffentlichkeit gebracht werden. In
Form von Reportagen in Tageszeitschriften oder Vereins-/ Verbandsorganen kam
die Situation der arbeitslosen Jugendlichen in die öffentliche Diskussion. Auch in
einzelnen Büchern und Romanen wurde das Thema, häufig mit kulturpessimisti-
schem Unterton, aufgenommen. Hinzu kam wissenschaftliche Literatur, begünstigt durch die sich entwickelnden soziologischen, sozialpädagogischen, psychologischen Disziplinen und jugendkundlichen Forschungsschwerpunkten mit ihren
einschlägigen Publikationen von soziographischen Rekonstruktionen, über sozialpädagogische Unterstützung, den psychischen Zustand und dessen Folgen für
Jugendliche. „Neben den umfassenden wissenschaftlichen Abhandlungen [...]
finden sich in den einschlägigen Zeitschriften zerstreut sehr wertvolle Mitteilungen beobachteter Zusammenhänge, statistische Feststellungen und kleinere Versuche einer ordnenden und deutenden Schau arbeitsloser Jugend" (ebd., S. 17).

Einhergehend mit dieser publizistischen Hinwendung drang das Thema der
Ungelerntenbeschulung zunehmend auch in die berufsbildungspolitische Diskussion. „Die bildungspolitische Aufbruchstimmung der Weimarer Republik brach-
te auch hinsichtlich der Ungelerntenfrage revolutionäre Forderungen" (Kipp und
Biermann 1989, S. 14). Gewerkschaften, Lehrerverbände bzw. der Deutsche Verein für Berufsschulwesen, Wohlfahrtsverbände, Organisationen der Arbeiterjugend, Schulreformer sowie Vertreter der Schulbürokratie und einzelne sozial En-
gagierte setzten sich mit der Gestaltung berufsschulischer Bildung arbeitsloser
Jugendlicher auseinander. Angesichts ihrer hohen Anzahl, ihres unsicheren Status auf dem Arbeitsmarkt und der Sorge um die soziale Integration und Erziehung
jugendlicher Arbeiter und ungelernter Arbeitsloser erkannten Schulverwaltungen und Lehrer hier einen großen Handlungsbedarf: „Es gilt als ein glückliches
Omen, daß große Volksbildner die Zeichen der Zeit verstanden und in Wort und
Schrift die Hand auf diese offene Wunde unserer Zeit gelegt haben" (Erben 1929,
S. 170). Direktoren und Lehrer der bereits vor dem Ersten Weltkrieg in einigen
Großstädten institutionalisierten Arbeiterschulen – „das Schmerzkind unseres beruflichen Schulwesens" (Siemsen 1926, S. 157) – forderten ihren weiteren Ausbau.
Sozialdemokraten, Gewerkschaften und der Bund Entschiedener Schulreformer
setzten sich für einen höheren Verbindlichkeitsgrad der Ungelerntenbeschulung
ein. Gerade von den Schulreformern kam massiver Protest gegen die Marginalisierung der Ungelerntenbeschulung: „Das öffentliche Interesse muss sich dieser

Schule und ihren Schulen zuwenden. Reichs- oder landesgesetzliche Regelungen müssen hier Wandel schaffen. Gegen die heutigen unerträglichen Zustände erhebt der ‚Bund Entschiedener Schulreformer' schärfsten Protest!" (Oestreich 1929, S. 190) Auch wenn der Bund Entschiedener Schulreformer und die Arbeiterbewegung ihre Vorstellungen zur ‚Bildung für alle' nicht durchsetzen konnten und die Frage der Beschulung Ungelernter innerhalb der Diskussion um das gesamte Bildungswesen kaum sichtbar war, zeigte sich dennoch auf praktischer Ebene ein „beachtliches pädagogisches Leben, wenn Lehrer und Leiter im Bewußtsein ihrer Verpflichtung gegenüber einer vom Leben benachteiligten Schicht ihre erzieherische Aufgabe ernst nahmen" (Abel 1960, S. 223).

Die schulischen Angebote, die es bereits vor den 1920er Jahren für Ungelernte gab, wurden ergänzt. Inzwischen existierten neben Fachklassen für Un- und Angelernte Berufsgruppenklassen, selbstständige Schulen für Ungelernte, wie die Arbeiterschulen, Werkunterricht, Werkkurse (vgl. Erben 1929; Schult 1931). Insgesamt kursierte eine Vielzahl an Bezeichnungen für Ungelernten- oder Jungarbeiterschulen und zahlreiche pädagogische Initiativen, die im Handbuch von Barth et al. (1928) gewürdigt werden. Zumindest dem Anspruch nach zielte der Unterricht für Ungelernte an der Berufsschule auf „leibliche Tüchtigkeit", „seelische Tüchtigkeit" und „gesellschaftliche Tüchtigkeit" (Barth 1928, S 161f.). „Aufgabe der Berufsschule im Hinblick auf das allgemeine Bildungsziel ist es, dass sie den Ungelernten planmäßig einführt in die Arbeitsgebiete, in denen sich sein künftiges Leben abspielen wird […], in ihm Kenntnisse und Fähigkeiten entwickelt, die ihm seine Arbeit erleichtern und ihn zu planvollem, überlegtem Handeln erziehen" (ebd., S. 165).

Inwieweit es im Einzelnen tatsächlich um Qualifizierung und Öffnung von Zugängen zu besserer Bildung und Beschäftigung ging bzw. überhaupt gehen konnte, kann empirisch nicht eindeutig belegt werden. Anhand der Quellen fällt aber auf, dass es bei der Auseinandersetzung mit der Ungelerntenfrage auch um Pazifizierung dieser Jugendlichen ging. In der Öffentlichkeit bestand die Befürchtung, dass das „stetige [.] Anwachsen der Ungelerntenmassen" (Erben 1929, S. 170) ein neuer politischer „Machtfaktor" (ebd.) werden könnte, und auch, dass die „Bildungshöhe [der Ungelernten] das geistig-sittliche Leben unseres Volkes wesentlich mitbestimmt" (ebd.). Deshalb wurde es zu einer dringlichen sozialpolitischen und pädagogischen Aufgabe erklärt, sich der „bildungslosen ‚Massenseele'" (ebd.) anzunehmen. So zielten „fast alle Konzepte [zur Beschulung Ungelernter] darauf, die Schüler mit ihrem sozial niederen Status zu versöhnen" (Kipp und Biermann 1989, S. 35). In seiner Dissertation schrieb Abel (1935) rückblickend hierzu: „In den Versuchen und Vorschlägen wird ein Gedanke lebendig, der dem Wollen Pestalozzis stark verwandt ist. Wie jener die Armen für die Armut erziehen wollte in sozialpositiver Weise, so versucht man hier den Jungarbeitslosen für sein Arbeitslosendasein zu erziehen, dadurch, daß man ihm inneren Beistand gibt für schwierige Lagen und eine Prophylaxe treibt, um ihn vor dem inneren wie äußeren Absinken zu bewahren" (1935, S. 181). Das dominierende pädagogische Anliegen lässt sich in zwei zentrale Begriffen fassen: „Kompensationspädagogik" als „Gegengewichte zur ‚entseelten Arbeitswelt'" und „Hausväterpädagogik", bei der die Jungen lernen sollten, „Gartenbau und Kleintierzucht zu betreiben, sich das Gerät hierfür selber herzustellen und das Haus instand zu halten" (Kipp und Biermann 1989, S. 33).

Dass die Beschulung der Ungelernten nicht von vornherein als selbstverständliche Aufgabe der Berufsschule erkannt wurde, zeigte sich an unterschiedlichen Debatten. So war eine der zentralen Fragen, ob die Jugendlichen ohne Lehrvertrag überhaupt von der Berufsschule aufgenommen werden sollten. Während Sozialpolitiker und Berufsschulpraktiker erkannten, dass die Verbesserung des sozialen und beruflichen Status ungelernter Jugendlicher über den Weg der beruflichen Bildung erfolgen konnte, sah Kerschensteiner (1929) die gesellschaftliche Position der Ungelernten als natürlich gegeben an und wies ihnen denjenigen Ort zu, den sie ohnehin schon innehatten, nämlich am Rande der „eigentlichen" Berufsbildung. Dass der Einzelne überhaupt zur Berufsbildung und damit zum Beruf gelangen kann, war für ihn eine Frage des innerlichen Berufenseins. Er sah in der Berufsschule eine Stätte, in der die Ungelernten nur „kümmerlich erziehlich beeinflußt werden können." Für ihn war die Verlängerung der Volksschulpflicht „Lösung und Erlösung" (ebd., S. 93) zugleich.

Ein weiteres Hemmnis bei der Verbesserung der Bildung der Jugendlichen unterer Sozialschichten stellte die Industrie dar, die auf billige Produktionsarbeiter zum Zwecke von Schulbesuch nicht verzichten wollte. Deutlich wurde hieran, dass „die Besitzenden […] über das Bildungsmonopol auch in einer Gesellschaft formal Gleicher verfügten; die Entmenschlichung durch den kapitalistischen Produktionsprozeß verweigerte den Arbeitenden alle Voraussetzung zur Bildung" (Adorno 1973, S. 100). Für die Vertreter von Industrie und Handwerk standen die Lehre zum Gesellen oder Facharbeiter im Vordergrund, die Qualifizierung Ungelernter wurde vorrangig als pädagogische Aufgaben wahrgenommen.

Trotz zahlreicher Initiativen und Konzepte konnte die berufsschulische Bildung für Ungelernte in der Weimarer Republik nicht etabliert werden, vielmehr erfuhr die „kümmerliche Berufsschule für Ungelernte" (Heßler 1929, S. 207) die „Behandlung eines Stiefkindes" (ebd.). Von „den Schuletats [blieben] für die Be-

rufsschule der Ungelernten nur Brosamen übrig [...], keine Gebäude, Werkstätten, Lehrmittel" (ebd.).
Anfang der 1930er Jahre wurden zwei der ersten empirischen Arbeiten zu Ungelernten und Ungelerntentätigkeiten vorgelegt (vgl. Brandsch 1931; Netzeband 1932), in denen konkrete Vorschläge wie die Einführung und Erwerb „spezialisierter Sonderberufe" an der Berufsschule (vgl. Brandsch 1931, S. 137) gemacht wurden. Und entgegen der Annahme von Nur-Verwahrung Ungelernter an der Berufsschule wurde betont: „Die Berufsauffassung ist das A und O der Arbeiterschule und die Grundlage ihrer Organisation. Berlin hat den Beweis erbracht, daß die durchgeführte Gliederung der Arbeiterschule in Transportarbeiterklassen, in Klassen für kaufmännische Hilfsarbeiter, in Klassen für gewerbliche Arbeiter und in allgemeine Arbeiterklassen richtig war und möglich ist" (Netzeband 1932, S. 142). Zwar konzentrierten sich die Überlegungen gegen Ende der Weimarer Republik zunehmend auf die Vorbereitung Ungelernter (jetzt war auch häufiger von Jungarbeitern die Rede) auf eine berufliche Tätigkeit oder auf Berufserziehung für niedrige Berufe, allerdings ging es dabei nicht um Aufstieg und Statusverbesserung, sondern darum, auf dem unterprivilegierten Status verharrend nützliche Arbeit zu verrichten. Und insgesamt war die Beseitigung von Benachteiligung trotz der propagierten Bildungsbedeutung in den politischen Auseinandersetzungen der Weimarer Republik letztlich doch nur von nachrangiger Bedeutung.

4. 1933 bis 1945: „Überwindung der Ungelernten" und „Austrocknung der Berufsschule"

Die Situation der Ungelernten verschärfte sich angesichts der Massenarbeitslosigkeit zu Beginn der 1930er Jahre dramatisch. Die berufspädagogische Aufmerksamkeit wurde kurz nach 1933 der hochqualifizierten Facharbeiterausbildung zuteil, während die Bedeutung der Ungelernten vorrangig in der massenhaften Unterstützung der nationalsozialistischen Ideologie gesehen wurde. „Man sagte etwa, daß ein Marschieren in der Kolonne weit wichtiger sei als eine besondere Berufsschulung der Arbeiter, oder man stellte den ‚Beruf‘ des Nichtgelernten in Frage" (Schulz 1935, S. 354). Als eine „sozialistische Pflicht der Volksgemeinschaft" (Schaaf 1935/36, S. 239) sprach der Reichsorganisationsleiter und Führer der Deutschen Arbeitsfront (DAF), Robert Ley, die Parole „Überwindung der Ungelernten" aus. Diese wurde bis zu Beginn der 1940er Jahre aufrecht gehalten und erhielt aufgrund des durch Menschenvernichtung und Krieg entstandenen Arbeitskräftemangels in der Industrie ihre besondere Bedeutung. Ergänzend zu dieser Parole haben Ley und der damalige Reichsjugendführer Axmann

im Krieg die „Vereinbarung zur Betreuung und Anleitung berufstätiger Jugendlicher" vorbereitet, „die seitens der Betriebe mit allen ungelernten Jugendlichen
abgeschlossen werden sollte. Diese Vereinbarung sah vor, „daß sich zunächst der
Betriebsführer verpflichtet, dem Jugendlichen beim Erwerb derjenigen grundlegenden Kenntnisse und Fertigkeiten behilflich zu sein, durch die sein Einsatz als
leistungsfähiges Gefolgschaftsmitglied im Betrieb gewährleitstet wird" (ohne Namen 1943, zit. in Kipp und Biermann 1989, S. 229).

    In ihren vom Jugendamt der Deutschen Arbeitsfront (DAF) herausgegebenen
„Vorschlägen für eine nationalsozialistische Berufsordnung" haben Erich Strecke
und Erika Stagge (1941) die Anforderungen für die Realisierung des Programms
„Überwindung der Ungelernten" aufgelistet. Danach sollten die zuständigen Personen: „1. Die Mindestausbildungsberufe finden, 2. Die betrieblichen Ausbildungs-
richtlinien festlegen, 3. Die Berufsschullehrgänge erarbeiten" (1941, S. 225). Für
die Ungelernten sollte also „weniger ein Lehrverhältnis als ein anerkanntes An-
lernverhältnis in Frage kommen" (ohne Namen 1939; zit. in Kipp und Biermann
1989, S. 223), denn „es braucht vielleicht nicht einmal das Ziel zu sein, aus jedem
Menschen einen spezialisierten Facharbeiter zu machen. Eine solche Zielsetzung
würde sich schon in der Praxis daran stoßen, daß ja gar nicht alle Menschen in der
Lage sind, hochqualifizierte Arbeit zu leisten" (Schaaf 1935/36, S. 217). Entsprechend wurde auch an diejenigen schulischen Angebote angeknüpft, die es teilweise schon vor 1933 gab. So wurde in einigen Großstädten die bereits zu Beginn
des 20. Jahrhunderts erfolgte Beschulung von Ungelernten in gesonderten Klassen, Abteilungen oder Schulen, wie den Klassen für Jugendliche ohne Lehrver-
hältnisse (vgl. Brückmann 1938), in den „Arbeiterberufsschulen" (Südhof 1936)
oder in „Berufsschulen für Arbeiter" (Schulz 1935) ideologisch radikalisiert fort-
gesetzt. Im Unterricht ging es um „Mindestqualifizierung", um „Allgemeinerzie-
hung" („nationalpolitische Erziehung; körperliche Erziehung; Vorbereitung einer
Erziehung zu körperlicher, geistiger und charakterlicher Wehrhaftmachung") und
„Berufserziehung" („Unterstützung der Berufsfindung; namentlich am Anfang
der Schulzeit; vorbereitende Berufserziehung und ergänzende Berufserziehung
für a) dauernde, und b) wechselnde Beschäftigung" (ebd., S. 284f.).

    Insgesamt aber spielte die Ungelerntenbeschulung eine äußerst geringe Rol-
le an den Berufsschulen (vgl. Seubert 1983). Auch wenn die „Vorschläge für eine
nationalsozialistische Berufsordnung" die Einrichtung von Berufsschullehrgän-
gen für Ungelernte vorsahen, hatte dies wenig praktische berufsschulische Konsequenz. Ein Grund hierfür war die Unterversorgung von Berufsschulen während
des Nationalsozialismus. Denn trotz der „Reichseinheitlichen Benennungen im Be-
rufs- und Fachschulwesen" durch das Reichserziehungsministerium 1937 und der

Inkraftsetzung des Reichsschulpflichtgesetzes im Jahr 1938, mit dem eine reichseinheitliche Berufsschulpflicht eingeführt wurde, kann von einer „sträfliche[n] Vernachlässigung des Berufsschulwesens" (Kipp 1995a, S. 297) im Nationalsozialismus ausgegangen werden, die unter anderem auch an der „drastische[n] Einschränkung des Berufsschulunterrichts, die mit Beginn des Zweiten Weltkrieges einsetzte" (ebd., S. 299), deutlich wurde. Die „Austrocknung des Berufsschulwesens" (Kipp 1995b, S. 206) war alles andere als eine gute Voraussetzung für seine Öffnung für Ungelernte. So gibt es bislang auch keine Hinweise darauf, dass die Parole „Überwindung der Ungelernten" die Kulturbehörden je dazu veranlasst hätten, sich intensiver um die Beschulung von Ungelernten zu kümmern.

Zusammenfassend kann gesagt werden, dass „die nationalsozialistische Berufsbildungspolitik [...] in der Praxis die ‚Überwindung der Ungelernten' gründlich verfehlt [hat]: weder gelang eine ordnungsgemäße ‚Beschulung' der Mehrzahl der ungelernten Jugendlichen noch wurde das insbesondere von der Reichsjugendführung beschworene Recht auf Ausbildung eingelöst" (Kipp und Biermann 1989, S. 25). Die sog. „Mindestqualifizierung" ohne Aufstiegsmöglichkeit, ihr Status als industrielle Reservearmee, kombiniert mit ideologischer Erziehung versetzte die Ungelernten in eine soziale Position, die prädestiniert war für Ausbeutung.

5. 1950er bis 1970er Jahre: Lösungskonzepte für die „Sorgenkinder der Berufsschule" und Grenzen der Berechtigung

Nach 1945 stellte sich die Ungelerntenfrage kaum verändert dar. In seiner ersten Regierungserklärung vom 20. September 1949 versprach Adenauer: „Den Jugendlichen, namentlich denjenigen, denen die Erziehung durch Familie und Schule während der Kriegszeit und der wirren Zeit nach dem Kriege und eine gute Ausbildung gefehlt hat, werden wir zu Hilfe kommen müssen. Wir werden überhaupt versuchen, unsere Pflicht gegenüber der jungen Generation anders zu betrachten, als das früher geschehen ist." Um der Not der arbeitslosen Jugend praktisch zu begegnen, boten zunächst außerschulische Einrichtungen Angebote der Berufsorientierung und Berufsvorbereitung sowie der Grundausbildung an. Diese Angebote waren jedoch umstritten, weil insbesondere das Handwerk in den Grundausbildungslehrgängen eine Konkurrenz zu ihrer herkömmlichen Gesellenausbildung sah (vgl. Kipp und Biermann 1989, S. 37). In den 1950er Jahren bekamen, gemessen an der Zahl der Publikationen, die Situation der Arbeiterjugend (Kluth et al. 1955) und ihre „Berufsnot" (Schelsky 1952) sozialwissenschaftliche Aufmerksamkeit, während sich die damalige Berufspädagogik mit „Berufserziehungsproblem[n]" der Ungelernten" (Linke 1950) befasste. Mitte der 1950er Jahre wurden „Leitsätze zu ‚Grundfragen und gegenwärtiger Stand der Ungelerntenbeschulung'" (Thyssen 1955) verfasst, eine „Allgemeine Berufs-erziehung für Ungelernte" (Riedel 1955) vorgeschlagen, während Luchtenberg (1955) von der „drängenden Notwendigkeit eines differenzierten Studiums der verwickelten Zusammenhänge" im „berufspädagogischen Neuland" der „Unge-lernten-Problematik" (1955, S. 6) sprach. Zu wesentlichen Themen gehörten auch die psychosoziale Konstitution der Jugendlichen und ihre familiären Lebenswelt. Abel (1960) resümiert, dass „allen hier genannten Veröffentlichungen […] die Ein-sicht zugrunde [liegt], daß der gegenwärtige Stand der Beschulung der Jungarbei-ter unbefriedigend ist und neue Wege beschritten werden müssen" (1960, S. 219).

Gleichzeitig gab es etliche berufsungebundene Angebote, wie Förderklassen für Ungelernte, deren Inhalte sich auf Arbeits-, Werk- und Gemeinschaftskunde konzentrierten. Im Vergleich zu anderen Bildungsfragen wurden diejenigen für Jugendliche, die keinen oder einen geringen Schulabschluss besaßen, ohne Lehr-vertrag waren und als Hilfsarbeiter, Hilfswerker, Jungwerker oder Jungarbeiter tätig waren, in der Öffentlichkeit bzw. (Berufs-)Bildungspolitik kaum wahrge-nommen. Grund für die bildungspolitische Vernachlässigung war, dass „in der Vergangenheit […] unsere Gesellschaft bezüglich der Jugenderziehung eindeutig in Richtung auf die besondere Förderung der Elite hin orientiert [war]. Fragen der Berufserziehung fanden in der Öffentlichkeit im Allgemeinen weit weniger Re-sonanz und Beachtung als Höhere Schulen. Die Jungarbeiter nehmen im Bereich der Berufserziehung den untersten Rang ein" (Döring 1961, S. 3), sie waren die „Sorgenkinder der Berufsschule" (Abel und Döring 1961) oder das „Problem der Berufsschule" (Blankertz 1960).

Die öffentlich verbreitete Einstellung, dass mehr Engagement in der Beschu-lung Ungelernter nicht nötig wäre, wurde mit entsprechenden Stigmatisierungen legitimiert: „Ebenso lustlos und träge wie diese Jugendlichen im Leben sind, ver-halten sie sich auch in der Berufsschule. Diese ist für sie das größte Übel, dem sie auf alle mögliche Art und Weise zu entgehen suchen […]. An eine willige Mit-arbeit dieser Jugendlichen im Unterricht ist natürlich nicht zu denken. Sie sitzen teilnahmslos ihre Stunden ab, betrachten während der Wintermonate das Klas-senzimmer als Wärmestube oder versuchen bei passender und unpassender Ge-legenheit zu stören, anzugeben und sonst wie unangenehm aufzufallen" (Scholle 1953, S. 607).

Auch das bildungspolitische Engagement der Ständigen Konferenz der Kul-tusminister (KMK) ließ damals sehr zu wünschen übrig. Der von ihr eingesetzte Ausschuss für Berufserziehung hat sich in seinem Gutachten zur Berufsausbil-dung der deutschen Jugend von 1952 auch mit der „Berufserziehung der Ungelernten" auseinandergesetzt. Die Empfehlungen konzentrierten sich vor allem darauf, die praktische Arbeit als „Ausgangspunkt der Bildungsarbeit" (ebd., S. 231) zu nehmen. Das Ziel des schulischen Unterrichts sollte darin liegen, „dem jungen Menschen seine Stellung im Gemeinschaftsleben mit ihren Möglichkeiten und Grenzen verständlich zu machen" (ebd., S. 33). Zu Beginn der Ausführungen erfolgte jedoch eine eindeutige Klärung: „Die wiederholt erhobene Forderung ‚Jedem jungen Menschen eine Berufsausbildung!' sieht der Ausschuß dagegen als unerfüllbar an" (ebd., S. 32).

Erstaunlicherweise kam im Laufe der 1950er Jahre dennoch Einiges in Gang. So wurden beispielsweise Tagungen von landesbehördlicher Seite initiiert, und zu den besonderen Entwicklungen dieser Zeit kann die für Jungarbeiter ausgerichtete Lehrerbildung gezählt werden: „Schleswig-Holstein hat in einem sechssemestrigen Sonderkurs zu Anfang der fünfziger Jahre zwanzig Gewerbelehrer für das Lehramt an Jungarbeiterschulen ausgebildet [...]. Das Hessische Ministerium für Erziehung und Volksbildung richtete Ende 1955 am Berufspädagogischen Institut in Frankfurt eine Dozentur für Berufsschulpädagogik unter besonderer Berücksichtigung der Jungarbeiter ein [...] Am Staatl. Berufspädagogischen Institut Stuttgart wurden 1958 auf Veranlassung des Kultusministeriums 23 Volksschul- und Landwirtschaftslehrern mit gewerblicher Praxis, die schon längere Zeit in Jungarbeiterklassen unterrichteten, durch einen sechsmonatigen Sonderlehrgang die Lehrbefähigung für den Unterricht in Jungarbeiterklassen an gewerblichen Berufsschulen vermittelt" (Abel 1960, S. 227).

Auch an curricularen, didaktischen und schulorganisatorischen Lösungskonzepten mangelte es nicht. Beispielsweise gab es Vorschläge zur „Entwicklung einer allgemeinen Berufsschule für Jungarbeiter" (Müller 1955), die die drei Aufgaben, „Berufsfindung und Berufslenkung", „praktische Anleitung" und die „Vermittlung [...] staatsbürgerlichen und wirtschaftskundlichen Wissensstoffes" erfüllen sollten, unterbreitet worden. Konkret war auch Abels (1960) Idee, der anknüpfend an die Überlegungen von Riedel (1955) zur „Allgemeinen Berufserziehung" sein Konzept für eine „allgemeine Berufserziehung in der Berufsschule" (ebd., S. 234) in Form einer „Jungarbeiterschule" oder „Grundbildungswerkstatt" (ebd., S. 233f.) vorschlug. „Die Aufgabe einer damit betrauten Berufsschule kann nicht im bisherigen berufsbegleitenden Sinn gesehen werden, sie ist berufsvorbereitend und in der Regel unabhängig davon durchzuführen, in welcher Beschäftigung die Jungarbeiter gerade stehen" (ebd., S. 233). Fest stand für Abel (1960), dass es sich hierbei um Vollzeitschulen zu handeln habe, die neben dem 9. Volksschuljahr und den Berufsfachschulen „Übergangseinrichtungen neuen Typs" (ebd., S. 235) sein sollen, „die weder Schule noch Betrieb im bisherigen

Sinne sind, sondern für die Erziehung und Bildung werktätig werdender junger
Menschen wesentliche Merkmale beider Räume integriert" (ebd.).

Diese Überlegungen fanden Eingang in die Dokumente des Deutschen Ausschusses für das Erziehungs- und Bildungswesen, dem er als Sachverständiger
für Berufsbildungsfragen angehörte. Im Gutachten des Ausschusses heißt es zunächst: „Obwohl diese Frage schon um die Jahrhundertwende in ministeriel-
len Verlautbarungen aufgeworfen und seitdem ständig diskutiert wurde, hat sie
bis heute keine befriedigende Lösung gefunden" (Deutscher Ausschuss 1966, S.
460). Und eine der Empfehlungen lautet: „Alle Jungen und Mädchen, die keinen
Ausbildungsvertrag eingegangen sind und auch nicht analog in Schulen und Betrieben ausgebildet werden, also meist nach der Beendigung der Vollschulpflicht
zu arbeiten beginnen, erhalten in Erfüllung ihrer Berufsschulpflicht eine berufliche Grundausbildung. Sie setzt die Arbeitslehre der Hauptschule fort, entspricht
nach Möglichkeit dem Arbeitsbereich der Jugendlichen in Werkstätten, Büros und
Haushalten und erfolgt im Rahmen der Berufsschule" (ebd., S. 493).

Neben solchen Hoffnung machenden Ankündigungen gab es immer wieder
Hinweise auf den desolaten Zustand der Jungarbeiterbeschulung. So zeigte Döring (1961) in seiner Untersuchung, dass „der Unterricht in der Berufsschule […]
für die Jungarbeiter kaum eine Lebenshilfe in unmittelbar-konkretem Sinne [ist].
Sie brauchen keine Prüfung abzulegen, sie sind das, was sie sind, auch ohne die
Schule. Daher besuchen sie den Unterricht zum Teil nur widerwillig und unre-
gelmäßig" (ebd., S. 2). Wiemann (1967) schlussfolgerte Mitte der 1960er Jahre:
„Die Berufsschule versteht sich aus ihrer Geschichte vorwiegend als Lehrlings-
schule; die Jungarbeiterschule hat hier eigentlich nie ihren rechten Ort gefunden,
und so ist auch hier die Wurzel ihrer permanenten Krise zu suchen" (ebd., S. 220).

Eine ernsthafte Hoffnung löste die Bildungsreform aus. Das Postulat „Bildung als Bürgerrecht" (Dahrendorf 1967) mit dem Hinweis, dass die deutsche
Bildungsgeschichte es bislang nicht vermocht hätte, Chancengleichheit durchzusetzen, das Infragestellen der Sozialstruktur durch die staatliche Bildungspolitik selber und der ökonomisch begründete Warnruf vor einer „Bildungskatastrophe" (Picht 1965) wurden nun zu wesentlichen Argumenten bei der Forderung,
soziale Ungleichheit von Bildungschancen und die Benachteiligung von Arbei-
terkindern, Landwirtkindern und von einfachen Angestellten im Bildungssystem
zu beseitigen. Am 28. Oktober 1969 kündigte Brandt in seiner Regierungserklärung an: „Die Bundesregierung wird um verstärkte Maßnahmen bemüht sein,
die den Benachteiligten und Behinderten in Beruf und Gesellschaft, wo immer
dies möglich ist, Chancen zu eröffnen." Vier Jahre später heißt es allerdings bei
Höhn (1974): „Die Reform der Berufsbildung ist zur Zeit ein zentrales Thema der

deutschen Bildungspolitik. Eine Gruppe junger Menschen ist jedoch dabei fast unbeachtet geblieben oder auf jeden Fall stark vernachlässigt worden: die der ungelernten jungen Arbeiter und Arbeiterinnen, die ohne qualifizierende Berufsausbildung ihre Tätigkeit ausüben und damit bisher so gut wie keine Aufstiegs-Chancen haben" (ebd., S. 9) Vor dem Hintergrund der sich verschärfenden Lage auf dem Arbeitsmarkt für Jugendliche konkretisierte Brandt in seiner zweiten Regierungserklärung vom 18. Januar 1973: „Unsere Aufmerksamkeit gilt auch den Jugendlichen, die kein Ausbildungsverhältnis herkömmlicher Art eingehen. Das Berufsbildungsgesetz muß neu gefaßt werden."

Zu Beginn der 1970er Jahre erhielten „die Jungarbeiter als Problem der Berufsschule" (Nolte et al. 1973) in den einzelnen Kultusministerien zunehmend Aufmerksamkeit. So existierten bereits in einigen Bundesländern (Baden-Württemberg, Bremen, Hamburg, Hessen, Niedersachsen, Saarland) Schulversuche zur Vollzeitbeschulung potenzieller Jungarbeiter. In anderen Bundesländern war die Einführung (Schleswig-Holstein, Berlin) oder die Erprobung (Nordrhein-Westf., Rheinland-Pfalz) des damals viel diskutierten Berufsgrundbildungsjahres geplant (vgl. Kappler 1974, S. 71). Ausführlich mit berufsschulischen Lösungsansätzen hat sich Wiemann (1974) auseinandergesetzt und die im Laufe des 20. Jahrhunderts vorkommenden Vorschläge zur Beschulung der Ungelernten-/ Jungarbeiter verglichen: Das kompensatorische Konzept in der Teilzeitberufsschule (Vorbereitung auf Hausmutter, -vaterdasein), das berufsvorbereitende Konzept in der Teilzeitberufsschule, das berufsvorbereitende Konzept in der beruflichen Vollzeitschule, berufsgrundbildende Maßnahmen in Vollzeitberufsschulen, berufsfachbildende Konzepte in der Teilzeitberufsschule und im Betrieb. Parallel dazu existierten eine Reihe verschiedener curricularer und didaktischer Konzepte und Modelle (vgl. Wiemann 1974). Für Wiemann (1967) stand schon recht früh fest, dass „die berufliche Grundbildung für Jungarbeiter [...] den Gleichheitsgrundsatz ‚Berufsausbildung für alle' verwirklichen, die berufliche Mobilität dieser Arbeitergruppe verbessern, den Jugendlichen ein Mindestmaß an sozialer Sicherheit gewähren, ihr Selbstbewußtsein und Selbstverständnis erhöhen [würde]" (ebd., S. 220). Ende der 1960er Jahre kristallisierte sich allmählich die Idee des Berufsgrundbildungsjahres als politisch akzeptierte Lösung heraus (vgl. Struve 1976; Stratmann 1981). So übernahm 1968 die Kultusministerkonferenz die Idee der Berufsgrundschule und legte fest, dass in ihr „die Schüler bei einjährigem Vollzeitunterricht auf die Entscheidung für einen speziellen Beruf oder für eine Berufsgruppe vorbereitet [werden]." Der Deutsche Bildungsrat (1970) konkretisierte die Vorstellungen zum Berufsgrundbildungsjahr und ordnete dies dem Dualen System zu, mit der Maßgabe, „das erste Jahr der Lehre als ein von der Produktion getrenntes Bildungsjahr zu begreifen" (Lipsmeier 1989, S. 462), und die Bund-Länder-Kommission für Bildungsplanung nahm die Berufsgrundbildung als „vordringliche Maßnahme" in ihre Vorschläge auf (vgl. Pahl 2007, S. 71). Unter dem Eindruck der zunehmenden Jugendarbeitslosigkeit richteten unterschiedliche Kultusverwaltungen einiger Bundesländer zudem das sogenannte „Berufsvorbereitungsjahr" (BVJ) ein. Dieses Jahr, was auf ein Berufsgrundbildungsjahr oder eine berufliche Ausbildung vorbereiten sollte, allerdings „zu keinem Berufsabschluss und noch nicht einmal zu einem Teilberufsabschluss führt[e]" (Pahl 2007, S. 67), war „unter pädagogischen Aspekten von Anfang an umstritten" (ebd., S. 68).

Beide Schulformen für benachteiligte Jugendliche stießen bereits in den 1970er Jahren auf wenig Akzeptanz. Ausschlaggebend hierfür waren die Furcht der Wirtschaft vor der „schleichende[n] Verstaatlichung der Berufsausbildung" (Greinert 2003, S. 129) und die Rücksicht der Ministerien und Schulbehörden auf das Autonomiestreben der Arbeitgeber. Der „Anrechnungsstreit" (Pahl 2007, S. 73) bzw. die nicht durchsetzbare weiterführende Berechtigung für Jugendliche ohne Lehrvertrag nach Beendigung einer schulischen Übergangszeit waren Ausdruck hierfür. Wiemann (1983) bilanzierte die Einführung des BGJ in Niedersachsen einige Jahre später folgendermaßen: „Für die politische Administration ist das Reformwerk nicht nur wegen der Widerstände der großen Verbände schwierig geworden, noch bedrückender ist die politische Isolierung durch die anderen Bundesländer […]. Die Mittel des Kampfes sind nicht gerade edel, sie reichen von offenen Unwahrheiten, bewußten Entstellungen bis hin zu Diffamierungen der Politiker, der Kultusbehörde und der Lehrer. Das bittere Wort vieler Lehrer, unser einziger Verbündeter ist die Jugendarbeitslosigkeit, zeigt sehr deutlich die gegenwärtige Stimmung" (ebd., S. 119f.). In der Regierungserklärung vom 16. Dezember 1976 heißt es dann wieder unermüdlich: „Bei dem Ausbildungsplatzangebot der nächsten Jahre wollen wir unser Augenmerk besonders auf jene jungen Menschen richten, die es schwerer haben als andere, einen Ausbildungsplatz zu finden". Seit den 1980er Jahren sind noch eine Reihe weiterer Regierungserklärungen, Programmatiken, Berichte, Evaluationsstudien verfasst, Projekte, Tagungen und Expertenkreise durchgeführt, Vorträge gehalten und Aufsätze geschrieben worden, um die Benachteiligung von Jugendlichen beim Übergang von Schule in Ausbildung zu thematisieren und zu bekämpfen. Trotz dieser durchaus sichtbaren (berufs-)bildungspolitischen Verantwortung und der zahlreichen Initiativen zur Förderung beruflicher Bildung Benachteiligter hat sich an der ersten Schwelle zwischen der allgemeinbilden Schule und der beruflichen Erstausbildung im Dualen System und im Schulberufssystem inzwischen ein Übergangssystem fest etabliert. Es existieren auch etliche Ansätzen und Konzepten zu einem

„Übergangsmanagement" und einer eigenen „Übergangsforschung", die aber bislang auch nicht die historisch kontinuierlich hohe Selektivität von Bildung und die mangelnde Integrationsfunktion beruflicher Bildung ausgleichen konnten. Letztlich stellt sich dann die Frage, bis wohin ist Chancengleichheit von wem gewollt und ab wann von wem nicht mehr?

6. Fazit

Ausgangspunkt des Beitrags war die Gleichzeitigkeit von Kontinuität und Wandel in der beruflichen Bildung Benachteiligter am Beispiel berufsschulischer Bildung. Anhand einer (gewiss fragmentarischen) Rekonstruktion vorliegender Quellen und Dokumente kann diese Gleichzeitigkeit für das 20. Jahrhundert angenommen werden. Die *Kontinuität* kann an der chronischen Reproduktion einer Sozialstruktur abgelesen werden, die auf Armut, Benachteiligung und Ausgrenzung aufgebaut ist. In diesem reproduzierenden Prozess werden seit über hundert Jahren jährlich sehr viele Jugendliche nicht zur Ausbildung zugelassen oder gelangen mit ihrer in der Berufsvorbereitung erwobenen beruflichen Qualifikation nur äußerst schwer auf jene beruflichen Positionen, die keinen sozial unterprivilegierten Status mehr haben. Unterstützt wird dieser Prozess durch bürokratische Institutionen, selektierende Strukturen, Entscheidungen und Deutungen bzw. entsprechende Menschenbilder. Der *Wandel* in der beruflichen Bildung Benachteiligter hat sich in den letzten vierzig Jahren nicht einfach aus sachlogischen Gründen („Arbeitskräftemangel", „Fachkräftemangel", „demografischer Wandel") oder aus beschäftigungspolitisch veränderten Interessen („Mitbestimmung", „Jugendarbeitsschutz" Arbeits- und Berufsbildungsrechte) ergeben, sondern vor allem auch aus der sozialpolitisch herbeigeführten Legitimationskrise, die vor dem Hintergrund von Chancengleichheitspostulaten den niedrigen Bildungsanspruch an die ungelernten, jungarbeitenden oder benachteiligten Jugendlichen, den unzureichenden pädagogischen Umgang mit ihnen und die bestehenden diskriminierenden Auswahl- und Zugangsregulierung aufgedeckt hat. Inzwischen sind es nicht mehr nur Einzelinitiativen von sozial engagierten Einzelnen oder Gruppen, sondern Regierung und Bildungspolitik auf Bundes- und Landesebene haben sich aufgrund dieser Legitimationskrise der Thematik angenommen, ihre Unterstützung bekräftigt und auch praktiziert. Dennoch hat dies an der Kontinuität grundsätzlich nichts geändert. Dies mag vor allem auch an der Pädagogisierung von Benachteiligung (vgl. Büchter 2011) bzw. daran liegen, dass „allzu leicht gesellschaftliche Problemlagen in individuelle Defizite umgemünzt [werden]" (Rützel 2006, S. 64). So durchbricht der Wandel die Kontinuitätslini-

en aber nicht, sondern trägt nur wieder dazu bei, dass sich dieser innerhalb des
Rahmens von Kontinuität bewegt.

Literatur

Abel H (1935) Die Gestaltung der männlichen arbeitslosen Jugendlichen. Eine jugendkundliche Un-
    tersuchung über Grundlagen und Grenzen sozialpädagogischer Betreuung der arbeitslosen
    Jugend. Inaugural-Dissertation einer Hohen Philosophischen Fakultät der Universität Köln.
    M. Pilgram, Köln-Ehrenfeld
Abel H (1960) Die Beschulung der Jugendlichen ohne Lehrverhältnis. In: Blättner F, Kiehn L, Mons-
    heimer O, Thyssen S (Hrsg) Handbuch für das Berufsschulwesen. Quelle & Meyer, Heidel-
    berg, S 219-235
Abel H (1961) Jungarbeiter und Berufsschule. In: Abel H, Döring E (Hrsg) Sorgenkinder der Be-
    rufsschule. Berufspädagogische Beiträge der Berufspädagogischen Zeitschrift (BPZ). Heft
    15. Georg Westermann Verlag, Braunschweig, S 35-42
Adorno TW (1973) Theorie der Halbbildung. In: Hartfiel G, Holm K (Hrsg) Bildung und Erziehung
    in der Industriegesellschaft. Pädagogische Soziologie in Problemübersichten und Forschungs-
    berichten. Westdeutscher Verlag, Opladen, S 96-116
Barth A (1928) Bildungsaufgabe der Berufsschule und ihre Durchführung. In: Barth A, Bode G, Er-
    ben H (Hrsg) Beschulung der Ungelernten. Zentralverband für Berufs- und Fachschulen. R.
    Herrose's Verlag, Wittenberg/ Halle, S 159-176
Bäumer G (1930) Schulaufbau, Berufsauslese, Berechtigungswesen. Im Auftrage des Reichsinnen-
    ministeriums. Heymann, Berlin
Behrend F (Hrsg) (1929) Vom Sinn und Unsinn des Berechtigungswesens. Quelle & Meyer, Leipzig
Biermann H, Kipp M (Hrsg) (1989) Quellen und Dokumente zur Beschulung der männlichen Un-
    gelernten. 1869-1969. 2. Halbband. Böhlau Verlag, Köln
Blankertz H (1960) Die Ungelernten als Problem der Berufsschule. In: Geißler G, Wenke H (Hrsg)
    Erziehung und Schule in Theorie und Praxis. Beltz, Weinheim, S 269-278
Blankertz H (1982) Die Geschichte der Pädagogik. Von der Aufklärung bis zur Gegenwart. Büch-
    se der Pandora, Wetzlar
Bojanowski A, Niemeyer B (2009) Bedingungsanalysen zum pädagogischen Personal. In: Sektion
    Berufs- und Wirtschaftspädagogik in der Deutschen Gesellschaft für Erziehungswissenschaft
    (DGfE) (Hrsg) Memorandum zur Professionalisierung des pädagogischen Personals in der Inte-
    grationsförderung aus berufsbildungswissenschaftlicher Sicht. Pahl-Rugenstein, Bonn, S 23-35
Brandsch R (1931) Arbeits- und Berufsfragen bei den nichtgelernten Jugendlichen. Wiederabdruck.
    In: Kipp, M und Biermann, H (Hrsg) (1989) Quellen und Dokumente zur Beschulung der männ-
    lichen Ungelernten. 1869-1969. 1. Halbband. Böhlau Verlag, S 130-138
Brückmann o.V. (1938) Ausbildungsversuch für Schüler der Allgemeinen Berufsschule (ungelern-
    ter Jungarbeiter) zur nachträglichen Überführung in eine Lehrstelle. In: Der Gemeindetag,
    32, S 223-225

Büchter K (2010) Weiterbildung für den Arbeitsmarkt und im Betrieb 1919-1933. Hintergründe, Kontexte, Formen und Funktionen. Universitätsbibliothek der Helmut-Schmidt-Universität/ Universität der Bundeswehr H, Hamburg

Büchter K (2011) Ausgrenzung durch (Berufs-)Bildung. Wie ein sozialstrukturelles Phänomen pädagogisiert wird und (re-) politisiert werden könnte. In: Sieke B, Heisler D (Hrsg) Berufliche Bildung zwischen politischem Reformdruck und pädagogischem Diskurs. Festschrift zum 60. Geburtstag von Manfred Eckert. Eusl-Verlag, Paderborn, S 184-198

Dahrendorf R (1967) Bildung ist Bürgerrecht. Nannen-Verlag, Hamburg

Deutscher Ausschuss für das Erziehungs- und Bildungswesen (1966) Empfehlungen und Gutachten 1953-1965. Gesamtausgabe. Klett Verlag, Stuttgart

Döring E (1961) Die Lange der Jungarbeiter an hessischen Berufsschulen. In: Abel H, Döring E (Hrsg) Sorgenkinder der Berufsschule. Berufspädagogische Beiträge der Berufspädagogischen Zeitschrift (BPZ). Heft 15. Georg Westermann Verlag, Braunschweig, S 2-34

Eckert M (2007) Die Integration der Benachteiligten und die Widersprüche der neuen Förderansätze. In: Greb U, Schüßler I (Hrsg) Berufliche Bildung als nachhaltige Ressource. Entwicklung und Entfaltung versus Zurichtung und Vereinnahmung. Gesellschaft zur Förderung arbeitsorientierter Forschung und Bildung (GAFB-Verlag), Frankfurt/ M, S 19-39

Friedeburg L v (1989) Bildungsreform in Deutschland. Geschichte und gesellschaftlicher Widerspruch. Suhrkamp, Frankfurt/ M

Friedeburg L v (1997) Differenz und Integration im Bildungswesen der Moderne. In: Hradil S (Hrsg.) Differenz und Integration. Die Zukunft moderner Gesellschaften. Frankfurt/ M, S 118-134

Geißler R (2011) Die Sozialstruktur Deutschlands. Zur gesellschaftlichen Entwicklung mit einer Bilanz zur Vereinigung. 6. Auflage. VS Verlag für Sozialwissenschaften, Wiesbaden

Greinert WD (2003) Realistische Bildung in Deutschland. Ihre Geschichte und ihre aktuelle Bedeutung. Schneider Verlag, Hohengehren

Heydorn HJ (1980) Ungleichheit für alle. Zu Neufassung des Bildungsbegriffs. Bildungstheoretische Schriften. Band 3. Syndikat, Frankfurt/ M

Höhn E (Hrsg) (1974) Ungelernte in der Bundesrepublik. Soziale Situation, Begabungsstruktur und Bildungsmotivation. Georg Michael Pfaff Gedächtnisstiftung. Kaiserslautern

Kappler HG (1974) Die Bundesländer. In: Wiemann G (Hrsg) Ansätze zur Lösung des Jungarbeiterproblems. Im Auftrag der Kommission für wirtschaftlichen und sozialen Wandel in Bonn/ Bad Godesberg. Böttger Dissertationen und Reprints. Hannover, S 63-74

Kell A (1982) Berechtigungswesen zwischen Bildungs- und Beschäftigungssystem. In: Blankertz H, Derbolav J, Kell A, Kutscha G (Hrsg) Enzyklopädie Erziehungswissenschaft. Band 9 Sekundarstufe II. Klett-Cotta, Stuttgart, S 289-321

Kerschensteiner G (1929) Berufserziehung und Jugendalter. In: Kühne A (Hrsg) Handbuch für das Berufs- und Fach-Schulwesen. Quelle & Meyer, Leipzig, S 83-98

Kipp M (1995a) „Perfektionierung" der industriellen Berufsausbildung im Dritten Reich. In: Kipp M , Miller-Kipp G (Hrsg) Erkundungen im Halbdunkel. Einundzwanzig Studien zur Berufserziehung und Pädagogik im Nationalsozialismus. Gesellschaft zur Förderung arbeitsorientierter Forschung und Bildung (GAFB-Verlag), Frankfurt/ M, S 269-320

Kipp M (1995b) „Überwindung der Ungelernten"? Vorstudien zur Jungarbeiterbeschulung im Dritten Reich. In: Kipp M, Miller-Kipp G (Hrsg) Erkundungen im Halbdunkel. Einundzwanzig Studien zur Berufserziehung und Pädagogik im Nationalsozialismus. Gesellschaft zur Förderung arbeitsorientierter Forschung und Bildung (GAFB-Verlag). Frankfurt/ M, S 199-226

Kipp M, Biermann H (Hrsg) (1989) Quellen und Dokumente zur Beschulung der männlichen Ungelernten. 1869-1969. 1. Halbband. Böhlau Verlag, Köln
Kluth H, Lohmar U, Tartler R (1955) Arbeiterjugend gestern und heute. Sozialwissenschaftliche Untersuchungen. Quelle& Meyer, Heidelberg
KMK (1968): Sekretariat der Ständigen Konferenz der Kultusminister der Länder in der Bundesrepublik Deutschland: Gruppenbezeichnung im beruflichen Bildungswesen. Beschluss der Kultusministerkonferenz vom 18./ 19.01.1968
Langewiesche D, Tenorth HE (1989) Bildung, Formierung, Destruktion. In: Langewiesche D, Tenorth HE (Hrsg) Handbuch der deutschen Bildungsgeschichte. Band V. 1918-1945. Die Weimarer Republik und die nationalsozialistische Diktatur. C H Beck Verlag, München, S 1-24
Lipsmeier A (1989) Berufsbildung. In: Führ C, Furck CL (Hrsg) Handbuch der deutschen Bildungsgeschichte. Band VI. 1945 bis zur Gegenwart. Erster Teilband Bundesrepublik Deutschland.
Verlag C H Beck. München, S 447-494
Linke W (1950) Berufserziehungsprobleme der Ungelernten. In: Deutsche Berufs- und Fachschu-
le, 46, S 82-102
Luchtenberg P (Hrsg) (1955) Beiträge zur Frage der Ungelernten. Bertelsmann, Bielefeld
Lutz B (1979) Die Interdependenz von Bildung und Beschäftigung und das Problem der Erklärung
der Bildungsexpansion. In Matthes J (Hrsg) Sozialer Wandel in Westeuropa – Verhandlungen
des 19. Deutschen Soziologentages. Campus-Verlag, Frankfurt/ M
Netzeband K (1932) „Ungelernte" Arbeit ist „Berufs"-Arbeit. Wiederabdruck. In: Kipp M, Biermann
H (Hrsg) (1989) Quellen und Dokumente zur Beschulung der männlichen Ungelernten. 1869-
1969. 1. Halbband. Böhlau Verlag, S 139-142
Nolte H, Röhrs HJ, Stratmann K (1973) Die Jungarbeiter als Problem der Berufsschule. In: Neuordnung des beruflichen Schulwesens NW. Schriftenreihe des Kultusministers. Heft 22, Düsseldorf, S 141-205
Oestreich P (1929) Erklärung: Schutz für die Ungelernten! In: Oestreich P, Viehweg E (Hrsg) Be-
ruf, Mensch, Schule. Tagungsbuch der Entschiedenen Schulreformer, vom 29.9.-02.10.1928
in Dresden. Litz-Verlag, Frankfurt/ M
Offe C (1970) Leistungsprinzip und industrielle Arbeit. Mechanismen der Statusverteilung in Arbeits-
organisationen der industriellen Leistungsgesellschaft. Europäische Verlagsanstalt. Frankfurt/ M
Pache O (1893) Die Ausfüllung der großen Lücke zwischen Schulentlassung und Militäreinstellung.
In: Die Deutsche Fortbildungsschule, H. 2, S 300-312
Pahl JP (2007) Berufsbildende Schule. Bertelsmann, Bielefeld
Picht G (1965) Die deutsche Bildungskatastrophe. Deutscher Tachenbuch-Verlag, München
Riedel J (1955) Allgemeine Berufserziehung von Ungelernten. Westermann, Braunschweig
Rützel J (2006) Berufliche Bildung von Benachteiligten. In: Kaiser FJ, Pätzold G (Hrsg.) Wörterbuch
Berufs- und Wirtschaftspädagogik. Klinkhardt, Bad Heilbrunn, S 64-66
Schaaf K (1935/36) Das Problem der ungelernten Arbeiter. Wiederabdruck. In: Kipp M, Biermann
H (Hrsg) (1989) Quellen und Dokumente zur Beschulung der männlichen Ungelernten. 1869-
1969. 1. Halbband. Böhlau Verlag, S 216-219
Schelsky H (Hrsg) (1952) Arbeitslosigkeit und Berufsnot der Jugend. 1. Band. Bund-Verlag, Köln
Scholle H (1953) Jungarbeitertypen in der heutigen Berufsschule. In: Die berufliche Schule, Heft
5, S 603-607
Schult J (1931) Übersicht über das Berufsschulwesen für die ungelernte männliche Jugend in Deutschland. Wiederabdruck, In: Kipp M, Biermann H (Hrsg) (1989) Quellen und Dokumente zur Beschulung der männlichen Ungelernten. 1869-1969. 1. Halbband. Böhlau Verlag, Köln, S 276-279

Schulz O (1935) Die Lage der Berufsschulen für Arbeiter, Wiederabdruck, In: Kipp M, Biermann H (Hrsg) (1989) Quellen und Dokumente zur Beschulung der männlichen Ungelernten. 1869-1969. 1. Halbband. Böhlau Verlag, S 280-285

Sektion Berufs- und Wirtschaftspädagogik in der Deutschen Gesellschaft für Erziehungswissenschaft (DGfE) (Hrsg) Memorandum zur Professionalisierung des pädagogischen Personals in der Integrationsförderung aus berufsbildungswissenschaftlicher Sicht. Pahl-Rugenstein, Bonn

Seubert R (1983) Zur Geschichte des Jungarbeiter-Problems. Diskussionsbeiträge im Forschungsschwerpunkt Historische Mobilität und Normenwandel, Nr. 16. Universität Gesamthochschule Siegen

Siemsen A (1926) Beruf und Erziehung. Laub-Verlag, Berlin

Stomporowski S (2007) Pädagogik im Zwischenraum. Acht Studien zur beruflichen Bildung Benachteiligter an berufsbildenden Schulen. EUSL-Verlag, Paderborn

Stratmann K (Hrsg) (1981) Das Berufsvorbereitungsjahr. Anspruch und Realität. Schroedel, Hannover

Stratmann K (1993) Die gewerbliche Lehrlingserziehung in Deutschland. Modernisierungsgeschichte der betrieblichen Berufsbildung. Band 1. Berufserziehung in der ständischen Gesellschaft. Gesellschaft zur Förderung arbeitsorientierter Forschung und Bildung (GAFB-Verlag), Frankfurt/ M

Strecke E, Stagge E (1941) Die Überwindung der Ungelernten. Wiederabdruck. In: Kipp M, Biermann H (Hrsg) (1989) Quellen und Dokumente zur Beschulung der männlichen Ungelernten. 1869-1969. 1. Halbband. Böhlau Verlag, S 225-226

Struve K (1976) Jugendliche ohne Ausbildungsvertrag. Bestimmungsgründe für das Zurückbleiben Jugendlicher in Schule und Arbeitswelt. Dissertation, Westfälische-Wilhelms-Universität Münster

Südhof H (1936) Die Arbeiterberufsschule. In: Südhof H (Hrsg) Das Berufs- und Fachschulwesen in Deutschland. Entwicklung, Aufbau, Arbeit. Diesterweg, Frankfurt/ M, S 64-67

Tenorth HE (2000) Geschichte der Erziehung. Juventa, Weinheim

Thyssen S (1955) Die Ungelerntenbeschulung in berufspädagogischer Sicht. In: Die neue Berufsschule 4, S 178-180 und S 197-199

Vondung K (Hrsg) (1976) Das wilhelminische Bürgertum: zur Sozialgeschichte seiner Ideen. Vandenhoeck & Ruprecht, Göttingen

Wiemann G (1967) Die Jungarbeiterfrage – ein ungelöstes Problem? In: Die Deutsche Berufs- und Fachschule, 63, S 218-220

Wiemann G (1974) Berufspädagogische Maßnahmen zur Lösung des Jungarbeiterproblems. In: Wiemann G (Hrsg) Ansätze zur Lösung des Jungarbeiterproblems. Im Auftrag der Kommission für wirtschaftlichen und sozialen Wandel in Bonn/ Bad Godesberg. Böttger Dissertationen und Reprints. Hannover, S 122-153

Wiemann G (1983) Reformstrategien zur Einführung des Berufsgrundbildungsjahres. In: Lipsmeier A (Hrsg) Berufsbildungspolitik in den 1970er Jahren. Eine kritische Bestandsaufnahme für die 80er Jahre. Zeitschrift für Berufs- und Wirtschaftspädagogik. Beiheft 4, Franz Steiner Verlag, S 110-122

Deklassierende Dispositive. Zur kulturgeschichtlichen Dimension des zeitgenössischen Übergangsgeschehens [1]

Martin Koch / Arnulf Bojanowski

> *Well, they burned my barn, they stole my horse*
> *I can't save a dime*
> *I got to be careful, I don't want to be forced*
> *Into a life of continual crime*
> *I can see for myself that the sun is sinking*
> *How I wish you were here to see*
> *Tell me now, am I wrong in thinking*
> *That you have forgotten me?*
>
> *Now they worry and they hurry and they fuss and they fret*
> *They waste your nights and days*
> *Them I will forget*
> *But you I'll remember always*
> *Old memories of you to me have clung*
> *You've wounded me with words*
> *Gonna have to straighten out your tongue*
> *It's all true, everything you have heard*
>
> (Bob Dylan 2006)[2]

2006, als Bob Dylan mit „Modern Times" erstmals seit 30 Jahren eine Nr.-1-Platzierung in den US-Charts erreichte, war der oben zitierte *Workingman's Blues #2* das darauf wohl am meisten beachtete Stück. Es wurde vielfach als Hinwendung zu einem neu entstandenen Prekariat auf den segmentierten Arbeitsmärkten westlicher Metropolen verstanden. Tatsächlich wird darin die Erfahrung einer zerrissenen Lebensweise versprachlicht, deren Verlauf derart fremdbestimmt ist, dass sie jenseits indifferenten Empfindens nicht einmal über Worte zu ihrer Artikulierung verfügt. Es drängen sich Parallelen zu Bourdieus Beschreibung von Prekarität als „*Verfall jeglichen Verhältnisses zur Welt, zu Raum und Zeit*" (Bourdieu 1998, S. 97) auf und führen von dort zu vermuteten Unterschichtskindern, für die in den Sockelsektoren des Übergangssystems ungefragt Maßnahmen konzipiert sind, über die geschrieben wird, ohne dass sie auch nur den Hauch einer eigenständigen Handlungs- und Artikulationsmacht erhielten. Doch merkwürdig: Dylan verweist mit keinem Wort auf Erscheinungen und Diskurse der Gegenwart.

---

1   Unser Dank gilt Ariane Steuber für hilfreiche gedankliche Unterstützung und Stefan Bode für seine klärenden Hinweise zu Jürgen Habermas.

2   http://www.bobdylan.com/us/songs/workingmans-blues-2, 07. Mai 2012

Er montiert Fragmente traditioneller Texte zu einem ortlosen Bericht ohne zeitliche Chronologie. Was erzählt wird, könnte sich auch vor 100 Jahren abgespielt haben und vermittelt so den Verdacht, dass Prekarität eine unabänderliche Konstante aller als modern ausgewiesen Zeiten markiert.

1. Das Prekariat – eine zeitlose Konstante?

1.1 Prekäre Sprachlosigkeiten

Tatsächlich scheinen Arbeitslosigkeit, Exklusion und perspektivlose Disziplinierung immer schon notwendige Resultate von Lohnverhältnissen zu sein und umso mehr zu latenten Gefahren zu werden, je totaler sie an die Stelle unmittelbarer Beziehungen treten. Und in vieler Hinsicht enthalten die dabei geformten Protagonisten überraschende Analogien, die ein zeitgenössisches Prekariat mit historischen Vorläufern bis in das 15. Jahrhundert verbinden: Sie wirken von Anbeginn disziplinierend in das Innere der Arbeitsgesellschaft und werden erst durch Initiationsformate zu gegenständlichen Figuren einer parallel konstruierten Wahrnehmung.

Insofern wirken verfemte Rollenformate von jeher als stereotype Projektionen, aus deren Ausgrenzung die Lohnarbeitsgesellschaft ihre Tugenden und Sanktionsmechanismen bezieht. Umgekehrt sind es real erzeugte Gestalten, die mittels Disziplinarmaßnahmen hervorgebracht werden und die sich in institutionalisierten Abwärtsspiralen perpetuieren. Zudem ist den Betroffenen bis auf wenige historische Ausnahmen gemein, dass sie aufgrund eines „pädagogischen" Vorsatzes, der Gewöhnung an meist nicht vorhandene Arbeit, diszipliniert werden. Schließlich aber durchzieht insbesondere die deutsche Deklassierungsgeschichte die Kontinuität einer fast durchgängigen Sprachlosigkeit aller derart exkludierten Akteure (vgl. z. B. Ayaß 1992, S. 93). Über 500 Jahre hinweg existiert kaum ein Zeugnis, in dem die Betroffenen selbst ihre Lage beschreiben.

Hier unterscheidet sich die europäische, zumal die deutsche, zentral von der amerikanischen Geschichte. Denn wo dortige Outcasts mit Blues oder Folk über eigene kulturelle Ausdrucksformen verfügten, blieb der hiesige Deklassierte selbst dann noch passiver Part diskursiver Verhandlung, als in den 1950er Jahren *„die Oberschichts- und Mittelschichtsjugend der angelsächsischen Welt, die zunehmend den internationalen Ton angab, die Musik, Kleidung und sogar die Sprache der ärmeren urbanen Schichten (...) zum Vorbild erkoren"* (Hobsbawm 2010, S. 415). Als die mythischen Gestalten der Tramps, Bums, Hobos, Rambler und Gambler in den kulturellen Kosmos der deutschen Mittelschichtsjugend einziehen, sind sie kaum indirekt auf hiesige Randgruppen bezogen. Vielleicht beginnt sich diese Verschließung überhaupt erst in der näheren Zukunft zu lösen, da die ständische Konstruktion einer Arbeiterklasse, die sich von Beginn an gegen ein „Lumpenproletariat(.)" (Marx 1975 [1852], S. 160) abgrenzt, in mehrfacher Weise zerbröselt.

1.2 Deklassierende Initiationen im Übergangssektor

Möglicherweise sind die Entdeckung einer neuen qualitativen Empirie in der Prekaritätsforschung, das Aufkommen spezifischer Stile des Hiphop und der Diskurs um veränderte Idiome unterschichtsspezifischer Jugendsprachen Signifikanten des kulturellen Debüts einer seit einem halben Jahrtausend erzwungenen Lebensweise. Doch verweisen hysterische Diskurse um gerade das letztgenannte Phänomen im Kanon mit Hartz-IV-TV-Sendungen, Debatten im Dunstkreis des Sarrazinpopulismus und die empirische Bilanz einer zunehmenden Abwertung gesellschaftlicher Randgruppen andererseits auf eine Reaktivierung sozialer Exklusionsmuster, wie Loïc Wacquant sie unter dem Titel (2009) „Bestrafen der Armen" als „neoliberale Regierung der sozialen Unsicherheit" für Nordamerika bilanziert.

Solcherlei Muster erkennen wir auch in diversen Angeboten und Klassifizierungspraktiken der beruflichen Benachteiligtenförderung. Hier ist die „Expansion des Übergangssystems" spätestens seit Veröffentlichung des ersten nationalen Bildungsberichts als „möglicherweise folgenreichste und auch problematischste Strukturverschiebung" (Konsortium Bildungsberichterstattung 2006, S. 79f.) im Bildungswesen Gegenstand fachlicher Debatten. Dahinter verbirgt sich u. E. jedoch eine Verteilung in Bildungsgänge mit unterschiedlicher Integrationsintensität äquivalent zu der zonalen Spaltung des Arbeitsmarkts, wie sie Brinkmann et al. (2006) im Anschluss an Robert Castel (2000, S. 360f.) für die Bundesrepublik konstatieren. Hier verweisen hoch differenzierte Verbleibsquoten und explizit für Jugendliche konzipierte Selektions- und Sanktionsmechanismen auf die Installation deklassierender Initiationsformate, die entkoppelte Biografien in den Aushegungen der Arbeitsgesellschaft erzeugen und hinter dem Schleier sozialpädagogischer Verbrämung Erinnerungen an vergangene Institutionen aufkommen lassen (Koch 2012).

1.3 Zu unserem Beitrag

Es erscheint uns offensichtlich, dass sich alle Versuche, den Komplex beruflicher Benachteiligung aus allein pädagogischer Perspektive zu denken, an strukturellen und kulturellen Beschaffenheiten unterschiedlicher Formationen der moder-

nen Lohnarbeitsgesellschaft brechen müssen. Wir wollen darum versuchen, ein
weitergehendes Modell zu umreißen, mit dem sich Kontinuitäten wie Diskonti-
nuitäten historischer Deklassierungsmuster theoretisch fassen und differenzieren
lassen. Zunächst werden wir einen Problemaufriss deutscher Deklassierungsgeschichte von der frühen Neuzeit bis in den zeitgenössischen Übergangssektor geben und anhand dessen den Bedarf eines theoretischen Analyseinstrumentariums
umreißen. Auf dieser Grundlage begeben wir uns dann auf die Suche nach geeigneten theoretischen Erklärungsmodellen. Das Ergebnis ist keine konsistente
Theorie, sondern allenfalls ein Versuch zur beruflichen Exklusionsproblematik.

2. Forever bum? Eine historische Skizze beruflicher Deklassierung

2.1 Dichotome Hilfesysteme

Dass sich berufliche Deklassierung seit Anbeginn der Moderne durch die deutsche und europäische Geschichte zieht, ist keineswegs Ausweis geschichtlicher
Kontinuität. Zu unterschiedlich sind die sozialen, ökonomischen und kulturellen
Formationen der historischen Gesellschaften, zu unterschiedlich auch die Exklu-
sionsprinzipien und -institutionen. So identifiziert Robert Castel (2000) bereits
seit Ausbruch der Pest eine Dichotomie außer- und innerinstitutioneller Hilfesys-
teme, in denen eingesessene Bedürftige gegen den ständigen Nachweis ihrer Ar-
beitsunfähigkeit versorgt, ortsfremde Arme dagegen bereits an den Toren der feudalen Kommunen abgeschoben (Sachße, Tennstedt 1998, S. 110f.) oder in ersten
Sammeleinrichtungen diszipliniert werden. Doch basiert diese *frühneuzeitliche
Separierung* mit dem „*Heimatprinzip*" (Schenk 2004, S. 15ff.) auf der sozialen
und meist auch territorialen Unverrückbarkeit aller involvierten Akteure und ist
als solche kaum mit den folgenden Epochen bürgerlicher Gesellschaft vergleichbar. Die innere Welt der Zünfte und feudalen Kommunen verweist auf die Sta-
tik erblicher Arbeitsteilung bei überwiegend hermetischer Warenzirkulation und
muss darum in Widerspruch zu allen Vorformen offener Arbeitsmärkte geraten.
Sie funktioniert über das Dreiecksverhältnis einer moralischen Externalisierung,
indem eine im Letzten göttliche Definition aller lebensweltlichen Ordnung selbst
dann noch irreversible Geltung behält, als sie im *Vormärz der Protoindustriali-
sierung* längst jeder praktischen Wahrnehmung widerspricht.
  Dies ändert sich nach 1848 schlagartig, als mit dem deutschen Take-Off
(Kiesewetter 1989) bürgerlicher Besitz, Industrie und freie Konkurrenz auf offenen Güter- und Arbeitsmärkten zum hegemonialen Prinzip des entstehenden
deutschen Reiches werden. Doch spätestens die *Gründerkrise* offenbart ab Mit-

te der 1870er Jahre die negative Elastizität angebotsorientierter Arbeitsmärkte
und entkoppelt hunderttausende arbeitssuchender Wanderarme aus den respektablen Sozialbeziehungen. Die institutionelle Regulation dieser Freisetzung erinnert durchaus an die Dichotomie der feudalen Gesellschaft, entspricht ihrem
kulturellen Prinzip jedoch keineswegs: Nahezu parallel zu Freizügigkeit, Ge-
werbe- und Bodenreformen werden mit dem Gesetz über den Unterstützungs-
wohnsitz und dem späteren Arbeitsscheuengesetz zwei Dekrete erlassen, die die
jederzeitige Deklassierung überzähliger Arbeitskräfte in disziplinierende Institutionen der entstehenden Wanderarmenfürsorge ermöglichen. Indem die Kommunen i. d. R. erst nach zweijähriger Ansässigkeit für bedürftige Anwohner zuständig werden, bleibt dem formell ausgesetzten Heimatprinzip eine Hintertür
offen. Für ortlose Arbeitssuchende wird mit den Institutionen der Wanderarmenfürsorge das externe Hilfesystem ausgeweitet, das die Betroffenen zu gemeinnüt-
ziger Arbeit verpflichtet und jede auch nur vermeintliche Widersetzung mit kor-
rektioneller Nachhaft zur „*Besserung durch Arbeit*" in Arbeitshäusern begegnet
(Schenk 2004, S. 27ff.). Damit wird berufliche Deklassierung zum gefürchteten
Straftatbestand, dessen juristische Umsetzung ohne nennenswerten Erfolg bleiben muss. Im Verein mit der Bismarck'schen Sozialgesetzgebung, die Arbeitslosigkeit dezidiert ausklammert, aber tritt damit die formelle Berufstätigkeit als
Integrationsmodus an die Stelle einer extern legitimierten Positionierung, deren
Kehrseite die sanktionierende Konstruktion eines Selbstverschuldens individu-
eller Erwerbslosigkeit ist.

2.2 Auf dem Weg zur „Verrichtung durch Arbeit"

Diese veränderte Dichotomie eines arbeitsbezogenen Integrationsmodus steht in
anachronistischer Übereinstimmung mit der kulturellen Verfasstheit der Arbeiterbewegung, deren partielle Hegemonie entscheidenden Einfluss auf die arbeitspo-
litische Transformation der *Weimarer Republik* ausübt. Deren vor allem kulturelle Selbstkonstruktion zielt im Kern ebenfalls auf eine über Arbeit determinierte
Klassenzugehörigkeit, weitet sie jedoch auf die gemeinsame Bedrohung von Erwerbslosigkeit aus. So bleiben allein an den Rändern der reformierten Arbeitsgesellschaft das Arbeitsscheuengesetz und die Institutionen der Wanderarmenfürsorge für eine selbst in der Weltwirtschaftskrise noch marginale Klientel bestehen
(Ayaß 1993, S. 15ff.). Der damit unausweichlichen Entleerung dieser Institutionen
aber begegnet die Sozialdemokratie im Verein mit einem Großteil der Fürsorge-
institutionen, konservativen und liberalen Parteien mit der zunächst erfolglosen
Initiative eines Bewahrungsgesetzes. Ziel dieser Bemühungen ist unter ande-

rem die pathologisierende Zuschreibung fehlenden Arbeitswillens und damit die dauerhafte Internierung einer entmündigten Kernklientel (Ayaß 1992, S. 245ff.).

An diese ideologische Figur knüpft die *nationalsozialistische Deklassierungsmaschinerie* an, deren dichotomer Integrationsmodus sich von der Berufstätigkeit auf die biologistische Konstruktion des arbeitsamen Körpers selbst überträgt. Die Grundsätze der Sozialversicherung werden durch Präventionsleistungen ergänzt, gleichzeitig aber mit gewaltsamen Maßnahmen auch gegen bald als „erbkranke Asoziale" diffamierte Personen flankiert. Noch unter der beifälligen Mitwirkung vieler Fürsorgevertreter werden die Betroffenen 1933 im Zuge der „Bettlerrazzia" massenhaft in Gefängnisse und Arbeitshäuser, mit der „Aktion Arbeitsscheu" nach 1938 dann in Konzentrationslager verbracht. Die biologistische Verschiebung lässt das Prinzip „Besserung durch Arbeit" folgerichtig in „Vernichtung durch Arbeit" umschlagen (Schenk 2004, S. 60ff.).

2.3   Von der Nachkriegsprosperität zu struktureller Exklusion

Dass dem Kriegsende keine weitere Deklassierungswelle folgt, geht in mehrfacher Weise auf den Besatzungsstatus vor allem der westlichen Zonen zurück. Einerseits erfolgt mit den als „Vertriebene" deklarierten Zuwanderern von östlich der Oder, Lausitzer Neiße und Bayrischem Wald eine historisch einmalige Migrationswelle von großenteils gering qualifizierten Arbeitskräften. Andererseits bleibt das Arbeitsscheuengesetz in Kraft und zusätzlich engagieren sich erneut alle im Bundestag vertretenen Parteien für ein Bewahrungsgesetz, dass 1962 tatsächlich umgesetzt wird (Willing 2003). Doch die Intervention der Alliierten bei der Integration der Immigranten in die häuslichen Lebenswelten der Eingesessenen, die Ausarbeitung des Grundgesetzes und die Protektion der wirtschaftlichen Entwicklung des westdeutschen Frontstaats verhindern eine sozialpolitische Katastrophe: Vollbeschäftigung lässt berufliche Deklassierung erneut zu einem marginalen Phänomen werden, Bewahrungs- und Arbeitsscheuengesetz werden 1967 als grundgesetzwidrig durch das Verfassungsgericht einkassiert (Ayaß 1993, S. 23).

Gerade Letzteres erscheint im Rückblick als Auftakt eines historischen Paradoxons. Denn der *rechts- und sozialstaatliche Ausbau der Bundesrepublik* beginnt Ende der 1960er Jahre just in dem Moment, als die Nachkriegsprosperität erste Blessuren erhält und setzt sich nach Ausbruch der Arbeitsmarktkrise in ihren Grundprinzipien über fast 35 Jahre fort: Das einklagbare Grundrecht auf ein teilhabeorientiertes Existenzminimum, breit angelegte Programme zur Arbeits- und Ausbildungsförderung und korporatistisch verhandelte Ausbildungskontingente (Baethge et al. 2007) setzen die historisch tradierte Dichotomie einer parallel deklassierenden Arbeitsmarktintegration nach 1968 erstmalig außer

Kraft (wenngleich sie als kulturelle Figuren und implizite Inklusionsmechanismen fraglos weiter bestehen).

Selbst wenn wir den Beginn einer neoliberal dominierten Periode erst auf das Ende der 1980er Jahre datieren, erweist sich das sozialpolitische Korsett des wiedervereinigten Deutschlands in den 1990er Jahren überraschend stabil. Dies gilt jedoch allein für die administrative, nicht aber für die ökonomische und sozialpartnerschaftliche Ebene und zeigt sich insbesondere im Ausbildungs- und Übergangssektor: Hier erlahmt die integrative Kraft der korporatistischen Ausbildungsregulation. Nach dem Pillenknick reagiert das betriebliche Ausbildungsangebot fast nur noch auf die ökonomische Konjunktur, so dass die erneut wachsenden Jahrgangskohorten ab Mitte der 1990er Jahre zum maßgeblichen Anteil in den Übergangssektor abfließen müssen. Bemerkenswerter Weise wird dieser Abdrängungsprozess in wissenschaftlichen und administrativen Diskursen jedoch überhaupt erst in dem Moment zur Kenntnis genommen, als die Problematik ihren Höhepunkt erreicht und sich die Einmündungszahlen in Übergangs- und betrieblichen Ausbildungssektor nahezu angeglichen haben (Konsortium Bildungsberichterstattung 2006, Baethge et al. 2007; Sektion BWP 2009).

Fast noch bemerkenswerter ist aber, dass in diesen Debatten die *autoritär neoliberale Umstrukturierung* gerade des außerschulischen Übergangssektors kaum thematisiert wird. Vor allem das 2005 umgesetzte SGB II enthält erhebliche Restriktionen für Zugehörige eines neu geschaffenen Rechtskreises, der aufgrund der Konstruktion von Bedarfsgemeinschaften wesentlich auf die berufliche Situation der Eltern von jungen Leuten mit deutlich geringen Bildungsabschlüssen abzielt. Just diese Jugendlichen aber sind sanktionsbewehrten Verfahren ausgesetzt, nach denen etwa die Ablehnung einer als nicht sinnvoll angesehenen Maßnahme zur Streichung sämtlicher Leistungen zum Lebensunterhalt einschließlich Wohn- und Heizkosten führen kann (Götz et al. 2010). Gleichzeitig stehen für diese Personengruppe mit sog. Arbeitsgelegenheiten nach § 16d zusätzliche Maßnahmen bereit, deren integrationsförderlicher Effekt nicht nachweisbar ist (Wolff et al. 2010). Zwar ist die Zahl dieser Zuweisungen in den letzten zwei Jahren deutlich zurückgegangen. Doch im Verein mit dem konstruierten Kriterium mangelnder Ausbildungsreife, *„steigenden Abwertungen der als ‚Nutzlose‘ und ‚Ineffiziente‘ deklarierten Gruppen"* (Heitmeyer 2012, S. 33; Herv. i. Org.) und einer offensichtlichen Entkopplung benachteiligter Zielgruppen von beruflichen Integrationsperspektiven (Koch 2012, S. 24f.), deutet sich erneut ein dichotomer Deklassierungsmechanismus an, dem Butterwegge (2008, S. 199) *„Züge einer sozialpolitischen Zeitenwende"* nachsagt, *„wie es sie zuletzt am Ende der Weimarer Republik gab"*. Die Begründung für strukturelle Integrationssperren des Arbeitsmarkts wird erneut als persönlich herbeigeführtes Versagen geziehen und sanktioniert.

2.4 Deklassierung thematisieren – aber wie?

Allein dieser kurze Streifzug durch die deutsche Deklassierungsgeschichte offenbart, dass monokausale Erklärungsmodelle an unüberwindliche Grenzen stoßen: Zwar weist das massenhafte Vorkommen deklassierter Gruppen unübersehbar auf strukturelle Integrationshemmnisse angebotsorientierter Arbeitsmärkte hin. Trotzdem sind breit angelegte Integrationsmodelle offenbar keineswegs an prosperierende Formationen gebunden. Und selbst regulationstheoretische Ansätze, nach denen gesellschaftliche Teilhabe wider ökonomische Imperative in sozialen Kämpfen erreicht wird (vgl. z. B. Lipietz 1985), müssen an der besonderen Konstruktion deklassierter Akteure, außerhalb aller sozialen Beziehungen nicht an der Gestaltung der eigener Identitäten mitwirken zu können, versagen.

Selbst die in diesem Prozess maßgebenden Gruppen wechseln sichtlich mit den arbeitsgesellschaftlichen Formationen und weisen doch epochenübergreifende Gemeinsamkeiten auf: Deklassierung ist offensichtlicher Ausdruck immenser Machtgefälle und muss darum zunächst durch *Erklärungsmodelle von Macht* als grundsätzliches soziales Interaktionsphänomen erklärt werden. Jedoch wird solcher Macht je nach Epoche durch andere Akteure entgegengewirkt, die selbst nicht direkter Gegenstand deklassierender Ausgrenzung sind. Macht muss darum wohl als Ergebnis dynamischer Verhandlungen interpretiert werden. Um dieses Programm zu verfolgen, bedarf es gewissermaßen einer „Archäologie", die freilegt, was nicht die „*Werke*", die „*Autoren*", die „*Bücher*" oder die „*Themen*" sind (Foucault 1973, S. 193). Das übergreifende Deklassierungsprinzip ist offenbar die Erzeugung kultureller Leerstellen in öffentlicher und administrativer Wahrnehmung, die die Protagonisten zu Konstruktionen mehr oder weniger eigenschaftsloser Unpersonen machen. Doch die historische Arbeitsgesellschaft hat nicht nur die Schicksale ihrer Opfern verhüllt, sondern die „Faulen" oder den „Pöbel" stets auch öffentlich denunziert. Es bedarf darum einer Analyse systematischer Praktiken und Debatten, die gleichsam „hinter dem Rücken" der Subjekte wirken.

3. Michel Foucault. Eine Lektüre in methodischer Absicht

3.1 Disziplinierungsgesellschaft

Ein solches Instrumentarium des Sichtbarmachens bietet immer noch die Foucaultsche Machtanalyse, die wir uns zunächst noch einmal in ihren diesbezüglichen Grundaussagen angeeignet haben. Wir sind uns nicht ganz sicher, ob wir in loser Vergewisserung der Theorielandschaft etwas übersehen haben, aber im Kern haben wir keinen Zweifel daran, dass weder Theorien sozialen und kulturellen Wandels (Cultural Studies), noch Sozial-, Struktur- und Mentalitätsgeschichte umfassend in der Lage sind, das Nichtentzifferbare, das schlichte historische Nichtvorhandensein jener „Überzähligen" zu thematisieren. Verfolgt man zudem die Bezugnahmen der kulturwissenschaftlichen Debatten der letzten 20 bis 30 Jahre, so wird der Bezug zu Foucault evident – lässt sich doch eine Vielzahl aktueller Ansätze auf seine originären „Tiefensondierungen" zurückverfolgen.

Michel Foucault analysiert in seinem ausufernden Werk *„Überwachen und Strafen"* (1979) die *„Geburt des Gefängnisses"* aus drei verschiedenen Machtverhältnissen oder Machtverständnissen heraus, die sich in der frühen Neuzeit – ineinander verschlungen, aber dennoch in einer gewissen historischen Gestalt rekonstruierbar – herausgebildet haben. War zu Beginn der Neuzeit als Strafform die *Marter* bestimmend, in der der Körper des Delinquenten in öffentlichen Hinrichtungsstätten unter dem Gejohle der Bevölkerung gepeinigt wurde, um dem Souverän, dem König, Genüge zu tun, so erzeugten *Reformdebatten* – im Unbehagen über die nicht intendierten Wirkungen solchen Zur-Schau-Stellens – eine Subjektivierung der Strafe: Der Staat solle so genau überwachen und kontrollieren, dass die *„Strafgewalt tiefer im Gesellschaftskörper verankert wird"* (Foucault 1979, S. 104). Durchgesetzt hat sich schließlich im ausgehenden 18. und im beginnenden 19. Jahrhundert das *Gefängnis* als Institution, in dem die *„Technik des Einzwängens der Individuen"* obsiegt hat.

Damit sind wir im Zentrum der frühen Foucaultschen Machtanalyse angelangt. Ihn interessieren offenkundig die Formen und die Mechanismen, die zur Durchsetzung einer bestimmten Formation des Überwachens und Strafens geführt haben, also das „Wie" der Macht. Zugespitzt: *„Es handelt sich nicht um die List der großen Vernunft, die noch in ihrem Schlaf am Werk ist […], sondern um die Listen der aufmerksamen „Böswilligkeit", die alle Wässerchen auf ihre Mühlen leitet. Die Disziplin ist eine praktische Anatomie des Details"* (ebd., S. 178). Auf subtilen Wegen schleicht die Macht in das Denken und Handeln der Subjekte. *„Aus diesen Kleinigkeiten und Kleinlichkeiten ist der Mensch des modernen Humanismus geboren"* (ebd., S. 181). In immer raffinierteren Techniken der Disziplinierung entsteht letztlich das „*Kerkersystem*" der Unterdrückung, der Einsperrung in das Gefängnis, des Verhaltenszwangs, der Dressurarbeit am menschlichen Körper.

In dieser Lektüre einer sich immer mehr durchsetzenden Festlegung von Machtverhältnissen, durchsetzt mit unendlichen Querverweisen auf politische, rechtliche, medizinische oder psychologische Texte und Diskurse des 17., 18. und 19. Jahrhunderts, gibt es keinen Akteur, kein Movens des historischen Prozesses, kein Subjekt, das die Prozesse koordiniert – wenn überhaupt ein Koinzidieren von Tendenzen und Konstellationen: „*Die Ausweitung der Disziplinarmethoden gehört in eine breite historische Strömung hinein: die ungefähr gleichzeitige Entwicklung anderer Technologien – agronomische, industrielle, ökonomische Technologien*" (ebd., S. 288). In diesem Bild der „*Disziplin*" erscheint die Macht undurchdringlich: „*ein Komplex von Instrumenten, Techniken, Prozeduren, Einsatzebenen, Zielscheiben*" (ebd., S. 277).

3.2   Die Rolle der Staatsapparate

Spitzt man mit Foucault zu, dann wird die Präsenz der Machtverhältnisse mit der beginnenden Moderne allumfassend. Von der Familie als Disziplinierungsinstrument bis hin zu den Staatsapparaten, die „*nicht ausschließlich aber wesentlich die Aufgabe haben, die Disziplin in einer ganzen Gesellschaft durchzusetzen (Polizei)*" (ebd.), wirkt ein unentwegt agierender Machtduktus. In Foucaults Verständnis – so mag es scheinen – schleicht die Macht in uns hinein, sie formt uns, sie wird von uns ohne Willen exekutiert. Dies erscheint auf der Ebene der Subjekte kaum nachvollziehbar – und erst recht nicht auf der Ebene der allgemeinen Steuerung. Gibt es keinerlei Anschluss an die staatliche Herrschaft? So hat schon früh in den 1970er Jahren der marxistische Theoretiker Nicos Poulantzas Foucault skeptisch geantwortet: Es kommt darauf an, konkret die „*Apparate*" zu durchdringen und ihre Funktionen und Positionen zueinander als wechselseitige Resultanten zu bestimmen. In diesem Bild erscheint „der Staat" als wichtiger Handelnder, der Markt, Eigentumsverhältnisse oder die politische Herrschaft systematisch organisiert (Poulantzas 2002, S. 68f.). So gesehen setzt sich die „Macht" über den Staat durch. Der von Foucault eingeführte Begriff „*Panoptismus*" (= Ausweitung der Disziplinierinstitutionen", Foucault 1975, S. 269) musste – so Poulantzas – immer auch bei den staatlichen Praktiken mitgedacht werden (Poulantzas 2002, S. 176ff.).

Poulantzas leistet dies in subtiler Analyse der Widersprüche des Staates und seiner wechselnden „*Bündnisse und Kompromisse*" (ebd., S. 173). Die Machtverhältnisse seien auch – und weiterhin – Klassenverhältnisse: Die „*internen Wider-*

sprüche und Spaltungen des Staates im Inneren der verschiedenen Zweige und Apparate und zwischen ihren, sowie die Widersprüche und Spaltungen im Personal des Staates sind auch durch die Existenz von Volkskämpfen im Staat bedingt" (ebd.). Aus diesem Blickwinkel sind Machtverhältnisse an die ökonomische Funktion des Staates rückgebunden, geht es doch um eine *„bemerkenswerte Wiederentfaltung des juristisch-polizeilichen Netzwerkes [...], das in neuer Form die fein verästelten Regelkreise der sozialen Kontrolle verdoppelt, trägt, unterstützt und weiter hinausschiebt"* (ebd., S. 217).

Mit Poulantzas Staatskritik erscheint die dunkle Macht Foucaults im gleisnerischen Licht des Klassenkampfes: Ausnahmslos alle Sektoren des Staates tragen dazu bei, die Disziplinierung, die *„neuen Formen der Dressur und Normierung"* (ebd., S. 219) zu substantiieren – und diese in einer neuen, konkreten, erkennbaren Strategie: Es handelt sich um eine *„weiche und kapillare Verbreitung disziplinierender Dispositive unter einer Bevölkerung, die dem Kapital massiv unterworfen ist"* (ebd., S. 219f.). Mag man Poulantzas Analysen auch nicht in allen Bestimmungen folgen, so ist hier doch forschungsmethodisch höchst interessant, wie sich auch der marxistische Theoretiker der Macht nähert. Am Beispiel des „Staates" zeigt er, dass sich Strategien von oben nicht bruchlos umsetzen lassen, dass sich im staatlichen Handeln Widersprüche zeigen, situativ Fraktionen durchsetzen oder sich kreuzende Interessen blockieren können. Insgesamt verstärkt sich das Bild einer diffusen Regulation, in der verschiedenste Formationen aufeinander einwirken und sich verstärken können.

3.3 Heuristik einer Analyse der Macht

Diese Nachzeichnung intellektueller Diskurse im Frankreich der 1970er Jahre wirken unmittelbar auch auf unsere Fragestellung. Doch bedarf es zunächst noch einer gedanklichen Weiterentwicklung: Foucault hat seinen Machtbegriff später vorsichtig als *„Vielfältigkeit von Kräfteverhältnissen, die ein Gebiet bevölkern und organisieren"* (Foucault 1983, S. 93) präzisiert und erweitert. In immer neuen Mäandrierungen der Argumente ergibt sich ein Bild der Machtverhältnisse, in denen alles alles beeinflusst, – mit Foucault: ohne „Subjekt", ohne „Generalstab" (ebd., S. 95) – in dem *„das Netz der Machtbeziehungen ein dichtes Gewebe bildet, das die Apparate und Institutionen durchzieht, ohne an sie gebunden zu sein"* (ebd., S. 97). Dieses Netz der Beziehungen zu durchdringen, das war eines der Themen Foucaults, und es bleibt ein Thema moderner Auseinandersetzungen, zu erforschen, wie sich Macht realisiert. Foucault hatte in diesem Sinne einmal seine Bücher als *„Instrumentenkasten"* beschrieben, den andere Forscher nutzen sollten.

Welche Instrumente wären das? Um in die doch oft metaphorischen und dunklen Beschreibungen von (Macht-) Verhältnissen etwas Regelhaftes einzuführen, formuliert Foucault vier Ratschläge: Man müsse von *„lokalen Herden"* des Machtwissens (ebd., S. 98) ausgehen; zweitens solle man mögliche *Transformationen zwischen Konstellationen* untersuchen (ebd., S. 98f.), drittens Beziehungen zwischen *globalen Strategien und lokalen Ankerpunkten* konstruieren (ebd., S. 99f.) und schließlich die *taktische Qualität der Diskurse* im *„Feld der Kräfteverhältnisse"* (ebd., S. 101) einzuschätzen versuchen. Besonders bemerkenswert ist der Hinweis auf die Diskurse. Man könnte fragen: Was wird über eine bestimmte Akteursgruppe nicht gesagt? Warum wird eine Menschengruppe diskursiv abgewertet? Was führt dazu, dass eine Gesellschaft gar nicht wahrnimmt, wenn ihre Ausgestoßenen sich gar nicht mehr eingliedern können? Die Machtanalyse muss sich mithin ihres Gegenstandsfelds dahingehend vergewissern, dass sie zentrale Konfliktfelder identifiziert (*„lokale Herde"*) und sich klarmacht, was an imaginären Dialogen, an unterdrückten Gefühlen, an nicht artikulierter Wut, an impliziten Wunden die Menschen beherrscht haben müsste.

3.4 Bio-Macht und Gouvernementalität

Für unseren Versuch, die Ausschließung und Deklassierung der Überzähligen zu erkunden, bietet auch die Foucaultsche Weiterführung in Richtung *„Bio-Macht"* weitere Anknüpfungspunkte. Hier geht es um Strategien, mit denen auf das *„Leben"* und die Bevölkerung gezielt wird. Mittels Strategien der *„Bio-Politik"* werden *„Regulierungen der Bevölkerung"* (ebd., S. 135) betrieben, etwa durch *„Abschätzung des Verhältnisses zwischen Ressourcen und Einwohnern um die Tabellierung der Reichtümer und ihrer Zirkulation"* (ebd., S. 135f.). Solche von Foucault dem 19. Jahrhundert zugeordnete Machttechniken und Wissensverfahren nehmen die *„Prozesse des Lebens in ihre Hand, um sie zu kontrollieren und zu modifizieren"* (ebd., S. 137). Die Macht verstärkt sich, dringt in die Subjekte und ihre privatesten Regulationspraktiken ein. Und so lässt sich der Foucaultsche Prozess der Zivilisierung rekonstruieren: *„Der abendländische Mensch lernt allmählich, was es ist, eine lebende Spezies in einer lebenden Welt zu sein"* (ebd.).

Bio-Macht, noch gekoppelt an die Selbstbeobachtung und -modifikationen des modernen Subjekts – eine analytisch faszinierende Überlegung, die aber wiederum den Machtbegriff analytisch offen hält! Hier ist an Poulantzas These zu erinnern, dass erst die Konkretion von Machtverhältnissen die Analyse weitertreiben könne. Gleichwohl wird die Herausforderung erkennbar: Ungesteuertes Bevölkerungswachstum auf der einen Seite – ab dem 18. Jahrhundert explodieren die Bevölkerungszahlen in Europa – erzeugt Diskurse, wie eingegriffen werden

kann. „*Bio-Macht*" wird damit zu einer subtilen Strategie, Einfluss zu nehmen –
dies hat Auswirkungen auf die Sexualität, aber auch auf die Strategien der Thematisierung von Randständigen und Überflüssigen. Weder „*Disziplinarmacht*"
noch „*Bio-Macht*" scheinen aber konkret genug zu sein, um den gesamten Bereich gesellschaftlicher Entwicklungen zu erklären. Beide Machtfigurationen sind
– trotz juristisch-politischem Komplex – nicht nahe genug am Staat, besser an der
Regierung. Angesichts solchen Unbehagens an seinen Machtanalysen erweiterte
Foucault in seinen letzten Schriften sein Verständnis und entwickelte den Begriff
der „*Gouvernementalität*". Dieser Begriff versucht die verschiedenen Machtver-
ständnisse zusammenzufügen (als Kunstworte werden „*Regierung*" und „*men-
tale Verhältnisse*" integriert) und eine Beschreibung von Mechanismen zu liefern, die für die aktuelle Moderne Gültigkeit beansprucht. Ausgehend von einer
Analyse der Regierungskünste der letzten vier Jahrhunderte analysiert Foucault
neue Techniken und Praktiken des Regierens einerseits (Einrichtung und Optimierung der staatlichen Prozesse) und des Umgang mit sich selbst andererseits:
Selbstprüfungen und „*Geständnisse*". Letztlich erfordert eine moderne „*Regierung*" die freiwillige Mitarbeit des Individuums an seiner „*Selbstregierung*"; es
geht um Selbstdisziplinierung und Selbstbeherrschung. Die Subjekte müssen sich
selbst führen, bleiben aber den Zumutungen ausgesetzt; die Regierung muss nicht
mehr auf die Seelen der Menschen hin wirken, sondern kann voraussetzen, dass
diese das selbst mit sich machen.

4. Deklassierende Dispositive: Erweiterung des theoretischen Instrumentariums

4.1 Foucault versus Poulantzas?

Betrachten wir die theoretischen Konstruktionen Foucaults und Poulantzas' als
in sich geschlossene Erklärungsmodelle, so ist die Differenz in doppelter Weise unübersehbar: Foucault propagiert einen letztlich absoluten Machtbegriff, der
vom Gesetz über den öffentlichen Diskurs bis in die handelnden Körper vordringt.
Macht ist bei Foucault produktive Macht, die die sozialen Akteure abrichtet, und
dabei erst als solche konstituiert. Entsprechend ist die häufig an Foucault geäußerte *Kritik eines relativ starren und undynamischen Machtbegriffs* wohl nachvollziehbar. Denn selbst wenn sich Machtdispositive in ständiger Verhandlung
befinden, so bleibt letztlich doch unklar, wie unterschiedliche Sichtweisen und
Positionierungen unter dem Mantel derart totaler Dispositionen hervorgebracht
werden können. Demgegenüber ist Poulantzas Machtbegriff dynamischer. Als aus

unserer Sicht einziger strukturalistischer Theoretiker ist er in der Lage, Struktur, Macht, und resultierende Dispositive als gleichzeitiges Resultat strukturierender Determination und dialektischer Verhandlung zu denken. Denn Macht geht bei Poulantzas immer *aus den Interessen und Interventionen unterschiedlicher Klassen und Fraktionen* hervor. Die diversen sozialen Gruppen eignen sich Diskurse und Dispositive an, werden von ihnen determiniert und haben doch unterschiedliche Klasseninteressen, mit denen sie Macht interpretieren, einfordern und zu verändern bestrebt sind. Insofern ist Staatsmacht zwar etwas, was sich hinter dem Rücken der sozialen Akteure konstituiert und entwickelt und den einzelnen Menschen wie eine unabänderliche Totalität gegenübertritt. Es ist aber Resultat eines permanenten Aushandlungsprozesses, der sich je nach historischer Formation und hegemonialer Klassenstruktur permanent transformiert und erneuert. Dabei kommt es zwar zur Durchsetzung hegemonialer Fraktionen und Interessen. Poulantzas identifiziert in Anlehnung an Gramsci einen „*Block an der Macht*" (Poulantzas 2002, S. 121). Trotzdem erhält repräsentierte Macht eine dialektisch umkämpfte Eigendynamik, mit der sie sich aus einer unmittelbaren Bezogenheit auf ökonomische Entwicklungen zu lösen tendiert. Damit löst Poulantzas das Marxsche Basis-Überbau-Schema zwar keineswegs auf, lockert es jedoch um das Verständnis einer permanenten Wechselwirkung zweier relativ eigenständiger Vektoren.

Damit werden aber auch zwei unterschiedliche Perspektiven auf die praktische Produktion sozialer Macht offenbar: Für Foucault produziert und reproduziert sich Macht in jeder sozialen Praxis und Interaktion. Dass er bevorzugt gesellschaftliche Rand- und Extrembereiche fokussiert, erscheint darum fast beliebig. Demgegenüber fokussiert Poulantzas den „*Staat als Verdichtung eines Kräfteverhältnisses*" (ebd., S. 154). Wir haben es also mit zwei unterschiedlichen sozialen Erzeugungsorten zu tun: der unmittelbaren Situation der Umsetzung und dem etatistischen Ort gesamtgesellschaftlicher Imperative. Es ließe sich dementsprechend eine dialektische Wechselbeziehung konstruieren, in der sich praktisch erzeugte Macht in den institutionellen Apparaten des kapitalistischen Staats konzentriert und von dort an die praktischen Akteure zurückgegeben wird.

Doch denken wir beide Modelle zusammen, offenbart sich unseres Erachtens trotzdem eine theoretische Leerstelle: Obwohl Poulantzas unterschiedliche Interessen, Klassen und dementsprechend Kräfte benennt, interpretiert er sie lediglich als strukturierte Vektoren, nicht aber als individuelle Verhandlungsresultate. Zwar bezieht Poulantzas sein abstrakt-theoretisches Instrumentarium wohl auf konkrete gesellschaftliche Zusammenhänge, wie etwa den Übergang der südeuropäischen ehemaligen Diktaturen Griechenland, Spanien und Portugal in bürgerliche Staatsapparate Mitte der 1970er Jahre (Poulantzas 1975), doch auch hier bleiben Subjektivität und individuelle Protagonisten unter der Abstraktion einzelner Klassen und Interessenverbände verborgen.

4.2 Bourdieu: Verhandlung zwischen Habitus und Feld

Um diese Leerstelle zu schließen, eignet sich u. E. die Klassen- und Habitustheorie Pierre Bourdieus. Für Bourdieu ist Macht nur bedingt an die Exekution durch gesellschaftliche Apparate gebunden. Macht ist vielmehr Gegenstand hierarchischer Interaktion zwischen unterschiedlich klassifizierten und strukturierten Akteuren mit unterschiedlicher Ausstattung an kulturellem, ökonomischem, sozialem (und politischem) Kapital. Sie ereignet sich in unterschiedlich zugänglichen „Feldern" (Bourdieu 1993, S. 355ff.), von denen die verschiedenen Domänen des Staatsapparats nur einige unter vielen anderen Feldern im „Feld der Macht" (Bourdieu 1991, S. 69ff.) sind. Macht ist also vor allen Dingen *Resultat einer unendlichen Vielzahl von Interaktionen*, in denen sie sich permanent neu erzeugt und (was nicht das Gleiche ist) permanent reproduziert. Auch bei Bourdieu werden die sozialen Akteure in ihrem praktischen Verhalten und Empfinden durch Machtbeziehungen strukturiert. Die unteren Schichten inkorporieren die unterschiedlichsten Dimensionen von Machtverteilung und Hierarchie und tragen auf diese Weise zum Machterhalt bei. Doch Bourdieu spricht diesem praktischen Aneignen soziale Sinnhaftigkeit und individuelle Gestaltbarkeit zu. Die Habitus fungieren gewissermaßen als innerpersoneller Niederschlag von Machtstrukturen und die daraus gerinnenden Habitus erweisen sich als sinnhafte Strukturierungsschemata, mit denen die unterschiedlichen sozialen Positionen überhaupt belebt und gestaltet werden können. Und mehr noch: Die Summe der individuell und kollektiv gemachten Erfahrungen wird von den Subjekten zu inneren generativen Strukturierungsmustern montiert. Die Habitus sind innere Apparaturen unendlicher Möglichkeiten. Die einzelnen Akteure bewegen sich innerhalb objektivierter äußerer und innerer Grenzen, mit denen sie ihre soziale Position verinnerlichen. Im Rahmen dieser Grenzen aber vermögen sie eingeschränkt unendliche Massen an Deutungsweisen und Praktiken hervorzubringen (Bourdieu 2001, S. 167ff.). Damit entwickelt Bourdieu über den Habitus eine Form objektivierter Subjektivität, mit der Macht als gleichzeitig strukturierend und zwingend und dennoch gestaltbar gedacht werden kann.

Betrachten wir aus dieser Perspektive nun den gedachten Kreislauf etatistischer und situativ umgesetzter Machtdispositive, so erhält Poulantzas Vorstellung ein interaktives und intrapersonales Äquivalent, mit dem sich der strukturierte Einzelne in Beziehung zu etatistischen Imperativen setzt. Nach unserer Lesart sind die Differenzen zwischen den Habitus, den klassifizierenden Strukturen der unterschiedlichen Felder und den korrespondierenden Akteuren *aber nie ganz eindeutig.* Zwar beschreibt Bourdieu die Hervorbringung sozialer Praktiken immer als dialektische Verhandlung zwischen Habitus und Feld, die beiden Antipoden stets und in ungleichem Maße die Verarbeitung von Erfahrungen aufnötigt. Doch sind damit alle Diskrepanzen als letztlich nur situative Anpassungsprozesse zu betrachten, in denen soziale Akteure eben diese Machterfahrung im Moment ihres Erlebnisses auf Basis unterschiedlicher Wahrnehmungsmuster verinnerlichen. Aber dieser Aneignungsprozess unterscheidet sich aus unserer Sicht in eher instrumentellen und eher kommunikativen Aushandlungssituationen. Das Wesen von Gesetzen, Regeln und Normen besteht in ihrer gesamtgesellschaftlichen Gültigkeit ja gerade darin, dass sie sich in ihrer Abstraktion einer interaktiven Erfahrbarkeit und Zugänglichkeit entziehen. Gesetze kennen keine habitualisierten Kontexte. In ihrer Abstraktion zerfällt die soziale Person in jurifizierbare Einzelmerkmale. Der verrechtlichte Mensch ist nichts als Gesetzesbrecher, Steuerbürger oder Versicherungsfall. Und dies gilt auch für den mit der Vollstreckung des Rechts Befugten. Er vertritt eine Moral oder eine imperative Teilkonstruktion, die als solche kaum oder nur bedingt Resultat lebensweltlichen Erlebens sein kann. So sehen wir staatliche und administrative Macht immer als Gegenstand einer Diskrepanzerfahrung zwischen lebensweltlichem Erleben und einer „Autorité générale", die dem Einzelnen als kaum erfahrbare Fremdheit gegenübertritt. Aus dieser Sicht besteht die Dialektik zwischen Habitus, Feldern und institutionalisierten Machtapparaten im ständigen mehr oder weniger gelungenen Versuch, diese Diskrepanz zu überbrücken und auf eine Abstraktion einzuwirken, die in ihrem transformativen Resultat immer wieder als institutionalisierte Fremdheit zu den unzähligen Orten und Akteuren ihrer ständigen Erzeugung zurückkehren muss.

4.3 Deklassierung: Zwischen sozialem Sadismus und eigenständiger Verarbeitung

Betrachten wir beispielshalber aber das keifende und sadistische Gebaren historischer Ordnungsexekutoren gegenüber den Deklassierten des ausgehenden 19. Jahrhunderts (vgl. Koch 2010, S. 214ff.), so wird ahnbar, dass hier noch etwas anderes geschieht als die bloße Umsetzung eines Ordnungsprinzips, das aufgrund inkorporierter Erfahrungen interpretiert und praktisch reproduziert wird. Denn ganz offensichtlich unterscheiden sich historische Formationen hinsichtlich Empathiefähigkeit bzw. desubjektivierter Brutalität und Verhandlungsbereitschaft bzw. kommunikativer Blockade. Dies trifft in besonderer Weise auf Phasen der institutionellen Erweiterung sozialer Gebilde und Bezugsrahmen zu. Umbruchphasen wie Nationalstaatsbildung, die Ausbreitung des Lohnverhältnisses oder der Aufbau äquivalenter Erfassungsprinzipien fußen historisch stets auf einem Verlust von Erfahrbarkeit, mit dem sich das praktische Handeln von der Erlebniswelt der Akteure entfernt. Jenseits einer triebtheoretischen Verhaftung ist es vielleicht auch dies, was Freud im *„Unbehagen in der Kultur"* unter der *„Spannung zwischen dem gestrengen Über-Ich und dem ihm unterworfenen Ich"*, die *„sich als Strafbedürfnis"* (Freud 2009, S. 87) äußert, versteht: die Konfrontation mit kafkaesken Anforderungen und Normierungsklischees, die sich jeder inneren Erfahrung und Deutbarkeit entzieht. Insofern sind gesellschaftliche Formationen immer auch danach zu unterscheiden, inwieweit es den unterschiedlichen Klassen und Akteuren gelingt, sich in Machtkonstellationen reflexiv zu positionieren, eigene Bedürfnisse zu artikulieren und sich aktiv in einen diskursiven Verhandlungsprozess einzubringen.

Damit fügen wir unserer theoretischen Konstruktion eine letzte Komponente hinzu: Das *„Konjunktive[n] Erkennen"*, das Karl Mannheim (1980, S. 211) in den *„Strukturen des Denkens"* beschreibt, unterscheidet kommunikative Aneignungsprozesse nach der Qualität und der Möglichkeit ihrer kollektiven Erfahrung. Worte, Diskurse, Institutionen und Regelwerke können überhaupt erst dann subjektiv inkorporiert und verhandelbar werden, wenn dem die *Erfahrung eines kollektiven Deutungsprozesses* vorausgeht. Historische Gesellschaftsformationen unterschieden sich also wesentlich danach, in wie weit es einzelnen Klassen und Akteuren gelingt, sich eigenständig zu ihnen ins Verhältnis zu setzen und Positionen und soziale Identitäten aus ihnen zu gewinnen.

Nach unserem Verständnis markiert das theoretische Denken Foucaults den Extremzustand einer nicht mehr gestaltbaren Erfahrung von Macht, die wir in unterschiedlichen Gesellschaftsformationen immer wieder vorfinden und die sich gerade in ihren deklassierenden Randbereichen entladen. Denn das Wesen sozialer und beruflicher Deklassierung liegt ja gerade in der diskursiven Konstruktion sozialer Protagonisten, denen neben dem Stigma von Arbeitsscheu oder -unfähigkeit keine weiteren sozialen Eigenschaften mehr zugesprochen werden. Insofern repräsentieren sie eine Auslieferung an soziale Machtdispositive. Wir betrachten Foucaults Analyse darum als eine Art „totalitären Gegenentwurf" zum Aspekt des konjunktiven Erkennens Karl Mannheims (ebd., S. 215ff.). Damit werden zwei polare Zustände gesellschaftlicher Machtverhandlung denkbar, die sich wie das kommunikative und instrumentelle Handeln nach Habermas auf zwei dichotome Interaktionsmodelle verteilen.

5. Ein provisorisches Besteck

In der Gesamtheit nehmen wir es uns also heraus, den Entwurf eines eigenen analytischen Bestecks zu montieren: Macht entsteht und reproduziert sich in konkreten hierarchischen Interaktionen. Die Erfahrung dieser Interaktion wird von den
Akteuren als „*Sozialer Sinn*" (Bourdieu 1987) der Habitus inkorporiert. Gleichzeitig entstehen aus diesen Erfahrungen innere Positionierungen und Interessen.
Dieser ständige „*Kampf der Klassifikationssysteme*" (Bourdieu 1993, S. 748) wird
immer auch an den Staat als Verdichtung eines sozialen Kräfteverhältnisses wei-
tergegeben. Von dort und den weiteren öffentlichen Institutionen werden sie den
Akteuren als etatistische Imperative zurückerstattet. Sie erfahren diese Dispositive als mehr oder weniger entfremdete Anforderungen. Nun kommt es darauf
an, inwieweit es gelingt, diese Fremdheit mit lebensweltlichen Erfahrungen zu
verknüpfen und sich entsprechend subjektiv und kollektiv anzueignen. Je nachdem, wie diese Überbrückungsleistungen gelingen, sind zwei unterschiedliche
Extremresultate denkbar: Die permanente Reproduktion einer institutionalisierten Fremdheit oder der Prozess ständiger kommunikativer Verhandlung.

Für die Untersuchung historischer Formationen ist dabei dreierlei zu bedenken: Notwendig ist die Analyse vor allen Dingen ökonomischen Anforderungen
an ein Staats- oder Gemeinwesen – die Regulation eines gesellschaftlichen Wert-
schöpfungsprozesses der Arbeitsteilung und Allokation. Untersucht werden muss
zweitens die konkrete Gestalt gesellschaftlicher Machtdispositive, die die Arbeitsgesellschaft der unterschiedlichen historischen Formationen aus dem Inneren der
Staatsapparate heraus regulieren und formatieren. Und drittens bedarf es Studien
zur konkrete Art und Weise, mit der die unterschiedlichen sozialen Klassen und
Gruppen diese Dispositive aufgreifen und erfahrbar zu machen vermögen. Damit ist auch ein Benennen der unterschiedlichen historischen Akteure und Klassen gemeint, die diesen Prozess untereinander aushandeln – wobei originär Deklassierte notwendigerweise nicht beteiligt sein können.

Literatur

Ayaß W (1992) Das Arbeitshaus Breitenau. Bettler, Landstreicher, Prostituierte, Zuhälter und Fürsorgeempfänger in der Korrektions- und Landarmenanstalt Breitenau (1874-1949). Kassel: Gesamthochschule Kassel, Fachbereich 1, Gesamthochschulbibliothek. https://kobra.bibliothek.uni-kassel.de/bitstream/urn:nbn:de:hebis:34-2008101524505/1/AyassArbeitshausBreitenau.pdf. Zugegriffen: 22. Oktober 2009

Ayaß W (1993) Die „korrektionelle Nachhaft". Zur Geschichte der strafrechtlichen Arbeitshausunterbringung in Deutschland. In: Zeitschrift für Neuere Rechtsgeschichte, Nr. 15: 184-201. http://kobra.bibliothek.uni-kassel.de/bitstream/urn:nbn:de:hebis:34-2007013016948/3/Nachhaft.pdf. Zugegriffen: 08. Oktober 2009

Baethge M, Solga H, Wieck M, unter Mitarbeit von Petsch Ch (2007) Berufsbildung im Umbruch. Signale eines überfälligen Aufbruchs. Friedrich-Ebert-Stiftung, Berlin

Bourdieu P (1987) Sozialer Sinn. Kritik der theoretischen Vernunft. Suhrkamp, Frankfurt/ M

Bourdieu P (1991) Das Feld der Macht und die technokratische Gesellschaft. In: ders: Die Intellektuellen und die Macht. Herausgegeben von Irene Dölling. VSA, Hamburg, S 67-100

Bourdieu P (1993) Die feinen Unterschiede. Kritik der gesellschaftlichen Urteilskraft. Suhrkamp, Frankfurt/ M

Bourdieu P (1998) Prekarität ist überall. In: Gegenfeuer. Wortmeldungen im Dienste des Widerstands gegen die neoliberale Invasion. UVK, Konstanz, S 96-102

Bourdieu P (2001) Meditationen. Zur Kritik der scholastischen Vernunft. Suhrkamp, Frankfurt/ M

Brinkmann U, Dörre K, Röbenack S, Kraemer K, Speidel F (2006) Prekäre Arbeit. Ursachen, Ausmaß, soziale Folgen und subjektive Verarbeitungsformen unsicherer Beschäftigungsverhältnisse. Herausgegeben vom Wirtschafts- und sozialpolitischen Forschungs- und Beratungszentrum der Friedrich-Ebert-Stiftung Abteilung Arbeit und Sozialpolitik. Friedrich-Ebert-Stiftung, Bonn

Butterwegge C (2008) Peter Hartz und historische Parallelen zu seiner Reformpolitik – ein Rückblick auf die Weimarer Republik. In: Klute J, Kotlenga S (Hrsg) Sozial- und Arbeitsmarktpolitik nach Hartz. Fünf Jahre Hartz-Reformen:. Bestandsaufnahme – Analysen – Perspektiven. Universitätsverlag, Göttingen, S 122-142

Castel R (2000) Die Metamorphosen der sozialen Frage. Eine Chronik der Lohnarbeit. UVK, Konstanz

Foucault M (1973) Archäologie des Wissens. Suhrkamp, Frankfurt/ M

Foucault M (1975) Überwachen und Strafen. Die Geburt des Gefängnisses. Suhrkamp, Frankfurt/ M

Foucault M (1983) Der Wille zum Wissen. Suhrkamp, Frankfurt/ M

Freud S (2010) Das Unbehagen in der Kultur. Und andere kulturtheoretische Schriften. Fischer, Frankfurt/ M

Götz S, Ludwig-Mayerhofer W, Schreyer F (2010) Sanktionen im SGB II. Unter dem Existenzminimum, IAB-Kurzbericht 10/2010. http://doku.iab.de/kurzber/2010/kb1010.pdf. Zugegriffen: 15. Mai 2010

Heitmeyer W (2012) Gruppenbezogene Menschenfeindlichkeit (GMF) in einem entsicherten Jahrzehnt. In: Heitmeyer W (Hrsg) Deutsche Zustände. Folge 10. Suhrkamp, Berlin, S 15-41

Hobsbawm E (2010) Das Zeitalter der Extreme. Weltgeschichte des 20. Jahrhunderts. dtv, München

Kiesewetter H (1989) Industrielle Revolution in Deutschland 1815-1914. Suhrkamp, Frankfurt/ M

Koch M (2010) „Verschüttetes Können?" Kompetenz, Herkunft und Habitus benachteiligter Jugendlicher im ländlichen Raum. Der Philosophischen Fakultät der Gottfried Wilhelm Leibniz Universität Hannover zur Erlangung des Grades eines Doktors der Philosophie (Dr. phil.) vorgelegte Dissertation

Koch M (2012) Die Wiederkehr des Vagabunden? Zur Klassifizierungsgeschichte benachteiligter Jugendlicher im Übergangssystem. In: Bojanowski A, Eckert M (Hrsg) Black Box Übergangssystem. Waxmann, Münster, S 23-36

Konsortium Bildungsberichterstattung (2006) Ein indikatorengestützter Bericht mit einer Analyse zu Bildung und Migration. http://www.bildungsbericht.de/daten/gesamtbericht.pdf. Zugegriffen: 15. September 2010

Lipietz A (1985) Akkumulation, Krisen und Auswege aus der Krise: Einige methodische Überlegungen zum Begriff „Regulation". In: PROKLA, 58: 109-137

Mannheim K (1980) Strukturen des Denkens. Herausgegeben von David Kettler, Volker Meja und Nico Stehr. Suhrkamp, Frankfurt/ M

Marx K (1975 [1852]) Der achtzehnte Brumaire des Louis Bonaparte. In: MEW, Bd. 8, Dietz, Berlin (Ost), S 111-207

Poulantzas N (1975) Die Krise der Diktaturen. Portugal, Griechenland, Spanien. Suhrkamp, Frankfurt/ M

Poulantzas N (2002) Staatstheorie. Politischer Überbau, Ideologie, Autoritärer Etatismus. Mit einer Einleitung von Alex Demirovic, Joachim Hirsch und Bob Jessop. VSA, Hamburg

Sachße C, Tennstedt F (1998) Geschichte der Armenfürsorge in Deutschland. Band 1: Vom Spätmittelalter bis zum 1. Weltkrieg. http://kobra.bibliothek.uni-kassel.de/bitstream/urn:nbn:de:heb is:34-2009063028498/1/TennstedtArmenfuersorgeBd1.pdf. Zugegriffen: 24. November 2009

Schenk L (2004) Auf dem Weg zum ewigen Wanderer? Wohnungslose und ihre Institutionen, Inaugural-Dissertation zur Erlangung des Doktorgrades. http://www.diss.fu-berlin.de/diss/receive/FUDISS_thesis_00000001275. Zugegriffen: 04. Januar 2013

Sektion Berufs- und Wirtschaftpädagogik (BWP) (2009) Memorandum zur Professionalisierung des pädagogischen Personals in der Integrationsförderung aus berufsbildungswissenschaftlicher Sicht.Pahl-Rugenstein, Bonn

Wacquant L (2009) Bestrafen der Armen. Zur neoliberalen Regierung der sozialen Ungleichheit, Barbara Budrich, Opladen & Farmington Hills

Willing M (2003) Das Bewahrungsgesetz (1918-1967). Mohr Siebeck, Tübingen

Wolff J, Popp S, Zabel C (2010) Ein-Euro-Jobs für hilfebedürftige Jugendliche: Hohe Verbreitung, geringe Integrationswirkung. In: WSI Mitteilungen. Monatszeitschrift des Wirtschafts- und Sozialwissenschaftlichen Instituts in der Hand-Böckler-Stiftung, 1/2010, S 11-18

Die Reformdebatte zum Übergang Schule/Berufsausbildung im Spiegel divergierender Interessen

Friederike Frieling, Joachim Gerd Ulrich

1. Einleitung

Im Unterschied zum Hochschulzugang ist die Einmündung in die duale Berufsausbildung *marktförmig* organisiert und eng an den Personalbedarf der Wirtschaft gekoppelt (Troltsch und Walden 2010). Die Ergebnisse dieser Inklusionsform waren in den vergangenen Jahren allerdings wenig zufriedenstellend. Mehrfach kam es zu großen Lehrstellenkrisen (Busemeyer 2009; Eberhard und Ulrich 2010b). Zwar hat sich die Situation seit 2007 etwas entspannt, doch mündet immer noch fast die Hälfte der bei der Arbeitsverwaltung registrierten Ausbildungsstellenbewerber und -bewerberinnen nicht in eine vollqualifizierende Berufsausbildungsstelle ein – ungeachtet offiziell attestierter Ausbildungsreife (Flemming et al. 2012, S. 16). 2012 waren davon 273.355 Personen betroffen (Bundesagentur für Arbeit 2012b; *Abbildung 1*). Die meisten befanden sich in Alternativen wie erneuter Schulbesuch, Fördermaßnahmen, Erwerbstätigkeiten und Praktika; 76.029 suchten noch mehrere Wochen nach Beginn des neuen Ausbildungsjahres nach einem Ausbildungsplatz. Gleichwohl galten offiziell nur 15.650 als „unversorgt", da noch suchende Bewerber, die sich zur Überbrückung in Maßnahmen des so genannten Übergangssystems befinden, arbeiten oder sonstiges tun, zur Gruppe der „versorgten Bewerber" gerechnet werden (Eberhard und Ulrich 2010b, S. 142ff.; Bundesagentur für Arbeit 2012a, S.4)

Als Folge der immer noch beschränkten Aufnahmeleistung des dualen Berufsbildungssystems fungieren *teil*qualifizierende Bildungsmaßnahmen weiterhin als Auffangbecken für erfolglose Bewerber (Maier und Ulrich 2012). Dies provozierte in jüngerer Zeit scharfe Kritik (Euler 2005; Baethge et al. 2007; Neß 2007; Greinert 2008; Münk 2010). Greinert (2008, S. 12) diagnostizierte die „Entstehung eines breiten Sektors der Dequalifizierung und Exklusion innerhalb des Gesamtsystems – offiziell als ‚Übergangssystem' bezeichnet". Für Münk (2010, S. 33) stellten die Maßnahmen ein labyrinthförmiges Geflecht von Warteschleifen dar. Effiziente Maßnahmen zugunsten breiterer Zugangswege in *vollqualifizie-*

Abbildung 1: Zahl der bei der Arbeitsverwaltung registrierten
Ausbildungsstellenbewerber, die bis zum Ende
des Berichtsjahres (30. September) *nicht* in eine
Berufsausbildungsstelle einmünden

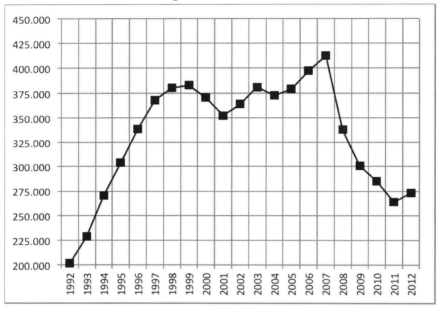

Quelle: Bundesagentur für Arbeit 2012b

rende Berufsausbildung blieben dennoch aus, ungeachtet von z. T. elaborierten
Reformvorschlägen (u. a. Baethge et al. 2007; Weinheimer Initiative 2007; Koope-
rationsverbund Jugendsozialarbeit 2010; Euler und Severing 2011; Icking 2011b;
Busemeyer 2012). Wir wollen im Folgenden den Gründen hierfür nachgehen.

Wir vermuten, dass eine institutionelle Änderung der Zugangswege in die
duale Berufsausbildung aus mehreren Gründen schwierig ist. Zum einen wirken
in Deutschland mit seinem stark fragmentierten Berufsbildungssystem viele Akteure bei der Institutionalisierung, Finanzierung, Durchführung und Kontrolle
beruflicher Bildung mit (Icking 2011a, S. 85f.). Dies erschwert Abstimmungspro-
zesse. Zum anderen verfolgen Organisationen i. d. R. zunächst das Ziel, ihre eigene Existenz zu sichern und zu fördern (Kapitel 2). Sie entwickeln deshalb ihre

Standpunkte zur institutionellen Ausgestaltung des Übergangs Schule-Berufsausbildung vorrangig in Kongruenz zu ihren eigenen Interessen und nur nachrangig aus der Perspektive ausbildungsinteressierter Jugendlicher (Kapitel 3).

Allerdings dürften nur jene Organisationen über größeren Einfluss auf die politische Willensbildung verfügen, die im korporatistischen Steuerungsverbund vertreten sind (Baethge 2006). Anzunehmen ist, dass den Wirtschaftsverbänden als Hauptfinancier des praktischen Berufsbildungsteils (Kath 1999, S. 99) eine herausragende Stellung zukommt. Reformvorschläge, die ihrem Willen widersprechen, sollten deshalb i. d. R. nur begrenzte Umsetzungschancen haben, so dass die institutionelle Ordnung des Ausbildungszugangs stärker vom Fachkräftebedarf der Wirtschaft als vom Versorgungsbedarf der Jugendlichen bestimmt wird (Kapitel 4). Doch scheint im Zuge der demografischen Entwicklung und des drohenden Fachkräftemangels das Interesse der Wirtschaft an einer Förderung und Inklusion benachteiligter Jugendlicher zu wachsen (Kapitel 5).

Wir wollen unsere Annahmen im Wesentlichen anhand einer Befragung von Angehörigen unterschiedlicher Organisationen überprüfen. Die Experten und Expertinnen stammen u. a. aus Betrieben, Bildungseinrichtungen, Wirtschaftsverbänden, Gewerkschaften, Hochschulen, Forschungseinrichtungen und der öffentlichen Verwaltung. Wir erfragten zunächst ihre Standpunkte zu Ursachen und Nutzen des Übergangssystems. Anschließend untersuchten wir ihre Ansichten zu zwei Reformvorschlägen, die auf eine breite Öffnung des Zugangs in duale Berufsausbildung zielen. Uns interessierte zum einen, ob sie diese Vorschläge begrüßen. Zum anderen wollten wir wissen, welche Realisierungschancen sie den beiden Vorschlägen einräumen.

2. Interessenabhängigkeit von Standpunkten: theoretische Annahmen

Debatten wie die zum Übergangssystem und seinem Reformbedarf sind kommunikative Austausche zwischen verschiedenen Akteuren, die kontroverse Standpunkte zu einem bestimmten Sachthema vertreten. I. d. R. werden die Argumente in enger Anlehnung am strittigen Gegenstand entfaltet, so dass scheinbar um „die sachgerechteste Lösung" gerungen wird. Faktisch aber wird die Debatte oft von impliziten Motiven gelenkt. Dies ist vor allem dann der Fall, wenn das Thema die Interessenlagen der Debattanten berührt, die Debattanten dies aber nicht in den Vordergrund ihrer Argumentation rücken wollen (Schulz von Thun 1981, S. 228; Hüffmeier und Hertel 2012, S. 149). Das Motiv hierfür resultiert meist aus der Annahme, eine explizite Offenbarung der eigenen Interessen könne die eigene Position schwächen – z. B. weil selbstloses Verhalten im Sinne staatsbür-

gerlicher Pflichterfüllung erwartet wird (Boltanski und Thévenot 2007, S. 254ff.).
Unter diesen Bedingungen entwickeln die Akteure Standpunkte, die sich vordergründig ausschließlich an Sachargumenten ausrichten, faktisch aber als Vehikel
zur Wahrung der eigenen Interessen dienen. Dass hierfür gegebenenfalls Sach-
verhalte verzerrt interpretiert und dargestellt werden müssen, wird in Kauf genommen, allerdings i. d. R. nicht offenbart.

2.1 Standpunkte zu den Ursachen von Problemlagen und zum Nutzen von Reformen

Organisationstheoretische Ansätze lassen vermuten, dass ein solches Verhalten
für Organisationen nicht minder als für Individuen gilt: Auch Organisationen sind
zuvorderst auf die Sicherung und Förderung der eigenen Existenz bedacht (Walgenbach und Meyer 2008, S. 115ff.). Divergieren gesellschaftliche Erwartungen
mit den eigenen Zielen, suchen Organisationen nach Wegen, um ihre Interessen
unter dem Anschein von Legitimität zu wahren (Meyer und Rowan 2009). Das
Repertoire reicht von der bloßen formellen, äußerlichen Proklamation, man habe
die Erwartungen auch in den eigenen Zielkatalog übernommen, bis hin zum Bestreben, selbst auf die Gestaltung der institutionellen Umwelt hinzuwirken (Meyer und Rowan 2009, S. 38). Ziel dieser „institutionellen Arbeit" (Lawrence et al.
2009) ist es, unerwünschte gesellschaftliche Ansprüche von vornherein abzuwehren. Sie richtet sich nicht nur auf die Beeinflussung von Gesetzen und Bestimmungen, sondern auch auf die Art und Weise, wie soziale Phänomene in der
Öffentlichkeit interpretiert werden (Hasse und Schmidt 2010). Denn aus der Art
der Deutung leitet sich der politische Handlungsbedarf ab. Organisationen versuchen deshalb, in der Gesellschaft Deutungsmuster von sozialen Problemen zu
verankern, die eine interessenkonforme Regelung des Problems erwarten lassen
(Suchman 1995, S. 591).

Wir vermuten nun, dass die allgemeinen Annahmen zum Verhalten von Organisationen, die wir insbesondere aus der neo-institutionalistischen Theorie ableiten (Senge und Hellmann 2006; Walgenbach und Meyer 2008; Lawrence et al.
2009), auch auf die Debatte zum Übergang Schule-Berufsausbildung zutreffen:
Worin die verschiedenen Akteure die Ursachen für die Existenz des Übergangssystems verorten, ob sie es als effizient beurteilen und welche Reformvorschläge
sie als wünschenswert begrüßen, hängt maßgeblich von den möglichen Folgen
für ihre eigene Organisation ab. Die Problemlagen der Jugendlichen (wie z. B.
Misserfolge bei Lehrstellenbewerbungen und die ersatzweise Einmündung in das
Übergangssystem) werden in einer Weise interpretiert, die Lösungen im Sinne
der eigenen organisationalen Interessen nahe legen. Deshalb ist mit einer ähnli-

chen Varianz in den Ansichten der Vertreter verschiedener Organisationen zum Übergangssystem und zu Reformvorschlägen zu rechnen, wie sich die Interessen der Organisationen unterscheiden; die Organisationszugehörigkeit determiniert weitgehend die Standpunkte der einzelnen Akteure *(Abbildung 2)*.

Abbildung 2:   Standpunkte zum Übergangssystem und zu Reformvorschlägen in Abhängigkeit von der organisationalen Zugehörigkeit

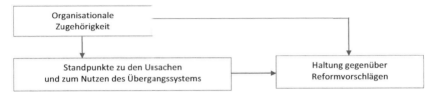

2.2 Standpunkte zu den Chancen von Reformen

Die Frage, welche Reformen als *wünschenswert* zu bezeichnen sind, berührt insbesondere die Interessen der Organisationsvertreter und damit *motivationale* Aspekte. Einer anderen Frage iwenden wir uns im Folgenden zu, welche *Chancen* verschiedene Reformvorschläge haben. Wir vermuten, dass die Akteure ihre Standpunkte hierzu stärker auf *analytischen* Überlegungen aufbauen und sich der Determinanten bewusst sind, die auf die Umsetzbarkeit von Reformen Einfluss nehmen. Das Forschungsprogramm der *subjektiven Theorien* (Groeben et al. 1988) legt nahe, dass Akteure bei ihrer Hypothesenbildung, welche Reformvorschläge in Deutschland chancenreich sind, ähnlich agieren könnten wie Wissenschaftler: Sie konstruieren ein „Modell", von welchen Determinanten die Umsetzung von Reformen beeinflusst wird und leiten daraus ihren Schluss zu den Realisierungschancen ab. Ihre eigenen Einflussmöglichkeiten auf die Reformumsetzung schätzen sie dabei weitgehend realistisch ein. Groeben et al. (1988, S. 18) verweisen darauf, dass diese subjektiven Theorien bisweilen nahe an die Präzision sozialwissenschaftlicher Theorien herankommen.

Wir nehmen an, dass die verschiedenen Organisationsvertreter um die zentralen Einflussgrößen auf die institutionelle Gestaltung des Zugangs in duale Berufsausbildung wissen: Hierzu zählen zuvorderst die *Akteure* des *korporatistischen Steuerungssystems*, dem neben staatlichen Repräsentanten Arbeitgeber- und Arbeitnehmervertreter angehören (Baethge 2006). Darüber hinaus dürften sie auch die *Umsetzungskosten von Reformen* (Klemm 2012) sowie den aktuell stark diskutierten *Handlungsdruck aufgrund des demografischen Wandels* (Euler 2011) heranziehen. Ihre *eigene* Haltung gegenüber dem Vorschlag sollte dagegen nur im begrenzten Maße mit den vermuteten Reformchancen korrelieren, da wir nicht annehmen, dass die Experten in größerem Maße bloßem Wunschdenken folgen *(Abbildung 3)*.

Abbildung 3:   Determinanten der von den Repräsentanten verschiedener Organisationen vermuteten Umsetzungswahrscheinlichkeit von Reformenvorschlägen

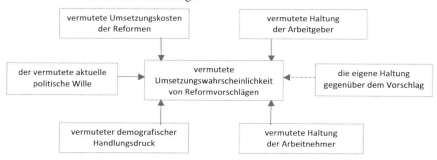

Darüber hinaus vermuten wir, dass die Organisationsvertreter den Wirtschaftsverbänden einen größeren Einfluss auf die Umsetzungschancen von Reformen einräumen als den Gewerkschaften. Denn die Arbeitgeber bilden den Hauptfinancier des praktischen Ausbildungsteils, verringern damit die Bildungsausgaben des Staates und verfügen somit über eine starke Verhandlungsposition (Busemeyer 2012). In der Vergangenheit scheuten die staatlichen Akteure bereits mehrfach vor Reformen zurück (Umlagefinanzierung), die von Gewerkschaften massiv gefordert, von den Arbeitgebern aber ebenso vehement abgelehnt wurden (Kath 1999, S. 103; Baethge 2006; Busemeyer 2009).

3. Untersuchungsansatz

Um unsere Annahmen zu überprüfen, greifen wir auf Daten des BIBB-Expertenmonitors zurück. Dies ist ein internetgestütztes Befragungssystem (www.expertenmonitor.de), mit dem professionelle Akteure aus verschiedenen Organisationen zu bildungspolitischen Themen befragt werden. Als Experten gelten hier alle Personen, die in unterschiedlichen Kontexten mit beruflicher Bildung und deren Zugang zu tun haben, sei es, dass sie Bildung organisieren, durchführen, an der Systemsteuerung mitwirken oder Berufsbildung lehren und erforschen. Am Monitor kann jede Person teilnehmen, die diese Voraussetzungen erfüllt und sich registrieren lässt. Der Bogen spannt sich von Ausbildern über Vertreter der Wissenschaft bis hin zu Verbandsvertretern. Ende 2010 äußerten sich rd. 500 Experten zum Übergangssystem und zu verschiedenen Reformvorschlägen (Gei et al. 2011). Die Zusammensetzung der Stichprobe nach ihrer organisationalen Herkunft ist in *Abbildung 4* aufgeführt.

Abbildung 4: Herkunft und Tätigkeiten der befragten Fachleute

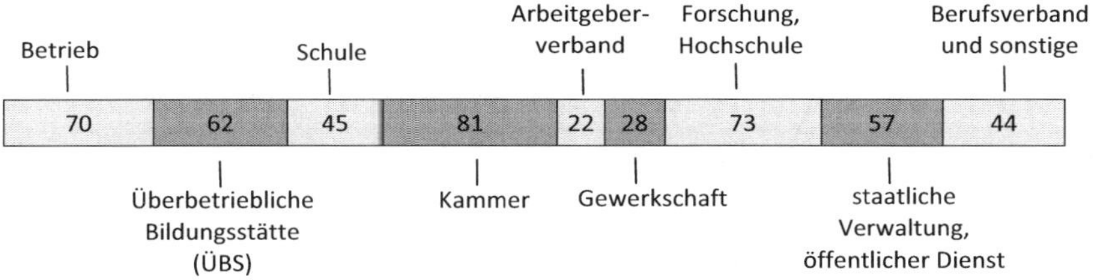

Betrieb		Schule		Arbeitgeber-verband		Forschung, Hochschule		Berufsverband und sonstige
70	62	45	81	22	28	73	57	44
	Überbetriebliche Bildungsstätte (ÜBS)		Kammer	Gewerkschaft			staatliche Verwaltung, öffentlicher Dienst	

Quelle: Expertenmonitor 2010

Da statistische Informationen zur Gesamtpopulation aller Berufsbildungsexperten in Deutschland nicht vorliegen, lässt sich **nicht** bestimmen, in welchem Grad die Stichprobe von der Verteilung der Organisationszugehörigkeiten in der Grundgesamtheit abweicht. Dies ist allerdings im Folgenden kein entscheidender Nachteil, da wir im Rahmen der uns hier interessierenden Fragen die Organisationszugehörigkeit als Einflussgröße des Antwortverhaltens der Experten stets kontrollieren werden.

4. Ergebnisse

4.1 Standpunkte zum Übergangssystem

Tabelle 1 gibt zunächst einen Überblick über die Standpunkte der befragten Experten zu zu den Themen Ausbildungsreife, Lehrstellenangebot und Übergangs-

Tabelle 1: Thesen zur Ausbildungsreife, zum Ausbildungsangebot bzw. zum Übergangssystem und ihre Zustimmungsquoten in verschiedenen Expertengruppen

	Zustimmungsquoten (in %)									
	Alle Fach-leute	Be-trieb	Überbetrieb-liche Bildungsstätte	Schule	Kam-mer	Arbeit-geber-verband	Ge-werk-schaft	Forschung, Hoch-schule	öffent-liche Ver-waltung	Sons-tige
Ein großer Teil der heutigen Schulabgänger ist nicht ausbildungsreif	48	50	58	44	62	64	18	32	33	64
Es gibt das Übergangssystem nur deshalb, weil zu wenig Ausbildungsplätze vorhanden sind	23	20	16	24	13	20	50	38	18	23
Das Übergangssystem ist in der Lage, nicht ausbildungsreife Jugendliche zur Ausbildungsreife zu führen	63	54	74	71	67	52	54	51	79	60
Für ausbildungsreife Schulabgänger stehen in Deutschland bereits heute genügend Ausbildungsplätze zur Verfügung	53	67	41	42	80	91	21	39	44	50
Das Übergangssystem trägt dazu bei, die Chancen der Teilnehmer auf eine Ausbildung zu erhöhen	68	72	72	76	70	64	39	60	70	72
Für Jugendliche sind die Maßnahmen und Bildungsgänge des Übergangs-systems Warteschleifen, in denen sie ihre Zeit verschwenden	41	42	26	38	37	36	68	50	37	44
Zahl der Befragten (Absolutwert)	482	70	62	45	81	22	28	73	57	44

Quelle: Expertenmonitor 2010

system. Zweifel an der Ausbildungsreife der heutigen Schulabgänger und Schulabgängerinnen hegt demnach knapp die Hälfte der Experten, und gut die Hälfte ist überzeugt, dass für ausbildungsreife Jugendliche bereits heute genügend Lehrstellen bereitstehen. Nur eine Minderheit führt die Existenz des Übergangssystems auf einen Ausbildungsplatzmangel zurück, und es überwiegt die Ansicht, dass das Übergangssystem durchaus zur Verbesserung der Ausbildungsreife und der Ausbildungschancen seiner Teilnehmer beiträgt. Gleichwohl gibt es in fast allen Fragen gewichtige Minderheiten, die anderer Ansicht sind, und zudem unterscheiden sich die Zustimmungsquoten deutlich nach organisationaler Herkunft. Dabei stechen vor allem die divergierenden Positionen der Arbeitgeber- und Gewerkschaftsvertreter hervor. Sie sind sich weder einig darüber, ob es einen Lehrstellenmangel gibt, noch darüber, ob die fehlende Ausbildungsreife von Jugendlichen ein Problem darstellt.

Eine Hauptkomponentenanalyse der von den Experten vertretenen Standpunkte zeigt, dass letztere analytisch *zwei grundlegenden Positionierungen (Faktoren)* zugeordnet werden können *(Tabelle 2)*. Die erste Positionierung betrifft den *Nutzen des Übergangssystems* (Faktor I) und bestimmt sich aus den Antworten auf die Fragen, ob das Übergangssystem die Ausbildungschancen erhöht, zur Ausbildungsreife führt oder aber Zeitverschwendung ist. Die zweite Positionierung (Faktor II) betrifft die *Ursachen für die Existenz des Übergangssystems.* Sie resultiert aus den Antworten zu den Fragen, ob das Übergangssystem eine Folge von zu wenigen Ausbildungsplätzen ist oder aber mit dem Problem nicht ausbildungsreifer Schulabgänger zusammenhängt.

Tabelle 2: Ergebnis einer Hauptkomponentenanalyse der sechs hier
untersuchten Fragen. Aufgeführt sind die Faktorladungen, also die
Korrelationen der Antworten auf diese Fragen mit den beiden hier
identifizierten grundlegenden Positionierungen (Faktoren).

	Faktor I Nutzen des Übergangs- systems	**Faktor II** Ursachen des Übergangs- systems
Markeritems des Faktors I (Nutzen des Übergangssystems)		
Das Übergangssystem erhöht die Ausbildungschancen	**+,836**	,085
Für Jugendliche ist das Übergangssystem Zeitverschwendung	**-,785**	-,162
Das Übergangssystem vermag zur Ausbildungsreife führen	**+,771**	-,050
Markeritems des Faktors II (Ursachen des Übergangssystems)		
Für ausbildungsreife Schulabgänger gibt es genügend Lehrstellen	-,005	**+,794**
Übergangssystem ist Folge von zu wenig Ausbildungsplätzen	-,240	**-,677**
Ein großer Teil der heutigen Schulabgänger ist nicht ausbildungsreif	-,021	**,657**
Erklärte Varianz	35,5 %	23,2 %

Quelle: Expertenmonitor 2010

Aus der Hauptkomponentenanalyse lassen sich nun für jeden Experten jeweils
zwei Faktorwerte ableiten. Diese spiegeln auf einer z-Skala (Mittelwert = 0, Stan-
dardabweichung = 1) die relative Abweichung des jeweiligen Experten von den
durchschnittlichen Positionierungen aller befragten Fachleute wider. Diese Abweichungen lassen sich auf einem zweidimensionalen Feld veranschaulichen. Die
nach Organisationszugehörigkeit gemittelten Werte sind in *Abbildung 5* dargestellt.

Demnach sind es vor allem die Gewerkschaftsvertreter, die den Nutzen des
Übergangssystems in Zweifel ziehen (erkennbar daran, dass sie auf der x-Achse
weit links positioniert sind). Zugleich führen sie stärker als alle anderen Gruppen das Übergangssystem auf ein defizitäres Ausbildungsangebot zurück (deshalb sind sie auf der y-Achse weit unten positioniert).

Abbildung 5: Abweichungen verschiedener Organisationszugehörigkeiten von den durchschnittlichen Standpunkten zum Nutzen und zu den Ursachen des Übergangssystems

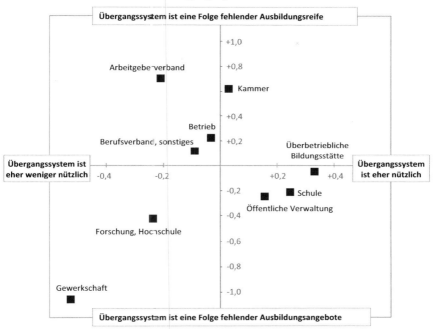

Berichtet werden die mittleren Faktorwerte.
Quelle: Expertenmonitor 2010

Arbeitgeber- und Kammervertreter interpretieren das Übergangssystem dagegen verstärkt als Folge fehlender Ausbildungsreife der Jugendlichen; die Effizienz des Systems stufen sie zugleich nicht allzu hoch ein. Einen deutlich positiveren Standpunkt zum Nutzen des Übergangssystems formulieren dagegen Angehörige jener Organisationen, die an den Bildungsgängen dieses Systems mitwirken: die überbetrieblichen Bildungsstätten und beruflichen Schulen. Die befragten Fachleute aus Hochschulen und Forschungseinrichtungen teilen diese Sicht nicht; ihre Standpunkte finden sich vielmehr im selben Quadranten wie die Positionen der Gewerkschafter.

4.2 Standpunkte zu Reformvorschlägen

Um die Einmündungszahlen in das Übergangssystem zu minimieren, müssten breitere Zugangswege in die Berufsausbildung geschaffen werden. Im Rahmen des BIBB-Expertenmonitors wurden zwei entsprechende Reformvorschläge zur Diskussion gestellt.

- Der eine Reformvorschlag zielt darauf, für ausbildungsreife, aber erfolglose Bewerber einen Rechtsanspruch auf außerbetriebliche oder schulische Berufsausbildung einzuführen (Euler und Severing 2011; Busemeyer 2012; Klemm 2012). Damit sollen unnötige Warteschleifen vermieden werden, die nicht nur teuer sind (Klemm 2012), sondern auch die Gefahr bergen, dass die Jugendlichen irgendwann resignieren und ihre Ausbildungsaspirationen aufgeben (Baethge et al. 2007; Beicht 2009; Münk 2010). Das Übergangssystem bliebe in diesem Fall ausschließlich für nicht ausbildungsreife Jugendliche zuständig.[1]

- Nach dem zweiten Vorschlag soll auch nicht ausbildungsreifen Jugendlichen der sofortige Berufsausbildungszugang ermöglicht und das Übergangssystem als unfreiwillige Warteschleife „komplett abgeschafft" werden (Zimmer 2009, S. 26). Der Ausbildungserfolg müsste in diesem Fall durch längere Ausbildungszeiten bzw. stärkere Betreuung gesichert werden. Der Vorschlag orientiert sich an § 8b des österreichischen Berufsausbildungsgesetzes (BAG). Dort ist für benachteiligte Jugendliche mit individuellen Vermittlungshemmnissen eine so genannte „integrative Berufsausbildung" vorgesehen, die vorrangig in Lehrbetrieben durchgeführt werden soll. Den Jugendlichen wird eine „Berufsausbildungsassistenz" mit sozialpädagogischen, psychologischen und didaktischen Aufgaben gewährt. Eine Ausbildungszeitverlängerung ist ebenfalls möglich.[2]

---

1   Ansätze, rein „marktbenachteiligte" Jugendliche über öffentlich geförderte Ausbildung zum Berufsabschluss zu führen, gab es in größerem Ausmaß bislang allein in Ostdeutschland im Rahmen des Bund-Länder-Programms Ost (Berger et al. 2007; Pötter et al. 2012), doch wurde dieses Programm 2010 eingestellt. In Westdeutschland wurde auf entsprechende Programme verzichtet. Erst in jüngerer Zeit sind Reformbestrebungen in den Ländern zu beobachten, die auf eine Straffung des Übergangssystems und dabei auch eine außerbetriebliche Ausbildung für Marktbenachteiligte vorsehen (Hamburger Senat 2011).

2   Einen ähnlich systematischen Förderansatz gibt es in Deutschland nicht. Das deutsche Berufsbildungsgesetz (BBiG) sieht eine Verlängerung der Ausbildungszeit bislang „in Ausnahmefällen" vor (§ 8 BBIG). Demnach „kann die zuständige Stelle auf Antrag Auszubildender die Ausbildungszeit verlängern, wenn die Verlängerung erforderlich ist, um das Ausbildungsziel zu erreichen". Ausbildungsbegleitende Hilfen müssen über § 75 des Sozialgesetzbuchs III organisiert werden. – Vgl. auch § 18 des Schweizerischen Berufsbildungsgesetzes (BBG). Es sieht für Personen mit Lernschwierigkeiten oder Behinderungen grundsätzlich die Möglichkeit einer Verlängerung der Berufsausbildung vor.

4.2.1 Einstellung gegenüber den Reformvorschlägen

In den *Tabellen 3* und *4* wird nun anhand von Regressionsanalysen wiedergegeben, wie die Fachleute auf diese beiden Vorschläge reagierten und ob sie diese als wünschenswert deklarierten. Es wurden je Vorschlag jeweils drei Regressionsmodelle gerechnet. Modell 1 zeigt, wie sich die Standpunkte zum Übergangsystem (Kapitel 4.1) auf die Haltung zu den Reformvorschlägen auswirken. Modell 2 gibt den Einfluss der organisationalen Herkunft wider. In Modell 3 werden beide Aspekte zugleich untersucht.

Tabelle 3: Determinanten der Einstellung gegenüber dem Reformvorschlag, einen Rechtsanspruch für ausbildungsreife Jugendliche auf vollqualifizierende Berufsausbildung einzuführen

	Jeder ausbildungsreife und -interessierte Jugendliche, der keinen betrieblichen Ausbildungsplatz findet, hat einen Rechtsanspruch auf eine vollqualifizierende Ausbildung in einer Schule oder in einer außerbetrieblichen Einrichtung [1]		
	Modell 1	Modell 2	Modell 3
	b	b	b
Konstante	56,302 ***	70,890 ***	67,821 ***
Einstellung gegenüber dem Übergangssystem			
Übergangssystem ist von Nutzen	-,323	–	-,924
Übergangssystem ist Folge fehlender A'reife	-10,459 ***	–	-6,757 ***
Organisationale Herkunft (Referenz: Forschung, Hochschule)			
Betrieb	–	-18,354 **	-13,922 *
überbetriebliche Bildungsstätte (ÜBS)	–	,884	3,939
Schule	–	-7,002	-5,136
Kammer	–	-33,703 ***	-26,478 ***
Arbeitgeber-, Wirtschaftsverband	–	-51,843 ***	-43,893 ***
Gewerkschaft	–	-4,224	-9,059
staatliche Verwaltung, öffentlicher Dienst	–	-16,943 **	-15,394 *
Berufsverband und sonstiges	–	-11,962	-8,424
	$R^2 = ,077$	$R^2 = ,142$	$R^2 = ,167$
	n = 476	n = 476	n = 476

[1] Reaktionen abgebildet auf einer Perzentilskala von 0 (= starke Ablehnung) bis 100 (= starke Zustimmung).
+ p < ,100; * p < ,050; ** p < ,010; *** p < ,001
Quelle: Expertenmonitor 2010

Zur Interpretationsvereinfachung wurden die Antworten in eine Perzentilskala überführt, bei der der Wert „0" für völlige Ablehnung und der Wert „100" für uneingeschränkte Zustimmung steht. Anhand der Konstanten im ersten Modell der *Tabelle 3* lässt sich somit ablesen, dass der Zustimmungsgrad der Fachleute zum ersten Vorschlag (Rechtsanspruch für ausbildungsreife Bewerber) bei durchschnittlichen Ansichten zum Übergangssystem auf mittlerem Niveau (β_0 = 56,3) liegt. Er sinkt deutlich, je stärker die Existenz des Übergangssystems auf fehlende Ausbildungsreife der Jugendlichen zurückgeführt wird (β = -10,459). Die Konstante des Modells 2 zeigt an, dass die Fachleute aus dem Forschungs- und Hochschulbereich (die hier als Referenzgruppe herangezogen wurden) gegenüber dem ersten Reformvorschlag sehr aufgeschlossen sind (β_0 = 70,9) und ihnen hierin die Vertreter der überbetrieblichen Einrichtungen, Schulen, Gewerkschaften und Berufsverbände weitgehend folgen. Dagegen äußern sich die Arbeitgeber-, Kammer-, Betriebs- und Verwaltungsvertreter signifikant kritischer. Die Differenzen zwischen den Organisationen bleiben weitgehend erhalten, wenn zugleich auch die Positionierungen gegenüber dem Übergangssystem berücksichtigt werden (Modell 3).

Der zweite Vorschlag, auch nicht ausbildungsreife Bewerber und Bewerberinnen mit einer Berufsausbildung beginnen zu lassen *(Tabelle 4)*, findet vor allem dann Unterstützung, wenn der Nutzen des Übergangssystems als gering eingestuft und seine Existenz weniger auf fehlende Ausbildungsreife als auf ein fehlendes Lehrstellenangebot zurückgeführt wird (Modell 1).

Dieser Vorschlag wird, dies zeigen die Modelle 2 und 3, ebenfalls von den Fachleuten aus Forschung und Hochschule favorisiert (β_0 = 76,7 in Modell 2). Allerdings teilen sie diese Einstellung nur noch mit den Gewerkschafts- und Berufsverbandvertretern, während sich die Vertreter der Schulen – zusammen mit den Wirtschaftsorganisationen und staatlichen Verwaltungen – nun signifikant kritischer äußern. Tendenziell ist eine kritischere Haltung auch bei den ÜBS-Vertretern zu beobachten.

Tabelle 4: Determinanten der Haltung zum Reformvorschlag, nicht ausbildungsreife Jugendliche unmittelbar mit einer Berufsausbildung beginnen zu lassen

	Ausbildungsinteressierte, aber nicht ausbildungsreife Jugendliche absolvieren nicht erst Bildungsgänge im Übergangssystem, sondern erhalten direkt einen vollqualifizierenden Ausbildungsplatz. Durch längere Ausbildungszeiten oder stärkere personelle Betreuung wird gewährleistet, dass die Jugendlichen die Ausbildung erfolgreich absolvieren können [1]		
	Modell 1	Modell 2	Modell 3
	b	b	b
Konstante	58,026 ***	76,736 ***	71,384 ***
Einstellung gegenüber dem Übergangssystem			
Übergangssystem ist von Nutzen	-7,651 ***	–	-7,248 ***
Übergangssystem ist Folge fehlender A'reife	-11,999 ***	–	-8,246 ***
Organisationale Herkunft (Referenz: Forschung, Hochschule)			
Betrieb	–	-26,001 ***	-19,121 ***
überbetriebliche Bildungsstätte (ÜBS)	–	-12,623 *	-5,266
Schule	–	-26,736 ***	-21,351 ***
Kammer	–	-39,390 ***	-28,701 ***
Arbeitgeber-, Wirtschaftsverband	–	-43,403 ***	-33,806 ***
Gewerkschaft	–	3,072	-4,692
staatliche Verwaltung, öffentlicher Dienst	–	-13,790 *	-9,263
Berufsverband und sonstiges	–	-7,418	-1,734
	$R^2 = ,153$	$R^2 = ,159$	$R^2 = ,235$
	n = 475	n = 475	n = 475

[1] Reaktionen abgebildet auf einer Perzentilskala von 0 (= starke Ablehnung) bis 100 (= starke Zustimmung)
+ $p < ,100$; * $p < ,050$; ** $p < ,010$; *** $p < ,001$
Quelle: Expertenmonitor 2010

4.2.2 Vermutete Umsetzungswahrscheinlichkeit der Reformvorschläge

Tabelle 5 informiert nun darüber, für wie *wahrscheinlich* die Fachleute eine (bundesweite) Umsetzung der beiden Vorschläge bis zum Jahr 2015 halten. Auch hier wurden die Antworten in eine Perzentilskala überführt, bei der der Wert „0" für „völlig unwahrscheinlich" und der Wert „100" für „äußerst wahrscheinlich" steht.

Tabelle 5: Vermutete Wahrscheinlichkeit einer bis 2015 erfolgten Umsetzung
zweier Reformvorschläge zugunsten einer breiten Inklusion
ausbildungsinteressierter Jugendlicher

	Rechtsanspruch für ausbildungsreife Jugendliche auf vollqualifizierende Berufsausbildung [1]	Vollqualifizierende Berufsausbildung auch für nicht ausbildungsreife Schulabgänger [1]
Befragte insgesamt	30,4	25,0
darunter:		
Betrieb	33,2	25,4
überbetriebliche Bildungsstätte (ÜBS)	34,0	27,1
Schule	32,2	27,8
Kammer	26,9	21,3
Arbeitgeber-, Wirtschaftsverband	27,6	27,4
Gewerkschaft	24,1	26,0
Forschung, Hochschule	29,8	23,9
staatliche Verwaltung, öffentlicher Dienst	25,0	25,5
Berufsverband und sonstiges	38,4	25,0
Stichprobengröße insgesamt	n = 460	n = 466

1) Antworten auf einer Perzentilskala von 0 (= gar nicht wahrscheinlich) bis 100 (= äußerst wahr-scheinlich)

Quelle: Expertenmonitor 2010

Demnach überwiegt in *allen* Organisationen – auch bei den Fachleuten aus Hoch-schule und Forschung – Skepsis; dies betrifft den zweiten Vorschlag noch stär-ker als den ersten. Auffallend ist die Homogenität der mittleren Urteile über alle Organisationen hinweg. Sie steht in Kontrast zu den differierenden Auffassun-gen zum *Nutzen* der Reformen.

Der nachfolgenden *Tabelle 6* lässt sich entnehmen, welche Faktoren aus Sicht der Fachleute die Reformumsetzung beeinträchtigen oder fördern. Dabei gilt: Je stärker die Werte an 100 heranreichen, als desto förderlicher wird der Faktor wahrgenommen.

Tabelle 6: Vermutete Bedeutsamkeit verschiedener Einflussfaktoren auf die Umsetzung zweier Reformvorschläge zur rascheren Inklusion von Jugendlichen in vollqualifizierende Berufsausbildung

	Rechtsanspruch für ausbildungsreife Jugendliche auf vollqualifizierende Berufsausbildung [1]	Vollqualifizierende Berufsausbildung auch für nicht ausbildungsreife Schulabgänger [1]
der gegenwärtige politische Wille	42,7	42,2
die Haltung der Arbeitgebervertreter	33,3	27,9
die Haltung der Arbeitnehmervertreter	69,2	65,3
die Umsetzungskosten	20,3	23,3
die demografische Entwicklung	58,4	60,3
Stichprobengröße insgesamt	$451 \leq n \leq 453$	$448 \leq n \leq 458$

1) Antworten abgebildet auf einer Perzentilskala von 0 (= stark hemmen) bis 100 (= stark fördern)
Quelle: Expertenmonitor 2010

Wie die Tabelle zeigt, sind es vor allem die Umsetzungskosten und die Haltung der Arbeitgeber, denen ein hemmender Einfluss zugeschrieben wird. Förderliche Impulse gehen ihrer Ansicht nach allein von der unterstellten Haltung der Gewerkschaften und vom demografischen Handlungsdruck aus.

Um identifizieren zu können, von welchen Determinanten die Fachleute eine Umsetzung vor allem abhängig machen, wurden zwei Regressionsanalysen gerechnet *(Tabelle 7)*. Demnach steigt die vermutete Umsetzungswahrscheinlichkeit, sofern die Fachleute selbst vom Nutzen der Reformen überzeugt sind. Der bloße Wunsch ist somit durchaus „Vater des Gedankens". Ein merklich größerer Einfluss geht jedoch, wie anhand der Höhe der Regressionskoeffizienten ablesbar ist, vom aktuellen politischen Willen, von den Umsetzungskosten und (bei Vorschlag 1) von der demografischen Entwicklung aus.

Augenfällig ist, dass der Haltung der Gewerkschaften in Hinblick auf die vermutete Umsetzungswahrscheinlichkeit der beiden Reformvorschläge keine signifikante Bedeutung zukommt – ganz im Gegensatz zur vermuteten Haltung der Arbeitgeber. Die positive Haltung der Arbeitnehmervertreter zu den beiden Reformvorschlägen, wie sie in den vorausgegangenen Analysen immer wieder deutlich wurde, erweist sich somit bildungspolitisch als relativ bedeutungslos. Den Arbeitgebern schreiben die Experten dagegen einen signifikanten Einfluss zu.

Tabelle 7: Determinanten der vermuteten Umsetzungswahrscheinlichkeit
zweier Reformvorschläge mit dem Ziel einer rascheren Inklusion
von Jugendlichen in vollqualifizierende Berufsausbildung.
Ergebnisse zweier Regressionsanalysen

	Vermutete Umsetzungswahrscheinlichkeit [1]	
	Rechtsanspruch für ausbildungsreife Jugendliche auf vollqualifizierende Berufsausbildung	Vollqualifizierende Berufsausbildung auch für nicht ausbildungsreife Schulabgänger
	b	b
Konstante (bei *zentrierten* unabhängigen Variablen)	30,301 ***	24,822 ***
eigene Einstellung gegenüber dem Vorschlag		
Positiv	,101 **	,122 ***
Exogene Faktoren		
gegenwärtiger politische Wille	,339 ***	,264 ***
Haltung der Arbeitgebervertreter	,088 *	,153 ***
Haltung der Arbeitnehmervertreter	-,006	,051
(geringe) Umsetzungskosten	,252 ***	,236 ***
demografische Entwicklung	,183 ***	,074
	$R^2 = ,346$	$R^2 = ,365$
	n = 415	n = 421

[1] Abgebildet auf einer Perzentilskala von 0 (= gar nicht wahrscheinlich) bis 100 (= äußerst wahrscheinlich)
+ p < ,100; * p < ,050; ** p < ,010; *** p < ,001
Quelle: Expertenmonitor 2010

Zudem zeigen ergänzend durchgeführte Korrelationsanalysen *(Tabelle 8)*, dass
der aktuelle politische Wille, der die Umsetzungswahrscheinlichkeit der beiden
Vorschläge maßgeblich bestimmt, in deutlichem Zusammenhang mit der Positionierung der *Arbeitgeber* wahrgenommen wird (r = ,307 bzw. r = ,384). Ein Zusammenhang mit der Haltung der *Arbeitnehmer* wird dagegen allenfalls in einem
sehr geringem Umfang vermutet (r = ,111 bzw. r = ,058).

Tabelle 8: Determinanten der vermuteten Umsetzungswahrscheinlichkeit zweier Reformvorschläge mit dem Ziel einer rascheren Inklusion von Jugendlichen in vollqualifizierende Berufsausbildung

	Korrelation mit der/den/dem vermuteten …			
	… Haltung der Arbeit- geber	… Haltung der Arbeit- nehmer	… (gerin- gen) Umset- zungskosten	demogra- fischen Wandel
Vermuteter politischer Wille bezogen auf:	r	r	r	r
Rechtsanspruch für ausbildungsreife Jugendliche auf vollqualifizierende Berufsausbildung	,307 ***	,111 *	,307 ***	,071
Vollqualifizierende Berufsausbildung auch für nicht ausbildungsreife Schul- abgänger	,384 ***	,058	,211 ***	,165 ***

438 ≤ n ≤ 445
+ p < ,100; * p < ,050; ** p < ,010; *** p < ,001
Quelle: Expertenmonitor 2010

Darüber hinaus steht der politische Wille zur Umsetzung der beiden Vorschlä-ge aus Sicht der Experten in einem stärkeren Zusammenhang mit den jeweiligen Umsetzungskosten (r = ,307 bzw. r = ,211). Dem demografischen Wandel wird nur in Hinblick auf den zweiten Vorschlag (Berufsausbildung auch für nicht aus-bildungsreife Personen) ein größerer Einfluss eingeräumt (r = ,071 bzw. r =,165).

5. Diskussion

Die vorliegenden Ergebnisse stützen weitgehend unsere in Kapitel 2 getroffenen Annahmen. Sowohl die Standpunkte zu den Ursachen und zum Nutzen des Über-gangssystems als auch die Haltung gegenüber Reformvorschlägen werden merk-lich durch die organisationale Herkunft der verschiedenen Experten bestimmt. Die Akteure beschreiben dabei die Problemlagen beim Übergang Schule-Berufs-ausbildung auf eine Weise, die ihre Befürwortung oder Ablehnung der Reform nur logisch erscheinen lässt (Hasse und Schmidt 2010). Wer z.B. institutionelle Änderungen zugunsten breiterer Zugangswege ablehnt, vertritt auch mit höherer Wahrscheinlichkeit den Standpunkt, dass es für die ausbildungsinteressierten Ju-gendlichen bereits weitgehend genügend Ausbildungsplätze gibt.

An vielen Stellen verweisen die Ergebnisse der Expertenbefragung auf den starken Einfluss der Wirtschaftsverbände auf die politische Willensbildung und auf die Umsetzungswahrscheinlichkeit von Reformvorschlägen (Busemeyer 2012, S. 24). Wie die Gewerkschaften (Neß 2007) erachten die Wirtschaftsverbände das Übergangssystem als nicht sonderlich nützlich, berufen sich hinsichtlich seines Entstehungsgrundes allerdings auf einen Mangel an Ausbildungsreife unter den Jugendlichen (Eberhard 2006). Dieses Argument legitimiert den Ausschluss eines größeren Teils der ausbildungsinteressierten Jugendlichen und ermöglicht es, das aktuell vorhandene Ausbildungsplatzangebot als weitgehend ausreichend zu deklarieren (Eberhard und Ulrich 2010b, S. 142ff.). Damit lassen sich Versuche, in die Entscheidungsautonomie der Betriebe und in den Selbstverwaltungsanspruch der Wirtschaft einzugreifen, als unbegründet abwehren.

Die Argumentation der Wirtschaftsverbände steht allerdings zum Teil im Widerspruch zu den Ergebnissen der Berufsbildungsforschung. So verweisen Zeitreihenanalysen auf eine signifikante Abhängigkeit der Einmündungszahlen in das Übergangssystem von der Höhe des Ausbildungsplatzangebots im dualen Berufsbildungssystems (Maier und Ulrich 2012, S. 382). Würden die Wirtschaftsverbände aber die Existenz des Übergangssystems mit einer Knappheit an Ausbildungsplätzen in Verbindung bringen, käme dies einem Eingeständnis gleich, die geringen Versorgungsgrade der vergangenen Jahre mit verursacht zu haben. Den Wirtschaftsverbänden kommt in ihrer gegenteiligen Argumentation zugute, dass die offizielle Ausbildungsmarktstatistik erfolglose Lehrstellenbewerber, die zur Überbrückung von Wartezeiten auf das Übergangssystem ausweichen, selbst bei vorliegender Ausbildungsreife als „versorgte Bewerber" deklariert werden (Bundesagentur für Arbeit 2012a, S. 4). Damit bleibt der tatsächliche Mangel an Ausbildungsplätzen weitgehend latent, und auch 2012 berichteten die Medien im Zusammenhang mit der Pressemitteilung des Ausbildungspaktes vom 05.11.2012, zum Ende des Berichtsjahres hätte es noch mehr „Plätze als Bewerber" gegeben.[3]

Die Ausblendung des Lehrstellendefizits (Eberhard und Ulrich 2010b, S. 149) führt jedoch dazu, dass dem Ausbildungsbedarf der Jugendlichen nicht genügend entsprochen wird, das mittlere Eintrittsalter in duale Berufsausbildung inzwischen bei 20,0 Jahren liegt (Gericke 2012, S. 138) und die Gefahr besteht, dass ein Teil der Jugendlichen dauerhaft ohne Berufsabschluss verbleibt (Euler 2005; Neß 2007; Greinert 2008; Krekel und Ulrich 2009; Münk 2010). Die staatlichen Akteure vermochten es in den vergangenen Jahren auch nicht, in ausreichendem Maße vollqualifizierende Ausbildungsplätze in Schulen oder außerbe-

---

3   So z. B. Tafel 112 des ARD-Videotextes am 05.11.2012. In der Pressemitteilung des Ausbildungspaktes („Insgesamt gute Situation auf dem Ausbildungsmarkt") wurden die 60.379 noch suchenden Lehrstellenbewerber, die sich in Zwischenlösungen befanden, nicht erwähnt. Mit Bezug ausschließlich auf die „unversorgten Bewerber" wurde von einem Überhang an Ausbildungsstellen im Umfang von 17.600 berichtet.

trieblichen Einrichtungen zur Verfügung zu stellen (Busemeyer 2012, S. 7). Dies betraf vor allem Westdeutschland, wo das Übergangssystem eine besonders große Bedeutung gewann (Eberhard und Ulrich 2010a). Anders als in den politischen Reformbestrebungen der 1970er-Jahre angedacht (Bundesminister für Bildung und Wissenschaft 1977, S. 3) bestimmte in den vergangenen Jahrzehnten somit vor allem der *Fachkräfte*bedarf der Wirtschaft und nicht der *Versorgungs*bedarf der Jugendlichen die institutionelle Gestaltung des Ausbildungszugangs (Kath 1999; Baethge 2006; Granato und Ulrich 2013).

Dass Repräsentanten von Organisationen ihre Argumentation zugunsten eigener Interessen entfalten, soll an dieser Stelle gleichwohl keine Bewertung erfahren. Auch soll auch nicht der Eindruck erzeugt werden, dass vor allem die Wirtschaftsverbände zu diesem Verhalten neigen. Vielmehr handelt sich um ein allgemeines Verhaltensphänomen von Organisationen (Meyer und Rowan 1977; Eisenhardt 1989; Lawrence et al. 2009). Es lässt sich z. B. auch an den Standpunkten der Vertreter aus überbetrieblichen Ausbildungseinrichtungen und beruflichen Schulen nachweisen, denen als Folge der Lehrstellenkrise hohe Teilnehmerzahlen ihrer teilqualifizierenden Bildungsgänge zugutekamen (Busemeyer 2012, S. 38). Den Nutzen des Übergangssystems bewerten sie entsprechend positiver als andere Organisationen. Einen Reformvorschlag, nicht ausbildungsreife Jugendliche ohne Umwege in die betriebliche Lehre zu schleusen, können Vertreter überbetrieblicher Ausbildungseinrichtungen daher nicht im selben Maße unterstützen wie die Gewerkschaftsvertreter, die in diesem Fall von einem steigenden Potenzial an Mitgliedernachwuchs profitieren würden.

Letztlich wird die Reformdebatte nur nachrangig vom Bestreben gelenkt, optimale Lösungen zugunsten der Auszubildenden zu finden. Tatsächlich ist sie vorrangig von den Interessen, Machtpositionen und Legitimationsstrategien der verschiedenen Organisationen geprägt (Walgenbach und Meyer 2008). Die Frage liegt nahe, ob die Reformdebatte überhaupt aus dem Spannungsfeld der Partikularinteressen gelöst werden kann. Dies scheint weder möglich noch besonders zweckmäßig zu sein. Denn es spricht einiges für Rücksichtnahme auf die Akteure, die das System tragen. Hilfreich könnte es jedoch sein, würden die Diskutanten ihre spezifischen Interessen nicht länger hinter einseitigen Deutungsformen sozialer Probleme verstecken, sondern offen kundtun (Schulz von Thun 1981, S. 229). Untersuchungen zeigen, dass Debattanten, die neben den explizit geäußerten Absichten impliziten Motiven folgen, einen zufriedenstellenden Verhandlungsverlauf erschweren (Hüffmeier und Hertel 2012, S. 149). Chronische Auseinandersetzungen wie z. B. der Statistikstreit über die Art der Ausbildungsmarktbilanzierung (Bosch 2008, S. 242) oder der Streit über den Reifestand der heutigen Jugend (Eberhard 2006; Großkopf 2012) ließen sich bei einem Spiel mit offenen Karten womöglich abkürzen.

Dagegen spricht allerdings, dass in unserer Gesellschaft als selbstverständlich erachtete und damit übermächtige Erwartungen kursieren, die einen derart unverdeckten Diskurs erschweren. Hierzu zählt die Konvention, dass Organisationen ihren staatsbürgerlichen Pflichten im Zweifel Vorrang vor ihren eigenen Interessen zu geben haben (Boltanski und Thévenot 2007, S. 254ff.). Das Bundesverfassungsgerichtsurteil von 1980, die Wirtschaft habe auch dann genügend Lehrstellen bereitzustellen, wenn hierfür das freie Spiel der Kräfte nicht ausreicht (Kath 1999, S. 102f.), ist ein Beispiel dafür. Das Urteil folgt staatsbürgerlichen Konventionen, diskreditiert damit aber gegenteilige Standpunkte von vorneherein als nicht hinnehmbares Verhalten. Angesichts solch übermächtiger Erwartungen fällt es schwer, abweichende Sichtweisen explizit zu machen, über Alternativen zu diskutieren und all dies offen in die Waagschale zu werfen. Die scheinbare Lösung für Organisationen besteht dann häufig im Aufbau von Legitimitätsfassaden, um dahinter nach Wegen zur Wahrung der eigenen Interessen zu suchen (Mense-Petermann 2006, S. 67f.; Walgenbach und Meyer 2008, S. 63ff.; Granato und Ulrich 2013).

Dennoch scheinen sich die ideologischen Fronten der vergangenen Jahre aufzuweichen. Denn die Engpässe beim Ausbildungszugang sind aus demografischen Gründen nicht mehr so groß wie noch vor einigen Jahren. Betriebe sehen sich zunehmend mit der Schwierigkeit konfrontiert, ihre Lehrstellen zu besetzen, während die Teilnehmerzahl im Übergangssystem bereits stark gesunken ist (Statistisches Bundesamt 2012). Die entscheidenden demografischen Veränderungen stehen aber noch bevor. Aus dem Geburtsjahrgang 2009 lassen sich nach heutigen Prognosen Mitte der 2020er-Jahre nur noch 365.000 Ausbildungsanfänger gewinnen; die Zahl der *betrieblichen* Ausbildungsangebote lag 2011 jedoch bei 569.300 (Ulrich 2012, S. 5). Dieser Wandel dürfte auch die Reformdebatte beeinflussen (Busemeyer 2012, S. 10). Denn der Legitimationsdruck auf die Wirtschaft in Hinblick auf die Zahl bereitgestellter Lehrstellen sollte bei stark sinkenden Schulabgängerzahlen ebenso sinken, wie sich der Statistikstreit um die Ausbildungsmarktbilanzierung abschwächen dürfte. Innerhalb der Wirtschaft wird bereits verstärkt diskutiert, wie sozial benachteiligte Schulabgänger für eine Berufsausbildung gewonnen werden könnten. Höhere Ausbildungsvergütungen, mit denen die Nachfrage nach unattraktiven Berufen stimuliert werden soll, stoßen ebenso auf Zustimmung der Gewerkschaften wie eine frühe Förderung benachteiligter Schülerinnen und Schüler.

Während die Interessenkonvergenz zwischen Wirtschaft und Gewerkschaften in den nächsten Jahren womöglich zunimmt, sind neue Antagonismen zu erwarten. Bildungsgänge des „Übergangssystems" werden von Wirtschaftsvertretern zunehmend als Konkurrenz wahrgenommen werden – weil sie die Zahl der noch vorhandenen Ausbildungsbewerber und -bewerberinnen und damit die Marktchancen der Betriebe mindern. Angesichts der mächtigen Position der Wirtschaft im korporatistischen Steuerungsverbund dürfte dies jedoch den politischen Willen weiter festigen, nur unter dem „Vorrang regulärer betrieblicher Ausbildung" (Heister 2012, S. 377) stringenter und mit „mehr System" den Übergang von der Schule in die Berufsausbildung zu organisieren (BIBB-Hauptausschuss 2011; Euler und Severing 2011; Hamburger Senat 2011). Der Wind, welcher der Wirtschaft im Zuge der demografischen Entwicklung entgegen bläst, wird vielleicht zum Rückenwind von Reformen.

Literatur

Baethge M (2006) Staatliche Berufsbildungspolitik in einem korporatistischen System. In: Weingart P, Taubert NC (Hrsg) Das Wissensministerium. Velbrück, Weilerswist, S 435-469

Baethge M, Solga H, Wieck M (2007) Berufsbildung im Umbruch. Signale eines überfälligen Aufbruchs. Friedrich-Ebert-Stiftung, Bonn

Beicht U (2009) Verbesserung der Ausbildungschancen oder sinnlose Warteschleife? Zur Bedeutung und Wirksamkeit von Bildungsgängen am Übergang Schule – Berufsausbildung. BIBB REPORT 11/2009

Berger K, Braun U, Schöngen K (2007) Ausbildungsplatzprogramm Ost – Evaluation, Ergebnisse und Empfehlungen. W. Bertelsmann, Bielefeld

BIBB-Hauptausschuss (2011) Leitlinien zur Verbesserung des Übergangs Schule – Beruf. Individuelle Förderung und konsistente Wege für den Übergang von der Schule in Ausbildung und Beruf schaffen. Bundesinstitut für Berufsbildung, Bonn

Boltanski L, Thévenot L (2007) Über die Rechtfertigung. Hamburger Edition, Hamburg

Bosch G (2008) Zur Zukunftsfähigkeit des deutschen Berufsbildungssystems. Arbeit 17(4): 239-253

Bundesagentur für Arbeit (2012a) Arbeitsmarkt in Zahlen. Ausbildungsstellenmarkt. Bewerber und Berufsausbildungsstellen. Deutschland. September 2012. Bundesagentur für Arbeit, Nürnberg

Bundesagentur für Arbeit (2012b) Statistik zum Ausbildungsstellenmarkt. Bewerber für Berufsausbildungsstellen und Berufsausbildungsstellen. Zeitreihe. Bundesagentur für Arbeit, Nürnberg

Bundesminister für Bildung und Wissenschaft (Hrsg) (1977) Berufsbildungsbericht 1997. Bonn, BMBW

Busemeyer M (2009) Wandel trotz Reformstau. Campus, Frankfurt/ M

Busemeyer M (2012) Reformperspektiven der beruflichen Bildung. Friedrich-Ebert-Stiftung, Berlin

Eberhard V (2006) Das Konzept der Ausbildungsreife. Ein ungeklärtes Konstrukt im Spannungsfeld unterschiedlicher Interessen. BIBB, Bonn

Eberhard V, Ulrich JG (2010a) Ins „Übergangssystem" oder ersatzweise in geförderte Berufsausbildung? Berufsbildung in Wissenschaft und Praxis 39(6): 10-14

Eberhard V, Ulrich JG (2010b) Übergänge zwischen Schule und Berufsausbildung. In: Bosch G, Krone S, Langer D (Hrsg) Das Berufsbildungssystem in Deutschland. VS Verlag für Sozialwissenschaften, Wiesbaden, S 133-164

Eisenhardt K M (1989) Agency theory. Academy of Management Review 14(1): 57-74

Euler D (2005) Das Bildungssystem in Deutschland: reformfreudig oder reformresistent? In: BIBB (Hrsg) Wege zur Sicherung der beruflichen Zukunft in Deutschland W. Bertelsmann, Bielefeld, S 203-216

Euler D (2011) Führt der demografische Wandel zu einem Verschwinden des Übergangssystems? Berufsbildung 130 (8/2011): 2-5

Euler D, Severing E (2011) Eckpunkte der Initiative „Übergänge mit System". In: Bertelsmann Stiftung (Hrsg) Übergänge mit System. Bertelsmann, Gütersloh, S 15-21

Flemming S, Granath R-O, Ulrich JG (2012) Ausbildungsmarktbilanz 2011. In: Bundesinstitut für Berufsbildung (Hrsg) Datenreport zum Berufsbildungsbericht 2012. W. Bertelsmann, Bielefeld, S 11-28

Gei J, Krewerth A, Ulrich JG (2011) Reformvorschläge zum Übergang Schule-Berufsausbildung nur bedingt konsensfähig. Berufsbildung in Wissenschaft und Praxis 40(2): 9-13

Gericke N (2012) Alter der Auszubildenden und Ausbildungsbeteiligung der Jugendlichen im dualen System. In: Bundesinstitut für Berufsbildung (Hrsg) Datenreport zum Berufsbildungsbericht 2012. Informationen und Analysen zur Entwicklung der beruflichen Bildung. W. Bertelsmann, Bielefeld, S 138-145

Granato M, Ulrich JG (2013) Die Reformierbarkeit des Zugangs in duale Berufsausbildung im Spannungsfeld institutioneller Widersprüche. Schweizerische Zeitschrift für Soziologie 39 (in Vorbereitung)

Greinert W-D (2008) Beschäftigungsfähigkeit und Beruflichkeit – zwei konkurrierende Modelle der Erwerbsqualifizierung? Berufsbildung in Wissenschaft und Praxis 37(4): 9-12

Groeben N, Wahl D, Schlee J, Scheele B (1988) Forschungsprogramm Subjektive Theorien: Eine Einführung in die Psychologie des reflexiven Subjekts. Francke, Tübingen

Großkopf S (2012) Die Rhetorik der Generationendifferenz. Zeitschrift für Sozialpädagogik 10 (1): 3-18

Hamburger Senat (2011) Maßnahmen zur Umsetzung der Reform der beruflichen Bildung in Hamburg. Bürgerschaft der Freien und Hansestadt Hamburg, Hamburg

Hasse R, Schmidt L (2010) Unternehmertum, Arbeit, Sprache. Zur Mikrofundierung des Neo-Institutionalismus. Sociologia Internationalis 48(1): 1-28

Heister M (2012) Reformdiskussionen und Strukturreformen. In: Bundesinstitut für Berufsbildung (Hrsg) Datenreport zum Berufsbildungsbericht 2012. W. Bertelsmann, Bielefeld, S 344-377

Hüffmer J, Hertel G (2012) Erfolgreich verhandeln: Das integrative Modell der Verhandlungsführung. Psychologische Rundschau 63(3): 145-159

Icking M (2011a) Steuerungsprobleme des Berufsbildungssystems in Deutschland. In: Icking M (Hrsg) Die berufliche Bildung der Zukunft. Herausforderungen und Reformansätze. Heinrich Böll Stiftung, Berlin, S 80-90

Icking M (Hrsg) (2011b) Die berufliche Bildung der Zukunft. Herausforderungen und Reformansätze. Berlin, Heinrich Böll Stiftung

Kath F (1999) Finanzierung der Berufsausbildung im dualen System. In: AG Hochschultage Berufliche Bildung (Hrsg) Kosten, Finanzierung und Nutzen beruflicher Bildung. Kieser, Neusäß, S 99-110

Klemm K (2012) Was kostet eine Ausbildungsgarantie? Bertelsmann Stiftung, Gütersloh

Kooperationsverbund Jugendsoz alarbeit (2010) Positionspapier: Ausbildung für *alle* junge Menschen – Konsequenzen für Berufsbildung und Förderung. Kooperationsverbund Jugendsozialarbeit, Berlin

Krekel EM, Ulrich JG (2009) Jugendliche ohne Berufsabschluss. Friedrich-Ebert-Stiftung, Berlin

Lawrence TB, Suddaby R, Leca B (Hrsg) (2009) Institutional work. Cambridge, Cambridge University Press

Maier T, Ulrich JG (2012) Prognosen zur weiteren Entwicklung des Übergangsbereichs. In: Bundesinstitut für Berufsbildung (Hrsg) Datenreport zum Berufsbildungsbericht 2012. Informationen und Analysen zur Entwicklung der beruflichen Bildung. W. Bertelsmann, Bielefeld, S 381-386

Mense-Petermann U (2006) Das Verständnis von Organisationen im Neo-Institutionalismus. In: Senge K, Hellmann K-U (H-sg) Einführung in den Neo-Institutionalismus. VS Verlag für Sozialwissenschaften, Wiesbaden, S 62-74

Meyer JW, Rowan B (1977) Institutional organizations: Formal structure as myth and ceremony. American Journal of Sociology 83(2): 340-363

Meyer JW, Rowan B (2009) Institutionalisierte Organisationen. Formale Struktur als Mythos und Zeremonie. In: Koch S, Schemmann M (Hrsg) Neo-Institutionalismus in der Erziehungswissenschaft. Grundlegende Texte und empirische Studien. VS Verlag für Sozialwissenschaften, Wiesbaden, S 28-56

Münk D (2010) Berufliche Bildung im Labyrinth des pädagogischen Zwischenraums: Von Eingängen, Ausgängen, Abgängen – und von Übergängen, die keine sind. In: Münk D, Rützel J, Schmidt C (Hrsg) Labyrinth Übergangssystem: Forschungserträge und Entwicklungsperspektiven der Benachteiligtenförderung zwischen Schule, Ausbildung, Arbeit und Beruf. Pahl-Rugenstein, Bonn, S 31-52

Neß H (2007) Generation abgeschoben. Warteschleifen und Endlosschleifen zwischen Bildung und Beschäftigung. W. Bertelsmann, Bielefeld

Pötter U, Prein G, Steiner C (2012) Geförderte Chancen? Kölner Zeitschrift für Soziologie und Sozialpsychologie Sonderheft 52: 234-255

Schulz von Thun F (1981) Miteinander reden. Störungen und Klärungen. Rowohlt, Reinbek

Senge K, Hellmann K-U (Hrsg) (2006) Einführung in den Neo-Institutionalismus. Wiesbaden, VS Verlag für Sozialwissenschaften

Statistisches Bundesamt (2012) Integrierte Ausbildungsberichterstattung. Anfänger im Ausbildungsgeschehen 2011 nach Sektoren/Konten und Ländern (Schnellmeldung). DESTATIS, Wiesbaden

Suchman MC (1995) Managing legitimacy: strategic and institutional approaches. Academy of Management Review 20(3): S 571-610

Troltsch K, Walden G (2010) Beschäftigungsentwicklung und Dynamik des betrieblichen Ausbildungsangebots. Zeitschrift für Arbeitsmarktforschung 43, S 107-124

Ulrich JG (2012) Kein Entrinnen aus dem Nachwuchsmangel, wenn es überall an Nachwuchs mangelt? Wege zur erfolgreichen Rekrutierung von Auszubildenden. Ausbilder-Handbuch (Aktualisierungslieferung Nr. 136, Kapitel 3.1.7), S 1-19

Walgenbach P, Meyer R (2008) Neoinstitutionalistische Organisationstheorie. Kohlhammer, Stuttgart

Weinheimer Initiative (2007) Lokale Verantwortung für Bildung und Ausbildung. Eine öffentliche Erklärung. Weinheim

Zimmer G (2009) Notwendigkeiten und Leitlinien der Entwicklung des Systems der Berufsausbildung. In: Zimmer G, Dehnbostel P (Hrsg) Berufsausbildung in der Entwicklung – Positionen und Leitlinien. W. Bertelsmann, Bielefeld, S 7-45

Komplexitätserfassung statt Komplexitätsreduktion? Ein governanceanalytisches Programm zur Analyse des „Übergangssystems" als „regionales Übergangsregime"

Arnd Kierchhoff / Martin Heinrich

1. Komplexitätserfassung oder Komplexitätsreduktion im Übergangssystem?

In ironisch verzweifeltem Ton wird das Übergangssystem, das sich in den letzten Jahren gleichsam naturwüchsig herausgebildet hat, gern mit der Metapher des „Maßnahmendschungels" belegt. Der Terminus wird vielerorts aufgegriffen, weil er zwei Dimensionen der damit verbundenen Problematik „auf den Begriff bringt". Zum einen ist das damit charakterisierte Übergangssystem als System divergierender, untereinander vielfach unverbundener isolierter Einheiten (=Maßnahmen) charakterisiert. Zum anderen ist mit dem Begriff des „Dschungels" die Unübersichtlichkeit sowie die Naturwüchsigkeit dieses Systems benannt. Der Dschungel muss als noch nicht „kultivierte Natur" zivilisiert werden, um für den Menschen nicht mehr bedrohlich zu sein. Der Dschungel ist undurchsichtig und hinter jeder Ecke bzw. jedem Baum könnte eine Gefahr lauern. Gemessen an diesen Bildern wirkt der Begriff „Übergangssystem" geradezu als Euphemismus: Der Übergang tritt den Betroffenen keineswegs systematisiert und damit beherrschbar, sondern vielmehr als desorientierende und verunsichernde Unübersichtlichkeit gegenüber.

Der vorliegende Beitrag nimmt dieses Phänomen in zweifacher Hinsicht in den Blick: Zum einen soll skizziert werden, wie derzeit durch neue Steuerungsmaßnahmen versucht wird, die Unübersichtlichkeit des Übergangssystems zu reduzieren, indem man „regionalisiert", d. h. vor Ort Lösungen für Übergangsprobleme von der Schule in den Beruf sucht. Hierbei zeigt sich, dass der Ansatz produktiv zu sein verspricht, indem er die nationale Unübersichtlichkeit so stark auf die regionale Ebene herunter bricht, dass die Probleme bearbeitbar werden. Zugleich zeigt sich aber, dass sich dadurch auf regionaler Ebene eine neue Form von Komplexität herstellt, da nunmehr viele verschiedene Akteure mit den unterschiedlichsten Steuerungsvorstellungen und Steuerungslogiken zur Mitwirkung *und* Mitbestimmung aufgerufen werden (vgl. Kap. 2). Damit bleibt auch im regionalisierten Übergangssystem das Komplexitätsproblem erhalten, so dass es weiterhin einer analytischen Perspektive bedarf, die es vermag, jene Komplexität möglichst gut abzubilden. Im vorliegenden Beitrag wird hierfür die Governance-Forschung mit ihren Analysen zur Regional-Governance herangezogen (vgl. Kap. 3). Im darauf folgenden vierten Kapitel soll dann anhand von Governance-Kategorien angedeutet werden, wie innerhalb der Governanceforschung versucht wird, Komplexität zu erfassen. Hierbei stehen die Kategorien der Akteurskonstellation (vgl. Kap. 4.1), der Handlungskoordination (vgl. Kap. 4.2) und des Mehrebenensystems (vgl. Kap. 4.3) im Vordergrund. Da jedoch auch die Governanceforschung – soll sie nicht selbst Unübersichtlichkeit generieren – der Komplexitätsreduktion bedarf, wird im abschließenden Kapitel das Theorem der Governance-Regime diskutiert. Governance-Regime stellen den Versuch dar, nach dem analytischen Durchgang durch die Komplexität wiederum verallgemeinerbare Elemente eines Gesamtsystems darstellbar zu machen. Insofern wird im Beitrag abschließend (vgl. Kap. 5) für das Programm einer Governanceanalyse des Übergangssystems als „regionalem Übergangsregime" plädiert.

2. Komplexitätsreduktion? – Regionalisierung als aktueller Reformansatz im Übergangsbereich

Aktuell liegen vielfältige Vorschläge vor, wie der Übergang Schule-Berufsausbildung reformiert werden könnte (vgl. z. B. BMBF 2010; BIBB 2011). Einige dieser Ansätze zielen auf einen Abbau der Schnittstellenprobleme im Übergangsbereich Schule-Berufsausbildung und damit auf eine verbesserte Koordination im Übergangsbereich bzw. darüber vermittelt auf eine verbesserte Steuerung der Maßnahmen innerhalb dieses Bereiches. Diesen Ansätzen ist gemein, dass sie unter anderem eine Verlagerung der Koordination auf eine lokale oder regionale Ebene vorantreiben (vgl. Weinheimer Initiative 2007; Autorengruppe BIBB/ Bertelsmann Stiftung 2011; BIBB 2011). Die jeweiligen Begründungen lauten ähnlich:

> „Da die großen Unterschiede im Bildungs-, Ausbildungs- und Übergangssystem zwischen den Ländern, aber auch für Regionen, Arbeitsagenturbezirke und Landkreise innerhalb der Länder kein einfaches Herunterbrechen von bundesweiten und landesweiten Daten erlaubt, kann ein Übergangsmanagement nicht linear übertragen werden. Ein einfacher Transfer von Konzepten zur Berufsorientierung am Übergang Schule-Beruf von der Bundes- auf Landesebene oder von Kreis- zu Kreisebene ist nicht realisierbar, da jeder Kreis über unterschiedliche lokale Akteure, Förderprogramme und Erfahrungswerte verfügt und sich somit eine jeweils spezifische Ausgangslage ergibt. Die kleinste gemeinsame Planungseinheit ist somit die Region, die Kommune, der Kreis selbst. Übergangsmanagement Schule-Beruf muss auf regio-

naler Ebene geplant, koord niert und durchgeführt werden, um effektive Ergebnisse zu pro-
duzieren." (Brüggemann 2010, S. 69f.)

Die neue Sichtweise auf Bildungssteuerung ist also als Reaktion auf konstatierte Kooperations- und Koordinationsdefizite infolge der Anerkennung von regionalen Besonderheiten respektive der Aberkennung einer regionsübergreifenden
Steuerungsmöglichkeit im Bildungsbereich zu verstehen. Konkretisierungen dieser Reformansätze firmieren unter dem Begriff des *Regionalen Übergangsmanagements*, welches definiert werden kann als:

> „[…] eine räumliche Konzentration von unterschiedlichen interagierenden Akteuren, deren
> gemeinsames Ziel es ist, durch Kooperation und Bündelung ihrer Potenziale bestmögliche
> Qualifizierung von Jugendlichen […] am Übergang Schule in Ausbildung zu erreichen und
> so langfristig die Zahl Jugendlicher ohne Berufsabschluss deutlich zu senken. Akteure eines
> solchen Netzwerkes sind vor allem die Einrichtungen der kommunalen Selbstverwaltung, all-
> gemeinbildende und berufsbildende Schulen, Betriebe, Kammern, Träger der Arbeitsförde-
> rung, Träger der Grundsicherung für Arbeitsuchende." (BMBF 2010)

Solche Regionalisierungstendenzen im Übergangsbereich „Schule-Berufsausbildung" gehen einher mit ähnlichen Reformen im sozialpolitischen Bereich (vgl.
Kühnlein 2008). Finden sich hier jedoch zumeist klare Zuordnungen und Eingren-
zungen (z. B. Arbeitsagenturbezirke) bleiben Begriffe wie „regional", „kommunal"
und „lokal" im Übergangsbereich „Schule-Beruf" in ihren Grenzen unscharf (vgl.
Fink 2011; Braun und Reißig 2011; Minderop und Solzbacher 2007). Auch in der
aktuell initiierten Förderinitiative des BMBF „Perspektive Berufsanschluss" mit
dem Förderschwerpunkt „Regionales Übergangsmanagement" bleibt der Begriff
„regional" diffus, woraus folgt, dass innerhalb der Initiative Landkreise, kreis-
freie Städte, kreisunabhängige Städte, Stadtstaaten und Regionen/Regionalver-
bünde gefördert werden (vgl. Braun und Reißig 2011).
  Allen Projekten in Bezug auf die Einführung eines regionalen Managements
des Übergangs Schule-Berufsausbildung ist gemeinsam, dass sie a) den Kreis der
in die Steuerung des Übergangsbereichs Schule-Berufsausbildung involvierten
Akteure erweitern und b) gleichzeitig dem erweiterten Akteurskreis Kompetenzen (z. B. Steuerungshoheit im Wirtschaftsbereich) zusprechen, wobei jedoch zu
konstatieren ist, dass den neu konstituierten Akteurskreisen zwar die Kompetenz
zur Mitsprache oder Beratung, aber oft keine formellen Steuerungsbefugnisse
eingeräumt werden (vgl. Kruse et al. 2010; Braun und Reißig 2011). Diese bleiben weiterhin den politischen Gremien bzw. den (Bildungs-)Verwaltungen vorbehalten (vgl. Fürst 2007; Brüsemeister 2012).
  Momentan existieren vielfältige und großangelegte Initiativen und Förder-
programme zur Initiierung eines regionalen Übergangsmanagements (vgl. Braun

und Reißig 2011; Dobischat et al. 2010; Wende 2010), doch wurde bisher wenig beachtet, dass man sich mit der notwendigen (vgl. Aram und Winter 2012) Erweiterung des Akteurskreises ein zusätzliches Problem einkauft bzw. man ein vorhandenes verschärft: Je mehr Akteure involviert sind, desto schwieriger wird die Kooperation und Koordination innerhalb der regionalen Steuerung, d. h. die durch die Regionalisierung gewonnene Komplexitätsreduktion wird unmittelbar ersetzt durch eine akteursspezifische Komplexitätssteigerung.

Wenn der Blick dabei primär den Defiziten innerhalb der Steuerungsprozesse des Bildungswesens verhaftet bleibt, so könnten diese teilweise noch durch das „Bildungs-Schisma" (vgl. Baethge 2006), also mit der traditionellen Abschottung zwischen Institutionen der Allgemeinbildung und der Berufsbildung erklärt werden. Doch dieser verengende Blick ist für das sogenannte Übergangssystem Schule-Berufsausbildung unzureichend, denn hier finden sich auch Institutionen, die verschiedenen Systemen (z. B. dem Wirtschaftssystem) angehören und damit auch verschiedenen Steuerungs- und Organisationsprinzipien folgen (vgl. Clement 2007; Autorengruppe Bildungsberichterstattung 2008). So muss für das sogenannte Übergangssystem Schule-Berufsausbildung festgestellt werden, dass hier – sowohl von ihrem gesellschaftlichen Auftrag, ihren öffentlichen Funktionen und wohlverstandenen Eigeninteressen her – verschiedenste Akteure aktiv sind (vgl. Bylinski 2011). Diese unterscheiden sich damit vielfach nicht nur in ihren Zielen und Aufgaben, sondern auch die immanenten Professionsverständnisse und Steuerungs- und Handlungslogiken können konträre sein (vgl. Heinrich und Kierchhoff 2011). Es zeigt sich damit, dass die Regionalisierungsperspektive im Sinne von Problemlösungen vor Ort einerseits plausibel erscheint, indem sie die stattfindenden Kooperationen und Koordinationsbemühungen konkret fassbar werden lässt, da sie diese konkreten Akteuren zuschreibbar macht. Andererseits erweist sich vor dem Hintergrund eines mikropolitischen Blicks (Altrichter 2004) die Komplexität des zu bewältigenden Phänomens als kaum geringer. Auch die regionalen Übergangssysteme müssen – sowohl für die steuernden Personen als auch für die Bildungsforscherinnen und Bildungsforscher – in ihrer Komplexität als neue Steuerungskonstellationen erst fassbar werden.

3. Komplexitätserfassung? – Governanceforschung und Forschungen zur „Regional Governance"

Ausgelöst u. a. durch den Einfluss systemtheoretischer Sichtweisen und empirischer Forschungen existiert eine breite Debatte darüber, ob und wie (bildungs-) politische Steuerung angesichts der dadurch sichtbar gewordenen Komplexität

überhaupt möglich ist. Der neueren Modellen bzw. Instrumenten der Bildungssteuerung (z. B. Stärkung der Schulautonomie, Einführung von Bildungsstandards,
Aufbau von Schulinspektionen) ist gemeinsam, dass sie Steuerungsverständnissen folgen, die trotz der sichtbar gewordenen Komplexität davon ausgehen, dass
Systeme (z. B. das Schulsystem) steuerbar sind. Diese Annahme bedarf jedoch
einer Relativierung (vgl. Heinrich 2008; Böttcher 2007): Es ist einerseits unwahrscheinlich, dass sich komplexe Systeme tatsächlich steuern lassen, andererseits ist
es verständlich, dass Bildungspolitik, aber auch Forschungen, die politische Perspektiven eröffnen sollen, nicht umhin können, an einer Steuerungsvorstellung
festzuhalten (vgl. Dietrich et al. 2011). Deutlich wird in diesem Diskurs um die
Komplexität von Steuerung jedoch, dass einfache, unilineare Steuerungsvorstellungen zu kurz greifen. So sind unter dem Begriff der *Governance* Sichtweisen
subsumiert, die davon ausgehen, dass in Bereichen der staatlichen, gesellschaftlichen oder auch wirtschaftlichen Steuerung zunehmend Formen eines Steuerungshandelns deutlich werden, denen das Merkmal der klaren dichotomisierenden Gegenüberstellung zwischen Steuerungssubjekt (z. B. Politik) und Steuerungsobjekt
(z. B. soziale Systeme) fehlt.[1] Die Grenzen zwischen Steuernden und denjenigen,
die gesteuert werden sollen, werden durchlässig und Alternativ- oder Mischformen
treten vermehrt auf (vgl. Kussau und Brüsemeister 2007). Auf diese neuen Formen des Steuerns und Handelns fokussiert die Governanceforschung, denn unter
dem Begriff der Governance kann das (beabsichtigte und teilweise unbeabsichtigte) Steuerungshandeln in komplexen sozialen Systemen empirisch untersucht
werden, wobei anstelle von stringenten (z. B. hierarchischen) Steuerungsprozessen von Akteurskonstellationen ausgegangen wird, die je eigene Muster der Handlungskoordination und der Interdependenzbewältigung aufweisen (vgl. Benz und
Dose 2010; Altrichter und Maag Merki 2010; Berkemeyer 2010; Schimank 2007).

Diese Governance-Perspektive, die zunehmend auch im Bildungsbereich
vertreten wird, ist nicht neu und in den Sozial-, Wirtschafts- und Politikwissenschaften schon länger verbreitet (vgl. Benz et al. 2007; Heinrich 2007). Allerdings
liegt bis heute keine klare und einheitliche Definition vor, was mit dem Begriff
Governance in die Bildungswissenschaft transportiert wird. Vielmehr muss konstatiert werden, dass mit dem „Modebegriff" (vgl. Benz et al. 2007, S. 10) Governance verschiedene Intentionen verbunden sein können. So wird er in deskriptiver Hinsicht als Forschungsperspektive, in normativer Hinsicht i. S. von „Good
Governance" oder auch „Educational Governance" und in praktischer Hinsicht

---

1   So können „Bürgerentscheide" oder auch die aktuell im Übergangsbereich vielfach eingerichteten
     „Koordinationsstellen Schule-Beruf" als ein Ausdruck eines veränderten Steuerungshandelns
     gesehen werden.

als Regierungstechnik verwendet (vgl. Benz und Dose 2010; Berkemeyer 2010, Heinrich 2011). Diese Unschärfe in der Begriffsverwendung kann aber auch als Stärke gedeutet werden, nämlich dann, wenn auf die noch variable, d. h. verschiedenen theoretischen und methodischen Zugängen offene Sichtweise verwiesen wird. Diese Offenheit positiv wendend kann von *Governance als theoretisch und methodologisch offener Forschungsperspektive* gesprochen werden (vgl. Altrichter und Maag Merki 2010).

Trotz aller Verschiedenheit in der Begriffsverwendung liegt der Governance-Perspektive jedoch eine gemeinsame Sichtweise zu Grunde. Als Versuch, einen „konstanten Begriffskern" aufzuspüren, führen Benz und Dose (2010) an:

1. „Governance bedeutet Steuern und Koordinieren (oder auch Regieren) mit dem Ziel des Managements von Interdependenzen zwischen (in der Regel kollektiven) Akteuren.

2. Steuerung und Koordination beruhen auf institutionalisierten Regelsystemen, welche das Handeln der Akteure lenken sollen, wobei in der Regel Kombinationen aus unterschiedlichen Regelsystemen (Markt, Hierarchie, Mehrheitsregel, Verhandlungsregeln) vorliegen.

3. Governance umfasst auch Interaktionsmuster und Modi kollektiven Handelns, welche sich im Rahmen von Institutionen ergeben (Netzwerke, Koalitionen, Vertragsbeziehungen, wechselseitige Anpassung im Wettbewerb).

4. Prozesse des Steuerns bzw. Koordinierens sowie Interaktionsmuster, die der Governance-Begriff erfassen will, überschreiten in aller Regel Organisationsgrenzen, insbesondere aber auch die Grenzen von Staat und Gesellschaft, die in der politischen Praxis fließend geworden sind. Politik in diesem Sinne findet normalerweise im Zusammenwirken staatlicher und nichtstaatlicher Akteure (oder von Akteuren innerhalb und außerhalb von Organisationen) statt." (Benz und Dose 2010, S. 25f.)

Der für das Übergangssystem aufgezeigten Tendenz zur regionalen (Bildungs-)Steuerung kann sich unter der Governance-Perspektive mit dem Begriff der *Regional Governance*[2] analytisch genähert werden:

„‚Regional Governance' bezeichnet Formen der regionalen Selbststeuerung in der Reaktion auf Defizite sowie als Ergänzung der marktwirtschaftlichen und der staatlichen Steuerung. Sie tritt dort auf, wo das Zusammenspiel staatlicher, kommunaler und privatwirtschaftlicher Ak-

---

2   In der Governanceforschung findet auch das Konzept der *Local Governance* Verwendung. Da sich diese Forschungsrichtung aber mehr auf Koordinationsstrukturen/-prozesse zwischen staatlicher respektive kommunaler Verwaltung und Bürger/innen bzw. deren Repräsentant/inn/en konzentriert (vgl. Holtkamp 2007), bleibt sie im hier vorliegenden Beitrag unberücksichtigt.

teure gefordert ist, um Prob eme zu bearbeiten (,intermediäre Steuerungsform'). Solche Steuerungsformen entwickeln sich, wenn die herkömmlichen Verfahren nicht mehr geeignet sind,
die sich wandelnden Aufgaben zu erfüllen, wenn es für die Akteure vorteilhafter ist herkömmliche Aufgaben anders als früher zu bearbeiten, wenn durch Verwaltungsreformen (Dezentralisierung, Privatisierung, new public management) neue Aufgaben auf die Regionen übertragen werden [...] oder wenn sich das paradigmatische Denken über die Rolle des Staates und
die Selbststeuerung der Region wandelt [...]." (Fürst 2010, S. 49; Hervorh. und Einf. i. Orig.)

Als weiterreichende Begründungen für die zunehmende Einführung einer Regional Governance kann neben der paradigmatischen Änderung hin zu mehr regi-
onalisierter Steuerung angenommen werden, dass auch ein regionsinterner Bedarf (z. B. Facharbeitermangel bei den regionsansässigen Unternehmen) und/oder
ein regionsexterner Druck (z. B. Wettbewerb mit konkurrierenden Regionen) diese neue Handlungskoordination begünstigen können (vgl. Emmerich 2010; Fürst
2007 u. 2010):

„Charakteristika einer Regional Governance sind danach:

- Zusammenspiel von (personalen) Akteuren aus Organisationen,
- Zusammenwirken von Akteuren mit verschiedenen Handlungslogiken,
- wechselseitige Abhängigkeiten der Akteure (auf der Input- und/ oder Outputseite),
- Überschreitung de- Grenzziehungen und Verantwortlichkeiten zwischen den
  Teilsystemen Staat, Wirtschaft, Zivilgesellschaft,
- selbstorganisierte Netzwerke,
- horizontale Interaktionsformen über Modi des Argumentierens und Verhandelns,
  nicht der Macht und des Zwangs, denn die Beeinflussung von Denkmustern und
  Werthaltungen der Akteure ist ein wesentliches Element der Funktionsfähigkeit von
  solchen Governance-Prozessen,
- Einbettung in selbstgewählte (ausgehandelte) Regelsysteme, welche die Interaktion
  formal kanalisieren, Transaktionskosten senken und die Erwartungssicherheit erhöhen,
- ein hoher Grad reflexiver Rationalität (Lernprozesse spielen eine große Rolle),
- intermediäre, d. h. vermittelnd und eingebunden in bestehende institutionelle Strukturen."
  (Fürst 2010, S. 53f.)

Ergänzend führt Fürst (2010) auf der prozessualen Ebene aus, dass regionale Gover-
nance-Strukturen über längere Zeit Bestand haben und eine Koordination über
mehrere Projekte hinweg darstellen (vgl. ebda., S. 54). Die Ausdifferenzierung jener Vorstellungen einer Regional-Governance lässt unmittelbar plausibel werden,
dass auch hier erneut eine Auseinandersetzung mit Komplexität erforderlich ist.

4. Komplexitätserfassung durch Governance-Analysen des regionalen Übergangsmanagements

Methodisch findet eine Systematisierung bzw. Bewältigung von Komplexität innerhalb wissenschaftlicher Analysen typischerweise durch den Einsatz zentraler Kategorisierungen bzw. in der Folge durch feststehende Kategorien statt. Dies gilt auch für die Governanceforschung, die hierfür zentrale Kategorien und Begrifflichkeiten entwickelt hat (vgl. Altrichter et al. 2007; Benz und Dose 2010). Die Auseinandersetzung mit solchen Kategorien bzw. zentralen Begriffen hat jedoch selbst schon ein Ausmaß erreicht, das wieder zur Komplexitätsreduktion nötigt, um die wichtigsten Elemente aus den bereits existierenden Handbüchern (vgl. Benz et al. 2007; Altrichter und Maag Merki 2010) zu extrahieren. Hierbei hat es sich bewährt (vgl. Heinrich 2010a, 2010b, 2011), auf die Kategorien a) „Akteure/ Akteurskonstellationen", b) „Handlungskoordination" und c) „Mehrebenensystem" zu fokussieren.

Im Folgenden soll unter Rückgriff auf die jeweils kurz skizzierten Kategorien ein erster Übertrag erfolgen, der aufzeigt, anhand welcher Fragen eine Analyse von regionalen Koordinationsstrukturen im Übergangsbereich Schule-Berufsausbildung aus der Governance-Perspektive durchgeführt werden könnte – und sollte.

4.1 Akteure und Akteurskonstellationen im Übergangssystem

Wie bereits ausgeführt (s. o.), wird innerhalb der Governanceforschung davon ausgegangen, dass Steuerung nicht durch wenige Regierende oder Verwaltende geschieht. Vielmehr wird angenommen, dass am Steuerungshandeln vielfältige Akteure partizipieren, die ihre je eigenen Interessen und Handlungslogiken über intentionales Handeln einbringen. Diese Akteure sind nicht immer einzelne autonome Personen, sondern können auch als kollektive (an die Interessen der Mitglieder gebundene) oder als korporative (nur an Organisationshierarchien gebundene) Akteure auftreten (vgl. Brüsemeister 2007). Aus der jeweils spezifischen Zusammensetzung der Akteure (z. B. in einer Region) ergibt sich eine bestimmte Akteurskonstellation, wobei die Einfluss- und Beteiligungschancen nicht gleich verteilt sein müssen bzw. sich verschieben können (vgl. Geiss und De Vincenti 2012). Konstituierend für die Koordinationsarbeit in einer solchen Akteurskonstellation ist aus Sicht der Governance-Perspektive die Interdependenz zwischen den Akteuren, die „in *rechtlich normierte, organisatorische und kulturelle* Bedingungen eingebettet" (Kussau und Brüsemeister 2007, S. 28; Hervorh. i. Orig.) sind. Zentral für die Akteure ist die Aufgabe der Interdependenzbewältigung, d. h. sie müssen einen Modus der Handlungskoordination finden (vgl. Benz et al. 2007).

Bezogen auf das Übergangssystem stellen sich hier Fragen, wie die folgenden:

- *Welche (personalen, kollektiven und korporativen) Akteure sind in die Gestaltung des Übergangs Schule-Berufsausbildung involviert? Und welche nicht?* Im Übergangsbereich Schule- Berufsausbildung ist davon auszugehen, dass viele Akteure auf Bundes-, Landes- und Kommunalebene involviert sind, so z. B. politische Gremien, Schulverwaltungen, Schulen der Sekundarstufe I und II, die Agentur für Arbeit und Jobcenter, Vertretungen der Arbeitgeber und -nehmer, Sozialverbände, Maßnahmeträger vor Ort, etc. Es ist zu fragen, wer wo wie und warum in z. B. institutionalisierte Gremien oder informelle Strukturen eingebunden ist (oder nicht), und hierüber evtl. einen Zugang zu politischen oder administrativen Steuerungsstrukturen erlangen könnte.

- *Welche Interessen vertreten die Akteure?* Im Übergangsbereich Schule-Berufsausbildung ist davon auszugehen, dass hier Interessen sowohl parallel verlaufen, aber auch diametral einander gegenüber stehen können. So sind sicherlich die Zukunftschancen der einzelnen Jugendlichen für alle Akteure zentral. Doch bei der Frage, was diese Chancen erhöhen oder vermindern kann (Fördern oder mehr Fordern; eine breite Allgemeinbildung oder doch frühe Berufsbildung), wird eine Konsensfindung schon schwieriger werden.

- *Welche Einflusspotentiale haben die einzelnen Akteure?* Im Übergangsbereich Schule-Berufsausbildung ist davon auszugehen, dass ganz unterschiedliche Potentiale ganz unterschiedlich verteilt sind. Dies wird durch gesetzliche Bestimmungen (z. B. Trennung zwischen Schulaufsicht und -träger) ebenso fundiert wie über den Zugang zu (z. B. monetären) Ressourcen oder Gremien („Soziales Kapital").

4.2 Handlungskoordination und Governance-Regime im Übergangssystem

Um die Koordinierungsarbeit und die ihr innewohnenden Interdependenzen innerhalb der Akteurskonstellationen zu beschreiben, greift die Governanceforschung auf verschiedene Begriffe der Sozial- u. Politikwissenschaften zurück (vgl. Benz und Dose 2010). Unterschieden werden kann zwischen Kategorisierungen von basalen Mechanismen sozialer Ordnung, institutionalisierten Formen der Handlungskoordination und Governance-Regimen, die jeweils auf verschiedene Analyseebenen abzielen (vgl. Schimank 2007).

Die *basalen Mechanismen* lassen sich nach Schimank (2007) aufteilen in *Beobachtung, Beeinflussung, Verhandlung*, aber auch *Exit*, wobei die Mechanismen sich teilweise in einer Rangfolge befinden: So setzt Beeinflussung Beobachtung voraus und Verhandlung setzt Beeinflussung voraus (hierzu und zur folgenden Aufzählung vgl. ausf. Schimank 2007, S. 36ff.):

- *Beobachtung* bedeutet, dass resultierend aus der Beobachtung eines Anderen die eigene Handlungsweise angepasst wird, und umgekehrt. Über Antizipieren bzw. Reagieren auf die Handlungen des Anderen kann es zu einer wechselseitigen Anpassung kommen.

- *Beeinflussen* bedeutet, dass durch Einflusspotential jemand anderer dazu gebracht werden kann, etwas zu tun, was nicht seiner eigenen Intention entspricht. Die Einflusspotentiale (z. B. Geld, Macht, Wissen, soziales Kapital) sind dabei nie gänzlich einseitig verteilt. Es findet also vielmehr ein Abgleich der Potentiale statt. Um die Handlungsfähigkeit zu erhöhen, können sich die ergebenen Handlungsabstimmungen verfestigen.

- *Verhandeln* bedeutet, dass eine Formalisierung z. B. über einen Vertrag oder ein Gesetz stattfindet, und als deren Folge eine Handlungskoordination entsteht, die ohne direkte Interaktion zwischen den Akteuren auskommt. Die involvierten Akteure müssen auch hier nicht über die gleichen Einflusspotentiale verfügen („Verhandlung auf Augenhöhe"), sondern können auch unterschiedliche Potentiale in die Verhandlungen einbringen.

- *Exit* bedeutet, dass sich ein Akteur aus der Konstellation oder einem Teilaspekt der Konstellation zurückzieht. Die Androhung eines geplanten Ausstiegs kann hierbei als Drohpotential genutzt werden.

Zur deskriptiv-analytischen Erschließung der *institutionalisierten Formen der Handlungskoordination* greift die Governanceforschung auf „*klassische Modelle*" (Altrichter und Maag Merki 2010, S. 23; Hervorh. i. Orig.) wie Hierarchie, Organisation, Markt, Gemeinschaft und Netzwerk zurück (vgl. Benz et al. 2007; Berkemeyer 2010; für das Bildungswesen: Kussau und Brüsemeister 2007), wobei neben den Einflusspotentialen auch die Entscheidungsbefugnisse in den Blick genommen werden.

Bezogen auf das Übergangssystem stellen sich hier Fragen, wie die folgenden:

- *Welche Mechanismen (Beobachten, Beeinflussen, Verhandeln) sind in der Koordination vorzufinden?* Im Übergangsbereich Schule-Berufsausbildung ist davon auszugehen, dass die verschiedenen Akteure unterschiedlichen Handlungslogiken folgen, um ein für sich günstiges Ergebnis zu erlangen. So kann ein Maßnahmeträger sein Angebot an neue Marktsituationen anpassen (Beobachtung), ein Ministerium kann durch Erlasse bestimmte, von anderen vielleicht als positiv erachtete Entwicklungen unterbinden (Beeinflussung) oder die verschiedenen Schulträger einer Region können sich auf einen gemeinsamen Entwicklungsplan für überbetriebliche Berufsbildungszentren einigen (Verhandlung).

■ *Welchen institutionalisierten Formen (Hierarchie, Organisation, Markt, Gemeinschaft oder Netzwerk) folgen die Kooperationen?* Im Übergangsbereich Schule-Berufsausbildung ist davon auszugehen, dass die Akteure in verschiedenen überdauernden Beziehungsmustern zueinander stehen. So herrscht zwischen örtlichen privatwirtschaftlichen Bildungsinstitutionen und der Agentur für Arbeit / dem Jobcenter das Prinzip des Marktes, wohingegen Kultusministerium und Schulverwaltung nach wie vor hierarchisch geordnet sind. Aktuell sind z. B., wie schon weiter oben angeführt, vermehrt systemübergreifende Kooperationsformen nach dem Netzwerkprinzip[3] vorzufinden, in denen, so die Idee, gleichberechtigte Akteure in einem Gremium ein Thema ergebnisoffen bearbeiten.

■ *Welches Governance-Regime ergibt sich aus den verschiedenen Mechanismen und Formen der Koordination?* Im Übergangsbereich Schule-Berufsausbildung ist davon auszugehen, dass verschiedene Mechanismen und Formen der Koordination nebeneinander stehen. In ihrem Gesamtzusammenhang gesehen ergibt sich daraus ein hoch komplexes und hoch dynamisches Handlungsfeld. So können z. B. die Vorstellungen, wie ein regionales Übergangssystem gesteuert und gemanagt werden soll, konträr sein (z. B. mehr oder weniger Staat/ Markt), in ihrem überdauernden Zusammenspiel aber auf eine ganz eigene Form der Handlungskoordination hinauslaufen. So könnte sich die regionale Koordination von einer wechselseitigen und evtl. ineffektiven/ineffizienten Beeinflussung über Machteinsatz zu einer Verhandlungsstrategie (und damit in Richtung Netzwerk) entwickeln (womit sich das Governance-Regime transformiert hätte).

4.3 Das Übergangssystem als Mehrebenensystem

„Ein weiteres Charakteristikum der Governance-Perspektive besteht darin, dass komplexe soziale Systeme, wie eben auch das Schulsystem, als Mehrebenenphänomene angesehen werden. Diese Bestimmung soll ins Bewusstsein heben, dass in Governance-Analysen alle Akteure – auch wenn sie auf unterschiedlichen Ebenen eines sozialen Systems agieren – einbezogen werden." (Altrichter und Maag Merki 2010, S. 24f.)

---

3   Die Verwandtschaft der Governanceforschung mit Netzwerkanalysen ist unverkennbar. Beide zielen auf eine Analyse von Beziehungen bzw. eines Netzwerkes von Beziehungen sowie deren/ dessen Ausformungen und Strukturen (vgl. Wald und Jansen 2007).

Nach klassischer Definition ist das Schulsystem in Mikro-, Meso- und Makroebene (also Unterrichts-, Schul- und Schulsystemebene) gegliedert (vgl. Fend 2008; Schimank 2007). Neue Steuerungsleitbilder beachtend kommen Kussau und Brüsemeister (2007) zu dem Schluss, dass eher von einer (auf Schüler/innen ausgerichteten) Schulebene, einer (auf Kontrolle, Anordnung und Fachberatung angelegten) intermediären Ebene und einer (auf politische Entscheidungen und Verwaltung angelegten) zentralen Ebene gesprochen werden müsste, wobei alle Ebenen vielfältige Verflechtungen aufweisen könnten. Bezogen auf das Übergangssystem stellt sich hier die Frage:

Auf welchen Ebenen des Mehrebenensystems finden sich welche Regime? Im Übergangsbereich Schule-Berufsausbildung ist davon auszugehen, dass mehrere (territorial oder thematisch orientierte) Koordinationsstrukturen vorzufinden sind. So haben sich auf Bundes-, Landes- und Regionsebene verschiedene Regime zur Steuerung des Übergangsbereiches Schule-Berufsausbildung ausgebildet, welche nicht immer unabhängig voneinander agieren, sondern wahrscheinlich sogar ineinander verschränkt sind (z. B. wenn Akteure auf mehreren Ebenen präsent bzw. aktiv sind). Ob es dann noch zielführend ist, von mehreren Ebenen mit je spezifischen Regimen zu sprechen, müsste die Analyse aufzeigen. Es könnte z. B. angenommen werden, dass sich in bestimmten Regionen ein ebenenübergreifendes Regime entwickelt hat, welches dann unter das Theorem *regionaler Übergangsregime* gefasst werden könnte.

5. Komplexitätserfassung *und* Komplexitätsreduktion! –
Zum governanceanalytischen Programm der Rekonstruktion
„regionaler Übergangsregime"

Die Governanceforschung greift auf den Begriff des Regimes zurück, um den konkret vorfindbaren Zustand der Handlungskoordinationen in seinem Gesamtzusammenhang beschreiben zu können (vgl. List 2007). Mit dem Begriff des *Governance-Regimes* sollen also die Mischformen bzw. die Zusammenspiele unterschiedlicher (ob institutionalisierter oder nicht institutionalisierter) Koordinationsmechanismen in spezifischen Sozialzusammenhängen in einem bestimmten Handlungsbereich (z. B. in einer Region) beschrieben werden (vgl. Kussau und Brüsemeister 2007). Diese Regime sind nicht starr, sondern in ständiger Veränderung, auch scheinen ihre Arbeitsformen nicht notwendig durchgängig rational begründbar zu sein, was erneut zu hoher Komplexität führt (vgl. Heinrich 2008). Die Beschreibung von Governance-Regimen soll aber versuchen, jene Komplexität in einem übergreifenden Strukturierungsversuch zu bannen. In diesem Sinne

stellt der Rückgriff auf das Theorem des „Governance-Regimes" dann nicht nur
eine systematisierende Zusammenfassung dar, sondern auch eine Komplexitätsreduktion. Altrichter et al. illustrieren diesen methodischen Umgang metaphorisch am Beispiel des Phänomens der „Schulprofilierung":

> „Die Bestimmung eines Governance-Regimes kann als strukturhomolog zum Prinzip der
> ‚Fallstrukturhypothese' in der qualitativen Forschung gesehen werden. Dementsprechend
> sind die Aussagen zeitlich, örtlich und in Hinblick auf gesellschaftliche Teilbereiche situiert
> und damit nicht umstandslos auf andere Situationen übertragbar. Wir meinen aber, dass wir
> mit der […] Darstellung eine Konstellation wesentlicher Mechanismen eines Governance-Re-
> gimes der Schulprofilierung aufgezeigt haben, die heuristischen Wert für die Untersuchung
> anderer Beispiele aktueller Governance-Reformen im Schulwesen haben müssten." (Altrich-
> ter et al. 2011, S. 218)

In diesem forschungsmethodologisch pragmatischen Umgang mit Komplexität
liegt unseres Erachtens ein großes Potential, welches die Governance-Forschung
für die Analyse der komplexen Konstellationen und darüber vermittelt für die
Aufdeckung von *blinden Flecken* in regionalen Steuerungsstrukturen des Übergangsbereiches hat.

Aus deskriptiver Sichtweise könnte bspw. aufgezeigt werden, dass die Akteure, die sich in regionalen Steuerungsstrukturen (z. B. in Koordinationsstellen)
engagieren, nur wenig Entscheidungsspielraum oder -befugnisse besitzen und
die eigentliche Steuerung (immer noch) unbeeinflusst in den politischen Gremi-
en und/oder der Verwaltung vollzogen wird. So könnte deutlich werden, dass die
Steuerung im Übergangsbereich faktisch (immer noch) dem Glauben einer linearen Steuerbarkeit sowie eines top-down gedachten Steuerungsbildes folgt. Die
proklamierte Partizipation von Interessengruppen wäre so nichts weiter als ein
window dressing.[4]

Aus Sicht der Governance-Forschung wäre die Aufdeckung eines solchen
Steuerungsglaubens, oder aber: einer solchen, vielleicht sogar notwendigen Steu-
erungsillusion (vgl. Heinrich und Dietrich 2012) priorisiertes Ziel, denn hier würde deutlich, innerhalb welcher Akteurskonstellationen welche Handlungs- und
Steuerungslogiken vorhanden sind. Über eine solche governancetheoretische
Betrachtungsweise von Steuerungshandlungen könnte also die schon vielfach
initiierte Praxis einer regionalen Steuerung des Übergangsbereiches analytisch
zugänglich werden und sich somit aufklären, *wie* Steuerung gedacht und ausge-
prägt ist. Der governanceanalytische Anspruch bestünde dann darin, Komplexi-

---

4 Dass diese Vermutung nicht unbegründet ist, zeigt die Namensgebung des Lösungsansatzes
   für aktuell konstatierte Probleme im Übergangsbereich: Es wird von Übergangs*management*
   gesprochen, welches aus Sicht der Steuerungstheorie zuvorderst auf eine Optimierung von
   bestehenden Prozess- und Leistungsketten abzielt (vgl. Jann und Wegrich 2010, S. 182ff.).

tät zu fassen, und doch zugleich durch Komplexitätsreduktion in der Darstellung auch fassbar zu halten:

> „Die Governance-Perspektive träumt ganz offensichtlich den Traum der Komplexität. Je nach theoretischer Heimat und persönlicher Struktur mag dieser Versuch, oft Getrenntes (wie Handlung und Struktur; Mikro- und Makrostudien, Input-, Prozess- und Output-Perspektive) zusammenzuführen, als sympathisch oder als anmaßend erscheinen." (Altrichter und Heinrich 2007, S. 76)

Aus unserer Sicht würde eine Analyse der regionalen Steuerungsformen anhand der Governance-Perspektive damit ein bisher bestehendes Forschungsdesiderat in Bezug auf die immanenten Steuerungs- und Handlungslogiken innerhalb der Akteurskonstellationen beheben. Denn die aktuell vorzufindende Diskrepanz zwischen fehlenden theoriefundierten bzw. -geleiteten Forschungsergebnissen und der gegenwärtigen „hohen Expansionsdynamik" (Emmerich 2010, S. 363) der Regionalisierungsprozesse kann vielfältige nicht-intendierte (Neben-)Wirkungen haben. Anzunehmen wäre, dass bei den (direkt an der Steuerung beteiligten und/ oder den praktisch ausführenden) Akteuren aufgrund von suboptimalen Kooperations- und Koordinierungsprozessen innerhalb des Übergangsbereichs Frust und Demotivation entstehen bzw. weiter zunehmen könnten. Doch vor allem für die Jugendlichen, die ein passgenaues Unterstützungsangebot für einen zügig gelingenden Übergang von der allgemeinbildenden Schule in die Berufsausbildung benötigen, wären als „neu" titulierte, aber weiterhin unklar bleibende Steuerungsstrukturen nachhaltig folgenreich. Zu Recht würden die Kassandrarufe nicht verhallen, die vor einem Weiterbestehen der sogenannten „Maßnahmekarrieren" warnen – und komplementär des metaphorisch sogenannten „Maßnahmedschungels".

Literatur

Altrichter H (2004) Die mikropolitische Perspektive im Studium schulischer Organisationen. In: Böttcher W, Terhart E (Hrsg) Organisationstheorie in pädagogischen Feldern. Analyse und Gestaltung. VS Verlag für Sozialwissenschaften, Wiesbaden, S 85-102

Altrichter H, Heinrich M, Soukup-Altrichter M (2007) Kategorien der Governance-Analyse und Transformationen der Systemsteuerung in Österreich. In: Altrichter H, Brüsemeister T, Wissinger J (Hrsg) Educational Governance. Handlungskoordination und Steuerung im Bildungssystem. VS Verlag für Sozialwissenschaften, Wiesbaden, S 55-103

Altrichter H, Maag Merki K (2010) Steuerung der Entwicklung des Schulwesens. In: Altrichter H, Maag Merki K (Hrsg) Handbuch neue Steuerung im Schulsystem. VS Verlag für Sozialwissenschaften, Wiesbaden, S 15-39

Altrichter H, Heinrich M, Soukup-Altrichter K (2011) Schulprofilierung – ein Resümee. In: Altrichter H, Heinrich M, Soukup-Altrichter K (Hrsg) Schulentwicklung durch Schulprofilierung? Zur Veränderung von Koordinationsmechanismen im Schulsystem. VS Verlag für Sozialwissenschaften, Wiesbaden, S. 215-240

Aram E, Winter J (2012) Eckpunkte der Evaluation, Idealtypisches Modell eines Regionalen Übergangsmanagements, erste Ergebnisse. Vortrag Transfertagung Regionales Übergangsmanagement am 6. und 7.3.2012, Bonn. http://www.perspektive-berufsabschluss.de/de/1263.php. Zugangsdatum: 23. April 2012

Autorengruppe BIBB/ Bertelsmann Stiftung (2011) Reform des Übergangs von der Schule in die Berufsausbildung. Aktuelle Vorschläge im Urteil von Berufsbildungsexperten und Jugendlichen. https://www.expertenmonitor.de/downloads/Ergebnisse_20110113.pdf. Zugangsdatum: 23. April 2012

Baethge M (2006) Das deutsche Bildungs-Schisma: Welche Probleme ein vorindustrielles Bildungssystem in einer nachindustriellen Gesellschaft hat? Ringvorlesung Bildung: Humanistische Ideale und wissenschaftliche Erkenntnisse am 11.07.2006. [Online] http://www.sofi.uni-goettingen.de/fileadmin/SOFI-Mitteilungen/Nr._34/Baethge.pdf. Zugangsdatum: 13. September 2012

Benz A, Dose N (2010) Governance – Modebegriff oder nützliches sozialwissenschaftliches Konzept? In: Benz A, Dose N (Hrsg) Governance-Regieren in komplexen Regelsystemen. Eine Einführung. 2. Aufl., VS Verlag für Sozialwissenschaften, Wiesbaden, S 13-37

Benz A, Lütz S, Schimank U, Simonis G (2007) Einleitung. In: Benz A, Lütz S, Schimank U, Simonis G (Hrsg) Handbuch Governance. Theoretische Grundlagen und empirische Anwendungsfelder. VS Verlag für Sozialwissenschaften, Wiesbaden, S 9-25

Berkemeyer N (2010) Die Steuerung des Schulsystems. Theoretische und praktische Explorationen, VS Verlag für Sozialwissenschaften, Wiesbaden

Böttcher W (2007) Zur Funktion staatlicher „Inputs" in der dezentralisierten und outputorientierten Steuerung. In: Altrichter H, Brüsemeister T, Wissinger J (Hrsg) Educational Governance. Handlungskoordination und Steuerung im Bildungssystem. VS Verlag für Sozialwissenschaften, Wiesbaden, S 185-206

Braun F, Reißig B (2011) Handlungsfelder und Erfolgsfaktoren. Regionales Übergangsmanagement, Bd 3, München, Halle

Brüggemann T (2010) Berufliches Übergangsmanagement – Herausforderungen und Chancen. In: Sauer-Schiffer U (Hrsg) Der Übergang Schule – Beruf. Beratung als pädagogische Intervention. Waxmann, Münster, New York, München, Berlin, S 57-79

Brüsemeister T (2007) Steuerungsakteure und ihre Handlungslogiken im Mehrebenensystem der Schule. In: Kussau J, Brüsemeister T (Hrsg) Governance, Schule und Politik – Zwischen Antagonismus und Kooperation. VS Verlag für Sozialwissenschaften, Wiesbaden, S 63-95

Brüsemeister T (2012) Von der bürokratischen Schulverwaltung zum Bildungsmanagement? In: Geiss M, Vincenti A de (Hrsg) Verwaltete Schule. Geschichte und Gegenwart. VS Verlag für Sozialwissenschaften, Wiesbaden, S 181-206

Bundesinstitut für Berufsbildung (BIBB) (2011) Empfehlung des Hauptausschusses des Bundesinstituts für Berufsbildung – Leitlinien zur Verbesserung des Übergangs Schule – Beruf. Pressemitteilung Nr. 30 vom 20.06.2011

Bundesministerium für Bildung und Forschung (BMBF) (2010) Übergangsmanagement. Ergebnisse aus dem BMBF-Programm „Lernende Regionen – Förderung von Netzwerken". http://www.goodpractice.de/bmbf_handreichung_uebergangsmanagement.pdf. Zugangsdatum: 27. April 2012

Bylinski U (2011) Der Weg von der Schule in die Arbeitswelt: Herausforderungen für die pädagogischen Fachkräfte. In: Bals T, Hinrichs H (Hrsg) Hochschultage Berufliche Bildung 2011. http://www.bwpat.de/content/ht2011. Zugangsdatum: 02. April 2012

Clement U (2007) Educational Governance an der Schnittstelle sozialer Systeme – Das Beispiel der beruflichen Bildung. In: Altrichter H, Brüsemeister T, Wissinger J (Hrsg) Educational Governance. Handlungskoordination und Steuerung im Bildungssystem. VS Verlag für Sozialwissenschaften, Wiesbaden, S 207-230

Dietrich F, Heinrich M, Thieme N (2011) Neue Steuerung – alte Ungleichheiten? Überlegungen zu einer relevanten und dennoch wenig diskutierten Fragestellung. In: Dietrich F, Heinrich M, Thieme N (Hrsg) Neue Steuerung – alte Ungleichheiten? Steuerung und Entwicklung im Bildungssystem. Waxmann, Münster, New York, Berlin, München, S 9-19

Dobischat R, Kühnlein G, Rosendahl A, Fischell M (2010) Gestaltungsakteure im Übergang von der Schule in die Arbeitswelt. Zur Rolle von Gewerkschaften im regionalen Übergangsmanagement. http://www.boeckler.de/pdf/p_arbp_196.pdf. Zugangsdatum: 25. April 2012

Emmerich M (2010) Regionalisierung und Schulentwicklung: Regionalisierung und Schulentwicklung: Bildungsregionen als Modernisierungsansätze im Bildungssektor. In: Altrichter H, Maag Merki K (Hrsg) Handbuch neue Steuerung im Schulsystem. VS Verlag für Sozialwissenschaften, Wiesbaden, S 355-375

Fend H (2008) Schule gestalten. Systemsteuerung, Schulentwicklung und Unterrichtsqualität; [Lehrbuch], 1. Aufl., VS Verlag für Sozialwissenschaften, Wiesbaden

Fink C (2011) Der Übergang von der Schule in die berufliche Ausbildung. Perspektiven für die kommunale Bildungslandschaft, VS Verlag für Sozialwissenschaften, Wiesbaden

Fürst D (2007) Regional Governance. In: Benz A, Lütz S, Schimank U, Simonis G (Hrsg) Handbuch Governance. Theoretische Grundlagen und empirische Anwendungsfelder. VS Verlag für Sozialwissenschaften, Wiesbaden, S 353-365

Fürst D (2010) Regional Governance. In: Benz A, Dose N (Hrsg) Governance-Regieren in komplexen Regelsystemen. Eine Einführung. 2. Aufl., VS Verlag für Sozialwissenschaften, Wiesbaden, S 49-68

Geiss M, Vincenti A de (Hrsg) (2012) Verwaltete Schule. Geschichte und Gegenwart. Educational Governance, Bd 20. VS Verlag für Sozialwissenschaften, Wiesbaden

Heinrich M (2007) Governance in der Schulentwicklung. Von der Autonomie zur evaluationsbasierten Steuerung. 1. Aufl., VS Verlag für Sozialwissenschaften, Wiesbaden

Heinrich M (2008) Wechselseitige Rationalitätsunterstellungen von Schulleitungen und Lehrkräften – zur Potenzierung von Ambivalenz in Schulentwicklungsprozessen. In: Langer, R (Hrsg) Warum tun die das? Governanceanalysen zum Steuerungshandeln in der Schulentwicklung. VS Verlag für Sozialwissenschaften, Wiesbaden, S 127-147

Heinrich M (2010a) Bildungsgerechtigkeit durch Evidence-based-policy? In: Böttcher W, Dicke J N, Hogrebe, N (Hrsg) Evaluation, Bildung und Gesellschaft. Steuerungsinstrumente zwischen Anspruch und Wirklichkeit. Waxmann, Münster, New York, NY, München, Berlin, S 47-68

Heinrich M (2010b) Bildungsgerechtigkeit. Zum Problem der Anerkennung fragiler Bildungsprozesse innerhalb neuer Steuerung und demokratischer Governance. In: Aufenanger S, Hamburger F, Tippelt R, Ludwig L (Hrsg) Bildung in der Demokratie. Budrich, Opladen, Farmington Hills

Heinrich M (2011) Empirische Erforschung schulischer Governance – handlungsleitendes Wissen für Administration und Bildungspolitik? In: Fickermann D, Schwippert K (Hrsg) Wissen für Handeln – Ansätze zur Neugestaltung des Verhältnisses von Bildungsforschung und Bildungspolitik. Hamburg, S 31-49

Heinrich M, Kierchhoff A (2011) Schulentwicklungsmodell oder heimliche Schulstrukturreform. DDS – Die Deutsche Schule. 103(4): 349–361

Heinrich M, Dietrich F (2012) Editorial zum Schwerpunktthema: Aspekte „Neuer Steuerung"? DDS – Die Deutsche Schule. 104(1): 5–7

Holtkamp L (2007) Local Governance. In: Benz A, Lütz S, Schimank U, Simonis G (Hrsg) Handbuch Governance. Theoretische Grundlagen und empirische Anwendungsfelder. VS Verlag für Sozialwissenschaften, Wiesbaden, S 366-378

Jann W, Wegrich K (2010) Governance und Verwaltungspolitik: Leitbilder und Reformkonzepte. In: Benz A, Dose N (Hrsg) Governance-Regieren in komplexen Regelsystemen. Eine Einführung, 2. Aufl., VS Verlag für Sozialwissenschaften, Wiesbaden, S 175-200

Kruse W, Expertengruppe (Hrsg) (2010) Jugend: Von der Schule in die Arbeitswelt. Bildungsmanagement als kommunale Aufgabe. Verlag W. Kohlhammer, Stuttgart

Kühnlein G (2008) Das berufliche Übergangssystem – Neues kommunales Handlungsfeld im Dreieck von Arbeitsmarkt-, Bildungs- und Jugendpolitik. http://www.good-practice.de/bwp-2008-h1-51ff.pdf. Zugangsdatum: 25. April 2012

Kussau J, Brüsemeister T (2007) Educational Governance: Zur Analyse der Handlungskoordination im Mehrebenensystem der Schule. In: Altrichter H, Brüsemeister T, Wissinger J (Hrsg) Educational Governance. Handlungskoordination und Steuerung im Bildungssystem.VS Verlag für Sozialwissenschaften, Wiesbaden, S 15-54

List M (2007) Regimetheorie. In: Benz A, Lütz S, Schimank U, Simonis G (Hrsg) Handbuch Governance. Theoretische Grundlagen und empirische Anwendungsfelder. VS Verlag für Sozialwissenschaften, Wiesbaden, S 226-240

Minderop D, Solzbacher C (2007) Ansätze und Dimensionen – eine Einführung. In: Solzbacher C, Minderop D (Hrsg) Bildungsnetzwerke und regionale Bildungslandschaften. Ziele und Konzepte, Aufgaben und Prozess. LinkLuchterhand, Neuwied, S 3-13

Schimank U (2007) Elementare Mechanismen. In: Benz A, Lütz S, Schimank U, Simonis G (Hrsg) Handbuch Governance. Theoretische Grundlagen und empirische Anwendungsfelder. VS Verlag für Sozialwissenschaften, Wiesbaden, S 29-45

Wald A, Jansen D (2007) Netzwerke. In: Benz A, Lütz S, Schimank U, Simonis G (Hrsg) Handbuch Governance. Theoretische Grundlagen und empirische Anwendungsfelder. VS Verlag für Sozialwissenschaften, Wiesbaden, S 93-105

Weinheimer Initiative (2007) Lokale Verantwortung für Bildung und Ausbildung. Eine öffentliche Erklärung. [Online] http://www.weinheimer-initiative.de/Portals/7/Dokumente/WEINHEIMER_Erkl%C3%A4rung%202007.pdf. Zugangsdatum: 23. April 2012

Wende L, Kruse W (2010) Wirksamkeit Kommunaler Koordinierung. [Online] http://www.good-practice.de/wirksamkeit_kommunaler_koordinierung.pdf. Zugangsdatum: 27. April 2012

II
Übergänge zwischen Bewältigungsproblematik und Gestaltungschance

„Ihr seid nicht dumm, ihr seid nur faul." – Über die wunderliche Leistung, Ausgrenzung als selbstverschuldet erleben zu lassen

Kirsten Lehmkuhl / Guido Schmidt / Cornelia Schöler

Besser als mit der von Stefan Wellgraf (2012, S. 276) dokumentierten Aussage einer Lehrerin lässt sich der Kerngedanke der meritokratischen Logik, dass Leistung sich lohnen wird und Faulheit bestraft gehört, kaum formulieren. Der Übergang von der Schule in den Beruf ist ein Ausschnitt sozialer Wirklichkeit, der viel über unsere Gesellschaft, ihre Normen und Mythen, ihre Macht- und Herrschaftsverhältnisse verraten könnte, wären da nicht die blinden Flecke im Auge des Betrachters. Das Auge kann sich selbst in seinem zurichtenden Blick auf die jeweils nachwachsende Generation schlecht erkennen. Dabei materialisiert sich gerade an dieser biographischen Weichenstellung die Allokationsfunktion des Bildungssystems: Mit der beruflichen ist die gesellschaftliche Stellung eng verbunden. Der soziale Status bestimmt über das Ansehen, das Einkommen und die Gesundheit, die Grundlagen der zukünftigen Lebensqualität. Und zu diesem Status führt eine nur vermeintlich freie Berufswahl, denn die Wahlfreiheit ist schon durch die vorangegangene „Wahl" bzw. Zuweisung zu einer der drei bis vier, demnächst nur noch zwei bis drei Schularten, von der Förder-, über die Haupt- und Realschulen bis zum Gymnasium eingeschränkt. Diese erste Wahl bzw. Zuweisung ist in Deutschland, stärker als in den allermeisten Industrieländern, durch die soziale Schichtzugehörigkeit bestimmt.

An der biographischen Schwelle des Übergangs in den Beruf werden Herkunftsvor- und -nachteile bekräftigt und verstetigt, hier wird der Wohlstand von morgen sehr unterschiedlich verteilt. Zugleich – und das ist die wundersame ideologische Leistung des Bildungssystems – werden diese Unterschiede als selbstgewählt und selbst zu verantworten glaubhaft gemacht: Der Mythos, dass es allein eine Frage der individuellen Leistung, des Fleißes, der Disziplin und des Willens ist, ob jemand in der Schule oder im Beruf Erfolg hat oder nicht.

So entsteht die von vielen, vor allem aber auch von den Benachteiligten selbst geteilte „Illusion der Chancengleichheit" (Bourdieu und Passeron 1971).

Sie legitimiert den schließlich erreichten sozialen Status. „Wer will, der kann!"
und „Jeder ist seines Glückes Schmied" sind die eingängigen und beruhigenden
Formeln einer vermeintlich gerechten meritokratischen Logik. Die Zusicherung
an alle Bürgerinnen und Bürger, dass, wenn man sich nur genug anstrenge, man
für seine Mühen auch belohnt werde, bedeutet im Umkehrschluss: Wer es nicht
schafft, ist selber schuld, der hat sich wohl nicht genug angestrengt.

Mit dieser Responsabilisierung des Bildungsversagers ist die Konstruktion
des „Anderen" zur Abschreckung in den Alltagsdiskurs eingeführt: die des Ver-
lierers. Für seine dem Leistungsmythos nach offenkundig fehlende Anstrengungs-
bereitschaft wird er nicht nur abgewertet und verachtet, mithilfe sozialstaatlicher
Kontrolle soll er auch, als sei das Leben in Armut nicht Strafe genug, für seinen
unambitioniert-nichtsnutzigen Lebenswandel zur Rechenschaft gezogen werden.
Mit ihren Ansprüchen auf Hilfe zum Lebensunterhalt wird den Verlierern ein pa-
rasitäres Verhältnis zum Gemeinwesen vorgeworfen. Die unterstellte Leistungs-
unwilligkeit wird als Tendenz zur Ausnützung der (nur bedingt zahlungsbereiten)
Solidargemeinschaft gewertet und soll durch staatliche Kontrollen, Verhaltens-
vorschriften und angemessene Strafen wie Leistungskürzungen und Leistungs-
entzug begrenzt werden (vgl. Wacquant 2009). Diese Abschreckung funktioniert
gut: Es gibt für Schülerinnen und Schüler keinen größeren Horror als den, wie
der Obdachlose an der Ecke zu enden, an dessen Schmutz und Elend die Passantinnen und Passanten achtlos oder angewidert vorübergehen.

Im bildungspolitischen wie erziehungswissenschaftlichen Diskurs zum Thema Berufsorientierung und Berufswahl geht es vergleichsweise selten um den
Skandal ausgegrenzter, im Stich gelassener Jugendlicher, denen mit unzureichen-
der Bildung und fehlenden Ausbildungsplätzen die Eintrittskarte in unsere um
Erwerbsarbeit zentrierte Gesellschaft verweigert wird. Es geht noch seltener um
den Effekt, den es hat, wenn den Ausgeschlossenen, Zurückgelassenen und sozial
Deklassierten darüber hinaus auch noch die Schuld an ihrer Situation zugeschrieben wird, wenn sie für dieses Verschulden offen oder subtil gedemütigt werden.
Statt die sozialen Mechanismen der Ausgrenzung und Beschämung in der Schule
und auf dem Ausbildungs- und Arbeitsmarkt aufzudecken, transportiert der aktuelle Hype um Berufsorientierungsmaßnahmen und -instrumente die Ideologie
der Leistungsgerechtigkeit und der daraus abgeleiteten alleinigen Verantwortung
jedes und jeder Einzelnen für sein oder ihr berufliches Schicksal. Dass hierdurch
die Vorurteile gegenüber den vermeintlichen Versagern massiv verstärkt und ge-
festigt werden, wird achselzuckend in Kauf genommen.

Armut wird nicht als Resultat komplexer sozioökonomischer Reprodukti-
onsmechanismen und systematischer gesellschaftlicher Ausgrenzung themati-

siert. Sie wird vielmehr zum Stigma, zum Ausweis eines schlechten Charakters, verachtenswerter Einstellungen und übler Gewohnheiten. Das bleibt nicht ohne Auswirkung auf das gesellschaftliche Klima: „Eine zunehmend an ökonomischen Erfolgsprinzipien orientierte Kultur produziert (…) beständig sozialmoralische Anklagen gegenüber ihren eigenen ‚Opfern'. Sie lässt sich als eine Kultur der Anschuldigung begreifen (…). Dieser Zuschreibungsmodus ist ein zentraler Bestandteil der gesellschaftlichen Produktion von Verachtung, da den als schuldig geltenden Verlierern des ökonomischen Wettbewerbs im Gegensatz zu den unschuldig in Not Geratenen kaum noch Sympathien zukommen und sie folglich auf verachtende Weise behandelt werden können" (Wellgraf 2012, S. 306).

Auf Basis schulischer Bewertungen und Abschlüsse und mithilfe persönlicher bzw. familiärer Beziehungen landet schließlich jeder auf seinem Platz, so dass die soziale Schichtung und Hierarchie der Gesellschaft mehr oder weniger reibungslos reproduziert werden. Diese die gesellschaftliche Ungleichheit verlässlich und zugleich unauffällig herstellende Funktion des Bildungssystems spiegelt sich in Alltagsvorstellungen, aber auch in wissenschaftlichen Diskursen und bildungspolitischen Positionen wider. Mal als Gegenstand klarsichtiger und kritischer Analysen, wie in der Studie Stefan Wellgrafs über die gesellschaftliche Produktion von Verachtung am Beispiel von Hauptschülern, mal eher beiherspielend, scheinbar absichtslos in theoretischen Konstrukten wie dem der Ausbildungsreife, zum Beispiel in den vom Hauptausschuss des Bundesinstituts für Berufsbildung verabschiedeten Leitlinien zum Übergang Schule-Beruf oder in Veröffentlichungen der Bundesagentur für Arbeit zum Thema Berufswahl.

1. Fehlende Ausbildungsreife?

Wer keinen Ausbildungsplatz gefunden hat, war wohl nicht ausbildungsreif. Nicht der Mangel an Ausbildungsplätzen, vielmehr die intellektuellen und charakterlichen Mängel der betroffenen Jugendlichen werden in dieser Argumentation hervorgehoben: „mangelnd(e) Kulturtechniken, Lernschwäche bzw. Lernbeeinträchtigung, fehlende Sozialkompetenzen, schlechte Schulnoten, bis hin zum Verlust von Tugenden wie Höflichkeit, Arbeitsmotivation, Engagement oder Pünktlichkeit", wie Dobischat und andere in einer kritischen Diskussion des Konzepts der Ausbildungsreife aufzeigen (2012, S. 12). Und dabei geht es nicht um kleine Minderheiten: Hunderttausende Jugendlicher befinden sich Jahr für Jahr in Übergangsmaßnahmen, mindestens ein Fünftel dieser Jugendlichen durchläuft gleich mehrere (vgl. Ulrich 2008, S. 14).

Die Bildungstitel, vom Hauptschulabschluss bis in die mittleren Bildungsabschlüsse hinein, sind in den letzten Jahren und Jahrzehnten sukzessive entwertet worden, weil die Betriebe die jeweils besten aus einer großen Zahl gut
qualifizierter Bewerberinnen und Bewerber wählen konnten. Das allgemeine Bildungsniveau der Jugendlichen ist entgegen verbreiteter Vorurteile kontinuierlich
angestiegen: „Daten der Bundesagentur für Arbeit belegen, dass die allgemeine
Intelligenz, das logisch-schlussfolgernde und vernetzte Denken sowie Problemlösefähigkeiten in den vergangenen 20 Jahren zugenommen haben (...)" (Dobischat et al. 2012, S. 36).

Dieses insgesamt gestiegene Bildungsniveau nutzt den Schulabgängerinnen
und -abgängern aber wenig, solange ihre Zahl die der angebotenen Ausbildungsplätze deutlich übersteigt, nicht zuletzt weil die Zahl der ausbildenden Betriebe
zurückgeht und das Ausbildungsplatzangebot regional sehr unterschiedlich verteilt
ist. Selbst wenn im Berufsbildungsbericht 2012 von 29.689 offenen Ausbildungsplätzen gegenüber 11.550 offiziell gemeldeten Bewerberinnen und Bewerbern die
Rede ist und diese Zahlen mit verheerenden Auswirkungen auf das Ansehen der
Jugendlichen ohne Ausbildungsplatz in den Medien wiedergegeben werden, würde eine genauere Analyse zeigen, dass viele Jugendliche (nämlich 65.190) in sogenannten Übergangsmaßnahmen als „versorgt" bzw. aus ungenannten Gründen
aus der Vermittlungsstatistik der Bundesagentur herausgefallen (85.968) sind (vgl.
BMBF 2012, S. 10 und S. 24). Mit dieser deutlich realistischeren Relation, dass
auf jede offene Stelle fünf Ausbildungssuchende kommen, verliert das System
der betrieblich dominierten Berufsausbildung seine Integrationskraft. Der über
bald vier Jahrzehnte bestehende Mangel an Ausbildungsplätzen lässt, so ist dem
Berufspädagogen Wolf-Dietrich Greinert zu folgen, die Legitimation des deutschen Berufsbildungssystems immer mehr schwinden. Bereits 1980 habe das Bundesverfassungsgericht festgestellt: Die Übertragung der gesellschaftlichen Verantwortung für die berufliche Ausbildung von Jugendlichen an die ausbildenden
Unternehmen der Privat- und Gemeinwirtschaft sei an die Bedingung geknüpft,
dass Jugendliche auch tatsächlich einen Ausbildungsplatz bekommen. Und nicht
nur das, sie sollten – entsprechend des grundgesetzlich verbrieften Rechts, „Beruf, Arbeitsplatz und Ausbildungsstätte frei zu wählen" (Artikel 12, Absatz 1,
Satz 1 GG) – auch wirklich eine (Aus-)Wahl haben (vgl. Greinert 2007, S. 2f.).

Obwohl diese Wahlmöglichkeit Hunderttausenden von Jugendlichen nun
über Jahre und Jahrzehnte vorenthalten wurde, besteht eine breite Koalition aus
Politik, Arbeitgeberverbänden und Gewerkschaften, wenn auch aus unterschiedlichen Motiven, auf der Vorrangstellung der einzelbetrieblichen Ausbildung im

Dualen System und widersetzt sich einer systematischen, öffentlichen Bereitstellung von Ausbildungsplätzen.

Die Unternehmen fürchten die Konkurrenz außerbetrieblicher Bildungsanbieter bei der Suche nach Auszubildenden: „Neben den schulischen Angeboten zur Berufsvorbereitung verknappen die Angebote der Länder an vollzeitschulischen Ausbildungen das Bewerberpotenzial für betriebliche Ausbildungsplätze." (CDU Bundesausschuss Bildung, Forschung und Innovation 2012, S. 11) Die Reserve an Bewerbern soll möglichst groß bleiben, nicht etwa um alle Bewerberinnen und Bewerber auszubilden, sondern um unter ihnen die besten auswählen zu können.

Auch der 2004 ins Leben gerufene *Nationale Pakt für Ausbildung und Fachkräftenachwuchs* diente eher der Abwehr als der Ermöglichung einschneidender Maßnahmen zur Ausbildungssicherung: An die Stelle der seit langem geforderten betrieblichen Ausbildungsplatzumlage trat erneut die unverbindliche Selbstverpflichtung der Unternehmen. Es wurden die in ihrer Wirkung umstrittenen Einstiegsqualifizierungen eingeführt, die zwar in ca. 40 % der Fälle zur Übernahme in ein Ausbildungsverhältnis führen, idealerweise unter Anrechnung des geleisteten Praktikums, womit dann für ein halbes oder ganzes Jahr die Ausbildungsvergütung eingespart und öffentlich finanziert wäre. Im schlechteren Falle aber, und das betrifft fast 50 % der Praktikantinnen und Praktikanten, wird nicht einmal eine Bescheinigung über die Zeit als billige Arbeitskraft im Betrieb ausgestellt (Becker et al. 2008, S. 8).

2. Demografie als Chance?

Während viele Jahre die betriebliche Klage dominierte, dass den Jugendlichen die Ausbildungsreife fehle, scheint sich 2012 angesichts sinkender Schulabgängerzahlen das Blatt zu wenden. Der Präsident des Deutschen Industrie- und Handelskammertages H. H. Driftmann klagt in der Wirtschaftswoche vom 9.6.2012 neben der Politik auch die Lehrerinnen und Lehrer an: „Die Politik trägt (…) eine Mitschuld, dass in diesem Jahr voraussichtlich 80.000 Ausbildungsplätze nicht besetzt werden können. Während die Unternehmen händeringend nach Auszubildenden suchen, würden 100.000 ausbildungsfähige Jugendliche in Qualifizierungsmaßnahmen geparkt. (Sie) bräuchten gar nicht in das Übergangssystem zu gehen. Das Problem ist, dass es Lehrer gibt, die ihren Abgangsschülern dazu raten, weil sie von der Arbeitswelt keine Ahnung haben, kritisiert Driftmann (…)" (Ramthun und Schmergal 2012). Dieser demografisch bedingte Stimmungsumschwung ändert aber wenig an den Schuldzuweisungen und Mängelklagen gegenüber den Jugendlichen. Angesichts des befürchteten Fachkräftemangels wolle

man nun auch, als handele es sich um einen Gnadenakt, den „chancenärmeren",
den „leistungsschwächeren", mit anderen Worten den vermeintlichen Problem-
jugendlichen eine Chance, „ein Fenster der Möglichkeiten" (CDU Bundesausschuss Bildung, Forschung und Innovation 2012, S. 4f.) eröffnen, von dem man
leider fürchten muss, dass es bei veränderter Nachfrage auch wieder zugeschla-
gen werden wird.

Die Verbesserung des Übergangs von der Schule in den Beruf erscheint
noch immer nicht als gesellschaftspolitische Herausforderung, als einzulösen-
des Bürgerrecht jeder nachwachsenden Generation. Im öffentlichen Diskurs haben wir es vielmehr mit einer Verkürzung auf die Frage nach der Sicherung des
Fachkräftebedarfs zu tun.

So kommt die Aufgabe der Berufsorientierung in den Leitlinien des Bundesinstituts für Berufsbildung zur Verbesserung des Übergangs Schule-Beruf entsprechend technokratisch daher, ohne erkennbaren Bezug auf die Bedürfnisse
von Jugendlichen, eher funktionalistisch als Informations-, Transparenz-, Kom-
munikations- und Koordinationsproblem. Es müsse die „Entwicklung von kohärenten und koordinierten Finanzierungs- und Förderstrategien im Mittelpunkt"
(BIBB 2011, S. 4) stehen, es sollten „Lernergebnisse und Lernerfolge sorgfältig
dokumentiert werden" (ebd.), Bund und Länder werden aufgefordert, „die Ange-
botsvielfalt am Übergang zwischen Schule und Berufsausbildung zu sichten mit
dem Ziel, diese zu reduzieren, zu bündeln und besser aufeinander abzustimmen
sowie die vorhandenen Instrumente zu schärfen" (ebd., S. 1).

Mit diesen „geschärften" Instrumenten soll dann den Jugendlichen zu Lei-
be gerückt werden: Die „sozialpädagogische Begleitung" soll „systematischer"
genutzt werden, es geht um die „Prävention von Defiziten in der Grundbildung",
darum, „die Förderung gerade leistungsschwächerer Jugendlicher möglichst frühzeitig anzusetzen" und die „frühzeitige, individuelle Diagnostik und Förderung
(…) sicherzustellen" (ebd., S. 2). Der CDU-Bundesausschuss Bildung, Forschung,
Innovation (2012) schließt sich – wie auch die SPD-Bundestagsfraktion (vgl. SPD
2012) – den Empfehlungen des BIBB-Hauptausschusses grundsätzlich an, aber
auch hier hat der Entschluss, den „sozial benachteiligten und lernbeeinträchtig-
ten Jugendlichen" – eine bemerkenswerte Gleichsetzung – „die Chance auf eine
betriebliche Ausbildung zu bieten" (CDU, Bundesausschuss Bildung, Forschung
und Innovation 2012, S. 2) etwas Gönnerhaftes und wird sogleich, mit Bezug auf
die oben schon angeführte Einschätzung des DIHK-Präsidenten auch wieder ge-
wohnt vorwurfsvoll: „[Es] befinden sich derzeit circa 100.000 Jugendliche im
Übergangsbereich, die mit vertretbarem Aufwand für die Betriebe direkt eine
Ausbildung beginnen könnten. Viele Jugendliche scheuen jedoch das Verlas-

sen des Heimatortes" (ebd., S. 4). Hätte es nicht heißen müssen: „Viele Betriebe
scheuen jedoch diesen Aufwand"? Denn obwohl noch immer relativ konstante
56 % aller Betriebe in der BRD ausbildungsberechtigt sind, also ausbilden könnten, beträgt der Anteil der 2010 tatsächlich ausbildenden Betriebe nur 22,5 % (vgl.
BIBB 2012, S. 189f., 196f.). Und auch die DGB-Jugend verweist darauf, dass einige Betriebe nichts an ihren unattraktiven Ausbildungsbedingungen ändern, dass
sie Überstunden, unregelmäßige Arbeitszeiten und niedrige Ausbildungsvergütungen für normal halten (vgl. DGB-Jugend 2011 und 2012). Angesichts des persönlichen Umbruchs, den der Übergang ins Erwerbsleben ohnehin schon bedeutet, ist die Forderung, zeitgleich auch noch die wichtigsten sozialen Beziehungen
am Heimatort aufzugeben, im wahrsten Sinne des Wortes fahrlässig.

3. Stigmafolgen

Wie erleben die betroffenen Jugendlichen diese permanenten Schuldzuweisungen? Folgen wir Stefan Wellgraf in einige wenige Szenen des Alltags an Berliner
Hauptschulen, wo er beobachtet und analysiert, wie die Schülerinnen und Schüler
mit dem Stigma des Hauptschulbesuchs umgehen, wie sie Herabsetzung und Vor-
würfe ertragen. Die Jugendlichen, so Wellgraf, sind „(...) mit Misserfolgen und
mit Demütigungen konfrontiert, was Ängste vor einem gescheiterten Leben hervorbringt. Die Zukunftsträume zerplatzen angesichts ökonomischer Ausschluss-
mechanismen und sozialer Stigmatisierung und verwandeln sich in Zukunftsängs-
te, in die Angst davor, die Hoffnung und somit letztlich sich selbst aufzugeben"
(Wellgraf 2012, S. 134).

Die Hauptschülerinnen und Hauptschüler hätten „(...) meist recht bescheidene Wünsche nach einer gesicherten Existenz. Ein sicherer Beruf, der hoffent-
lich Spaß macht, ein festes Einkommen, mit dem man sich kleine Annehmlich-
keiten leisten kann, und eine eigene Familie, in der man sich gegenseitig liebt und
viel Zeit miteinander verbringt – die Zukunftsträume vieler Hauptschüler klin-
gen fast ‚spießig' oder ‚kleinbürgerlich', sie scheinen seltsam aus der Zeit gefallen und sind doch gleichzeitig die Ausdrucksformen von sozialen Situationen, in
denen die Sicherung grundlegender ökonomischer und sozialer Existenzbedürf-
nisse infrage steht. Die vor mir interviewten Hauptschüler träumten keineswegs,
wie viele gleichaltrige Gymnasiasten, von großen Weltreisen oder Auslandsaben-
teuern. Ihr dringendster und gleichzeitig am schwersten zu erreichender Wunsch
ist der nach einem Ausbildungsplatz und einem daran anschließenden sicheren
Arbeitsplatz" (ebd., S. 107).

Dabei stellt Wellgraf die Hauptschülerinnen und Hauptschüler nicht als bloß passive Opfer dar; er dokumentiert vielmehr auch ihr Aufbegehren und ihren mal trotzig-provokativen, mal ironisch-geistreichen Widerstand. Er beschreibt, wie sie versuchen, sich von ihren Gleichaltrigen ein Stück der Anerkennung zu verschaffen, die ihnen von der Welt der erfolgreichen Erwachsenen, zu denen auch die Lehrkräfte und Sozialarbeiter gehören, verweigert wird. Doch was hilft schon die Selbstkommentierung der eigenen schleppenden Unterrichtsbeteiligung mit der witzig-ironischen Vorwegnahme des (Vor-)Urteils „Aber wir sind doch Hauptschüler" (ebd., S. 218) gegen die brutale Wirkung des abwertend-beschämenden Blicks der anderen?

Mit Sartre weist Wellgraf die Scham als die Reaktion auf einen psycho-physischen Überraschungsangriff, als „eine Anerkennung des Blickes des Anderen, eine Last, die auf einem bürdet und die nicht nur das Selbstbewusstsein mindert, sondern den gesamten Körper durchläuft: Die Scham ist ein unmittelbares Erschauern, das mich von Kopf bis Fuß durchläuft, ohne jede diskursive Vorbereitung." (Sartre 1993, S. 406f. zitiert nach Wellgraf 2012, S. 209). Fragt man die Hauptschülerinnen und Hauptschüler, was andere ihrer Meinung nach über sie denken, antworten sie: „dumm", „Psycho im Kopf", „faul", „unfreundlich", „vorbestraft", „kriminell", „nicht bereit zu arbeiten", „wissen nicht viel", „denken nur an Schlägereien", „bauen ständig Scheiße", „keine guten Chancen im Berufsleben" (Wellgraf 2012, S. 208).

In der 9. und 10. Klasse sollen sich die Jugendlichen ein Betriebspraktikum suchen. Dabei verschließt ihnen das Stigma Hauptschule die meisten Türen. So landen sie, von den Lehrkräften in einer sich selbst erfüllenden Prophezeiung schon erwartet, wieder in ihrem Herkunftsmilieu, bei einem Hinterhofgebrauchtwagenhändler oder einem Tele-Café. Letzteres ein Ort, von dem eine Lehrerin vermutet, dass dort nur „krumme Geschäfte" gemacht werden (ebd., S. 117).

Ein Sozialarbeiter spricht von einem „Kuckucksei", als er einen Schüler an eine Tischlerfirma vermittelt, die an Aufträgen seiner Schule verdient. Die Wortwahl Kuckucksei verrät, so Wellgraf, dass Hauptschüler auch von ihrem eigenen Sozialarbeiter „(...) nicht als natürliche und legitime Anwärter auf dem Arbeitsmarkt angesehen werden (...)" (ebd., S. 119f.). Die Unterbringung an einem guten Praktikumsplatz wird mit einem betrügerischen Unterschieben gleichgesetzt, das, wie im Tierreich das Kuckuckskind die Gasteltern, den gesamten Betrieb überfordern und dadurch gefährden könnte.

In Gegenwart einer ratsuchenden Schülerin etikettieren ein Sozialarbeiter und seine Kollegin den Hauptschulabschluss als „Schrott" (ebd., S. 98). In einer anderen Szene kommentiert eine Lehrerin eine schlechte Arbeit in sexualisieren-

der Lässigkeit: „Deine nächste Sechs, dann schon mal winke, winke Abschluss."
Sie wirft dem Schüler eine Kusshand zu (ebd., S. 243).

Eine andere Lehrerin beharrt verbissen auf dem Zusammenhang zwischen
Leistungsbereitschaft und Lebenserfolg: „Ihr seid nicht dumm, ihr seid nur faul.
Meine Tochter ist am Gymnasium und arbeitet manchmal bis nachts um eins"
(ebd., S. 276). Es sind die Schülerinnen und Schüler, die deutlich auf die herkunfts-
bedingte Ungleichheit verweisen. „Hussein: ,Das ist Ihre Welt, aber Sie kennen
nicht unsere.'" und „Imad: ,Kann ich mich mit Ihrer Tochter vergleichen?'", wor-
aufhin Frau Schnur zum (Gegen-)Angriff übergeht: „,Natürlich. Aber wenn man
immer nur bei MSN am Chatten ist, dann lernt man auch kein Deutsch, das ist
abgebrochene Gossensprache'" (ebd.). Vor diesem Vorwurf kann man sich nur
mit gespielter Souveränität und stoischer Duldsamkeit in den „Lauf der Dinge"
(Bourdieu 1997a) schicken: „Imad: ,Sie (die Tochter der Lehrerin, Einfg. d. V.)
kriegt ihren Abschluss, ich nicht. Ist doch ok'" (Wellgraf 2012, S. 276).

Diese Lehrerin, die im übrigen vermutlich gerade wegen ihres emotionalen
Engagements bei den Schülerinnen und Schülern beliebt ist, hält am Mythos einer leistungsabhängigen Verteilung von Entwicklungschancen fest, auch wenn
sie weiß, dass im letzten Schuljahr gerade mal eine Schülerin und ein Schüler einen Ausbildungsplatz gefunden haben (ebd., S. 120).

Statt sich damit auseinanderzusetzen, wie sehr die skeptische Zurückhaltung
der Jugendlichen gegenüber dem schulischen Angebot mit ihrer perspektivlosen
Situation zusammenhängt, verlegt sich das Schulsystem in seinen pädagogischen
Maßnahmen auf Herabsetzung und Bedrängung. Gerade der Undiszipliniertheit
und Schulaversion müsse mit „konfrontativer Pädagogik" begegnet werden: „Ein
Erziehungsstil, der in den USA (...) als letztmögliche pädagogische Maßnahme
für als gewalttätig geltende Jugendliche entwickelt wurde, wird (...) in Deutschland auf eine ‚allgemeinbildende' Schule übertragen. Der devianzorientierte Blick
richtet sich nicht mehr auf vorbestrafte Gewalttäter, sondern auf die gesamte Schülerschaft einer Berliner Hauptschule" (ebd., S. 251).

Den Schülerinnen und Schülern wird bei der Verleihung der Zeugnisse selbst
noch das Unbehagen an ihrer Stigmatisierung als eine Art erfolgreich zu bewälti-
gender Entwicklungsaufgabe vom Schulleiter vorgehalten. Er erinnert sie: „Viele kamen mit einem komischen Gefühl an diese Schule: Hauptschule, freiwillig
war kaum einer hier. Viele wurden zugewiesen und fühlten sich ausgegrenzt. Es
war nicht immer leicht, aber jetzt habt ihr einen Lebensabschnitt erfolgreich beendet" (ebd., S. 294). Folgenreich ja, aber erfolgreich? Später, beim Grillen, folgt
die Selbstexkulpierung des Schulleiters im Kreise seiner Kolleginnen und Kolle-
gen: „Auch wenn es mit dem MSA (mittleren Schulabschluss, d. V.) nicht geklappt

hat – das ist nicht unsere Schuld, sondern die der Schüler und Eltern. Wir dürfen nicht vergessen, dass wir nur eine Hauptschule sind" (ebd., S. 296).

Was Wellgraf durch den ethnographischen Zugang zu Unterrichts- und Schulszenen verdeutlicht, lässt sich auch – allerdings mit umgekehrtem Vorzeichen – in der Analyse der von der Bundesagentur für Arbeit für den Berufsorientierungsunterricht bereitgestellten Materialien „Planet Beruf" aufzeigen: Jetzt tauchen wir in die hoffnungsfrohe Welt munterer und zuversichtlicher Jugend-Stars und junger Menschen, die von den illustrierten Broschüren, Info-Blättern und Internetseiten herunterstrahlen und verkünden: „Jeder kann es schaffen!" Wir betreten einen völlig neuen Planeten (BA 2012a): Eltern werden aufgefordert, ihre Kinder mithilfe von „Checklisten" auf Ausbildungsreife zu prüfen: „Mit den folgenden Beispielen lernen Sie die wichtigsten sozialen Fähigkeiten kennen, die Ihre Kinder haben oder sich aneignen sollten. Soziale Kompetenz wird groß geschrieben in den Betrieben. Denn nicht nur Fachwissen macht den Erfolg eines Unternehmens aus. Entscheidend ist auch, dass das Betriebsklima stimmt und dass alle motiviert und engagiert an einem Strang ziehen" (BA 2012b). Bei den schulischen Grundkenntnissen werden Deutsch, Mathematik und wirtschaftliche Grundkenntnisse betont: „Die erwirbt man sich z. B. ganz leicht mit dem Wirtschaftsteil der Tageszeitung" (BA 2012c). Zum Stichwort Berufswahlreife heißt es: „Prüfen Sie, wie es in diesen Fragen bei Ihrem Kind aussieht: Fähigkeit, sich selbst einzuschätzen/ sich zu informieren", z. B. „kennt seine Talente und weiß, was ihm Spaß macht", „kennt seine Schwächen und weiß, was ihm nicht so liegt", „hat eine Vorstellung, wie es einmal arbeiten will, z. B. im Team, mit festen Zeiten, viel oder wenig", „hat eine Vorstellung, wo es einmal arbeiten will" oder auch „hat sich Fragen überlegt, die es mit einem/r Berufsberater/in besprechen möchte", „kennt die Voraussetzungen für seinen Wunschberuf und kann begründen, warum es sich diesen ausgesucht hat" (BA 2012d).

Wären die sozialen Fähigkeiten so entscheidend, dann würden die Unternehmen nicht so gründlich nach Schulnoten und nationaler Herkunft selektieren. Auch ob man „viel oder wenig arbeiten" will, ist wohl keine ernstzunehmende Wahloption angesichts der allgemeinen Verdichtung von Leistungsanforderungen in den Betrieben. Und dass das Lesen des Wirtschaftsteils der Tageszeitung eine leicht zu erfüllende Einstellungsvoraussetzung ist, scheint nun wirklich für einen ganz anderen Planeten zu gelten.

Solche Materialien suggerieren, dass es vielen Schulabgängerinnen und -abgängern nur an klaren Vorstellungen über ihren Wunschberuf und nicht etwa an einer ausreichenden Zahl attraktiver Ausbildungs- und Arbeitsplätze fehle. Die Erfahrungen der Jugendlichen auf dem Planeten Erde sehen aber anders aus:

„Ihr seid nicht dumm, ihr seid nur faul."   125

„Angelika, die gute Abschlussnoten sowie einen Realschulabschluss vorweisen kann, schreibt (...) 75 Bewerbungen, um ihren Traum, eine ‚sehr gute Hotelfachfrau' zu werden, verwirklichen zu können. Obwohl sie daraufhin bei fünf Hotels zu einem Vorstellungsgespräch eingeladen wird, erhält sie keinen Ausbildungsplatz" (Wellgraf 2012, S. 118).

Die geringe Motivation der Schülerinnen und Schüler, im BO-Unterricht einen Lebenslauf anzufertigen, lässt sich erst vor dem Hintergrund solcher Erfahrungen verstehen. „Der schriftliche Lebenslauf erscheint (...) als ein Dokument ihres drohenden beruflichen Scheiterns und der darauf zu verzeichnende zu erwartende Schulabschluss als dessen vorweggenommene Signatur" (ebd., S. 113).

In der pädagogischen Berufsorientierung wird mit der Prämisse gearbeitet, dass die Jugendlichen eine „Berufswahlentscheidung" zu treffen hätten. Für einen nicht unbedeutenden Teil der Jugendlichen ist das blanker Hohn. Auf welche Berufe bzw. Branchen werden Jugendliche einer Hauptschule denn „orientiert"?

Eine Hauptschülerin, die ein Praktikum in einer Bank absolvieren will, macht sich geradezu lächerlich (vgl. ebd., S. 97f.). Gerne heißt es dann, dass Jugendliche mit niedriger Schulbildung eben „realistisch" sein müssten, dass sie zu hohe Ambitionen hätten. Im Klartext: Sie sollen sich gefälligst damit abfinden, dass sie, wenn überhaupt, dann einen schlecht bezahlten, unsicheren Job haben und nie mehr verdienen werden als gerade fürs Überleben reicht. Im Niedriglohnsektor wird eine 40-Stunden-Woche mit brutto 1.000 Euro und weniger entlohnt (vgl. Brenke 2012, S. 7). Viele Menschen, die Vollzeit arbeiten, können nicht von ihrer Arbeit leben.

Im Berufenet, einem weiteren Online-Angebot der Bundesagentur für Arbeit (BA 2012e), werden alle Berufe und ihre Zugangswege beschrieben. Man findet sogar, wenn auch etwas versteckt, Angaben über mögliche Verdiensthöhen. Wieso aber in unterschiedlichen Berufen und Branchen so unterschiedlich bezahlt wird, darüber erfährt man nichts.

Wer bestimmt, dass jemand in seinem Leben nie mehr als das Existenzminimum verdienen wird? Wie kann man guten Gewissens behaupten, Jugendliche hätten die freie (Berufs-)Wahl, wenn doch schon mit den ersten dokumentierten Entwicklungsverzögerungen an der Grundschule die Empfehlung für den weiteren Schulbesuch vorbereitet wird und mit der nachfolgenden Schulform besiegelt ist, wohin die Reise geht?

4. Was wissen wir eigentlich über die „Berufswahl"?

Die mal misstrauisch-verächtliche, mal herablassend-mitleidige Einstellung gegenüber den Entwicklungshilfebedürftigen, die das Nachsehen in der Konkurrenz um die insgesamt zu knappen Ausbildungsplätze haben, ist der eine große blinde Fleck in allen bildungspolitischen Verlautbarungen und pädagogischen Praxen. Die offenkundig schichtspezifische Zuweisung auf die immer gleichen unterprivilegierten sozialen Positionen im System der Berufe wird wie ein großes Familiengeheimnis beschwiegen.

Der zweite blinde Fleck betrifft die unzureichende Professionalität, mit der Jugendliche im Bereich der Berufsorientierung beraten und bevormundet werden. Hier wird mit fragwürdigen Prämissen gearbeitet. Die Erkenntnisse der Sozialisations- und Biografieforschung, wie Menschen tatsächlich zu ihren „Berufswahlentscheidungen" kommen, werden, wie wir gesehen haben, weder bei der Erstellung von Beratungsmaterialien noch in der pädagogischen Praxis genutzt.

Die Rede vom „Berufswahlprozess" stellt diesen als linearen Ablauf mit klar definierbaren Schritten vor, so als sei die Berufswahl ein planbarer Vorgang. Da sollen „frühzeitige Kompetenzfeststellung, Kompetenzentwicklung und Potenzialanalyse in Verantwortung der Schule" (BIBB 2011, S. 2) stattfinden. Eltern bekommen die oben schon vorgestellte Checkliste an die Hand: „Ist mein Kind bereit für eine Ausbildung?" (BA 2012) Sie sollen als Kollaborateure eines Wirtschaftssystems, das ihre Kinder womöglich ausgrenzen wird, deren Defizite oder Kompetenzen ermitteln. Alles soll möglichst reibungslos laufen, alle sollen ganz früh in die richtigen Schubladen sortiert werden. „Dabei ist sicherzustellen, dass an den einzelnen Bildungsstationen Brüche vermieden werden" (BIBB 2011, S. 3). Was ist das für eine Vorstellung davon, wie Menschen leben? Wie Menschen lernen? Woran Menschen leiden und was sie stolz und glücklich macht?

Zwei Beispiele aus Forschung und Praxis illustrieren die tatsächliche Komplexität persönlicher Entwicklung. Im ersten zeigt sich, wie ein familiärer Schicksalsschlag eine Schülerin früh aus der (Bildungs-)Bahn wirft, die gebildete Mittelschichtsmutter sorgt aber für therapeutische Hilfe und verhindert so die drohende Abschiebung auf eine Sonderschule. Im zweiten Beispiel, der Umsetzung der Kampagne *Berlin braucht Dich!,* wird deutlich, dass anspruchsvolle betriebliche Praktika Schülerinnen auch dann in ihrem Selbstwertgefühl und in ihrer beruflichen Orientierung voranbringen, wenn sie nicht dem Wunschprofil des Ausbildungsbetriebes entsprechen.

In einer Längsschnittstudie zum biographischen Lernen junger Frauen haben Lemmermöhle et al. (2006) über mehrere Jahre vier Fokus- und abschließend ein narratives Interview mit jungen Frauen geführt. Ergebnis? In den Fokusinterviews wurde gezielt nach Schule, Berufswahl, Vorstellungen zur Familie und Geschlechterrolle gefragt, aber im Fall von Linda erhielten die Forscherinnen erst im letzten, dem narrativen Interview die Information über den frühen, traumati-

schen Verlust ihres Bruders, über die daraus folgenden Schulleistungsprobleme
und ihrer Selbstwahrnehmung als „Sorgenkind" (ebd., S. 120ff.).

Es wäre kurzschlüssig und zudem übergriffig, von Schülerinnen oder Schülern nun solche Offenbarungen in der schulischen Berufsorientierung zu fordern.
Das Beispiel aus der Forschung soll zeigen, dass sehr viele, oft unbewusste Faktoren Einfluss auf den Lernprozess haben, so dass man sich vom Ideal des rei-
bungslosen Funktionierens und zielstrebiger Geradlinigkeit im Entwicklungs-
und Berufswahlprozess verabschieden muss. Ganz nebenbei zeigt es auch, wie
sehr das kulturelle und soziale Kapital der Herkunftsfamilie darüber entscheidet, ob Entwicklungshindernisse und -verzögerungen bewältigt und kompensiert
werden können.

Dafür steht auch das zweite Beispiel aus der pädagogischen Praxis: In der
Kampagne *Berlin braucht Dich!* bieten privat- und gemeinwirtschaftliche Unternehmen gut vorbereitete, attraktive Praktika an, um mehr Jugendliche mit Migrationshintergrund für eine betriebliche Ausbildung zu gewinnen. Ganz spon-
tan entschieden sich drei Schülerinnen für ein solches Schnupperpraktikum im
Bereich der Wasserversorgung. Obwohl sie nicht den typischen Bewerberinnen
bzw. Bewerbern entsprachen, die sich das Unternehmen normalerweise für eine
Ausbildung wünscht, bilanzierten die Schülerinnen das Praktikum positiv. Sie
waren stolz darauf, dass sie als junge Frauen technische Aufgaben bekamen, ein
Waschbecken installieren konnten (vgl. Lehmkuhl et al. 2011, S. 29f.) und dass
sie von den Auszubildenden des Betriebes mit Respekt und Wertschätzung behandelt wurden (ebd., S. 43f.). In einem auf Passgenauigkeit und Zielstrebigkeit
ausgerichteten Berufswahlmodell ist kein Platz für solche Erfahrungen.

Die Unterschätzung der Vielschichtigkeit von Lern- und Entwicklungspro-
zessen zeigt sich auch im Konzept einer kleinteiligen Modularisierung von Ausbildungsgängen. Als seien komplexe Prozesse auf einzelne Bausteine zu reduzieren,
die sich ohne Bauschaden zu einem stabilen Lebensgebäude, einer erfolgreichen
Berufsbiographie zusammenfügen ließen. Eine wirklich adäquate Begleitung von
Jugendlichen leistet das schulische und berufliche Bildungssystem derzeit nicht.
Auch deshalb können wir uns Greinerts Vorwurf des Legitimationsverlustes des
Berufsbildungssystems anschließen, wenn er dieser „Mischung von Marktökono-
mie, Taylorismus und behavioristisch bestimmter Lerntheorie" (2007, S. 7) vor-
wirft, „subjektorientierte) Ziele – Humanisierung, Demokratisierung, Partizipation" aufzugeben und die Reduktion der „Berufsbildung auf eine Teilstrategie
der Sozial- und Wirtschaftspolitik" zu betreiben (ebd., S. 12).

Die Sozialisations- und Biografieforschung bestätigt: Menschen lernen permanent, machen Erfahrungen, verändern ihre Prioritäten, mal passen sie sich an,

mal ziehen sie sich zurück, mal nehmen sie Herausforderungen an. Sie orientieren sich an Eltern, Geschwistern, Freundinnen und Freunden, Peers, Lehrerinnen und Lehrern und an den Medien. Es gibt zahlreiche Untersuchungen darüber,
welche Faktoren dabei wichtig sind, wieso ein Jugendlicher selbst noch aus einer
miserablen Ausbildungssituation etwas für sich machen kann, ein anderer dagegen abbricht (vgl. Lempert 2002, S. 17 ff., 29 ff.). Die Erkenntnisse aus solchen
Studien müssten aber erst noch gegen den Mainstream der Responsabilisierung
im bildungspolitischen und erziehungswissenschaftlichen Diskurs und in der pädagogischen Praxis durchgesetzt werden. Das aber wird diejenigen Erwachsenen
in ihrem Wohlgefühl stören, die sich, ganz im Einklang mit der meritokratischen
Logik, selbstgerecht über die Bildungsverlierer erheben.

Für die Begleitung von Jugendlichen im komplizierten Prozess des Hinein-
wachsens in eine Gesellschaft mit großen sozialen Unterschieden, die ganz wesentlich über die sozialschichtabhängigen Sozialisations- und Bildungserfahrungen und den Zugang zur beruflichen Bildung reproduziert werden, gibt es keine
einfachen Rezepte. Aber anders als der anatomisch bedingte blinde Fleck im Auge,
ließe sich dieser gesellschaftlich bedingte Sehschaden beheben.

Literatur

Becker C, Grebe T, Asmus J (2008) Begleitforschung des Sonderprogramms des Bundes zur Ein-
stiegsqualifizierung Jugendlicher – EQJ-Programm. http://www.arbeitsagentur.de/zentraler-
Content/A04-Vermittlung/A041-Erschliessung/Publikation/pdf/Abschlussbericht-GIB-EQJ-
Programm.pdf. Zugegriffen: 22. April 2012
Bourdieu P (1997a) Der Lauf der Dinge. In: Bourdieu et al.: Das Elend der Welt. Zeugnisse und Di-
agnosen alltäglichen Leidens. UVK, Konstanz
Bourdieu P (1997b) Störenfried Soziologie. Zur Demokratie gehört eine Forschung, die Ungerech-
tigkeiten aufdeckt. DIE ZEIT, 21.6.1996 Nr. 26: 33
Bourdieu P, Passeron C (1971) Die Illusion der Chancengleichheit. Untersuchungen zur Soziologie
des Bildungswesens am Beispiel Frankreichs. Klett, Stuttgart
Brenke K (2012) Geringe Stundenlöhne, lange Arbeitszeiten. DIW Wochenbericht Nr. 21/2012, 23.
Mai 2012. http://www.diw.de/documents/publikationen/73/diw_01.c.400060.de/12-21-1.pdf.
Zugegriffen: 30. September 2012
Bundesagentur für Arbeit (BA) (2012a) Checklisten zur Ausbildungsreife. Ist mein Kind bereit für
eine Ausbildung? http://www.planet-beruf.de/Checklisten-zur-Ausb.553.0.html. Zugegrif-
fen: 22. Juni 2012

Bundesagentur für Arbeit (BA) (2012b) Erkundungstest zur Ausbildungsreife. Soziale Fähigkeiten. http://www.planet-beruf.de/fileadmin/assets/PDF/PDF_Checklisten/Erkundungstest_soziale_Faehigkeiten.pdf. Zugegriffen: 22. Juni 2012

Bundesagentur für Arbeit (BA) (2012c) Erkundungstest zur Ausbildungsreife. Schulische Grundkenntnisse. http://www.planet-beruf.de/fileadmin/assets/PDF/PDF_Checklisten/Erkundungstest_schulische_Grundkenntnisse.pdf. Zugegriffen: 22. Juni 2012

Bundesagentur für Arbeit (BA) (2012d): Erkundungstest zur Ausbildungsreife. Berufswahlreife. http://www.planet-beruf.de/fileadmin/assets/PDF/PDF_Checklisten/Erkundungstest_Berufswahlreife.pdf. Zugegriffen: 22. Juni 2012

Bundesagentur für Arbeit (2012e): Berufenet. Berufsinformationen einfach finden. http://berufenet.arbeitsagentur.de/berufe/index.jsp. Zugegriffen am: 22.Juni 2012

Bundesagentur für Arbeit (BA) (2012) „Ist mein Kind bereit für eine Ausbildung?" Checklisten zur Ausbildungsreife. Elternportal. http://www.planet-beruf.de/Download-Materialie.10359.0.html#c73853. Zugegriffen: 22. Juni 2012

Bundesinstitut für Berufsbildung (BIBB) (2012): Datenreport zum Berufsbildungsbericht 2012. Informationen und Analysen zur Entwicklung der Beruflichen Bildung. Bonn

Bundesinstitut für Berufsbildung (BIBB) (2011) Empfehlung des Hauptausschusses des Bundesinstituts für Berufsbildung. Leitlinien zur Verbesserung des Übergangs Schule – Beruf. http://www.bibb.de/dokumente/pdf/Empfehlung_BIBB-HA_Leitlinien_zur_Verbesserung_Uebergang_Schule_-_Beruf_2011_06_20.pdf. Zugegriffen: 19. September 2012

Bundesministerium für Bildung und Forschung (BMBF) (2012) Berufsbildungsbericht 2012. Bonn. [Online] http://www.bmbf.de/pub/bbb_2012.pdf. Zugegriffen: 7. Mai 2012

CDU Bundesausschuss Bildung, Forschung und Innovation (2012) Die betriebliche Ausbildung sichert Zukunft. Positionspapier zum Übergang Schule-Beruf. Bonn. http://www.cdu.de/doc/pdfc/1207-betriebliche-ausbildung.pdf. Zugegriffen: 28. August 2012

DGB-Jugend (2011): Arbeitsqualität aus der Sicht von jungen Beschäftigten. 4. Sonderauswertung zum DGB-Index Gute Arbeit Schwerpunkte: Stress, Überstunden, Arbeitsintensität. Berlin. http://www.dgb.de/presse/++co++74c4d0a8-a4e6-11e1-758b-00188b4dc422. Zugegriffen: 28. November 2012

DGB-Jugend (2012): Ausbildungsreport 2012. Berlin. http://www.dgb-jugend.de/ausbildung/ausbildungsreport/data/ausbildungsreport2012.pdf. Zugegriffen: 28. November 2012

Dobischat R, Kühnlein G, Schurgatz R (2012) Ausbildungsreife – Ein umstrittener Begriff beim Übergang Jugendlicher in eine Berufsausbildung. Hans-Böckler-Stiftung Arbeitspapier 189, Düsseldorf. http://www.boeckler.de/pdf/p_arbp_189.pdf. Zugegriffen: 16. Juli 2012

Greinert W D (2007) Kernschmelze – der drohende GAU unseres Berufsbildungssystems. Technische Universität Berlin. http://www.bakfst.de/Greinert-Kernschmelze.pdf. Zugegriffen: 13. November 2008

Grundgesetz für die Bundesrepublik Deutschland (GG). 10. Auflage, Stand: 26.07.2002. Nomos Verlagsgesellschaft, Baden-Baden

Lehmkuhl K, Eckelt M, Schöler C (2011) Ausbildung: Eine attraktive Zukunftsoption? Schülerinnen und Schüler mit Migrationshintergrund erleben die Arbeitswelt. BQN Berlin, Berlin. http://www.bpaed-ewi.tu-berlin.de/fileadmin/fg243/Dokumente/Lehmkuhl/Lehmkuhl_2011_Ausbildung_-_Eine_attraktive_Zukunftsoption.pdf. Zugegriffen: 10. Mai 2012

Lemmermöhle D, Große S, Schellack A, Putschbach R (2006) Passagen und Passantinnen. Biographisches Lernen junger Frauen. Eine Längsschnittstudie. Waxmann, Münster

Lempert W (2002) Berufliche Sozialisation, oder: Was Berufe aus Menschen machen, 2. überarb. Auflage, Schneider Verlag, Hohengehren

Ramthun C, Schmergal C (2012) Deutschland wirbt spanische Arbeitskräfte gezielt an. DIHK-Präsident H.H. Driftmann im Gespräch. Wirtschaftswoche 9.6.2012. http://www.wiwo.de/politik/deutschland/arbeitsmarkt-deutschland-wirbt-spanische-arbeitskraefte-gezielt-an/6727260.html. Zugegriffen: 25. Juni 2012

SPD Bundestagsfraktion (2012) Jugendliche haben ein Recht auf Ausbildung, Antrag vom 27.06.2012, BT-Drucks. 17/10116. Berlin. http://dipbt.bundestag.de/dip21/btd/17/101/1710116.pdf. Zugegriffen: 28. November 2012

Ulrich J G (2008) Jugendliche im Übergangssystem – eine Bestandsaufnahme. Berufs- und Wirtschaftspädagogik – online. H. Spezial Nr. 4. Beitrag zu Workshop 12 „Produktionsschulen" der Hochschultage Berufliche Bildung 2008. http://www.bwpat.de/ht2008/ws12/ulrich_ws12-ht2008_spezial4.pdf. Zugegriffen: 28. November 2012

Wacquant L (2009) Bestrafen der Armen. Zur neoliberalen Regierung der sozialen Unsicherheit. Budrich, Leverkusen

Wellgraf S (2012) Hauptschüler. Zur gesellschaftlichen Produktion von Verachtung. transcript, Bielefeld

Übergangsprobleme benachteiligter Jugendlicher von der Schule ins Berufsleben unter Genderperspektive

Sylvia Buchen

1. Einleitung

Übergangspassagen stellen das Individuum vor neue Herausforderungen, die bewältigt werden müssen, sei es beim Übergang vom Kindergarten in die Grundschule, von der Grundschule in die weiterführende Schule oder von der Schule ins Berufsleben bzw. Studium. Im günstigen Fall können vorhandene Probleme gelöst werden, z. B. wenn Schulmüdigkeit von Freude an handwerklich-praktischer Arbeit abgelöst wird. In der Regel verstärken jedoch die hierarchisierenden und vergeschlechtlichten Übergänge von der Schule in den Beruf bei benachteiligten jungen Erwachsenen die Probleme; denn die berufliche Segregation steht in Kontinuität zur institutionellen Segregation des gegliederten Schulsystems, mit den entsprechenden Deklassierungs- und Ausgrenzungserfahrungen im Haupt- und Sonderschulbereich. Um „blinde Flecke in der Debatte um den Übergang von der Schule in den Beruf" aufzuspüren, werde ich in meinem Beitrag die Strukturkategorien Bildungsmilieu, Ethnie und Geschlecht genauer beleuchten und aufzeigen, wie Zugangsbarrieren zu gut bezahlter Erwerbsarbeit entlang eben dieser Strukturkategorien verlaufen und für die Individuen besonders schwierige Übergangspassagen erzeugen: In meinem Beitrag sollen die Übergangsprobleme marginalisierter männlicher und weiblicher Jugendlicher, insbesondere mit Migrationshintergrund, ins Zentrum der Betrachtung gestellt werden, deren soziale Herkunft maßgeblich über die Bildungs- und Ausbildungsverläufe und letztlich über das Scheitern auf dem Arbeitsmarkt entscheidet.

Da in meinem Beitrag die Genderperspektive fokussiert wird, werde ich *erstens* auf die geschlechtsspezifische Segregation des Arbeitsmarkts genauer eingehen. In einem *zweiten* Schritt soll der Frage nachgegangen werden, weshalb im Zusammenhang mit der Struktur des deutschen Bildungssystems von ‚institutioneller Diskriminierung' gesprochen werden kann. *Drittens* sollen Möglichkeiten zur beruflichen Qualifikation nach der allgemeinbildenden Schule kritisch beleuchtet werden. In einem *vierten* Schritt sollen Verarbeitungsmuster von Negativerfahrungen von männlichen und weiblichen Jugendlichen beleuchtet werden.

2. Zur geschlechtsspezifischen Segregation des Arbeitsmarkts

Angelika Wetterer (2002) hat in ihrem Buch „Arbeitsteilung und Geschlechterkonstruktion" historisch und theoretisch eindrücklich herausgearbeitet, wie die Arbeitsteilung zwischen den Geschlechtern Frauen und Männer zu Verschiedenen macht. Auf der Unterscheidung männlich/weiblich baut ein komplexes System binärer Zuschreibungen auf, die bis heute Geschlechterkonstruktionen und die Zweigeschlechtlichkeit (re-)produzieren, wie sie im Berufsbereich immer noch vorzufinden sind: So ist in den europäischen Industriegesellschaften der Anteil von Frauen im Bereich der Erziehung und Bildung von Kindern (Vorschul- und Grundschulpädagogik) überproportional hoch, wohingegen der Anteil von Männern an der akademisch-wissenschaftlichen Ausbildung (Universitäten; Hochschulen) nach wie vor überproportional hoch ist. Bereits innerhalb des Bildungssystems werden also Trennlinien zwischen den verschiedenen Bildungsberufen sichtbar, in denen sich unterschiedliche Geschlechterkonstruktionen sowie geschlechterbezogene Konnotationen der spezifischen Berufstätigkeit manifestieren.

Einerseits weist das, was jeweils als Frauen- oder Männerarbeit gilt, enorme historische, aber auch länderspezifische Schwankungen auf: So hat sich z. B. in Deutschland der Volksschullehrerberuf von einem klassischen Männerberuf zu einem typischen Frauenberuf gewandelt. *Andererseits* erstaunt immer wieder die *Konstanz* der Geschlechtertrennung, die sich sowohl *arbeitsinhaltlich* auf unterschiedliche Tätigkeitsbereiche (*horizontale Ebene*) als auch auf unterschiedliche Positionierungen von Frauen und Männern in der beruflichen und betrieblichen Hierarchie *(vertikale Ebene)* bezieht. Diese Geschlechterverteilung bezieht sich im Niedriglohnsektor auf sozial orientierte „Helferinnenberufe" (Arzthelferin u. a.), die *feminisiert* sind, und auf technische Berufe (Elektronikmechaniker u. a.), die *maskulinisiert* sind. Gerade auch in Ausbildungsberufen, die niedrige und mittlere Schulabschlüsse voraussetzen, ist die Herstellung von Geschlechtergrenzen bislang groß. Generell gilt, dass typische Frauenberufe verglichen mit Männerberufen vergleichsweise schlecht bezahlt werden, einen geringeren Status und geringere Aufstiegschancen haben.

Gerade weil der Arbeitsmarkt nach wie vor durch eine starke geschlechtshierarchische Segregation gekennzeichnet ist, trotz aller Tendenzen des Gender Mainstreaming (politische, rechtliche, familiale und ökonomische Gleichstellung von Frauen und Männern), wäre es um so notwendiger, dass im Feld der Sozialen

Arbeit, insbesondere in der Jugendhilfe, Professionals tätig sind, die Jugendlichen berufliche Orientierungen jenseits geschlechtstypischer Zuschreibungen ermöglichen: Hierfür ist Genderreflexivität erforderlich, die impliziert, dass auch das eigene (geschlechtsbezogene) Handeln der Reflexion zugänglich wird.

Auch die Berufe der Sozialen Arbeit haben sich im Kontext der tradierten Kultur der Zweigeschlechtlichkeit (vgl. Hagemann-White 1984) als typische Frauenberufe herausgebildet, weil sogenannte weibliche Eigenschaften wie Fürsorge, Empathie und Personenbezogenheit als unverzichtbare Grundlagen des beruflichen Handelns angesehen werden (vgl. Sachße 1986). Auch heute noch ist Soziale Arbeit ein überwiegend von Frauen ausgeübter Beruf, während ihre rational-wissenschaftliche Thematisierung von Männern dominiert wird. Insgesamt kann gesagt werden, dass die Jugendhilfe als ein weiblich dominiertes Berufsfeld gilt, obwohl es graduelle Unterschiede der Geschlechterverteilung in den jeweils differenzierten Feldern der Jugendhilfe gibt: So ist eine weibliche Dominanz in Kindertageseinrichtungen klar erkennbar, während in der offenen Kinder- und Jugendarbeit sowie in der verbandlichen Jugendarbeit mehr Männer arbeiten und als Leiter tätig sind, ohne diesen Bereich allerdings als ein männliches Territorium bezeichnen zu können.

Die Tatsache, dass der Anteil von Frauen in der Sozialen Arbeit überproportional hoch ist, hat zu umfangreichen theoretischen Analysen beigetragen. Dagegen ist die Frage nach der Relevanz von Männern in der Sozialen Arbeit abgesehen von den Teilbereichen Jungenarbeit, Mädchenarbeit, Frauenarbeit, bislang noch kaum Gegenstand der fachöffentlichen Diskussion. Dies weist auf ein nicht unerhebliches Defizit der disziplinären und professionellen Selbstreflexion hin. Deshalb lautet meine These: Die Soziale Arbeit wird sich angesichts wachsender Probleme junger Männer im Bildungs- und Ausbildungssystem mit der Genderfrage beschäftigen müssen, inwieweit möglicherweise die Erhöhung des Anteils von gendersensiblen Männern im ‚weiblichen Territorium' der Jugendhilfe eine Reduzierung des Problems devianter und delinquenter männlicher Jugendlicher herbeiführen kann.

Geschlechter-Territorien sind nach Krüger (2002) Tätigkeitsfelder, die Resultat einer gesellschaftlich etablierten Geschlechterdifferenz sind und diese durch latente und manifeste Inklusions-/ Exklusionsregeln reproduzieren. Zwar würden mit den entsprechenden Programmen Mädchen darauf orientiert, in Männerberufe zu gehen und dabei Territoriengrenzen zu überschreiten, was durchaus mit subjektiven Risiken und Kosten verbunden sein kann, wie Krüger anmerkt. Dagegen gebe es (noch) keine – auf den Arbeitsmarkt orientierte Anstrengungen – Jungen für Frauenberufe zu interessieren (vgl. Krüger 2002, S. 4). Erst in jüngerer Zeit werden in Anlehnung an die sog. Girl´s Days auch für Jungen sog. Boy´s Days durchgeführt, die darauf zielen, eben jene etablierten Geschlechter-Territorien aufzubrechen.

Nach Krüger sei das „Bild von männlichen und weiblichen Territorien…im Typus der Berufe, der Arbeitsverhältnisse, der Entlohnung, der Karrierewege festgefroren und zeigt geschlechtsspezifische Inklusions-/ Exklusions-Beharrungen erstaunlichen Ausmaßes" (Krüger 2002, S. 4).

3. Ergebnisse der PISA-Studien unter der Perspektive: soziale Herkunft, Migration und Geschlecht

Seit der Veröffentlichung der Ergebnisse der PISA-Studien (vgl. Baumert und Schümer 2002; Prenzel 2007 u. a.) haben v. a. folgende Befunde zu Diskussionen in der (Fach-)Öffentlichkeit geführt:

Erstens hat sich gezeigt, dass in allen untersuchten Kompetenzbereichen (Lesekompetenz; mathematische und naturwissenschaftliche Grundbildung) die Ergebnisse der deutschen Schüler(inne)n deutlich unter dem OECD-Durchschnitt liegen, was zum sogenannten PISA-Schock – und damit verbunden – zur Rechtfertigung fundamentaler Bildungsreformen führte (frühe Sprachförderung im Kindergarten, größere Vernetzung zwischen Kindergarten und Grundschule, Verkürzung des Gymnasiums von 13 auf 12 Jahre, Verkürzung von Ausbildungsgängen auf dreijährige Bachelor-Studiengänge). *Zweitens* haben die Befunde von PISA gezeigt, dass die soziale Herkunft von Kindern und Jugendlichen maßgeblich über deren Bildungsverläufe entscheidet: So sind Schüler(inne)n aus unteren sozialen Schichten und/ oder mit Migrationshintergrund von sozialer Benachteiligung besonders stark betroffen, entsprechend hoch ist ihr Anteil im Haupt- und Sonderschulbereich. *Drittens* haben die Ergebnisse der ersten PISA-Studie 2000, gezeigt, dass Jungen im Lesen und Textverständnis schwächere Leistungen erzielen als Mädchen, wobei die Mädchen jedoch nach wie vor in den mathematischen und naturwissenschaftlichen Kompetenzbereichen hinter den Jungen rangieren.

Da die Jungen im deutschen Bildungssystem jedoch insgesamt von den Mädchen überholt wurden (der Anteil junger Frauen am Abitur ist höher, während die Jungen unter den Hauptschülern, im Sonderschulbereich und unter den Schulabbrechern die Mehrheit bilden) (vgl. Budde 2008, S. 9ff.), wurden die Jungen im öffentlichen Diskurs als das neue ‚schwache Geschlecht' entdeckt. Die mediale Wahrnehmung, dass v. a. die Jungen die Verlierer des deutschen Bildungssystems seien, entspricht jedoch deshalb nicht der Realität, weil junge Frauen – trotz höherer Bildungsabschlüsse – nach wie vor auf dem Arbeitsmarkt geringere Chancen haben als junge Männer (vgl. Buchen 2006).

Gegenwärtig werden Genderfragen in der Erziehungswissenschaft überwiegend unter der Optik der sogenannten Jungenproblematik diskutiert. Allerdings ist Jürgen Budde zuzustimmen, der mit Blick auf PISA darauf verweist, dass der Abstand zwischen einem deutschen Professorensohn und dem Sohn eines arabischen Hilfsarbeiters weit größer ist als zwischen Mädchen und Jungen insgesamt (vgl. Budde 2008, S. 7f.). Deshalb soll im Folgenden das deutsche Bildungssystem im Hinblick auf diskriminierende Strukturen genauer beleuchtet werden.

3.1 Die Struktur des deutschen Bildungssystems – ‚institutionelle Diskriminierung' (?)

Praktisch alle Bildungssysteme unterscheiden zwischen einer allgemeinen (akademischen) und einer beruflichen Ausbildung. Eine starke Differenzierung zwischen eher allgemein und eher beruflich orientierten Bildungsgängen verstärkt nach Ansicht mancher Forscher(innen) die sozialen Ungleichheiten im Bildungserwerb und in den Berufschancen, weil Schüler(innen) aus schwachen sozialen Milieus, viele auch mit Migrationshintergrund, überproportional in berufliche Programme integriert werden. Andere sind dagegen der Meinung, dass gerade die berufliche Bildung die Berufschancen von Kindern aus bildungsfernen Milieus verbessert. Auch die Lehrpläne beruflich orientierter Ausbildungsprogramme enthalten in der Regel eine Mischung aus allgemeinen Kenntnissen (wie z. B. Rechnen, Textverstehen, kommunikative Fähigkeiten) und beruflichen Kenntnissen, die auf bestimmte Aufgaben vorbereiten (Buchführung, Computertechnik, Kinderpflege etc.).

In stark stratifizierten Bildungssystemen, wie beispielsweise in einem dreigliedrigen Schulsystem, werden die Schüler(innen) früh (i. d. R. nach der Grundschule) in verschiedene Laufbahnen aufgeteilt (z. B. in Deutschland, Luxemburg, der Schweiz). Diese unterscheiden sich stark in ihren Lehrplänen und den Möglichkeiten, bis zum Abitur zu kommen. In diesen Ländern gibt es nur eine geringe Mobilität zwischen den Bildungsgängen. Demgegenüber beginnt in Ländern mit schwächerer Stratifizierung (wie z. B. in den skandinavischen Ländern oder Japan) die Aufteilung zu einem späteren Zeitpunkt, die Lehrpläne der verschiedenen Zweige sind ähnlich es gibt mehr Mobilität zwischen den Laufbahnen und geringere Unterschiede in den Möglichkeiten, bis zum (Fach-) Hochschulniveau zu kommen (vgl. Müller und Shavit 1998, S. 506).

Die wohl stärkste Beteiligung der Arbeitgeber findet im Rahmen der traditionellen Berufslehre statt. sofern Betriebe überhaupt noch bereit sind, auszubil-

den: Hier hängt es sehr stark von der Einhaltung der vereinbarten Ausbildungs-
standards ab, inwieweit in Ausbildungen tatsächlich Qualifikationen vermittelt
werden bzw. Lehrlinge nur und ausschließlich als billige Arbeitskräfte (aus-)ge-
nutzt werden.

Angesichts der mittlerweile auch von internationalen Organisationen heftig
kritisierten sozialen Segregation des dreigliedrigen deutschen Schulsystems ist
das Thema Durchlässigkeit aktueller denn je. Zu Recht verweist Ostendorf (2008)
darauf, dass das deutsche Bildungssystem zwar *formal* hochgradig durchlässig ist,
da es in den jeweiligen Stufen vielfältige Wahlmöglichkeiten gibt. De facto hängt
es jedoch wesentlich vom sozialen Status des Elternhauses ab, welche Schulform
von einem Kind besucht wird. So hat PISA eindrücklich belegt, dass ein Kind
aus dem Milieu der oberen Dienstklasse gegenüber einem Facharbeiterkind eine
sechsmal höhere Chance hat, ein Gymnasium zu besuchen (Baumert und Schümer 2002, S. 166). Die Wahrscheinlichkeit, dass ein Kind aus einer unteren sozialen Schicht eine Klasse wiederholen müsse, liege um das 2½-fache höher als
bei einem Kind aus einer oberen sozialen Schicht. Demzufolge lägen die Wie-
derholungsquoten an der Hauptschule wesentlich höher als im Gymnasium (vgl.
Konsortium Bildung 2006, zit. n. Budde 2008, S. 15).

Im Folgenden soll die Bildungsbeteiligung Jugendlicher unter der Perspektive Milieuzugehörigkeit, Geschlecht und Migration genauer beleuchtet werden.

3.2 Die Bildungsbeteiligung Jugendlicher unter der Perspektive Milieuzugehörigkeit, Gender und Migration

Insgesamt kann festgestellt werden:

- Je geringer qualifizierend die Schulform, desto höher ist dort der Anteil an
  Jungen aus der Unterschicht, ca. jeder zehnte Junge bleibt ohne Schulabschluss.
- Besonders ungünstig ist der Bildungsverlauf bei Jungen mit Migrationshintergrund. Sie müssen in der Grundschule wesentlich öfter eine Klasse
  wiederholen und erreichen geringere Abschlüsse (vgl. Budde 2008, S. 9).

Heute besuchen ca. ein Viertel aller schulpflichtigen Jugendlichen Hauptschulen.
Seit Jahren ist auf dem Ausbildungsstellenmarkt ein Missverhältnis zwischen
Angebot und Nachfrage zuungunsten der Stellensuchenden zu beobachten (vgl.
BMBF 2006, S. 1). Da sich die Hauptschulabsolvent(inn)en mit ihren Bewerbungen gegen Jugendliche mit mittleren und höheren Bildungsabschlüssen behaupten müssen, sind sie i. d. R. die Verlierer(innen) auf dem Ausbildungsmarkt. So
verbleibt ein anhaltend hoher Anteil junger Erwachsener (bis zum 25. Lebens-
jahr zwischen 14-15 %) *ohne* anerkannte Berufsausbildung (vgl. BMBF 2006, S.

158). Die Zahl derjenigen, die nach Abschluss der Hauptschule keinen betrieblichen Ausbildungsplatz erhalten, steigt stetig an, wobei Vergleichsstudien zeigen,
dass die Situation in den einzelnen Bundesländern außerordentlich unterschiedlich ist (vgl. Frank und Wüstendörfer 2005, S. 26).

Es versteht sich von alleine, dass es unter Bedingungen der Lehrstellenknapp-
heit und des Konkurrenzdrucks für Hauptschulabsolvent(inn)en kaum möglich
ist, Berufswünsche zu entwickeln, geschweige zu realisieren. Demzufolge unterscheidet sich bei beiden Geschlechtern die Berufswahl gemäß der geschlechtsspezifischen Segregation des Arbeitsmarktes stark: Beide Geschlechter wünschen sich zu aller erst einen sicheren Arbeitsplatz, der sich durch eine saubere
und körperlich leichte Arbeit auszeichnet. Die tatsächlichen Ausbildungen, die
von den Hauptschülerinnen am häufigsten aufgenommen werden, sind: Friseurin,
Kinderpflegerin, Arzthelferin, Zahnarzthelferin, Einzelhandelskauffrau. Bei den
Hauptschülern sind dies Ausbildungen zum KFZ-Mechatroniker, Maler/Lackierer,
Koch, Industriemechaniker, Anlagenmechaniker (vgl. Reißig et al. 2008, S. 66).

Im Folgenden soll die Bildungsbeteiligung Jugendlicher nach Geschlecht
und Schulform genauer beleuchtet werden.

3.3 Die Bildungsbeteiligung Jugendlicher unter der Perspektive Gender und Schulform

Der prozentuale Anteil männlicher Schüler an Hauptschulen beträgt 56 %, an
Sonderschulen sogar 64 %, während der Anteil von Schülerinnen sowohl an Realschulen als auch an Gymnasien geringfügig höher ist als der ihrer männlichen
Mitschüler (vgl. BMBF 2006). Auffällig ist, dass junge Männer in ostdeutschen
Bundesländern in noch geringerem Umfang ein Gymnasium besuchen als in den
westdeutschen Bundesländern, wohingegen junge Frauen aus den neuen Bundesländern im Landesmaßstab am erfolgreichsten abschneiden (vgl. Budde 2008, S.
10). Jungen erzielen nicht nur geringer qualifizierende Abschlüsse als die Mädchen, ihre Schullaufbahn verläuft auch weniger gradlinig: So werden Jungen
häufiger vom Grundschulbesuch zurückgestellt, sie müssen häufiger eine Klasse wiederholen und ihr Anteil unter denjenigen ist höher, welche die Schule ohne
Abschluss verlassen (vgl. ebd.). Budde verweist auf den Sachverhalt, dass im Zusammenhang mit der Adoleszenz die Schulunlust und das ungünstige Sozialverhalten, insbesondere bei den Jungen, zunimmt, und deshalb zwischen der 7. und
9. Klasse, insbesondere im Hauptschulbereich, die Wiederholerquote steigt (vgl.
Budde 2008, S. 12). Ein Grund für die höhere Wiederholerquote liegt auch darin,
dass schulunangepasstes Verhalten häufig genug auch zu einer schlechteren Be-
notung bzw. Nichtversetzung führt. Dies hat sich beispielsweise in unserer Be-

lastungsstudie von Lehrerinnen und Lehrern (Combe und Buchen 1996, S.198f.) in den neuen Bundesländern nach der Vereinigung gezeigt, wo Lehrkräfte des Hauptschulbereichs aufgrund tiefer Verunsicherung und mangelnder Handlungs-strategien im Umgang mit den Begleiterscheinungen des dreigliedrigen Schul-systems unverhältnismäßig häufig mit Nichtversetzung als disziplinarische Maß-nahme reagierten.

3.4 Die Bildungsbeteiligung von Kindern und Jugendlichen unter der Perspektive Migration und soziale Schicht

Bei Kindern mit Migrationshintergrund wurde das Zusammentreffen mehrerer Risikofaktoren festgestellt (vgl. Konsortium Bildung 2006, zit. n. Budde 2008, S. 38): Bereits in der Grundschule wiederholen Jungen mit Migrationserfahrung ca. viermal häufiger die Klasse als ihre deutschen Mitschüler, allerdings ist die Differenz zwischen Jungen und Mädchen mit Migrationshintergrund kleiner. Insbesondere junge Migranten besuchen Haupt- und Sonderschulen häufiger als Migrantinnen sowie deutsche Jugendliche. An den Schulen für Lernbehinderte sind Migranten zahlenmäßig doppelt so häufig vertreten wie deutsche Jungen, am Gymnasium findet sich nur noch ein verschwindend geringer Anteil nicht-deut-scher Jungen. Diese Verteilung dokumentiert sich auch in den Schulabschlüssen: Männliche Jugendliche mit Migrationshintergrund weisen die niedrigsten Schulab-schlüsse auf: Ca. 43 % aller männlichen Jugendlichen mit Migrationshintergrund erreichen einen Hauptschulabschluss, aber nur 8,5 % beenden ihre Schullaufbahn mit der allgemeinen Hochschulreife. Über *20 %* verlassen die Schule ganz ohne Abschluss, d. h. doppelt so viele wie deutsche Jungen (vgl. ebd.).

Insgesamt gehören männliche türkische Jugendliche und Aussiedlerjugend-liche (aus der ehemaligen SU, Polen, Rumänien etc.) zu den größten Risikogrup-pen. Mädchen sind in allen ethnischen Gruppen besser in das Schulsystem in-tegriert (vgl. Haug et al. 2008, S. 36). Neben Jungen mit Migrationshintergrund zeigen auch Jungen aus bildungsfernen Elternhäusern schlechtere Leistungen und einen geringeren Selbstwert. Zu Recht wird in diesem Zusammenhang die These vertreten, dass Jungen aus den unteren sozialen Schichten an tradierten Männlichkeitsbildern orientiert sind, da sie über keine anderen Möglichkeiten zur Statusdarstellung verfügen (vgl. Budde 2008, S. 14). Nach dem Deutschen PISA-Konsortium (2004) hat die sozioökonomische Lage des Elternhauses die größte Erklärungsrelevanz für die Bildungsbenachteiligung von Schüler(inne)n in Deutschland (vgl. Budde 2008, S. 15).

3.5 Zum Problem männlicher Jugendlicher, insbesondere mit Migrationshintergrund

Wie ich bereits zum Thema Jugendgewalt (vgl. Buchen 2009) ausgeführt habe, erhöht sich auch das Risiko von Jugendgewalt drastisch, wenn die Faktoren niedriges Bildungsniveau und schlechte berufliche Zukunftschancen zusammenkommen. Das Bundesamt für Migration und Flüchtlinge (2008) hat eine Bestandsaufnahme zur „Kriminalität von Aussiedlern" im Vergleich zu anderen Jugendlichen mit Migrationshintergrund sowie zu einheimischen Jugendlichen vorgelegt. In diesem Zusammenhang wird immer wieder darauf hingewiesen, dass sich hinter den problematischen Gruppen, die durch Gewalt und Devianz auffallen, eine Reihe von Problemlagen verbergen, wie etwa niedrige Bildungsqualifikationen und Benachteiligungserfahrungen, die bei Aussiedlern und türkischen Jugendlichen gehäuft auftreten (vgl. Haug et al. 2008, S. 31). Mädchen sind in allen ethnischen Gruppen besser in das Schulsystem integriert, was sich besonders deutlich bei den Türken und Aussiedlern zeigt (vgl. ebd., S. 36). Bildungsbenachteiligung und sozialräumliche Segregation gehören zu den wichtigsten Begleiterscheinungen von Jugendkriminalität. In Stadtteilen mit hohem Migrantenanteil zeige sich auch eine ausgeprägte soziale Schieflage mit hoher Arbeitslosigkeits- und Sozialhilferate und Schulen, die überwiegend von Migranten besucht werden. Schlechtere Sprachkenntnisse und weniger anerkannte Bildungsabschlüsse führen zu „Mehrfachexklusionen" (Vogelgesang 2007) und beinhalten ein höheres individuelles Kriminalitätsrisiko.

Immer wieder wird in unterschiedlichen Untersuchungen auf das „kulturelle Gepäck" bei männlichen Migrantenjugendlichen hingewiesen, das auf „patriarchalen Männlichkeitsvorstellungen" basiere. Zum „Männlichkeitsmythos" (Zdun 2007) gehörten die Respektlosigkeit und das Misstrauen gegenüber der Polizei als staatliches Machtorgan sowie ein „kollektiver Ehrenkodex", der gerade von jungen Männern die Verteidigung der eigenen Ehre – der eigenen Gruppe – einfordert. Weibliche Migrantenjugendliche treten dagegen durch Gewalthandlungen kaum in Erscheinung (vgl. BAMF 2008, S. 39ff.).

Wie unsere Jugendstudie zum Gesamtthema „Interneterfahrungen und Habitusformen Jugendlicher unterschiedlicher Schulformen" gezeigt hat, besteht bei den männlichen Hauptschülern eine beachtliche Kluft zwischen dem (medialen) Selbstkonzept und dem tatsächlichen Know-how der Jungen (vgl. Buchen und Straub 2006 u. a.). So inszenierten sich die adoleszenten Jugendlichen häufig als ‚digitale Spezialisten'. Diese Kompetenzinszenierungen basierten jedoch lediglich auf dem regelmäßigen und exzessiven Spielen von Computerkampfspielen. Die Mädchen reagierten demgegenüber i. d. R. mit Distanz (Seitengesprächen;

Ironie) auf die Prahlereien der adoleszenten Jungen, die sich u. a. auch in der Inszenierung als „Minihacker" niederschlugen.

Wie allgemein bekannt, neigen Mädchen in koedukativen Kontexten im Unterschied zu den Jungen eher dazu, ihre Kompetenzen v. a. in den Naturwissenschaften/ Technik zu *unterschätzen* bzw. herunterzuspielen. Die Hauptschüler neigten jedoch dazu, ihre (medialen) Kompetenzen heillos zu *überschätzen*. Dieser ‚digitale Pseudo-Spezialistenhabitus' der Hauptschüler, in den tradierte (technikinduzierte) Maskulinitätsideale eingehen, ist für Lernprozesse kontraproduktiv. Dieser Habitus eines großen Teils der Hauptschüler verhindert nämlich, dass sie im Bereich der (libidinös besetzten) Computertechnik tatsächlich dazu lernen können, d. h. tatsächlich zu Spezialisten werden können.

Eine wichtige Aufgabe einer geschlechterreflexiven Pädagogik müsste also darin bestehen, einerseits gegen die Grandiositätsvorstellungen der jungen Männer zu operieren, um sie darin zu unterstützen, eine realistische Einschätzung über die eigenen Fähigkeiten zu gewinnen. Andererseits muss jedoch das Selbstwertgefühl der Hauptschüler gestärkt werden, um Diskriminierungserfahrungen bewältigen zu können. – Die Quadratur des Kreises?

Auch Budde kommt auf der Grundlage von Befragungen von Schülern zu ihren Berufswünschen zu der Einschätzung, dass „Jungen weniger realistische Lebens- und Berufsplanungen verfolgen als Mädchen (…)" (Budde 2008, S. 33). Vielen, gerade unterprivilegierten Jungen fallen konkrete, realistische Zukunftsplanungen deutlich schwerer als den Mädchen. So hätten männliche Hauptschüler Berufswünsche wie ‚Drogendealer', ‚Gangsterboss' oder ‚Zuhälter' geäußert (vgl. Budde und Drobek 2004, zit. n. Budde 2008, S. 34). Demzufolge bestehe das Hauptproblem der Hauptschüler in der „Diskrepanz aus überzogenen Zukunftsvorstellungen" und Realität (ebd.). Sehen wir uns die Realität von Hauptschüler(innen) genauer an.

4. Übergangsprobleme von der Hauptschule in den Beruf

Mit dem Zusammenbruch des real existierenden Sozialismus ist seit den 1990er Jahren ein Wiedererstarken des Kapitalismus zu konstatieren, der durch eine enorme Gewinnmaximierung seitens der Großunternehmen (Globalisierung, Börsenorientierung, Flexibilisierung der Arbeit u. a.) bei gleichzeitiger rasanter Zunahme von prekären Arbeits- und Lebensverhältnissen gekennzeichnet ist. Seit den 90er Jahren hat eine gigantische Umverteilung von unten nach oben stattgefunden, die sich in der erschreckenden Zunahme von Kinderarmut belegen lässt. So kam Bertram zu dem Ergebnis, dass in Deutschland jedes sechste Kind auf Sozialhilfeniveau aufwächst, während 2005 noch jedes zehnte Kind von Armut betroffen war (vgl. Bertram 2006). Infolge der Rezession stieg und steigt die Arbeitslosenquote aller Bevölkerungsschichten enorm an, so auch im Bereich der Jugendarbeitslosigkeit. In Deutschland (aber auch in Spanien, Italien, Frankreich oder Finnland), stieg die Arbeitslosenquote der 15- bis 24-Jährigen – je nach Region und Unternehmensdichte – sogar auf bis zu 30% an. Laut einer Studie des Robert-Koch-Instituts tragen Kinder mit zwei oder mehr Geschwistern, Kinder Alleinerziehender und Kinder aus Familien mit Migrationshintergrund das höchste Armutsrisiko (Lampert et al. 2005, S. 98).

Erschwerend kommt hinzu, dass noch nie die Erwerbschancen **gering qualifizierter** Arbeitskräfte so problematisch waren wie heute, was nach Solga mit folgenden Faktoren zusammenhängt: *Erstens* mit der Auslagerung von industriellen Einfacharbeitsplätzen in Billiglohnländer aufgrund der Globalisierung; *zweitens* mit dem Wandel von Industrie- in Dienstleistungsgesellschaften und *drittens* mit der Entwicklung computerbasierter Arbeitsmittel, die eher zu Beschäftigungsabbau als zu Beschäftigungszuwächsen führen (vgl. Solga 2006, S. 126f.).

Da in Gesamtdeutschland nur noch etwa ¼ aller Jugendlichen eine Hauptschule besucht, davon jedoch mehrheitlich Jugendliche mit Migrationshintergrund, kann im Kontext des dreigliedrigen Schulsystems zweifelsfrei von einer „institutionellen Diskriminierung" (vgl. Gomolla und Radtke 2007) gesprochen werden. So haben die Übergänge von der Hauptschule in Ausbildung und Arbeit in den letzten Jahren zunehmend den Charakter einer Risikosituation angenommen, durch die Arbeitslosigkeit, Ausbildungslosigkeit, Misserfolgserfahrungen drohen. Dank PISA ist mittlerweile ins öffentliche Bewusstsein gerückt, dass der Chancenungleichheit im Beschäftigungssystem die Chancenungleichheit im Bildungssystem vorausgeht. Nicht von ungefähr mehren sich in jüngster Zeit die kritischen Stimmen gegenüber dem dreigliedrigen Schulsystem, insbesondere gegenüber der Hauptschule als sogenannter Restschule. So kommt Rösner in seinem „Nachruf" auf die Hauptschule zu dem Ergebnis, dass bereits seit den 80er Jahren ein enormer Verdrängungswettbewerb stattgefunden habe: Bislang von Hauptschülern besetzte Ausbildungsberufe würden heute mit ehemaligen Realschülern, ja sogar mit Abiturienten besetzt. So verfügten heute z. B. über die Hälfte der lernenden Industriearbeiter und ca. ein Drittel der lernenden Friseurinnen und Friseure über einen Realschulabschluss (vgl. Rösner 2007, S. 166). Die schlechtesten Aussichten auf einen Ausbildungsplatz hätten jedoch türkische Mädchen mit schlechtem Hauptschulabschluss (vgl. Rösner 2007, S. 163).

4.1 Die duale Berufsausbildung

In Deutschland gibt es mehrere Wege zur beruflichen Qualifikation im Anschluss
an die allgemeinbildende Schule: Es gibt entweder den Übergang in das duale
Ausbildungssystem (Lehre und Berufsschule) oder den Übergang in berufsvorbereitende Maßnahmen oder den Besuch einer qualifizierenden vollzeitschulischen Ausbildung. Insgesamt befinden sich mehr junge Männer als Frauen im dualen Ausbildungssystem, demzufolge entfallen auch mehr Ausbildungsverträge
auf junge Männer (vgl. BMBF 2007, S. 14). Ebenso ist das Spektrum der Berufe
größer, das junge Männer ergreifen können: So bevorzugen junge Männer hand-
werklich-technische Berufe (KFZ-Mechatroniker etc.), aber auch kaufmännische
Berufe, während junge Frauen eher helfende, pflegende und Dienstleistungsberu-
fe wählen. Nach der Ausbildung werden mehr Männer als Frauen in die Betriebe
übernommen, häufig bieten die männlich dominierten Ausbildungsberufe eine
höhere Bezahlung und bessere Karrierechancen. Auch bei Jugendlichen mit Migrationshintergrund haben Jungen Vorteile gegenüber den Mädchen, beide bleiben jedoch deutlich unter der Ausbildungsquote deutscher Jugendlicher (vgl. ebd.,
S. 36). Der Arbeitsplatzabbau im produzierenden und verarbeitenden Gewerbe
könnte jedoch dazu führen, dass die Berufsorientierung der jungen Männer in
,klassische Männerberufe' zukünftig in die Sackgasse führt. Deshalb muss auch
hier ein Umdenken stattfinden, bei dem genderreflexive Unterstützungssysteme
gefragt sind, so insbesondere auch in der Jugendarbeit.

Bislang gab es folgende Möglichkeiten, einen allgemeinbildenden Schulabschluss nachzuholen: Das Berufsvorbereitungsjahr, das Berufsgrundbildungsjahr
und die Berufsfachschulen.

*4.2 Das Berufsvorbereitungsjahr, das Berufsgrundbildungsjahr und die
Berufsfachschulen*

Das *Berufsvorbereitungsjahr*, das *Berufsgrundbildungsjahr* und die *Berufsfachschulen* besuchen insgesamt mehr Jungen als Mädchen. Die Schulformen sind für
Jugendliche gedacht, die Schulabschlüsse nachholen und/oder grundlegende Qualifikationen für den Arbeitsmarkt erwerben wollen. In allen Schulformen ist der
Anteil an Migrant(inn)en vergleichsweise hoch. Diesem *berufsfachschulischen
System* kommen verschiedene Funktionen zu: eine „Pufferfunktion" zur kurz-
fristigen Abfederung mangelnder Ausbildungsplätze; eine „Durchlässigkeitsfunk-
tion" zum Nachholen zusätzlicher Schulabschlüsse; eine inhaltliche Ergänzung
zum Ausbildungsangebot des dualen Systems (Hahn 1997, zit. n. Ostendorf 2001).

Helga Ostendorf geht der Frage nach, inwieweit diese Bildungsgänge tatsächlich zur Durchlässigkeit beitragen. Die Autorin kommt zu folgender kritischen Einschätzung:

Das Berufsvorbereitungsjahr (BVJ), in dem der Anteil junger Männer ohne Hauptschulabschluss dominiert, erweist sich als wenig effektiv: Über die Hälfte bricht das BVJ ab, die anderen erhalten einen Hauptschulabschluss. Möglicherweise verbessern einige nur ihr Zeugnis, indem sie erneut einen Hauptschulabschluss erwerben. Insgesamt erreichen höchstens etwas mehr als 20 % der Schüler(innen) einen (zusätzlichen) Schulabschluss, bei den anderen versagt diese Schulform. Jugendliche besuchen diese Schulen nicht, so Ostendorf, weil sie dazu motiviert sind, zusätzliche Abschlüsse anzustreben, sondern weil sie keinen Ausbildungsplatz bekommen haben (vgl. Ostendorf 2008, S. 7).

Die Schüler(innen) des Berufsgrundbildungsjahres (BGJ) haben bereits zu 90 % einen Hauptschulabschluss. Auch hier ist die Abbruchquote mit über 40 % beträchtlich. Größtenteils handelt es sich nicht um weiterführende oder erstmalig erlangte Abschlüsse, sondern lediglich um den Versuch, bisherige Zeugnisnoten zu verbessern, ebenfalls mit dem Motiv, eher einen Ausbildungsplatz zu bekommen. Mädchen sind im Berufsgrundbildungsjahr mit einem Anteil von weniger als 30 % unterrepräsentiert, was auf die Dominanz technikorientierter Schulzweige zurückzuführen ist. Erfolgreich sei nach Ostendorf aber auch diese Schulform nicht (vgl. ebd.).

Bei den Berufsfachschulen (BFS) ist zwischen berufsqualifizierenden und lediglich eine berufliche Grundbildung vermittelnden Berufsfachschulen zu unterscheiden. Absolvent(inn)en (formal) berufsqualifizierender Abschlüsse schließen jedoch meist eine weitere Lehre oder einen weiteren Schulbesuch an. Bei den berufsfachschulischen, meist zweijährigen Ausbildungen ist nach Ostendorf fraglich, ob diese wirklich für eine Berufstätigkeit qualifizieren. Insgesamt haben in den Jahren 2002/03 bis 2004/05 gut 40 % der Schüler(innen) zusätzliche Schulabschlüsse erreicht. Das Resultat sieht bei den BFS im Vergleich zu BVJ und BGJ tendenziell günstiger aus, allerdings sind die Ausbildungszeiten häufig länger, was das Erreichen zusätzlicher Schulabschlüsse begünstigt. In Grundbildungslehrgängen, die unterhalb des Realschulabschlusses bleiben, ist der Anteil der Mädchen nur ca. 40 %, in Lehrgängen, die einen Realschulabschluss bereits voraussetzen, ist der Mädchenanteil über 50 % (vgl. Ostendorf 2008, S. 7f.).

Bei den Berufsfachschulen fällt die *Geschlechtersegregation* zwischen den Lehrgängen auf: „Wirtschaft und Verwaltung" bietet die meisten Plätze. Mädchen haben hier einen Anteil von 50 %. An zweiter Stelle steht „Technik" mit einem sehr niedrigen Mädchenanteil. An dritter Stelle steht „Gesundheit und Körperpflege" ergänzt um Sozialpädagogik, -pflege und Hauswirtschaft etc. mit Mädchenanteilen von mehr als 80 %. Zurecht verweist Ostendorf darauf, dass sich Berufsfachschulen als „Strukturfixierer von geschlechtsspezifischen Berufsbildungsumwegen" (Krüger 2002, S. 22; vgl. auch Ostendorf 2001) erweisen. Möglicherweise könnte der bislang *unterproportionale Anteil von Mädchen an der dualen Berufsausbildung* gesteigert werden, so die Autorin, wenn den Mädchen weniger BFS-Grundbildungen in Gesundheit/ Körperpflege/ Sozialpädagogik/ -pflege/ Hauswirtschaft angeboten würden, sondern mehr in technikorientierten Sparten.

Insgesamt kommt Ostendorf zu dem Fazit: Die Resultate der Ausbildungsgänge sind insgesamt eher dürftig. Die Hoffnung schulmüde Hauptschulabgänger(innen) könnten in beruflichen Schulen neu motiviert werden, hat sich zumindest beim BVJ sowie dem BGJ als unrealistisch erwiesen. Entweder diese Schulformen müssten verbessert werden, so Ostendorf, und dabei auch die Chancen von Mädchen auf zukunftsfähige Berufswege erhöht werden, oder die Verantwortung für das Erreichen von Schulabschlüssen müsste an die allgemein bildenden Schulen zurückgegeben werden (vgl. Ostendorf 2008, S. 13ff.).

Wird bedacht, dass Jugendliche mit Hauptschulabschluss auf dem Ausbildungs- und Arbeitsmarkt zunehmend von Realschüler(inne)n verdrängt werden, ist nachvollziehbar, wenn ein Teil der Jugendlichen ihre Bildungsanstrengungen resigniert einstellen und beginnen, als ungelernte Arbeitskräfte zu jobben. Damit ist jedoch der Ausschluss vom Arbeitsmarkt und – damit verbunden – soziale Exklusion vorprogrammiert, die insbesondere Migrantenjugendliche betrifft. Mädchen sind beim Übergang von der Schule in den Beruf – trotz höherer Bildungsabschlüsse – benachteiligt.

Professionals, deren Aufgabe darin besteht, Jugendliche in ihren oft riskanten Übergangsverläufen zu beraten und zu unterstützen (Schulen, Betriebe, Arbeitsagenturen etc.), müssten also selbst (kognitiv und emotional) in der Lage sein, Geschlechterstereotype zu überwinden, um gemeinsam mit den Jugendlichen neue – für sie stimmige – Berufe aufzuspüren, die nicht in eine Sackgasse führen.

5. Verarbeitungsmuster problematischer Übergänge in die Ausbildung und in den Erwerbssektor

In Untersuchungen wird immer wieder darauf hingewiesen, dass für junge Frauen und Männer – ungeachtet ihrer ethnischen oder regionalen Zugehörigkeit – dem Einstieg in den Erwerbssektor im Sinne eines Normalarbeitsverhältnisses nach wie vor die zentrale Bedeutung bei der subjektiven Lebensplanung zukommt (vgl. Reißig und Braun 2006, S. 13). Sarina Ahmed verortet die Gründe schwieriger Übergänge in Ausbildung und Arbeit in komplexen sozialen Ausgrenzungsprozessen und/ oder als Resultat „fehlender Netzwerkressourcen auf Seiten der Subjekte", wobei der Migrationshintergrund, das Geschlecht, die Bildung sowie das Bewerbungsverhalten als zentrale Ausgrenzungseffekte benannt werden (Ahmed 2008, S. 177).

Insgesamt liegt der Anteil von Migrantenjugendlichen ohne Ausbildungsabschluss bei 33 % (vgl. Solga 2006, S. 137). Bei der Berufsberatung der Arbeitsämter (heute: Arbeitsagenturen) werden diesen Jugendlichen i. d. R. nachholende Qualifizierungsmaßnahmen wie das BVJ/ BGJ angeboten. Damit sind die Jugendlichen wie an den Hauptschulen oder Sonderschulen für Lernbehinderte wieder unter sich, d. h. die „Negativkarrieren" werden fortgeschrieben. Die Misserfolge setzen sich dann im Erwerbssystem fort (vgl. Solga 2006, S. 140f.). Mädchen haben nicht nur die Jungen im Bildungssystem überholt. Die Shell-Jugendstudie 2000 hat sogar gezeigt, dass auch die Berufsorientierung bei 15-17-jährigen Mädchen höher ist als bei gleichaltrigen Jungen (vgl. Fritzsche 2000, S. 113, zit. n. Ostendorf 2007, S. 12); dennoch haben Mädchen auf dem Ausbildungsmarkt geringere Chancen. Ostendorf benennt drei wesentliche Gründe, die zur Unterrepräsentanz der Mädchen in dualen Ausbildungsberufen führen:

Erstens konzentrieren sich Mädchen auf typische „Frauenberufe", von denen es verglichen mit typischen „Männerberufen" weniger gibt. *Zweitens* befinden sich die Mädchen in einem Alter, in dem sie sich für einen Beruf entscheiden müssen, in der Adoleszenz, und sind besonders von der Bestätigung der „weiblichen Identität" durch die Umwelt abhängig. *Drittens* spiele die Berufsberatung eine zentrale Rolle dabei, die geschlechtsspezifische Segregation des Ausbildungs- und Arbeitsmarktes zu Lasten der Mädchen fortzuschreiben, „von einer aktiven Gleichstellungspolitik" sei nur wenig zu bemerken (vgl. Ostendorf 2007, S. 13f.).

Unter Genderperspektive betrachtet treffen die von Ostendorf benannten ersten beiden Gründe auch auf die Berufswahl der Jungen zu, freilich mit dem Unterschied, dass deren Wahlmöglichkeiten zwischen den dualen Ausbildungsberufen ca. doppelt so groß sind.

Die jungen Frauen befinden sich also in folgender paradoxen Situation: Einerseits haben sie heute die Bildungsabschlüsse junger Männer übertroffen, damit sind Lebenskonzepte jenseits der Hausfrauen- und Mutterrolle selbstverständlicher geworden. Andererseits haben sie auf dem Arbeitsmarkt vergleichsweise schlechtere Chancen, d. h. enttäuschte Verselbstständigungs- und Unabhängigkeitswünsche müssen individuell verarbeitet werden. Corinna Voigt-Kehlenbeck (2008, S.48f.) kommt zu der einleuchtenden These, dass verwehrte Zugänge zum Arbeitsmarkt bei beiden Geschlechtern subjektiv als Scheitern erlebt würden und

der Privatraum als Stabilisierungsfaktor an Relevanz gewinne. Die schwindende
berufliche Motivation forciere die „Aufladung des privaten Raums" (vgl. Voigt-
Kehlenbeck 2007, S. 3). So erkläre sich auch das Phänomen, dass Mädchen die
Beziehung zu Männern deutlich aufwerteten oder Bestätigung in der frühen Mut-
terschaft suchten. Analog hierzu steige die Hoffnung junger Männer, als Super-
star, Hip Hopper etc. entdeckt zu werden.

Abschließend ist zu sagen, dass Marginalisierung zu vielfältigen Kompen-
sationsversuchen führt, um Anerkennung von der Umwelt, insbesondere von den
Peers, zu bekommen: Bei jungen Männern z. B. durch die Inszenierung körperlicher Überlegenheit in Form von Gewalthandlungen, bei jungen Frauen durch die
Flucht in die traditionelle Frauenrolle. Bereits in unserer Untersuchung zum Thema ′Professionalisierung der sozialen Arbeit mit benachteiligten Jugendlichen′
(Clemenz et al. 1992) haben wir herausgearbeitet, dass gerade die Betonung körperlicher Attraktivität und die Orientierung an neuesten Modetrends bei marginalisierten Jugendlichen häufig die Funktion hat, schulische Misserfolge zu kompensieren und die Fassade einer (Erwerbs-)Normalbiografie aufrecht zu erhalten.

Literatur

Ahmed S (2008) Sozial benachteiligte und ausbildungsunreife junge Frauen und Männer!? In: Rietz-
    ke T, Galuske M (Hrsg) Lebensalter und Soziale Arbeit. Junges Erwachsenenalter. Schneider
    Verlag, Baltmannsweiler, S 174-199
Baumert J, Schümer G (2002) Familiäre Lebensverhältnisse, Bildungsbeteiligung und Kompeten-
    zerwerb im nationalen Vergleich. In: Baumert J et al. (Hrsg.) PISA 2000. Die Länder der Bun-
    desrepublik Deutschland im Vergleich. Leske + Budrich, Opladen, S 159-202
Bertram H (2006) Zur Lage der Kinder in Deutschland. UNICEF 2006: Deutscher Kinderschutz-
    bund/Bündnis für Kinder: Aktionsbündnis „Deutschland für Kinder". http://www.deutsch-
    land-fuer-kinder.de. Zugegriffen: 28. November 2012
Buchen S, Helfferich C, Maier MS (Hrsg) (2004) Gender methodologisch. Empirische Forschung in
    der Informationsgesellschaft vor neuen Herausforderungen. VS Verlag, Wiesbaden
Buchen S (2006) Neue Medien und Habitusformen von Hauptschüler(inne)n. Zum Widerspruch zwi-
    schen männlichem Habitus und faktischem Wissen. In: Der Deutschunterricht, Nr. 3, 2006,
    Forum: Geschlechterperspektiven, Friedrich Verlag, Seelze, S 87-92
Buchen S, Straub I (2006) Die Bedeutung des Hacker-Topos für Hauptschüler in der Adoleszenz.
    In: Treibel A, Maier MS, Kommer S, Welzel M (Hrsg) Gender medienkompetent. VS Ver-
    lag, Wiesbaden, S 81-98

Buchen S (2009) Aggressionen und Gewalt Jugendlicher unter Genderperspektive. In: Neue Praxis. Zeitschrift. für Sozialarbeit, Sozialpädagogik u. Sozialpolitik 5/09: 482-494

Budde J, Drobek A (2004) Gesch echterreflektierende Pädagogik. "Familiengeschichten". In: Forum für Kinder- und Jugendarbeit, 20. Jg., H. 1

Budde J (2008) Bildungs(miss)erfolge von Jungen und Berufswahlverhalten bei Jungen/männlichen Jugendlichen. In: Bundesministerium für Bildung und Forschung (BMBF) (Hrsg) Bildungsforschung Bd. 23, Bonn, Be-lin

Bundesministerium für Bildung und Forschung (BMBF) (2006) (Hrsg) Berufsbildungsbericht 2006. Bonn, Berlin. http://w.vw.bmbf.de/pub/bbb_2006.pdf. Zugegriffen: 28. November 2012

Bundesministerium für Bildung und Forschung (BMBF) (2007) (Hrsg) Berufsbildungsbericht 2007. Bonn, Berlin. http://www.bmbf.de/pub/bbb_07.pdf. Zugegriffen: 28. November 2012

Clemenz M, Beier C, Buchen S, Deserno H, Gaertner A, Graf-Deserno S (1992) Psychoanalyse in der Weiterbildung. Zur Professionalisierung sozialer Arbeit. Westdeutscher Verlag, Opladen

Combe A, Buchen S (1996) Belastung von Lehrerinnen und Lehrern. Juventa-Verlag, Weinheim, München

Frank G, Wüstendörfer W (2005) Der Übergang von der Hauptschule in den Beruf. Zur Wahrnehmung von Integrationsförde-ung und Unterstützungssystemen. Eine Befragung von Schülern, Eltern und Experten. emwe-Verlag, Nürnberg

Fritzsche Y (2000) Moderne Orientierungsmuster: Inflation am „Wertehimmel". In: Deutsche Shell (Hrsg) Jugend 2000. Band I. Leske + Budrich, Opladen, S 93-156

Gomolla M, Radtke FO (2007) Institutionelle Diskriminierung. 2. Aufl. VS Verlag, Wiesbaden

Hagemann-White C (1984) Sozialisation: weiblich – männlich? Leske + Budrich, Opladen

Haug S, Baraulina T, Babka von Costomski C (2008) Kriminalität von Aussiedlern. Eine Bestandsaufnahme. Stand: März 2008. Bundesamt für Migration und Flüchtlinge. Working paper der Forschungsgruppe des Bundesamtes; 12. herausgegeben vom Bundesamt für Migration und Flüchtlinge (BAMF). Nürnberg. [Online] http://www.bamf.de/SharedDocs/Anlagen/DE/Publikationen/WorkingPapers/wp12-kriminalitaet-aussiedler.pdf?__blob=publicationFile. Zugegriffen: 28.11.2012

Krüger H (2002) Territorien – zur Konzeptualisierung eines Bindeglieds zwischen Sozialisation und Sozialstruktur. In: Breitenbach E, Bürmann I et al. (Hrsg) Geschlechterforschung als Kritik. Zur Relevanz der Kategorie ‚Geschlecht' heute. Kleine, Bielefeld, S 29-47

Lampert T, Saß AC, Häfelinger M, Ziese T (2005) Armut, soziale Ungleichheit und Gesundheit. Beiträge zur Gesundheitsberichterstattung des Bundes, Expertise des Robert-Koch-Instituts zum 2. Armuts- und Reichtumsbericht der Bundesregierung. Bundesministerium für Gesundheit und Soziale Sicherung (Hrsg), Robert-Koch-Institut, Bonn

Müller W, Shavit Y (1998) Bildung und Beruf im institutionellen Kontext. Eine vergleichende Studie in 13 Ländern. In: ZSE 4, S 501-533

Ostendorf H (2001) Die Struktur des Berufsbildungssystems und die Ausbildung von Mädchen. In: Geißel B, Seemann B (Hrsg) Umstrukturierung in der Bildung – Neue Bildungspolitik zwischen Risiko und Chancen für Frauen. Leske + Budrich, Opladen, S 67-100

Ostendorf H (2007) Die Mädchenpolitik der Berufsberatung. In: Fraktion Bündnis 90/Die Grünen (Hrsg) Girls go business – wer geht mit? Lebenswünsche und Berufsperspektiven von Mädchen/jungen Frauen. Dokumentation der Veranstaltung vom 12. Januar 2007. Düsseldorf, S 10-21

Ostendorf H (2008) Durchlässigkeit und Mobilität. Expertise zur Vorbereitung des Bildungsberichts 2008 im Auftrag des Deutschen Instituts für internationale pädagogische Forschung (dipf).

[Online] http://helgaostendorf.homepage.t-online.de/material_allgemein/Expertise_dipf.pdf. Zugegriffen: 28.11.2012

PISA-Konsortium Deutschland (Hrsg) (2004) PISA 2003. Der Bildungsstand der Jugendlichen in Deutschland – Ergebnisse des zweiten internationalen Vergleichs. Waxmann Münster, New York, Berlin

Prenzel M (2007) (Hrsg) PISA 2006. Die Ergebnisse der dritten internationalen Vergleichsstudie. PISA-Konsortium Deutschland. Waxmann, Münster, München, Berlin

Reißig B, Braun F (2006) Ganz anders und total normal. Lebensumstände und Zukunftspläne türkischer Hauptschülerinnen und Hauptschüler sowie junger Aussiedlerinnen und Aussiedler. In: Deutsches Jugendinstitut e.V. (Hrsg) Jugend und Migration, DJI Bulletin 76 (3/2006), München. http://www.dji.de/bulletin/d_bull_d/bull76_d/DJIB_76.pdf. Zugegriffen: 28. November 2012

Reißig B, Gaupp N, Lex T (Hrsg) (2008) Hauptschüler auf dem Weg von der Schule in die Arbeitswelt. Übergänge in Arbeit, Bd. 9. Verl. Dt. Jugendinstitut, München

Rösner E (2007) Hauptschule am Ende. Ein Nachruf. Waxmann, Münster, München, Berlin

Sachße C (1986) Mütterlichkeit als Beruf. Sozialarbeit, Sozialreform und Frauenbewegung, 1871-1929. 1. Aufl. Suhrkamp, Frankfurt am Main

Solga H (2006) Ausbildungslose und die Radikalisierung ihrer sozialen Ausgrenzung. In: Bude H und Willisch A (Hrsg) Das Problem der Exklusion. Ausgegrenzte, Entbehrliche, Überflüssige. Hamburger Edition, Hamburg, S 121-146

Stauber B, Kaschuba G (2006) Verständigungen über den Subjektbezug in der Jugendhilfeforschung. In: Bitzan M et al. (Hrsg) Die Stimme der Adressaten. Empirische Forschung von Erfahrungen von Mädchen und Jungen mit der Jugendhilfe. Juventa, Weinheim, München, S 235-255

Vogelgesang W (2007) Marginalisierungstendenzen unter jugendlichen Spätaussiedlern. Ergebnisse einer empirischen Untersuchung. Bundesamt für Migration und Flüchtlinge. Nürnberg. [Online] http:\\www.waldemar-vogelgesang.de/AussiedlerBANuernberg.pdf. Zugegriffen: 28.11.2012

Voigt-Kehlenbeck C (2007) Dialog auf Augenhöhe. Anforderungen für eine geschlechtersensible Praxis. In: inform 2/07. LVR. Köln. [Online] http://www.lvr.de/media/wwwlvrde/jugend/service/publikationen/dokumente_97/inform_2_2007.pdf. Zugegriffen: 28. November 2012

Voigt-Kehlenbeck C (2008) Flankieren und Begleiten. Genderreflexive Perspektiven in einer diversitätsbewussten Sozialarbeit. VS Verlag, Wiesbaden

Walther A (2008) Die Entdeckung der jungen Erwachsenen: eine neue Lebensphase oder die Entstandardisierung des Lebenslaufs. In: Rietzke T, Galuske M (Hrsg) Junges Erwachsenenalter. Schneider Hohengehren, Baltmannsweiler, S 10-36

Wetterer A (2002) Arbeitsteilung und Geschlechterkonstruktion. „Gender at Work" in theoretischer und historischer Perspektive. UKV Verlag, Konstanz

Zdun S (2007) Ablauf, Funktion und Prävention von Gewalt. Eine soziologische Analyse gewalttätiger Verhaltensweisen in Cliquen junger Russlanddeutscher. Lang, Frankfurt am Main, Berlin, Bern, Wien

Habitus sozialer Unbestimmtheit.
Lebensführungen und Positionierungen junger Erwachsener unter den Bedingungen der Prekarisierung

Susanne Völker

1. Problemaufriss Prekarisierung: Soziale Entsicherungen, Lebensführung und Handlungsfähigkeit

Thema dieses Beitrags sind gegenwärtige Transformationen der bundesdeutschen Arbeitsgesellschaft in ihren Konsequenzen für Gestaltung des Übergangs zwischen Schule und Ausbildung und für den Eintritt in die Erwerbsarbeit. In der Soziologie werden die komplexen und alle Lebensbereiche umfassenden Wandlungsprozesse als *Prekarisierung* von Arbeit *und* Leben (vgl. WSI-Mitteilungen 8/2011) thematisiert. Gemeint ist damit sowohl das Prekär- und Unsicher-Werden der institutionellen Regulierungen und Grenzziehungen zwischen gesellschaftlichen Teilbereichen als auch der Lebensführungen der Einzelnen.

Aus arbeits- und geschlechtersoziologischer Perspektive zeugen die Veränderungen der Organisation von (Erwerbs-)Arbeit (Dörre 2006, Castel und Dörre 2009) und damit verbundener Geschlechterregime (Völker 2009) von der zunehmenden Instabilität der zentralen Integrationsinstitution Erwerbsarbeit und des fordistischen Normalarbeitsverhältnisses, dessen Inhaber mit der Sozialfigur des ‚männlichen Familienernährers‘ assoziiert wurde. In den nunmehr postfordistischen Verhältnissen vermehren sich seit den 1990er Jahren rasant die sogenannten ‚atypischen Beschäftigungsformen‘ (befristet, Teilzeitarbeit, Leih- und Zeitarbeit, geringfügige Beschäftigung u. a. m.), der Niedriglohnbereich expandiert ebenfalls, ‚neue‘ Beschäftigungen ereignen sich also vornehmlich jenseits des Normalarbeitsverhältnisses. Diese vordergründig erwerbsarbeitsbezogenen Prekarisierungsprozesse betreffen den gesamten gesellschaftlichen Raum und motivieren Transformationen sehr unterschiedlicher sozialer Institutionen – des (Aus-)Bildungssystems, des Wohlfahrtsstaats oder ‚der‘ Familie. So verbinden sich mit der – nicht nur aus feministischer Sicht durchaus begrüßenswerten – Infragestellung der fordistischen Ehe- und Familien-Konstruktion neuartige Unsicherheiten darüber, wer in welchen Verhältnissen nun (abgewertete und unterbezahlte)

Haushalts-, Sorge- und Pflegetätigkeiten übernimmt. Gering vergütete Erwerbstätigkeiten im Pflegebereich, ungesicherte ‚private' Beschäftigungen, die häufig
von Migrantinnen in rechtlich prekärer, ja illegalisierter Situation notgedrungen
übernommen werden, sind gleichermaßen Ausdruck globalisierter Ausbeutungs-
verhältnisse und einer höchst problematischen ‚Verwahrlosung' (Becker-Schmidt
2011) und Krise der Sorge- und Selbstsorgeverhältnisse (Aulenbacher 2009, Jürgens 2010). Auch die Ungleichheitsdynamiken im Bildungssystem erfahren bspw.
mit der Aufkündigung des Passungsverhältnisses im Übergang zwischen Schule
und Beruf und der dauerhaft beträchtlichen Jugendarbeitslosigkeit eine qualitative Zuspitzung und forcieren die Hervorbringung sogenannter ‚bildungsarmer'
Gruppen (Solga und Wagner 2007). Deren Aussicht auf aktive Teilhabe/-nahme
an gesellschaftlichen Austauschverhältnissen scheint höchst begrenzt. Daran ändern auch die vielfältigen Fördereinrichtungen des Übergangssystems nur wenig.
Vielmehr bleiben soziale Herkunft und Bildungsstand der Eltern entscheidend für
nutzbringende und wirklich erfolgreiche Inanspruchnahme der Übergangsinsti-
tutionen (vgl. Brändle 2012). Nicht zuletzt verweist der widersprüchliche, von
Ungleichzeitigkeiten gekennzeichnete Um- und Abbau des Sozialstaats auf die
vorsätzliche Ausgrenzung ganzer sozialer Milieus und auf Veränderungen des
Vergesellschaftungsmodus der Einzelnen in Richtung ‚Aktivierung', Selbstverantwortung und -regierung (Scheele 2010). Diese kursorischen Hinweise mögen
genügen, um deutlich zu machen, warum in der Prekarisierungsforschung die ‚soziale Frage' (Castel 2000) nach gesellschaftlicher Integration und Kohäsion und
nach desintegrativen Effekten (Kronauer 2002) wieder neu und sehr grundsätzlich in den Mittelpunkt gerückt wird. Prekarisierungsprozesse werden dabei als
Herrschaft durch Unsicherheit (Bourdieu 1998) konzeptionalisiert, die die Handlungsfähigkeit der Einzelnen massiv einschränken und die Gestaltung und Pla-
nung des eigenen Lebens verunmöglichen. Betont wird die Erfahrung der von
Prekarisierung Betroffenen, trotz großem Engagement keinen Weg aus der Misere der zermürbenden, nicht existenzsichernden, unsicheren Beschäftigungsverhältnisse und/ oder der Abhängigkeit von Transferleistungen finden zu können.
Was eine Generation zuvor noch für große Bevölkerungsteile ein legitimer und
mit Disziplin erarbeitbarer Lebensplan war – wie etwa eine der Qualifikation entsprechende dauerhafte Erwerbsarbeit, ein sukzessiver betrieblicher und sozialer
Aufstieg, ein in ähnlichem sozialen Zeittakt funktionierendes Familienleben an
einem gemeinsamen Wohn-, Lebens- und Arbeitsort – all diese Dinge werden
nun als Produkt glücklicher Zufälle empfunden oder als Folge von Bevorteilung
und ungleichen herkunftsbezogenen Startbedingungen.

Das subjektiv empfundene Leiden an der nicht antizipierbaren Zukunft zeigt
sich ‚objektiv' in der Schwäche und/ oder der veränderten (Des-)Integrationslogik
der Institutionen, die die Übergangsphasen im Lebenslauf begleiten. Wie auch
immer dieses institutionelle Handeln der ‚Entsicherung' gedeutet wird, als Ver-
fehlung und mangelnde Durchschlagskraft selbst prekär gewordener und zahn-
loser Institutionen oder als veränderter Integrations- und Herrschaftsmodus, der
auf Selbstregierung zielt wo von Arbeitsmarktintegration gesprochen wird, die
Folgen für die Lebensführungen sind gravierend. Lebensläufe lassen sich immer
weniger in gefestigte Status und passagere Phasen unterteilen, die Stützungs-
und Regulierungsfunktion der Institutionen wird uneindeutig und ambivalent,
bietet nur kurze und oftmals trügerische Verschnaufpausen bei der individua-
lisierten Suche nach einer sozial respektablen Zukunft. Die Akteur_innen[1] sind
mitunter gezwungen, ihre Lebensstrategie ohne (eindeutige) institutionelle Leit-
planken zu entwickeln. Nachvollziehbar werden daher in Teilen der Prekarisierungsforschung *Politiken der Entprekarisierung* von sozialen Gruppen und der
Sicherung und institutionellen Rahmung von Leben diskutiert (bspw. Castel 2000,
Dörre 2009). Aus dem Blick dieser in der Forschung überwiegenden institutionellen Perspektive gerät jedoch, wie kreativ und produktiv die Akteur_innen selbst
mit den entsicherten Situationen umgehen und welche neue Formen und Strategien sozialer Einbindung sie (erzwungenermaßen) erproben. Was aus Perspektive der institutionellen Logik geradezu als defizitär oder unpassend erscheinen
mag, macht dabei oftmals für die Betroffenen selbst, für ihre Milieu- und Erfah-
rungsgeschichte sehr viel Sinn und artikuliert darüber hinaus neue Anforderungen
an die zunehmend fehlgreifenden Institutionen. So gehen bspw. gerade Einrichtungen des Übergangssystems davon aus, Jugendliche mit ‚Defiziten' beschäf-
tigungsfähig zu machen, um sie in einen mehr oder weniger funktionierenden
Arbeitsmarkt überleiten zu können. Im Gegensatz dazu ist bei vielen Jugendlichen sehr praktisch die Erkenntnis angekommen, dass ihre schlechten Ausbildungschancen, verstärkt durch schulischen Misserfolg, nicht allein und in erster
Linie Resultat individuellen Versagens sind, sondern vor allem Effekt einer Ge-
mengelage aus der Re-Produktion sozialer Ungleichheiten und der Erosion ehemals sicherer Integrationsinstanzen wie der Erwerbsarbeit. Sie suchen neue, andere Wege sozialen Einbindens, die sich deutlich von den Einmündungspfaden
der Institutionen unterscheiden.

---

1   Ich benutze die Schreibweise des Gender Gap um darauf hinzuweisen, dass ‚Geschlechts-
    zugehörigkeit' weder eindeutig noch bipolar organisiert sein muss. Die mit dem Unterstrich
    verbundene ‚Lücke' markiert die potenziellen Mehrdeutigkeiten und Unbestimmtheiten des
    geschlechtlichen und sexuellen Feldes.

Anhand der Interviews mit zwei jungen Erwachsenen wird im Folgenden retrospektiv und exemplarisch rekonstruiert[2], wie die Befragten nach einer problematischen bzw. nur mäßig erfolgreichen Schullaufbahn und einer gescheiterten
Berufsausbildung in den 1990er und 2000er Jahre versucht haben, sich in einem
Niedriglohnsektor mit einem hohen Anteil prekärer Beschäftigung zu verankern.
Im Mittelpunkt stehen die Aufwendungen und Strategien, in prekären Arbeits-
und Lebenssituationen die eigene Handlungsfähigkeit und damit den Anspruch
auf die Gestaltbarkeit des Lebens aufrecht zu erhalten.

Wie gehen Akteur_innen alltäglich mit der Unsicherheit und mangelnden
Deutbarkeit ihrer Zukunft und der Frage des ‚richtigen' Handelns in Übergängen um, auf welche erworbenen, habitualisierten Ressourcen greifen sie zurück,
welche Habitualisierungen, welche Strategien bilden sich allmählich neu heraus?
Und in welchem Verhältnis stehen die biografischen Selbstkonstruktionen, die
mitunter helfen, den nicht deutbaren, diskontinuierlichen Lebensverläufen einen
Sinn zu verleihen, zu den Re-Produktionen sozialer Ungleichheiten in Prekarisie-
rungsprozessen? Verfügen sogenannte bildungsarme Milieus über immer weniger Chancen des Einfädelns in partizipierende Zusammenhänge oder gewinnen
gerade die (Über-)Lebensstrategien von unterprivilegierten Gruppen unter den
Bedingungen von Prekarisierung an – bisher unterschätzter – Bedeutung und an
sozialer Ausstrahlungskraft? Sind die biografischen Konstruktionen und die alltäglichen Praktiken in erster Linie Ausdruck des affirmativen Zu-eigen-Machens
der prekarisierten, unterprivilegierten Lebensumstände oder sind sie (zugleich!)
erfinderische Neuartikulationen, in denen das Begehren nach Beteiligung und
Entfaltung gerade in der ungewissen Transformation des Raums der sozialen Positionen Resonanz findet?

2. Das Ereignen von Prekarität – Praktiken der Instabilität als Motor sozialen Wandels

In dem Beitrag werden die Prozesse der Prekarisierung aus der Dynamik der alltäglichen Praxen der Akteur_innen betrachtet. Beim Aufbrechen und der Prekarisierung von sozialen (Teil-)Räumen und Strukturen kommt der Praxis der Ak-
teur_innen, dem *Wie* sie diese Phänomene leben, eine performative, d. h. eine
strukturschaffende Kraft zu. Die Praxis ist der privilegierte Ort, an dem sich das

---

2   Die beiden Fallrekonstruktionen sind in Teilen jeweils einzeln in anderen Kontexten publiziert
     worden (vgl. Völker 2010, 2011). Sie werden in diesem Sammelband einer anderen Fachdis-
     kussion zur Verfügung und mit dem Fokus auf Übergänge und Verankerung in prekarisierten
     Verhältnissen in einer überarbeiteten Fassung zusammengestellt.

Soziale ereignet. *Zum einen* nimmt die Praxis dabei Bezug auf den Habitus, d. h. die Wahrnehmungs-, Deutungs- und Klassifikationsschemata der Einzelnen, auf ihre soziale Verortung, Herkunft und standortgebundene Perspektive, auf ihre Geschichte und Gewordenheit, auf die sozialen Primärerfahrungen. Der Habitus ist jedoch nicht einfach ein Reservoir zur Produktion von auf die soziale Vergangenheit bezogenen Praktiken. Denn vermeintlich ‚vergangenheitsbezogene' Orientierungen und Handlungen werden in der Gegenwart, im Ereignen *praktisch neu* artikuliert und aktualisieren sich in einem anderen Deutungsfeld, in anderen institutionellen Verfasstheiten ebenfalls ‚anders'. Darüber hinaus schlummern im Habitus als einem *lebendigen* generativem Prinzip sowohl ungelebte, unartikulierte Wünsche, die unter veränderten Rahmenbedingungen aktiviert werden können (vgl. Bourdieu 1993, S. 167 FN), als auch Potentiale einer ‚*konditionierten und bedingten Freiheit*' (vgl. ebd., S. 103), die Neues oder neue Konstellationen von Bekanntem ermöglichen. *Zum zweiten* ist die *Praxis* körperlich, im Vollzug ‚unmittelbar' auf die soziale Welt, ihre Strukturen und ihre Gegenwärtigkeit mit all ihren Irritationen und Umbrüchen gerichtet. In Bezug auf soziale Veränderungen durch Prekarisierung hat Pierre Bourdieu (2001, S. 302) schon zur Jahrtausendwende zutreffend von der Offenheit der Prozesse angesichts von zwei unbekannten, ‚doppelt ungewissen Stellen' des Sozialen gesprochen. In der Praxis kollidieren und interferieren diese beiden ‚ungewissen Stellen', jene der Akteur_innen und ihrer lebendigen habituellen Prägungen und jene der Transformationen der Welt – und zwar gemäß der *Logik der Praxis. Die Praxis ist der (körperliche) Ort, an dem die (Nicht-)Übereinstimmung von Erwartungen der Einzelnen einerseits und dem Lauf der Welt andererseits agiert, ausgetragen wird.* Soziale Transformationen können daher erst im Handeln und in den Struktur(ierung)en hinreichend verstanden werden, wenn ihre *praktische Logik* (in ihrer Ambiguität) entschlüsselt wird, wenn erkennbar wird, welche Varianten sozialer Sinnhaftigkeit sich mit einem Handeln in einem spezifischen Kontext verbindet. Diese Logik der Praxis zu rekonstruieren bedeutet auch, ihre Differenz zur wissenschaftlichen Logik zu gewärtigen. Während die Logik der Praxis das direkte Handeln, das unmittelbare Eingebundensein in das, was passiert und zwar in seiner ganzen Komplexität, Unschärfe und Widersprüchlichkeit meint, markiert die wissenschaftliche Logik die privilegierte Position der Theorie, die sich quasi von oben (Bourdieu hat dies ‚Generalsblick' genannt) und zeitlich entbunden, ein Modell, eine Synopse von der Welt macht. Es gilt, ich folge hier Bourdieu (vgl. insbesondere 2001), die Bedeutungsvielfalt der praktischen Logik nicht zugunsten der wissenschaftlichen, scholastischen Eindeutigkeit zu vernachlässigen, sondern vielmehr die Wissenschaft, in diesem Fall die Soziologie, mit ihren eindeutigen Klassifikationen und

Begrifflichkeiten ebenfalls als eine spezifische soziale Praxis zu begreifen, deren Weltverständnis und Schlussfolgerungen nicht die einzig möglichen und soziale Transformationen bestimmenden sind.

Entsprechend präferiere ich in den ‚Falldiskussionen' ein praxeologisches Vorgehen, das die Struktureffekte und Herrschaftsformen qua Entsicherung berücksichtigt, aber die Hervorbringung des Sozialen stärker aus Akteur_innenperspektive zu interpretieren und deren situative Kreativitäten trotz ihrer Flüchtigkeit und Kontingenz herauszuarbeiten sucht – um damit Anhaltspunkte für die veränderte Gestaltung von ‚Übergängen' zu gewinnen.

Meine beiden Fallbeispiele[3] entstammen der Studie „*Lebensführungen und Geschlechterarrangements im Wandel. Aneignungspraktiken gesellschaftlicher Umbrüche am Beispiel von Beschäftigten im (ostdeutschen) Einzelhandel*"[4]. Die Befunde der Untersuchung zu prekarisierten Lebenszusammenhängen zeigen drei recht unterschiedliche Praxismuster[5], die sich entlang von drei Dimensionen vergleichend beschreiben lassen: (1) der jeweiligen ‚Aufladung' von Geschlechtsidentitäten – also was ‚sind' ‚Frauen' und ‚Männer', was sollen sie tun?, (2) der Formen sozialer Einbindung und Lebensführungen und (3) dem Umgehen mit Zukunftsunsicherheit. Bei der ersten vorgefundenen Praxisvariante der *orthodoxen Klassifizierungen* dienen vor allem geschlechterdifferenzierende Klassifikationen dazu, verwundbare Lebens- und Erwerbsarrangements unter den Bedingungen der Prekarisierung zu stabilisieren, in eine (‚natürliche') Ordnung einzugliedern und soziale Ansprüche unterschiedlicher Art zu legitimieren. Mit den ausgesprochen vergeschlechtlichten Vorstellungen zur Erwerbsarbeit und zur ‚privaten' Arbeitsteilung geht es um das Reklamieren der eigenen Ansprüche an die Gesellschaft (bspw. das Anrecht auf männliche Normalarbeitsverhältnisse) und an den jeweiligen Partner bzw. die Partnerin. Vor diesem Hintergrund werden prekäre Arbeitsverhältnisse für Männer skandalisiert, für Frauen hingegen als Wunschmodell begrenzter Erwerbsintegration akzeptiert. Familie und Partnerschaft wer-

---

3   Mit den beiden Befragten, der 25-jährigen Frau Zollke und dem 35-jährigen Herrn Vieweg, sind nach einem ersten Interview nach eineinhalb Jahren ausführliche biografisch angelegte Wiederholungsinterviews geführt worden.

4   Insgesamt umfasst die in den Jahren 2004 bis 2008 an der Universität Potsdam durchgeführte Studie eine Stichprobe von 25 Einzelhandelsbeschäftigten (9 Männer und 16 Frauen). Die Befragten sind überwiegend ostdeutscher Herkunft, sie gehören unterschiedlichen Altersgruppen (Alter zwischen 21 bis 60 Jahren) an und leben in sehr unterschiedlichen Familien- und Lebensformen. Es wurden Mitarbeiter_innen in Vollzeit-, Teilzeit- oder geringfügigen Beschäftigungsverhältnissen befragt. Die betrieblichen und qualifikatorischen Positionen erstrecken sich von der angelernten Aushilfe bis zum/r Filialleiter_in.

5   Mit diesen ‚Praktiken der Instabilität' wird nicht der Anspruch auf vollständige Repräsentanz des sozial Möglichen erhoben, dennoch geben die drei Modalitäten Hinweise auf markante Varianten sozialen Handelns in prekarisierten Arbeits- und Lebensverhältnissen.

den zumeist mit eindeutiger Rollenzuweisung verbunden und als Hort der Stabilität gegen eine bedrohliche und fragile Zukunft verstanden. Praktiziert wird dieses Handlungsmuster quer durch alle Altersklassen.

Die zweite Praxis der *Erschöpfung und prekarisierten Lebensführung* lässt sich als Erosion von Leitbildern und Normalitätsvorstellungen begreifen. Hier sind das Normalarbeitsverhältnis als soziale Wunschvorstellung ebenso wie geschlechterdifferenzierende Aufgaben und Ansprüche nicht unbedeutend, aber der Alltag und die Zukunft werden gerade in Nichtübereinstimmung mit diesen Leitvorstellungen erlebt und antizipiert. Insofern ‚erschöpfen' sich die fordistisch geprägten Vorstellungen und müssen umgearbeitet werden, weil sie immer weniger Möglichkeiten des praktischen Anschließens im Alltag finden. Die Erschöpfung der Koinzidenz zwischen ‚subjektiven' Orientierungen und der ‚Welt' wird sehr unterschiedlich artikuliert: es werden Strategien der Wertschätzung entwickelt, die die streng dichotomen Vorstellungen von ‚Männlichkeit' und ‚Weiblichkeit' umschreiben und die Kopplung von Männlichkeit und Erwerbsarbeit eher in den Hintergrund rücken. Die Öffnung der Klassifikationen geht einher mit der Suche nach anerkennenswerten Einbindungen jenseits der Erwerbsarbeit. Auch Arbeitsplatzbesitzer_innen veranlasst die Erfahrung des temporären Erwerbsverlusts zu einer Strategie des Einkalkulierens von Instabilität und Verwerfungen. Auch dieses Praxismuster geht quer durch die Altersgruppen.

In den Mittelpunkt dieses Aufsatzes stelle ich die dritte Praxisvariante des *‚Habitus der Unbestimmtheit'*, die sich durch Gelegenheitsorientierung und temporäre Arrangements auszeichnet. Während die zwei anderen rekonstruierten Praxisvarianten die *Eindämmung der Unsicherheit* zum Ziel haben, etwa durch die Reformulierung von getrennten Frauen- und Männerwelten (*orthodoxe Klassifizierungen*) oder durch die kalkulierende Integration der Krise der männlichen Erwerbsarbeit und der Unsicherheit über die Anpassung der Lebensführungen (*Erschöpfungen und prekarisierte Lebensführung*), geht es mit der *dritten* Variante, die insbesondere Angehörige jüngerer Generationen praktizieren, darum *aus Unsicherheit zu schöpfen*. Sie gibt somit Hinweise auf möglicherweise neu hervortretende Handlungspotenziale in schwierigen Übergängen. Vorwegnehmend könnte dieser Habitus als spontanes Nutzen kontingenter Chancen und als Praxis der ‚situativen' Klassifikationen beschrieben werden. Die Versuche zur sozialen Positionierung werden weniger in längerfristigen Laufbahnen gedacht, sondern im beherzten Wahrnehmen zufälliger Angebote. Wenn es darum geht, die Instabilität der Erwerbsverhältnisse und Ungewissheiten des sozialen Raums als Ressource zu deuten, dann engen dabei zu straffe und eindeutige Klassifikationen (bspw. von ‚Männlichkeit' und ‚Weiblichkeit') ein. Das Nutzen von Unsicherheiten

als Ressource scheint dabei, wie ich zeigen werde, an milieuspezifische Diskon-
tinuitätserfahrungen anzuknüpfen. Dabei erweisen sich erlebte erwerbsbezoge-
ne Unterbrechungen und die Erfahrung, diese auch meistern und überwinden zu
können, mitunter als hilfreich, um unzumutbare Arbeitsverhältnisse auch selbst
beenden zu können und sich auf die Suche nach anderen Gelegenheiten und alternativen Formen zu begeben.

3. Frau Zollke – Den eigenen Stil finden

Die 25-jährige Frau Zollke ist mittlerweile Leiterin der Filiale einer Bekleidungs-
kette in einem Outletcenter im ländlichen Brandenburg. Ihre mittlere Führungs-
position wird gering vergütet. Für ihre Vollzeitstelle bekommt die Befragte ein
Nettogehalt von 1030€. Ihre Stelle ist jeweils auf ein Jahr befristet; um finanziell
über die Runden zu kommen, geht sie am Wochenende putzen. Auf die Frage der
Interviewerin: *Was willst Du Deinen eigenen Kindern mitgeben?* antwortet sie:

> *Wenn dann druff vorbereiten, dass die Welt nicht so ist, wie einem dit im-
> mer erzählt wird. Weil dit is nicht so. Dit is nicht immer alles so schön und
> so Gold, wie't glänzt, also ... Und nem Kind nun vorzumachen, du kriegst
> ne Lehrstelle. Ist für mich unrealistisch.*[6]

Vordergründig könnte man hierin (der sozio-logischen Logik folgend) eine Bestätigung der sozial verwundbaren Lage negativ privilegierten Milieus sehen:
es geht um eine gering qualifizierte Frau mit qua Qualifikation und Geschlecht
schlechten Erwerbsarbeitschancen, die in einer zu 68 % weiblich besetzten Nied-
riglohn-Branche tätig ist, in der die Beschäftigungsverhältnisse mittlerweile zu
über 50 % Prozent aus Teilzeit- (23 %) und geringfügiger Beschäftigung (28 %)
bestehen.[7] Die Befragte selbst besetzt zwar eine Leitungsposition, aber ihre Stelle
ist jeweils auf ein Jahr befristet, die Arbeitszeiten sind maximal flexibilisiert, ihr
Einkommen ist für eine Familie nicht existenzsichernd. Es handelt sich hier um
einen klassischen Fall prekarisierter Lohnarbeit. Als Angehörige einer sozialen
‚Risikogruppe‘ mit einer mäßig erfolgreichen Bildungslaufbahn (Abschluss der

---

6   Die Interview-Zitate sind in der gesprochenen Sprache direkter Interaktion wiedergegeben. Sie
     sind in dem regionalen Dialekt belassen, da jede ‚Übersetzung‘ einen neuen Text produziert
     hätte. Allerdings ist die gesprochene Sprache aus Gründen der Lesbarkeit minimal redaktionell
     bearbeitet, Auslassungen sind markiert. Alle Eigennamen sind frei erfunden
7   Die Prozentangaben beziehen sich auf die Daten der Handelserhebung aus dem Jahr 2009, vgl.
     WABE-Institut Berlin 2012, S. 4

mittleren Reife) und einer äußerst diskontinuierlichen Berufslaufbahn[8] scheint das
Zitat darauf hinzudeuten, dass sie ihre benachteiligte Situation als self-fulfilling
prophecy auch an ihre Nachkommen sozial ‚vererben‘ wird. Ihre Bildungsanstrengungen hat sie als wenig ermutigend erlebt – der nachgeholte Abschluss als Ein-
zelhandelsverkäuferin erwies sich eher ein Einstellungshindernis – und so wird
sie ihr soziales Profil erwartbar an die nächste Generation weitergeben. Wenn eine
solche, sozio-logisch plausible Interpretation auch zu Recht auf Struktur*bedingt-
heiten* der Benachteiligung verweist, kommen die Strukturierungs*potenziale* des
praktischen Handelns der Akteur_innen zu kurz und werden geradezu unsicht-
bar gemacht. Das heißt: die ‚Geschichte‘ kann auch ganz anders erzählt werden.

Generationenerfahrung und Prekarisierungsprozesse

Die junge Filialleiterin beschreibt ihre Berufslaufbahn – über die abgebrochene
Ausbildung, die zeitweilige Parallelität von einem Beschäftigungsverhältnis und
zwei Jobs, die Filialleitung bis hin zur Frage der Kündigung ihrer jetzigen Beschäftigung im Falle der Elternschaft – als einen Befreiungsprozess, und zwar
insbesondere von den Maßgaben der Elterngeneration. Deren – in den 1990er Jahren erfolglose – Strategien sozialer Positionierung, die auf betriebliche Laufbahn
und auf berufliche Aus- und Weiterbildung orientierten, haben der Befragten wenig Perspektiven aufgezeigt. Die Elterngeneration wiederum ist der diskontinuierlichen, gelegenheitsorientierten und insofern ‚spontanen‘ Lebensführung der
Befragten mit Missbilligung und Abwertung begegnet.

Diese Skepsis der Elterngeneration ist aus der Perspektive ihrer Erfahrungen durchaus nachvollziehbar: Die Mutter gehört der Alterskohorte der Mitte
der 1950er Jahre Geborenen an, absolviert nach der mittleren Reife eine Facharbeiterausbildung und ist jahrzehntelang Disponentin (organisierende Bürotätig-
keit) im Bereich des Autoteilehandels. Ihre Ausbildung Anfang der 1970er Jahre
fällt in eine Zeit, in der sich nach den sozialen Aufstiegen von Angehörigen aus
den Arbeitermilieus nun im sozialen Raum der DDR wieder Schließungsprozesse durchsetzten. Für Frauen verschoben sich die beruflichen Chancen mit dem
Wechsel zur Vereinbarkeits- und Familienpolitik ab 1972 hin zu einer wieder stärker branchenspezifischen begrenzten und geschlechterhierarchischen Teilhabe
an der Erwerbsarbeit. Diesen begrenzten beruflichen Entfaltungsmöglichkeiten
für Frauen und der Vereinheitlichung der Lebensführungen durch die starke sozialpolitische Lenkung (vgl. Trappe 1995) entsprachen aber durchaus auch sozi-

---

8   Frau Zollke hat ihre Ausbildung zur Zahnarzthelferin abgebrochen und war jahrelang als un-
    gelernte Verkäuferin und parallel als Aushilfe in einem Fitnesscenter und als Reinigungskraft
    tätig.

ale ‚Freiheiten', wie die Planbarkeit der Zukunft und ein hohes Ausmaß an sozialer und erwerbsbezogener Sicherheit. Während also die Mutter eine bescheidene, aber respektable Bildungs- und Berufslaufbahn mit ihren unterschiedlichen Familien- und Lebensformen (sie lebte in Partnerschaften wie auch als Alleinerziehende) in der eigentümlichen ‚Ruhe' einer stagnierenden Gesellschaft lebte, sind die Laufbahnen, Lebensformen und ‚Zukunftsvorstellungen' für die Tochter in den Transformationsprozessen Ostdeutschlands der 1990er Jahren aufgebrochen, fragmentiert und nicht antizipierbar.

Kampf um den eigenen Platz – Strategien der Selbstbemächtigung

Frau Zollke zeigt sich sehr ambivalent in ihren Bildungsambitionen – statt des Aufbaus eines differenzierenden Qualifikationsprofils nutzt sie ihr soziales Gespür um kurzfristig sich ergebende Jobs zu ergattern. Aus ihrer Sicht geht es darum – wie sie immer wieder betont –ihren ‚eigenen Stil' finden. Sie besteht darauf *ihre* Strategie sozialer Verortung zu erproben und darin ist sie sehr erfolgreich. Sie hat *ihren* Beruf gefunden und ist mit Leib und Seele Verkäuferin. In ihrer hart erkämpften eigenen Filiale kann sie sich jetzt mit ihren Vorstellungen von der Dekoration bis zur Personalführung ‚austoben'. Sie agiert einerseits als Leitungskraft, die die Effektivität ihrer Angestellten, einer Dreißig-Stunden-Kraft und vier geringfügigen Beschäftigten, im Blick hat. Zugleich hat sie eine sozial und betrieblich eingeschworene Gemeinschaft geschaffen: es ist ihr gelungen, ihre Mitarbeiterinnen durch persönlichen Einsatz und die Übergabe von Verantwortung so zu binden, dass sie trotz prekärer Arbeitsverhältnisse dauerhafte Arbeitszusammenhänge schafft. Ausdruck für Frau Zollkes berufliche Karriere ist die unternehmensseitig angebotene Patenschaft für eine Filiale auf einem zentralen Platz in der nahegelegenen städtischen Metropole.

Zugleich zeigen sich aber auch die Erschöpfungen und Folgen der Strapazen, die mit dem prekären Beschäftigungsverhältnis verbunden sind, einem Powerplay ohne stabile Perspektive und Absicherung: Da für sie eine Familiengründung unter den derzeitigen Erwerbsbedingungen unmöglich ist, möchte die Frau Zollke gemeinsam und arbeitsteilig mit ihrem Partner eine Familienphase zurückgenommener erwerbsbezogener Verausgabung einleiten. Sie knüpft hier an ihre Erfahrungen der beruflichen Diskontinuität und des Suchens von passenden Gelegenheiten an und plant (durchaus zögerlich und zwiegespalten) den Bruch mit der jetzigen Tätigkeit, um ihr Projekt ‚Nachwuchs' mit dem Freund zu verwirklichen und andere Formen der damit kompatiblen Arbeitsgelegenheiten zu suchen:

Wenn du dann Familie hast, dann sieht die Welt ja schon wieder anders aus. Kannst du dich da ja schon wieder auf andere Sachen konzentrieren. Lernst

wieder andere Leute kennen. Und knüpfst vielleicht wieder andere Connec-
tions zu irgend nem Beruf oder sonst irgendwie. Dit ganze Leben verstrickt
sich ja irgendwie ineinander. Und weeßt du, ob der nächste Nachbar nicht
irgendein Cafe hat, der dann sagt, na willst du hier nicht für drei Stunden
am Tag bei mir arbeiten. (-) Meine Mutter würde mich dafür hassen. Die hat
letztens schon zu mir gesagt: ‚Du wirst irgendwann noch mal Rüben ziehen.'
Mein ick ‚Joah.' (lacht, Aber für ein selber, mal so neu anfangen zu starten.
(-) Ick würd's machen.

Auch dies kann man sehr unterschiedlich interpretieren: *Zum einen* wird deutlich,
wie sehr die prekären Arbeitsverhältnisse im Einzelhandel die Beschäftigten aus-
laugen und die einzelnen überfordern. Die entgrenzte und flexibilisierte Vereinnahmung der Arbeitskraft verschleißt die individuellen Kräfte, mit den befristeten Stellen ist zudem keine dauerhaft verlässliche Anerkennung und Integration
verbunden. Die prekarisierten Arbeitsverhältnisse überdehnen die Lebensführungen, weil sie das Geschlechter- und Familienarrangement in eine ‚doppelte' Krise der Reproduktion führen: nicht nur die eigene Regeneration ist gefährdet, der
Bereich der Sorge für andere und generativen Reproduktion wird gänzlich verdrängt. Vor diesem Hintergrund *kann* der von Frau Zollke geplante Erwerbsaus-
stieg für die gewünschte Familiengründung das Ende des bis dato halbwegs ega-
litären Geschlechterarrangements bedeuten.

Zum anderen und aus Sicht der Akteurin steckt in ihrem Arbeitshandeln,
ihrem beruflichen Erfolg wie auch in der Überlegung, sich aus dem Erwerbsbereich zurückziehen, ihr Vermögen Brüche zu vollziehen, also aktiv Verhältnisse
und Beziehungen zu bestimmen und zu verändern. Als erworbene habituelle Ressourcen ermöglichen die praktischen Erfahrungen mit gewachsener Instabilität es
nämlich auch, mit sozial entsicherten Situationen sehr differenziert umzugehen:
bspw. sich zu verweigern und (erneut) auf die Suche nach Alternativen zu begeben. Insofern steht den Schlussfolgerungen, die im Rahmen der sozio-logischen
Logik der Prekarisierungsforschung für das Fallbeispiel naheliegen – dass wir es
hier mit einem klassischen, vergeschlechtlichten, prekären Erwerbsverhältnis zu
tun haben, in der sich vor allem die ‚Risikogruppe' niedrig qualifizierter Frau-
en findet, die ihre Situation vermutlich sozial vererben wird und bei denen die
Gefahr der sogenannten ‚Retraditionalisierung' der Geschlechterarrangements
besonders hoch ist –, die spezifische praktische Logik der Akteurin gegenüber.
Diese bewertet ihre Besetzung einer prekären Leitungsposition als Resultat des
Befreiungsprozesses von der Elterngeneration und Entfaltung ihrer eigenen Lebensstrategie. Ihren ‚eigenen Stil' hat sie in der Übergangsphase von der Schule in den Arbeitsmarkt entwickelt, einer Phase des jahrelangen, offenen Suchens

und Ausprobierens der eigenen Fähigkeiten, in der sie gerade auf das Zufällige, Nichtplanbare der bietenden Chancen und nicht auf einen regulierten Übergang setzte. Diese Praxis ermöglicht ihr später, im Fall der Überforderung des Lebensarrangements durch Prekarität neue soziale Einbindungen zu schaffen, Brüche zu vollziehen und Nutzen aus der Diskontinuität des Sozialen zu ziehen.

4.   Herr Vieweg: Am eigenen Schopf hochziehen!

Auch in dem zweiten Fallbeispiel des Herrn Vieweg entwickelt dieser seine Handlungsstrategie der Einbindung in Arbeitsverhältnisse, indem er soziale Schwebe- und Unbestimmtheitszustände als Chance für sich er- und begreift. Herr Vieweg ist zum Zeitpunkt des Erstinterviews im Jahr 2006 35 Jahre alt und führt seit einem guten Jahr in einem Kaufhaus den Shop eines Haushaltswarenanbieters. Er arbeitet gänzlich auf Provisionsbasis. Nach arbeitssoziologischen Maßstäben befindet er sich mit seiner Position als selbstständiger Verkaufsoptimierer in einem äußerst prekären Beschäftigungsverhältnis: es ist als Haupteinnahmequelle nicht verlässlich existenzsichernd und macht Zukunftsplanungen durch unmittelbare Anbindung an die Schwankungen des Marktes unmöglich, es bietet keine gesicherte qualifikatorische und soziale Einbindung und eine äußerst eingeschränkte Teilhabe an sozialen Schutz- und Absicherungssystemen. Obwohl seine Position ein höchst unsicheres Produkt des Outsourcings von unternehmerischen Risiken ist, stellt es für Herrn Vieweg eine inhaltlich sehr erfüllende, anspornende und institutionell höchst ansprechende Erwerbs- und Arbeitsform dar. Hinter ihm liegt eine in beiden Interviews weitgehend im Dunkeln gebliebene, unglückliche Schullaufbahn (deren Abschluss nicht bekannt ist) und eine unstete, diskontinuierliche Erwerbsbiographie von der Akkord-Facharbeit über ungelernte Lager- und Verkaufsarbeit bis zur Erwerbslosigkeit.

Entsichertes Arbeitshandeln: Verausgabung und Bindung

Sein aktuelles Arbeitsverhältnis sieht Herr Vieweg als Freiheitsgewinn und Chance. Es sind vor allem zwei Aspekte der Arbeit, die ihn geradezu leidenschaftlich mit dem prekären Arrangement verbinden: (1) die Verkaufstätigkeit als praktizierte Fürsorgebeziehung und (2) die individualisierte Konkurrenz als Möglichkeit der Sichtbarkeit der eigenen Person.

Er beschreibt seine Arbeit folgendermaßen:

Diese Freude eigentlich entgegen zu bekommen, dieses Glückliche (...) Die Stammkunden wieder zusehen und zu sagen: „Mensch, geil, hat mir jefallen" oder dass man sagt „Mensch, pass ma uff, da kriegen wa ne Lösung hin, dit sollte doch keen Problem sein", also den Kunden nicht verliert und wieder neu ufffängt. Also dieser Kreislauf, jemand immer um sich rum zuhaben. (...) is natürlich noch ne andere Sache, wenn man janz alleene is, also jetzt och keen Partner hat und denn is der fast nen Ersatz vom Partner.

In der Verkaufstätigkeit verausgabt sich Herr Vieweg wie in keinem anderen Lebensbereich: er versetzt sich in die Wünsche und Bedürfnisse der Kund_innen und forscht nach optimalen Lösungen. Hier spürt er sich, sein Können, seine Kraft. Ohne Partnerschaft lebend, organisiert er sich auf der selbstgestalteten Bühne seines Verkaufsshops erfüllende Erlebnisse, schafft Bindungen, fängt Kund_innen emotional auf und stellt sich ihnen mit all seinen Ideen zur Verfügung. Gleichzeitig achtet Herr Vieweg sehr wohl methodisch und überlegt auf seinen Umsatz, er opfert sich nicht rückhaltlos auf, sondern möchte ,seinen Schnitt' machen. Dafür ist er bereit, verlässliche, ernsthafte und auch längere Verkaufsbeziehungen einzugehen. Diese vielschichtige affektive Aufladung der Arbeitstätigkeit findet eine Ausdrucksmöglichkeit in der spezifischen Topologie seines Arbeitsortes, des Shops als Bühne des In-Erscheinung-Tretens seiner Person. Sein Interagieren mit den angepriesenen und zur Schau gestellten Waren macht den Verkaufsraum zu einem Raum der gelungenen Entfaltung seiner Fachlichkeit, Kennerschaft und seiner Fürsorgefähigkeit für Beratungsbedürftige. Er baut die Kund_innen auf, macht sie mitunter erst ,beziehungsfähig' und übernimmt mit seiner ,Gefühlsarbeit' (Hochschild 1990) die Verantwortung für eine gelingende Beziehung:

Wenn se nicht nett sind, dann werden se halt nett gemacht. Dit gehört och dazu, die Leute nen bisschen aufzubauen – dit Grimmige aus dem Gesicht rauszuholen.

Zusammenfassend lässt sich sein Arbeitshandeln unter entsicherten Bedingungen als dienstleistende ,Fürsorgearbeit', als Schaffung von Beziehung und Bindungen beschreiben, bei denen sich Herr Vieweg persönlich kontrolliert und ökonomisch kalkuliert verausgabt.

In der leidenschaftlichen Besetzung der Arbeit artikulieren sich auch biografisch konstellierte Erfahrungen des Mangels. Denn von einem intensiven Beziehungs- und Gefühlsleben scheint Herr Vieweg in anderen Lebensräumen eher abgeschnitten bzw. enttäuscht. In seiner frühen Kindheit war die Beziehung zur alleinerziehenden Mutter, die die anstrengende Schichtarbeit und die familiäre Situation zunehmend überforderte, instabil und nicht verlässlich. Der damals Sechsjährige geriet in die Mühlen des erzieherisch eingreifenden Staatsapparates: *„Und denn ging et eigentlich Knall uff Fall und ick hatte ne Einlieferung ins Kinderheim",* in dem er letztlich viereinhalb Jahre verbringen musste. Auch dort waren die Fürsorgebeziehungen nur von begrenzter Dauer und rissen mit jedem Ortswechsel ab.

Diese Beschädigungen im Bereich der persönlichen Beziehungen setzten sich – so Herr Vieweg – auch in seinen Partnerschaften fort. Hier wird er zwei Mal *„fallen gelassen"*. Er lebt nicht nur seit über zehn Jahren ohne Partnerschaft, sondern auch ohne etwas, was er als ‚Zuhause' bezeichnen könnte: *„ick hatte nie so mein Reich, wo ick mich wirklich zu Hause fühl, bis jetzt nicht."* Das ermangelte Zuhause als einen wohnlich-gestalteten Raum des Aufgehobenseins identifiziert er mit ‚Frauen', mit einem abstrakt bleibenden Weiblich-Mütterlichen. Gegenwärtig führt er ein Nomadendasein, dessen Fluchtpunkt die Sesshaftigkeit mittels der Gründung einer Familie ist. Diejenige, die ihm zu einem Zuhause verhelfen kann, ist die ‚richtige' Frau. Denn Herr Vieweg weiß nicht wie das geht:

Also ick bin immer am Rumtengeln und leb irgendwie so mein Leben, aber Zuhause – nicht. Und dit is eigentlich mein Schwachpunkt, den ick jetzt für mich rauskristallisiere.

Prekäres Leben – ein individueller Drahtseilakt

Gegenwärtig sind es seine Erwerbsarbeit und der Verkaufsshop als ‚sein Reich', die ihm einen Ort des Gehalten- und Gewünscht-Seins, ein ‚Zuhause' bieten. Herr Vieweg betont nachdrücklich die Vorteile seiner Selbstständigkeit und der provisionsbasierten Vergütung. Abhängig ist er einzig von der eigenen Leistungskraft und nicht von institutionellen, bspw. tarifvertraglichen Regulierungen wie in einer Angestelltenposition. Biografisch hat er nicht nur die katastrophale Erfahrung gemacht, dass institutionelles Schutz-Handeln (die Einweisung in ein Kinderheim) sein Wollen völlig außer Acht gelassen hat. Auch auf jene, die sich mehr oder weniger nachdrücklich für ihn einsetzten, war bestenfalls für einen begrenzten Zeitraum Verlass. Das, worauf er bauen kann, muss(te) er vielmehr aus sich selbst schöpfen. Es geht also für ihn darum, sich am eigenen Schopf hochzuziehen, sich selbst zu erfinden, darzustellen und in (Kund_innen-)Beziehungen, die er mitgestalten und kontrollierbar halten kann, zu verankern. Dafür erscheint die Tätigkeit als Alleinunternehmer als richtiges Format.

Herr Vieweg, obgleich ein geselliger und beliebter Kollege, ist deshalb auch ausgesprochen skeptisch, wenn es darum geht in einer größeren Gruppe zu arbeiten und womöglich Leistungsschwächere zu unterstützen.[9] Er möchte das bekommen, was er selbst verdient hat. Er muss auf sich achten, sich über Wasser

---

9   Seine Versetzung an einen deutlich renommierteren Standort, an dem sein Provisionsgehalt jedoch von zwei anderen dort tätigen Kolleg_innen abhängt, lehnt er ab.

halten und hat dabei – sozial negativ vorbelastet – nichts zu verschenken. Insofern ist seine hochgradig individualisierte, prekäre Erwerbsarbeit Ausdruck des
Drahtseilaktes, den er erbringt, um sein prekäres Leben zu stabilisieren und als
Person sichtbar zu werden. Es ist in der Tat so, dass er dabei auch entsolidarisie-
rende und sich dem Marktdiktat unterwerfende Strategien entwickelt. Dies zeigt
aus meiner Sicht aber weniger eine konsistente ‚neoliberale' Haltung – die Art
und Weise der Eingebundenheit in sein Arbeitsverhältnis ist komplizierter. In seiner Praxis zeigt sich eher ein Ringen darum, greifbar zu werden, mit den Orten,
Räumen, Akteur_innen in Kontakt zu sein, geschätzt zu werden.

Die biografischen Konstellationen des Herrn Vieweg situieren ihn in soziologischer Perspektive in einer höchst prekären Lage: seine Nahbeziehungen sind
beschädigt und instabil, seine Biografie ist von institutionellen Übergriffen und
rabiaten Regulierungen bestimmt, er befindet sich zudem in einer marginalisierten
sozialen Position des Ungelernten. Die Strategien der Kompensation dieser randständigen Positionszuweisung bestehen in dem Nutzen der prekarisierten Erwerbsarbeit als Bühne des Sich-Erlebens und Sichtbar-Werdens sowie des Praktizierens
von kontrollierten Fürsorgebeziehungen. Über die eigene Leistungsstärke und
individualisierte Konkurrenz gelingt es Herrn Vieweg, sich der Unbestimmtheit
des sozialen Raums als Raum der Entfaltung und der Möglichkeiten zu bedienen.

5. Habitus der sozialen Unbestimmtheit

Für die Frage, wie unsichere ‚Übergänge' von Angehörigen der unterprivilegierten, geringer qualifizierten sozialen Milieus gehandhabt werden, scheint die
Praxisvariante des Habitus der Unbestimmtheit auf ein verändertes ‚Lebensfüh-
rungsmuster' hinzuweisen. Es geht hier weniger um konsekutive, zertifizierte Bil-
dungswege als Minderung sozialer Risiken, sondern darum, die Unbestimmtheit
und Offenheit von gesellschaftlichen Dynamiken, die soziale Ungleichheiten in
verändertem Modus (re-)produzieren, zu nutzen. Möglicherweise sind spezifische
Milieutraditionen, die im Fordismus randständige Positionen verstetigten, unter
den postfordistischen Bedingungen der Prekarisierung hilfreich für das Herstellen von sozialen Einbindungen (in und jenseits von Erwerbsarbeitsverhältnissen)
und für das Erhalten von Handlungsfähigkeit. Es ist bei dem kleinen qualitativen Sample auffällig, dass die dargestellte Gelegenheitsorientierung stark mit
Entwurzelungserfahrungen einhergeht. Diese Erfahrungen des sozialen Schwe-
bens oder Driftens sind oftmals schon in der Elterngeneration angelegt – bspw.
als von staatlichen Übergriffen geprägte Geschichte der Elternfamilie und der eigenen Kindheit wie bei *Herrn Vieweg* oder als Erfahrung der dauerhaften Aus-

grenzung aus dem Erwerbsbereich nach dem Systembruch wie bei der Mutter von *Frau Zollke*. Die Unbestimmtheiten eines nicht eindeutig strukturierten, ja perforierten sozialen Raums sind für die jüngeren marginalisierten Milieus weniger eine Bedrohung einer etablierten, anerkannten Position, sondern sie werden als Chance erfahren und genutzt. Hier, in der Ungewissheit der nicht antizipierbaren Übergänge und der entsicherten Arbeitsverhältnisse, ist mitunter Anderes möglich als in einer fest gerahmten ‚Randlage' der hoch integrierten fordistischen Arbeitsgesellschaft. Im unbestimmten Raum steigt die Chance sich (mit enormem Kraftaufwand) gegen die weniger dichte soziale Schwerkraft am eigenen Schopf hochzuziehen. Insofern *kann* der Habitus der Unbestimmtheit ein kulturelles Vermögen und eine gelingende Umstellungsstrategie (Bourdieu 1982: 210ff) darstellen, die unterprivilegierte Milieus nicht länger auf die Praxis des nachahmenden Mithaltens, des Anlehnens an die Mittelschichtsmilieus und des defensiven Vermeidens von Ausgrenzung festlegt. Der höchst skeptische Blick der abstiegsbedrohten, sozial entsicherten, bildungsbeflissenen und statusorientierten Mittelschichten auf die vermeintlich unsystematische, gefährliche Lebensführung der unterprivilegierten Milieus nimmt vielleicht deshalb an Schärfe zu, weil es diese abgewerteten Praxen sind, mit denen zumindest zum Teil künftig die Prozesse von Bildung und Einbindung stattfinden. Diese Praxen wären dann weniger ein marginalisierbares Defizit, ein Mangel an Bildungswilligkeit und ‚Beschäftigungsfähigkeit', sondern stellen sich als aktuelle Herausforderung und Kritik an den Institutionen der Bildungs- und Übergangssysteme dar. Diese sind dann aufgerufen mit den Akteur_innen gerade auch der unterprivilegierten Milieus Formen und Strategien zur Bearbeitung und Gestaltung der dauerhaft diskontinuierlichen gesellschaftlichen Dynamiken zu entwickeln.

Literatur

Aulenbacher B (2009) Arbeit, Geschlecht und soziale Ungleichheiten. Perspektiven auf die Krise der Reproduktion und den Wandel von Herrschaft in der postfordistischen Arbeitsgesellschaft. Arbeits- und Industriesoziologische Studien. Jg.2, Heft 2, Dezember 2009: 61-78
Becker-Schmidt R (2011) „Verwahrloste Fürsorge" – ein Krisenherd gesellschaftlicher Reproduktion. Zivilisationskritische Anmerkungen zur ökonomischen, sozialstaatlichen und sozialkulturellen Vernachlässigung von Praxen im Feld „care work". Gender. Zeitschrift für Geschlecht, Kultur und Gesellschaft: 9-23

Bourdieu P (1982) Die feinen Unterschiede. Suhrkamp, Frankfurt/ M

Bourdieu P (1993) Sozialer Sinn. Kritik der theoretischen Vernunft. Suhrkamp, Frankfurt/ M

Bourdieu P (1998) Prekarität ist überall. In: Pierre Bourdieu: Gegenfeuer. Universitätsverlag Konstanz, Konstanz, S 96 – 102

Bourdieu P (2001) Meditationen. Zur Kritik der scholastischen Vernunft. Frankfurt/ M

Brändle T (2012) Das Übergangssystem. Irrweg oder Erfolgsgeschichte? Budrich UniPress, Opladen, Berlin, Toronto

Castel R (2000) Die Metamorphosen der sozialen Frage. Eine Chronik der Lohnarbeit, Universitätsverlag Konstanz, Konstanz

Castel R, Dörre K (Hrsg) (2009) Prekarität, Abstieg, Ausgrenzung. Die soziale Frage am Beginn des 21. Jahrhunderts. Campus, Frankfurt/ M, New York

Dörre K (2006) Prekäre Arbeit und soziale Desintegration. APuZ 40-41 / 2006: 7-14

Dörre K (2009) Prekarität im Finanzmarkt-Kapitalismus. In: Castel R, Dörre K (Hrsg) Prekarität, Abstieg, Ausgrenzung. Die soziale Frage am Beginn des 21. Jahrhunderts. Campus, Frankfurt/ M, New York, S 35-64

Hochschild A (1990) Das gekaufte Herz. Zur Kommerzialisierung der Gefühle. Campus, Frankfurt/ M, New York

Jürgens K (2010) Deutschland in der Reproduktionskrise. Leviathan (2010): 559-587

Kronauer M (2002) Exklusion. Die Gefährdung des Sozialen im hoch entwickelten Kapitalismus. Campus, Frankfurt/ M, New York

Scheele A (2010) Eigenverantwortung als Leitprinzip: Das SGB II im Kontext wohlfahrtsstaatlicher Reformen. In: Jaehrling K, Rudolph C (Hrsg) Grundsicherung und Geschlecht. Dampfboot, Münster, S 24-38

Solga H, Wagner S (2007) Die Zurückgelassenen – die soziale Verarmung der Lernumwelt von Hauptschülerinnen und Hauptschülern. In: Becker R, Lauterbach W (Hrsg) Bildung als Privileg. Erklärungen und Befunde zu den Ursachen der Bildungsungleichheit. 2., aktualisierte Auflage. VS Verlag für Sozialwissenschaften, Wiesbaden, S 187-215

Trappe H (1995) Emanzipation oder Zwang? Frauen in der DDR zwischen Beruf, Familie und Sozialpolitik. Akademie Verlag, Berlin

Völker S (2009) ‚Entsicherte Verhältnisse': Impulse des Prekarisierungsdiskurses für eine geschlechtersoziologische Zeitdiagnose. In: Aulenbacher B, Wetterer A (Hrsg) ARBEIT. Perspektiven und Diagnosen der Geschlechterforschung. Band 25 des Forums Frauen- und Geschlechterforschung. Dampfboot, Münster, S 268-286

Völker S (2010) 'Nem Kind nun vorzumachen, du kriegst 'ne Lehrstelle; ist für mich unrealistisch. Biografische Konstellationen in prekarisierten Erwerbsarbeitsverhältnissen – ein Fallbeispiel. Österreichische Zeitschrift für Soziologie, Themenheft Arbeit; Alltag und Biografie im Wandel, 2/2010: 38-53

Völker S (2011) Praktiken sozialer Reproduktion von prekär beschäftigten Männern. WSI-Mitteilungen, Schwerpunktheft Prekarisierung der Arbeit – Prekarisierung im Lebenszusammenhang 8/2011, 64. Jg, Bund, Frankfurt/ M, S 423-429

WABE-Institut Berlin (2012): Einzelhandel. Branchendaten. Im Auftrag von: Ver.Di – Vereinigte Dienstleistungsgewerkschaft, Berlin

WSI-Mitteilungen (2011) Schwerpunktheft Prekarisierung der Arbeit – Prekarisierung im Lebenszusammenhang 8/ 2011, 64. Jg, Bund, Frankfurt/ M

Lebensgestaltungen ohne Erwerbsarbeit

Kirsten Puhr

Dieser Artikel widmet sich Fragen der anerkannten und finanziell abgesicherten Lebensgestaltung ohne Erwerbsarbeit. Er diskutiert damit ein Thema, das in pädagogischen Diskussionen um Teilhabe im Übergangssystem Schule-Beruf keinen Ort hat, wohl aber in Fragen nach einer ‚neuen' Arbeitswelt. Den Ausgangspunkt dieser Abhandlung bildet die Kritik an gesellschaftlichen Praktiken, die von Arbeitsmarkt-, Finanz- und Sozialpolitiken geprägt sind, die auf Erwerbsarbeit als Zentrum gesellschaftlicher Integration und individueller Lebensführung setzen ohne allen erwerbsfähigen Menschen das Recht auf auskömmliche Arbeit garantieren zu können. In diesen Zusammenhang wird auch eine einseitige Fokussierung pädagogischer Angebote auf berufliche Ausbildung für alle Schulabgängerinnen und Schulabgänger beanstandet, die Diskrepanzen an der ersten und zweiten Schwelle des Arbeitsmarktes ignoriert. Die folgenden Ausführungen werden unter Berücksichtigung der Gegebenheiten einer ‚neuen' Arbeitswelt von der These geleitet, dass es nicht fehlende Erwerbsarbeit ist, die ‚arbeitslose' Menschen in unserer Gesellschaft ausgrenzt sondern die mangelnde gesellschaftliche Akzeptanz sowie unzureichende sozialpolitische und finanzielle Absicherungen von Lebensgestaltungen ohne dauerhafte Arbeit auf dem ersten Arbeitsmarkt. In diesem Sinne versteht sich dieser Beitrag als ein Plädoyer für pädagogische Angebote, die in einem Übergangssystem Schule-Nach-der-Schule auch Alternativen zu Berufsausbildungen und Erwerbsarbeiten auf dem ersten Arbeitsmarkt sowie Ansprüche auf ein menschenwürdiges Leben mit staatlichen Transferleistungen in den Blick nehmen. Damit wird keine romantische Utopie vom Leben ohne Arbeit aufgerufen. Vielmehr geht es um gesellschaftliche Anerkennung und auskömmliche Unterstützung ohne disziplinierende Sanktionierungen a) für Menschen, die ohne berufliche Ausbildung und Erwerbsarbeit ihr Leben gestalten müssen, weil sie keinen Zugang zum Übergangssystem Schule-Beruf bekommen, b) für Menschen, die mit Erwerbsarbeit so wenig Einkommen erzielen, dass damit ihre Existenz nicht gesichert ist und c) für Menschen, die sich entgegen den gesellschaftlichen Konventionen für eine Lebensgestaltung ohne anerkannte Erwerbsarbeit entscheiden.

Die zur Diskussion gestellten Fragen und Antworttendenzen zu Lebensgestaltungen ohne Erwerbsarbeit finden sich mindestens seit den 1990iger Jahren
in zahlreichen sozialphilosophischen, sozialwissenschaftlichen und sozialpolitischen Auseinandersetzungen. Weitgehend unerhört blieben sie in arbeitsmarkt-
und bildungspolitischen Entwürfen. Der „Reformkurs für mehr Beschäftigung
und Wachstum" (Bundeszentrale für politische Bildung 2005) der AGENDA 2010
verfolgt unter anderem mit der Verschärfung der Zumutbarkeit angebotener Ar-
beitsstellen und finanziellen Sanktionen das Ziel, Ausbildung und Erwerbsarbeit
auszubauen, die Dauer von Arbeitslosigkeit und die Abhängigkeit von staatlichen
Transferleistungen zu verkürzen. Gleichzeitig wird ‚Hartz IV' zum Symbol für
mangelnde Eigenverantwortung und unzureichende Eigenleistung, auch für Jugendliche die sich mit der Möglichkeit vertraut machen, mit finanzieller Unterstützung von Arbeitslosengeld II (zumindest zeitweise) ihr Leben zu gestalten/
gestalten zu müssen. Insofern werden im folgenden Text Fragen nach anerkannten und finanziell abgesicherten Lebensgestaltungen ohne Erwerbsarbeit als ein
„blinder Fleck" (Luhmann 1997, S. 198) der Debatten zum Übergangssystem
Schule-Beruf gekennzeichnet[1].

1. Ausgrenzungspraktiken

„Erstmals mehr als eine Million Sanktionen bei Hartz IV" (dpa-AFX Überblick:
KONJUNKTUR vom 20.11.2012). Unter dieser und ähnlichen Schlagzeilen war
im Herbst 2012 von ‚Strafkürzungen' beim Arbeitslosengeld II zu lesen: „Die
deutschen Jobcenter haben innerhalb eines Jahres so viele Sanktionen wie noch
nie gegen Hartz-IV-Empfänger verhängt: Erstmals gab es von August 2011 bis
Juli dieses Jahres mehr als eine Million Leistungskürzungen" (ebd.). Die Rede
ist von Kürzungen der gesetzlich festgeschriebenen Regelbedarfe[2] (um bis zu 30
Prozent für bis zu drei Monaten), die Menschen zustehen, die als ‚Arbeitssuchende' ihr Leben ohne Erwerbsarbeit gestalten und die über keine oder nicht ausrei-
chende Mittel verfügen, ihren Lebensunterhalt ohne steuerfinanzierte materielle
Unterstützung zu gewährleisten. ‚Strafkürzungen' werden laut SGB II (Grund-

---

1   Dieser Beitrag beruht in seinen Grundzügen auf einer Studie zu „Inklusion und Exklusion im
     Kontext prekärer Ausbildungs- und Arbeitsmarktchancen" (Puhr 2009).
2   „Der Regelbedarf deckt pauschal die Kosten für Ernährung, Kleidung, Haushaltsenergie
     (ohne Heizung und Warmwassererzeugung), Körperpflege, Hausrat, Bedürfnisse des täglichen
     Lebens sowie in vertretbarem Umfang auch Beziehungen zur Umwelt und die Teilnahme am
     kulturellen Leben ab. Einen Anspruch auf den vollen Regelbedarf haben Alleinstehende,
     Alleinerziehende sowie Volljährige, deren Partner minderjährig ist. Er beträgt seit dem 1.
     Januar 2012 bundeseinheitlich 374 €" (Arbeitsagentur Alg-II-Sozialgeld, 21.11.2012).

sicherung für Arbeitssuchende) §31 bei Verstößen gegen die Regeln des Bezugs von staatlichen Leistungen ausgesprochen, also z. B. bei Pflichtverletzungen wie Ablehnung und Abbruch zu nutbarer Arbeit, Ausbildung und Arbeitsgelegenheiten. Das Weiterlesen klärt zum einen darüber auf, dass zwei Drittel der ‚Strafkürzungen' aufgrund von ‚Verstößen gegen die Meldepflichten' erfolgte, also einem unentschuldigten Fernbleiben von festgelegten Beratungsterminen in den Jobcentern geschuldet ist und eben nicht der Verweigerung der Aufnahme oder dem Abbruch einer Ausbildung, Arbeit oder Arbeitsgelegenheit. Zum anderen ist zu erfahren, dass „von den gut 4,35 Millionen Hartz-IV-Beziehern nur 3,2 Prozent sanktioniert wurden" (ebd.). Das heißt 96,8 Prozent aller Menschen, die (auch) mit finanzieller Unterstützung von Arbeitslosengeld II leben, werden mit der oben zitierten Schlagzeile zu Unrecht in Verbindung gebracht.

Diese Art der Berichterstattung (die nur eines von vielen Beispielen darstellt) über Menschen, die ohne oder mit gering entlohnter Erwerbsarbeit ihr Leben gestalten, kann man mit Albrecht Müller als „skandalös" und als „herablassende Diffamierung der Hartz-IV-Bezieher" kennzeichnen (Müller 2012, S. 1). Man kann aber auch das Verfahren der Sanktionierungen selbst als Widerspruch im Sozialgesetzbuch II aufrufen, in dem es heißt: „Die Grundsicherung für Arbeitsuchende soll es Leistungsberechtigten ermöglichen, ein Leben zu führen, das der Würde des Menschen entspricht" (SGB II §1, Absatz1). Allerdings wäre dabei zu bemerken, dass der §1 unter dem Anspruch „Fördern und Fordern" (ebd.) steht, den man mit Verweis auf Loic Wacquant als einen Ausdruck der „neoliberalen Regierung der sozialen Unsicherheit" (Wacquant 2009) lesen kann und in Verbindung mit „Pflichtaktivitäten, mit denen den Wohlfahrtsempfängern Arbeitsethos eingebläut werden soll" (ebd. S. 121).

Die zitierte mediale Darstellung von Verletzungen der ‚Pflicht der Arbeitssuche' wie auch die Gesetzgebung des SGB II können darüber hinaus als Zeugen aufgerufen werden für eine Gesellschaft, die dem Ideal der ‚Vollbeschäftigung' nachhängt. Vor diesem Hintergrund erscheint es nachvollziehbar, wenn Lebensgestaltungen jenseits angemessen entlohnter und anerkannter Arbeit auch in sozialwissenschaftlichen Studien (die Ausgrenzungen aus dem Arbeitsmarkt problematisieren) mit Metaphern „symbolischer Delegitimierung" (Hark 2007, S. 151) gekennzeichnet wurden und werden; die „Zertifikatlosen" (Solga 2005), „die Überflüssigen" (Bude und Willisch 2008), „die Ausgeschlossenen" (Bude 2008) oder „einfach abgehängt" (Klinger und König 2006)[3]. Alternativen finden sich

---

3   Sabine Hark diskutiert derartige Zuschreibungen als „Elemente symbolischer Delegitimierung im soziologischen Diskurs" (Hark 2007, S. 151). Demnach müsste „die in Teilen des soziologischen Diskurses auffindbare ‚Fixierung auf Armut, Überflüssigkeit und Exklusion'

z. B. in einer Konzeption sozialer Teilhabe, die es sich zur Aufgabe macht, „angefangen bei verbesserten Erwerbschancen und angemessenen sozialen Sicherungsleistungen über den Ausbau der öffentlichen Infrastruktur bis hin zu umfassenden politischen Partizipationsrechten – die Bedürfnisse aller benachteiligten sozialen Gruppen zu berücksichtigen" (Bieling 2007, S. 112). Das Konzept Erwerbsarbeit wird, sowohl mit den skizzierten Ausgrenzungspraktiken und -metaphern als auch in einem „Diskurs, der die identitätspolitischen Fallstricke und Partikularismen meidet" (vgl. ebd.), als eine scheinbar notwendige Bedingung für individuelle Lebensqualität und soziale Teilhabe aufgerufen. Im Gegenzug erscheint ‚Arbeitslosigkeit' als Bedingung sozialer Ausgrenzung.

2. ‚Arbeitslosigkeit' als gesellschaftlicher Ausschluss

Martin Kronauer beschreibt im Anschluss an Robert Castel unter Berücksichtigung der „drei Dimensionen Erwerbsarbeit, soziale Beziehungen und Bürgerstatus" (Kronauer 2007, S. 5) neue Formen gesellschaftlicher Ungleichheit als ‚gesellschaftliche Zonen von Teilhabemöglichkeiten' (vgl. ebd.). In der ‚Zone der Exklusivität'[4] verortet er Menschen, die vom gesellschaftlichen „Wandel in allererster Linie profitieren [...]. Hohe außertarifliche Einkommen und ‚gute Beziehungen' zu ihresgleichen sorgen dafür, dass sie am wenigsten auf soziale Sicherungssysteme angewiesen sind" (ebd.). Als ‚Zone der Integration' kennzeichnet er Lebenssituationen mit einem ‚relativ hohen Maß an Arbeitsplatzstabilität', mit einem ‚gesellschaftlich als angemessen geltenden Lebensstandard, abgesichert durch soziale Rechte' und mit ‚tragfähigen sozialen Beziehungen, die emotionale und wenn nötig materielle Hilfe' bieten (vgl. ebd.). Die Menschen, die ihr Leben nicht auf angemessen entlohnte Erwerbsarbeit bauen können oder wollen wären den anderen beschriebenen Zonen zuzuordnen, zum einen der ‚Zone der Verwundbarkeit' ohne ‚Beschäftigungssicherheit', ‚mit sozialen Netzen unter Anspannung und drohenden Rissen', ‚eingeschränkten sozialen Rechten, finanziellen Möglichkeiten und Zukunftsabsicherungen' (vgl. ebd.) und zum anderen der ‚Zone der Ausgrenzung' mit ‚dauerhaftem Ausschluss von Erwerbsarbeit', bzw. ‚sporadischem Zugang zu Erwerbsarbeit in gering entlohnten und kaum geschützten Arbeitsverhältnissen', ‚verengten sozialen Beziehungen mit Menschen

---

(Vogel 2006, S. 351), insbesondere die Art und Weise der Repräsentation der ‚Überflüssigen', zentraler Gegenstand soziologischer Ungleichheitsforschung sein" (ebd., S. 153).

4   Auch der Begriff der ‚Exklusivität' kennzeichnet einen Ausschluss, allerdings eher einen mit dem sich die Vorstellung von einer anspruchsvollen und vorzüglichen Lebensweise verbindet (vgl. Pfeifer 2004, S. 310).

in ähnlichen Lagen bis zur Vereinzelung', „einseitiger Abhängigkeit von institutioneller, mit Sanktionsgewalt ausgestatteter Hilfe" (ebd. S. 6) und einem vergleichbar niedrigem Lebensstandard. Mit der Ausarbeitung dieser hierarchischen Zonen sozialer Teilhabe schreibt Martin Kronauer der Dimension der Erwerbsarbeit eine besondere Bedeutung zu, wenn er festhält: „Allen Unkenrufen vom Ende der Arbeitsgesellschaft zum Trotz kommen dem Zugang zu und der Qualität von Erwerbsarbeit in den entwickelten kapitalistischen Gesellschaften der Gegenwart noch immer entscheidende Bedeutung bei der Zuweisung von Status und sozialer Anerkennung zu" (Kronauer 2008, S. 148).

Für diese Bedeutungszuschreibungen an Erwerbsarbeit können verschiedene Begründungsfiguren angegeben werden. Sigrid Mathern bezeichnet die Angst vor eintretender Ausbildungs- und Erwerbslosigkeit als „prägende Generationserfahrung" (Mathern 2003, S. 58). Sie beschreibt erhebliche Verunsicherungen der Lebens-, Berufs- und Zeitperspektive sowie Zukunftsungewissheit als stärkste Belastung eines Lebens ohne Erwerbsarbeit (vgl. ebd. 60f.). Martin Kronauer gelten prekäre Ausbildungs- und Arbeitsmarktchancen als des-integrierende Bedingungen für sozialen Zusammenhalt und gesellschaftliche Teilhabe von Jugendlichen, „die sich weder in der Schule noch am Ausbildungsmarkt behaupten können" (Kronauer 2002, S. 49). Er verweist auf Auflösungen traditioneller Sozialbeziehungen im Zusammenhang mit schwindenden Beschäftigungschancen insbesondere für „Un- und Angelernte" (ebd. S. 48). Auch alternative individualisierte Zugänge gesellschaftlicher Teilhabe anstelle „der sozialen Integration durch Einbeziehung in kollektive Lebens- und Erfahrungsweisen" (ebd.) scheinen ihm für diese Jugendlichen erschwert, weil sie, so die Begründung, für „Aufstiegsmöglichkeiten durch Bildung" (ebd.) oder eine Selbstdefinition vor allem durch Konsum (vgl. ebd.) nur über geringe Ressourcen verfügen können. Verschiedenste empirische Studien weisen Einschränkungen von Konsum und Sicherheit, sozialen Rückzug und familiäre Belastungen, die Entwicklung von psychischen und somatischen Belastungssymptomen, ‚De-Qualifizierung' und Reduzierung des Aktivitätsniveaus sowie soziale Gefährdungen als typische personale Risiken längerfristiger Erwerbslosigkeit aus (vgl. zusammenfassend Bieker 2005, S. 17f.). Auch unter Berücksichtigung verschiedenster Zumutungen und Risiken des Erwerbslebens, wie unsichere, schlecht entlohnte und familienunfreundliche Arbeitsverhältnisse, geht Rudolf Bieker deshalb nicht davon aus, dass es schlüssig wäre „die Teilhabe an der Erwerbsgesellschaft als biographisches Leitmodell in Frage zu stellen" (ebd. 19). Heiner Keupp u. a. argumentieren mit der Organisation sozialen Zusammenlebens und konstatieren, „solange die Gesellschaft ein bestimmtes – an der Logik des Kapitals orientiertes Verständnis von Erwerbsarbeit in das Zentrum

ihrer gesellschaftlichen Organisation stellt, solange soziale Anerkennung und gesellschaftlicher Einfluss dadurch vermittelt werden […] bleibt Erwerbsarbeit eine
wesentliche Schnittstelle, an der sich die einzelnen an dieser Gesellschaft beteiligen und sie mitgestalten können" (Keupp et al. 1999, S. 123f.).

Wenn man im Anschluss an Martin Kronauer Inklusion als mehrdimensio-
nalen Begriff versteht (als einen von Partizipation über Teilhaberechte sowie Interdependenz durch Erwerbsarbeit und soziale Nahbeziehungen), lässt sich Erwerbslosigkeit nicht mit sozialem Ausschluss gleichsetzen (vgl. Kronauer 2002).
Demnach ließe sich von sozialer Ausgrenzung nur dann sprechen, wenn Ver-
drängung aus dem Arbeitsmarkt mit dem Verlust sozialer Einbindung einherginge
(vgl. Kronauer 2002, S. 72), zugleich aber benennt er Erwerbslosigkeit und
prekäre Beschäftigung als Verstärker von Prozessen des sozialen Ausschlusses,
die dadurch gekennzeichnet sind: „nicht mehr am Leben der Gesellschaft entsprechend den in ihr allgemein anerkannten Maßstäben teilnehmen zu können"
(ebd.). In diesem Kontext verwendet auch Robert Castel den Begriff der Exklusion für gesellschaftliche Teilhabe in der ‚Zone der Verwundbarkeit‘: „Vor allem
aufgrund der Prekarisierung der Arbeitsverhältnisse sind integrierte Menschen
verwundbar geworden und gleiten alle Tage ab in das, was man Exklusion nennt.
Aber darin muss man eine Auswirkung von Prozessen sehen, die die gesamte Gesellschaft durchqueren und ihren Ursprung im Zentrum und nicht an der Periphe-
rie des sozialen Lebens haben" (ebd. S. 72). „Die Langzeitarbeitslosen oder die
Arbeit suchenden Jugendlichen mit schlechter Schulbildung" bezeichnet Robert
Castel als „Überflüssige" (ebd. S. 76), die in der ‚Zone der Ausgrenzung‘ unter
einem ‚Integrationsdefizit‘ leiden. „Ihr Drama rührt daher, dass es aufgrund der
neuen Anforderungen von Wettbewerb und Konkurrenz, des Rückgangs der Be-
schäftigungsmöglichkeiten keinen Platz mehr für alle in der Gesellschaft gibt, in
der zu leben wir uns abfinden" (ebd. S. 76f.). Die Logik der Exklusion, die hier
beschrieben wird, ist nicht die der „offiziellen Diskriminierung‘, vielmehr eines
‚Exklusionsdiskurses‘ (vgl. ebd. S. 86) des sozialen Ausschlusses mit der Meta-
phorik von „Nutzlosigkeit als soziale Zuschreibung und Lebensgefühl" (Kronauer 2002, S. 51). Diese Auseinandersetzungen zeigen sich blind für die Kontingenz
(oder vielleicht deutlicher Performanz) des Konzeptes Erwerbsarbeit.

3. Vielfalt individueller Lebensgestaltung und sozialer Teilhabe

In unserer Gesellschaft gilt der einzelne Mensch als selbst verantwortlich für seine Lebensführung, das heißt individuelle Lebensgestaltung und soziale Teilhabe
werden als zeitlich-biographisch, sozial und sachlich-inhaltlich ‚kontingente‘ (vgl.

Luhmann 1997) Konzepte aufgerufen. Aus dieser Position heraus wäre auch das Konzept Erwerbsarbeit als eine „soziale Konstruktionen, gesellschaftlich situiert und kulturrelativ" (Koch 1999, S. 20) zu lesen. Mit einer solchen Positionierung steht jedoch, neben dem Konzept Erwerbsarbeit als scheinbar notwendige Bedingung für Lebensqualität und Teilhabe, die Gesellschaftsstruktur zur Disposition, „die auf berufsmäßigen Erwerb als Regelfall individueller Existenzsicherung aufbaut" (Engler 2005, S. 113). Mit der weitgehenden Tabuisierung dieser Fragen und der ausschließlichen Orientierung an Erwerbsarbeit kann Ausschluss aus dem (ersten) Arbeitsmarkt zur sozialen Ausgrenzung werden.

Die Selbstverständlichkeit des Zusammenhangs von Teilhabe an anerkannter Erwerbsarbeit und individueller Lebensgestaltung wie sozialer Teilhabe wird fragwürdig, wenn erschwerte Inklusion in den Ausbildungs- und Arbeitsmarkt nicht nur als ein individuelles, sondern als ein strukturelles Problem einer Gesellschaft betrachtet wird, in der „der technische Fortschritt in allen Wirtschaftssektoren, in der Landwirtschaft, in der Industrie und im Dienstleistungsbereich, Millionen von Menschen arbeitslos" macht (Rifkin 1996, S. 12). ‚Vollbeschäftigung' lässt sich aus dieser Blickrichtung als wirtschafts- und sozialpolitisches Ideal ohne realistische Perspektive charakterisieren in „einer automatisierten Welt, in der der Marktwert menschlicher Arbeitskraft zusehends überflüssig wird" (ebd. 13). Vor diesem Hintergrund formuliert Wolfgang Engler die These: Die Vorstellung, jeder könne ein Leben auf Erwerbsarbeit aufbauen, ist anachronistisch geworden (vgl. Engler 2005, S. 113).

Aus dieser Perspektive stellt sich unter anderem die Frage, wie Inklusion noch möglich ist, wenn sie nicht durch die Organisation von Erwerbsarbeit gewährleistet werden kann (vgl. Engler 2005, S. 115f.). Für ein Leben ohne anerkannte Erwerbsarbeit als ‚vorgegebenes Zentrum' müssen Menschen zum Beispiel ihre eigenen Zeitstrukturen entwickeln, Alltagsstrukturen schaffen, Zeit- und Lebensrhythmen erproben (vgl. Nowotny 1990, S. 36), ‚marktunabhängige' Alltagskompetenzen entwickeln, individuell sinnvolle Beschäftigungen praktizieren, soziale Strukturen pflegen, sich neue Sozialkontakte erschließen, lernen mit eingeschränkten Gestaltungsmöglichkeiten zu leben und Strategien gegen Stigmatisierungen auszubilden.

Im Folgenden sollen drei mögliche Zugänge zur Frage einer Lebensgestaltung ohne Erwerbsarbeit diskutiert werden: erstens ein erweiterter Arbeitsbegriff, mit dem sich Teilhabe an gesellschaftlicher Arbeitsteilung jenseits anerkannter und angemessen entlohnter Erwerbsarbeit beschreiben lässt; zweitens die Berücksichtigung von Komplementärrollen und sekundären Leistungsrollen, die es ermöglicht, Inklusion von Personen in Sozialsysteme differenzierter zu betrachten als ausschließlich über die Teilhabe am Arbeitsmarkt und drittens Aspekte von Situations- und Selbstdarstellungen, die es Menschen erleichtern, ein Leben ohne anerkannte Erwerbsarbeit aktiv zu gestalten.

3.1 Erweiterter Arbeitsbegriff

Ein Leben ohne anerkannte und angemessen entlohnte Erwerbsarbeit ist nicht mit einem Leben ohne Arbeit und sinnvolles Tätigsein gleichzusetzen. Nach Rolf G. Heinze und Claus Offe haben die (mindestens in den letzten dreißig Jahren des 20. Jahrhunderts) offenen Diskussionen über Begriffe von Arbeit „Anhaltspunkte dafür herausgearbeitet, dass die zentrale Stellung der förmlichen Erwerbsarbeit in der Lebensweise, der Sozialstruktur und der Konfliktdynamik fortgeschrittener Industriegesellschaften durchaus fragwürdig geworden sind" (Heinze und Offe 1990, S. 7). Sie schlagen deshalb vor, mit einem erweiterten Arbeitsbegriff zu operieren, der anzuwenden wäre, „wenn eine Tätigkeit durch ein vorbedachtes und nicht nur von dem Arbeitenden selbst, sondern auch von anderen als nützlich bewertetes Ziel geleitet wird, und wenn die Anstrengungen, die auf dieses Ziel gerichtet sind, zu diesem in einem vernünftigen Verhältnis der Effizienz bzw. der technischen Produktivität stehen" (Offe und Heinze 1990, S. 105). Mit dieser Positionierung lassen sich neben Erwerbsarbeit auch „Formen nicht-marktfähiger Arbeit" (ebd. S. 107) bzw. Eigenarbeit mit zumindest teilweise „nicht-monetären Tauschsystemen" (ebd. S. 109) charakterisieren. Haushaltsarbeit im Familienverband, ‚Do-it-yourself-Leistungen', „Tätigkeiten aufgrund ‚formal gesetzter Pflichten', bezahlte Gelegenheitsarbeit im Rahmen der ‚Geringfügigkeit', ‚Schwarzarbeit' bzw. illegale Beschäftigung und selbstständige ‚Alternativbetriebe' werden so als „‚nützliche Tätigkeiten' in der Grauzone zwischen Freizeitkonsum und Erwerbsarbeit" (ebd. 95ff.) beschreibbar. Diese Arbeiten könnten als Alternativen der Teilhabe an gesellschaftlicher Arbeitsteilung gelten, zumal sie mehr „Freiheit, Selbstbestimmung, Autonomiespielräume und Optionen" (Mückenberger 1990, S. 199) versprechen als abhängige Beschäftigung.

Jiri Skolka verweist bereits vor mehr als zwanzig Jahren auf die wirtschaftlichen Vorteile von Eigenarbeit insbesondere im Dienstleistungsbereich, die durch technologischen Fortschritt und elektronische Datenverarbeitung erheblich erleichtert wird (Skolka 1990, S. 57). Als weitere Argumente für Eigenarbeiten nennt er den erleichterten Zugang zu technologischem Wissen, Unabhängigkeit vom Markt und in der Zeitgestaltung (vgl. ebd. S. 67) und Vertrauen in die eigene Arbeit: „Man weiß, was notwendig war und was tatsächlich geleistet wurde" (ebd.). Allerdings bleiben moderne Eigenleistungen abhängig vom Erwerb von Werkzeugen und Materialien, so dass auch Jiri Skolka noch davon ausgeht, dass

Eigenleistungen ein Privileg sind, das vielen Menschen, die keine anerkannte und angemessen entlohnte abhängige Beschäftigung finden, eher nicht zugänglich ist (vgl. ebd. S. 68). In Anbetracht der herrschenden sozial- und wirtschaftsstrukturellen, nicht zuletzt auch der sozialrechtlichen Bedingungen" (Heinze und Offe 1990, S. 8) verweist Ulrich Mückenberger darauf, dass der „Zugewinn an Freiheit" (Mückenberger 1990, S. 200), den Eigenarbeit ermöglicht, zumeist „mit materiellen Einbußen und Unsicherheiten erkauft" (ebd.) wird.

Bliebe zu fragen, „ob und unter welchen Bedingungen die Haushaltsproduktion und informelle Austauschbeziehungen eine Möglichkeit bieten, die Ausfälle von Einkommen aus formeller Arbeit (zumindest teilweise) zu kompensieren und zur Sicherung eines angemessenen Wohlfahrtniveaus beizutragen" (Häußermann et al. 1990, S. 88). Es scheint, als wären die Reduktion des Haushaltsbudgets und viel Zeit, die für die haushaltliche Produktion von Gütern und Dienstleistungen verwendet werden könnte (vgl. ebd. S. 88), nicht die entscheidenden Bedingungen für derartige Arbeiten. Vielmehr scheinen die dafür erforderlichen Erfahrungen und Kompetenzen nicht mehr selbstverständlich und müssten im Rahmen systematischer Bildungsangebote vermittelt werden. Hartmut Häußermann, Karin Lüsebrink und Werner Petrowsky vermuten: „unter den Bedingungen der Reduzierung sozialstaatlicher Leistungen und struktureller Arbeitslosigkeit finden sich heute Haushalte in einer ‚Modernisierungsfalle', weil sie von den Voraussetzungen für eine vollkommen marktvermittelte Lebensweise ausgeschlossen und zugleich von allen Möglichkeiten autonomer Haushaltsversorgung und Eigenarbeit abgeschnitten sind" (ebd. S. 90). Das unterscheidet prekäre Lebensgestaltung in Industriestaaten von ‚traditionellen Armutssituationen', in denen Arbeitslosigkeit und ökonomische Armut keinen Statusverlust bedeuten, weil Menschen in soziale, insbesondere in familiäre Netzwerke eingebunden sind und an informeller Ökonomie teilhaben (vgl. Kronauer 2002, S. 31). Wenn Menschen, die ohne anerkannte Erwerbsarbeit leben (müssen oder wollen), informelle Ökonomie und Eigenarbeit praktizieren können, steigen „der monetäre Ertrag als auch die Stabilisierung der sozialen Netze und die Befriedigung über die produktive eigene Leistung" (Häußermann et al. 1990, S. 98). Dafür sind einerseits verschiedenste Methoden der ‚Ausgabenminderung' durch ‚Sparökonomien' zu beobachten (vgl. ebd.), wie zum Beispiel die Kosteneinsparung bei Lebensmitteln durch Eigenanbau, Verwertung von Wald- und Wiesenfrüchten und der Verzicht auf Fertigprodukte; die Senkung von Energie- und Heizkosten durch die Nutzung natürlicher Energieträger oder die Einsparung von Waren- und Dienstleistungskosten durch weitgehend selbstständige Hausarbeit, handwerkliche und personenbezogene Tätigkeiten (vgl. Glatzer 1990, S. 22). Andererseits sind Stra-

tegien der ‚Einkommenserhöhung' durch Arbeit für andere oder den Verkauf von
Eigenprodukten möglich. Dafür bedarf es nicht nur systematisch zu erwerbender
Erfahrungen und Kompetenzen, die für Sparpotentiale vorhanden sein müssen,
sondern auch eines „Netz[es] informeller Austauschbeziehungen und gegensei-
tiger Hilfe" (Häußermann et al. 1990, S. 100). Darauf lässt sich Wolfgang Eng-
lers Anmerkung beziehen, dass der ‚Bau eines sozialen, zeitlichen und räumli-
chen Netzes ohne vorgegebenes Zentrum' nur gemeinsam mit anderen möglich
ist (vgl. Engler 2005, S. 56).

3.2 Inklusion von Personen in Sozialsysteme

Markus Schroer verweist darauf, dass die Kategorie Exklusion „einen mehrdi-
mensionalen Prozess [kennzeichnet], an dessen Ende die vollkommene Irrelevanz
des einzelnen für das Funktionieren und Fortbestehen der Gesellschaft steht. Die
Erfahrung von Exklusion äußert sich vor allem darin, nicht mehr länger wahrgenommen und beachtet zu werden" (Schroer 2007, S. 257f.). Inklusion wäre insofern formal als Form der Berücksichtigung von Personen in Sozialsystemen
zu beschreiben, die immer auch soziale Ungleichheit erzeugt. Rudolf Stichweh
vermerkt, dass die Frage nach den Operationsweisen sozialer Systeme und ihrer
Effekte zu stellen ist, wenn man sich für die Produktion, die Stabilisierung und
den Abbau von Ungleichheiten interessiert (vgl. Stichweh 2005, S. 166). „Inklusion heißt also nicht: Mitgliedschaft in der Gesellschaft, sondern heißt als Modus vollwertiger Mitgliedschaft: Zugang eines jeden zu jedem Funktionssystem"
(Luhmann und Schorr 1988, S. 31). Dabei kommt in den Blick, dass Menschen
nicht nur durch Leistungsrollen, wie sie im Zusammenhang mit Erwerbsarbeit
beschreibbar sind, Anteil am sozialen Leben haben. Teilhabe bedeutet vor allem
den Zugang zu Leistungen durch Komplementärrollen. Allerdings agieren Funk-
tionssysteme mit den jeweiligen Leistungsrollen nur bedingt mit Rücksicht auf die
Komplementärrollen. Deshalb beschreibt Rudolf Stichweh den Wohlfahrtsstaat
als ‚Instrument der Inklusionsvermittlung' mit der Funktion „Schwierigkeiten
der Inklusion in verschiedenen Funktionssystemen durch staatliche Angebote zu
kompensieren oder aufzufangen" (ebd. S. 195). Das hieße, dass für alle Menschen
gesellschaftliche Zugehörigkeit über Teilhaberechte verwirklicht werden müsste,
zum Beispiel durch das Recht auf Erwerbsarbeit anstelle der Kürzungen von Sozialleistungen unter Maßgabe verschärfter Zumutungen von Arbeitsangeboten.

Für die Frage, wie soziale Inklusion möglich ist, wenn nicht durch Erwerbsarbeit, thematisiert Rudolf Stichweh sekundäre Leistungsrollen, die sich zum Beispiel in Systemen „der Amateurwissenschaft, des Breitenports, der Hausmusik,
der Lokalpolitik oder auch der freiwilligen Hilfs- und Ordnungsdienste etablie-

ren" (vgl. ebd. S. 35). Als sekundäre Leistungsrollen können ‚freiwillige soziale Dienste' verstanden werden, die über die Teilhabe in Vereinen und Selbsthilfegruppen realisiert werden, aber auch durch Ehrenämter. Mit Hilfe solcher sekundären Leistungsrollen wurde „der deutsche Nonprofit-Sektor [...] ein bedeutender Wirtschaftsfaktor" (Anheier 2000, S. 307). Als Formen sozialer Inklusion ermöglichen freiwillige soziale Tätigkeiten der und dem Einzelnen verlässliche Sozialkontakte, Aktivität, „soziale und persönliche Herausforderungen" (Müller-Kohlenberg 1990, S. 219) und individuelle Zufriedenheit, aber keine Verbesserung der materiellen Lebenssituation. In seinem Konzept „Bürger ohne Arbeit" plädiert Wolfgang Engler mit Blick auf die gesellschaftliche Reproduktion dafür, ein „Arbeitsvermögen, das keinen Tauschwert hervorbringt" ökonomisch gleich zu stellen, weil Erwerbsarbeit nur im „Geflecht ergänzender Aktivitäten" existieren kann (Engler 2005, S. 93)[5]. Hildegard Müller-Kohlenberg nimmt an, dass die entscheidende Dimension für freiwilliges soziales Engagement die Überzeugung ist, nicht überflüssig sondern „in ein Sozialsystem eingebunden zu sein und darin etwas Sinnvolles leisten zu können" (Müller-Kohlenberg 1990, S. 213). Thomas Olk beschreibt eine neuere Form des Ehrenamtes, das nicht mehr „durch gesellschaftliche Zentralwerte legitimiert [...] hochorganisiert, in festgefügte Formen der Kooperation der Arbeitsteilung eingebaut" ist (Olk 1990, S. 251). Diese veränderte Art des Ehrenamtes „entwickelt sich in überschaubaren lokalen Lebenszusammenhängen und äußert sich in weitgehend selbstbestimmten, autonomen und gering formalisierten Organisationsformen" (ebd.) und mag damit auch leichter zugänglich sein für Menschen, die in einer Lebenssituation ohne anerkannte Erwerbsarbeit nach Teilhabemöglichkeiten suchen.

3.3 Situations- und Selbstdarstellungen von Lebensgestaltungen ohne Erwerbsarbeit

Menschen, deren Leben nicht durch Erwerbsarbeit strukturiert wird, benötigen Alternativen für Selbstrespekt, Motivation, soziale Teilhabe und Weltbezüge (vgl. Engler 2005, S. 10). Nur wenige Autoren wie Hannah Arendt versuchen, den tätigen Menschen gegen den Arbeitsglauben wieder zu beleben und eine Vision einer menschlichen Existenz zu entwerfen, „die ledig sein wird der Last der Arbeit und des Jochs der Notwendigkeit" (Arendt 2007, S. 12). Nach Wolfgang Engler scheint es nicht zuletzt eine Frage der fehlenden Erfahrung der Selbstsetzung von

---

5 Nicht den Anspruch dieser Position aber den erweiterten Arbeitsbegriff nimmt Wolfgang Engler in der Auseinandersetzung mit der Freiheit ‚Arbeit als Option' zurück, wenn er Arbeit als „Kürzel für ‚Berufsarbeit', für betriebsmäßig organisierte, mit dem Anspruch auf Entgelt verbundene ‚Erwerbsarbeit'" aufruft (Engler 2007, S. 15).

‚Lebenssinn' zu sein, die solche Alternativen erschweren: „Was dem Aufbruch
in ein Leben ohne Arbeit fehlt, ist mehr als alles andere die Antwort auf die Frage nach dem Wozu" (ebd. 42).

Die Initiativen der ‚Glücklichen Arbeitslosen' können als Versuche aufgefasst werden, den Status ‚Leben ohne anerkannte Erwerbsarbeit' zu entstigmati-
sieren. Sie plädieren für ein „vernünftiges, sinn- und freudvolles Leben [... und
die] Zurückeroberung der Zeit" (Die glücklichen Arbeitslosen 1997, S. 6) bei einer „Ökonomie der Gegenseitigkeit" (ebd. 12). In ihrem Manifest ist zu lesen,
was sie erreichen wollen: „Die gesellschaftliche Akzeptanz der glücklichen Arbeitslosen. Das Schaffen eines artgerechten sozialen Umfelds. Die Anhäufung
von Angelegenheiten, bei denen sich glückliche Arbeitslose entdecken und treffen können. Das Experimentieren mit ‚unklaren Ressourcen', um der Diktatur der
Lohnabhängigkeit in die Flanke zu fallen. Die Umrisse einer neuen Lebensphilo-
sophie, die die alte abendländische Moral des Unglücks bzw. die Ökonomie vollständig vernichten wird" (ebd. 1). In dieser Diskussion wird das Wozu den Menschen selbst überlassen. Thematisiert wird das Wie und zwar in Abgrenzung zu
den Zumutungen einer unerfüllten, lebensbestimmenden Arbeit. Man kann sich
fragen, warum es einigen Menschen gelingt, ihr Leben ohne Erwerbsarbeit aktiv und produktiv zu gestalten und andere an dieser Lebenssituation verzweifeln.
Jens Luedtke untersucht dafür Aspekte der ‚Situationsbeurteilung und Selbstein-
schätzung von Arbeitslosen' und kommt im Wesentlichen zu drei Schlussfolgerungen. Zum einen stellt er fest: „Arbeitslose, die sich selber positiver wahrnehmen, können [...] auch besser mit der Situation der Arbeitslosigkeit umgehen"
(Luedtke 1998, S. 297). Solche Möglichkeiten einer Lebensgestaltung ohne Erwerbsarbeit mit einem hohen Selbstwertgefühl und dem Bedürfnis nach Eigenständigkeit hängen jedoch wesentlich „vom Ausmaß der erfahrenen emotionalen
und instrumentellen bzw. praktischen Unterstützung" (ebd. 217) ab. Nicht zuletzt
vermerkt Jens Luedtke, dass die Zufriedenheit mit der eigenen Lebenssituation
zunimmt und das Gefühl der Belastung abnimmt, je besser die eigene finanzielle Lage eingeschätzt wird (vgl. ebd. 171).

4. Gesellschaftliche Anerkennung und finanzielle Absicherung von
   Lebensgestaltungen ohne Erwerbsarbeit

Auf die Frage nach Lebensgestaltungen ohne Erwerbsarbeit lassen sich zusammenfassend zwei Antworttendenzen festhalten. Zum einen ist davon auszugehen,
dass Leben ohne Erwerbsarbeit nicht „notwendigerweise in Rückzug, Selbst-
aufgabe, Apathie und Zerfall der Zeitstrukturen endet" (ebd. 277), sondern von

Menschen aktiv und produktiv gestaltet wird, wenn sie Alternativen individueller Lebensgestaltung sowie sozialer Teilhabe realisieren können. Zum anderen bleibt festzuhalten, dass diese Art der Lebensgestaltung durch fehlende gesellschaftliche Anerkennung und unzureichende finanzielle Absicherung erheblich erschwert wird. Zu fragen wäre, ob gerade darin eine wesentliche Bedingung dafür zu finden ist, dass Lebensgestaltung ohne anerkannte Erwerbsarbeit so häufig mit sozialer Ausgrenzung gleichgesetzt wird. Mit dieser Frage kann man auf Alternativen stoßen.

So entwirft z. B. André Gorz das Bild einer Gesellschaft jenseits der Lohngesellschaft: „Es setzt voraus, dass das Bedürfnis, zu handeln und gesellschaftlich anerkannt zu werden, sich von bezahlter und fremdbestimmter ‚Arbeit' unabhängig macht, dass die Arbeit sich aus der Herrschaft des Kapitals befreit und dass die Einzelnen sich von der Beherrschung durch die Arbeit emanzipieren, um sich in der Vielfalt ihrer mannigfaltigen Aktivitäten zu entfalten" (Gorz 2000, S. 103). André Gorz beschreibt einen Bruch mit der Vorstellung einer ‚Arbeitsgesellschaft' zugunsten einer ‚Kulturgesellschaft': „Damit diese sich etablieren und die Multiaktivität sich entwickeln kann, wird es keineswegs genügen, dass ‚die Gesellschaft ihr den rechtlichen und politischen Rahmen schafft' oder dass ‚das Unternehmen den Riegel des Lohnarbeitsverhältnisses sprengt'. Die Gesellschaft muss sich darüber hinaus in dieser Absicht durch eine Reihe spezifischer Politiken organisieren. D. h., sie muß die gesellschaftliche Zeit und den gesellschaftlichen Raum in einer Weise gestalten, dass abwechselnd oder gleichzeitig betriebene Tätigkeiten und entsprechende Zugehörigkeiten jeder und jedem als normal, von allen erwünscht und erwartet erscheinen" (ebd. 109). Einen solchen Entwurf muss man nicht als eine unrealistische Sozialutopie abtun. Man kann ihn auch als eine ernst zu nehmende Überlegung um nachhaltige Entwicklung verstehen.

Nach André Gorz wäre die Voraussetzung dafür, dass ein solcher Entwurf umzusetzen wäre, aufzuzeigen, dass die dafür vorgeschlagenen Politiken[6] in der Gesellschaft ‚im Keim' erhalten sind: „1. allen ein ausreichendes Einkommen zu garantieren; 2. die Umverteilung der Arbeit mit individueller und kollektiver Zeitsouveränität zu verbinden; und 3. die Entfaltung neuer Formen von Gesellschaftlichkeit, neuer Kooperations- und Tauschverfahren zu fördern, die jenseits der Lohnarbeit soziale Bindungen und sozialen Zusammenhalt schaffen" (Gorz 2000, S. 112f.).

---

6 „Die institutionellen Entscheidungsträger, die diese Politiken ins Werk setzen können, sind jedoch nicht die Akteure jener anderen Gesellschaft, die heraufkommen muß. Man darf von der Politik nur erwarten, dass sie die Freiräume schafft, in denen sich die alternativen sozialen Praktiken entwickeln können" (Gorz 2000, S. 111).

Ein bedingungslos garantiertes Grundeinkommen für alle bezeichnet André Gorz als erste Voraussetzung für eine ‚Multiaktivitätsgesellschaft‘ (vgl. ebd.): „Das Konzept ist einfach: Statt Arbeitslosengeld oder Sozialleistungen bekommt jeder Bürger monatlich einen bestimmten Betrag zum Leben. Den Anspruch hat er unabhängig von seiner sozialen Bedarfslage, egal ob Künstlerin mit wenigen Aufträgen, Familienvater oder Markenchefin" (Weiler 2008, S. 189). Unter dem Namen ‚Solidarisches Bürgergeld‘ wird für diese Idee in Deutschland inzwischen breit geworben und zwar weniger als Sicherungssystem für den Lebensunterhalt der und des Einzelnen, sondern als Weg für die Reform der sozialen Sicherungssysteme.

Die zweite Forderung, die Verbindung der Umverteilung der Arbeit mit Zeitsouveränität setzt nicht nur „selbstgewählte und selbstbestimmte Möglichkeiten von Diskontinuität und Flexibilität" (Gorz 2000, S. 139) voraus, sondern auch die Gabe, die frei verfügbare Zeit individuell nutzen zu können. Diese scheint ebenso wenig selbstverständlich wie die dritte Forderung, die ‚Entfaltung neuer Formen von Gesellschaftlichkeit‘. In diesem Zusammenhang soll eine Frage aufgegriffen werden, die im Text bereits angesprochen wurde, die Frage nach Unterstützungspotentialen für Menschen mit ‚schlechteren Startchancen‘ für individuelle Lebensgestaltung und soziale Teilhabe.

Wolfgang Engler plädiert in einer Verknüpfung von „Bildungsproblematik und Grundeinkommensdebatte" (Engler 2007, S. 8) für „glaubwürdige Bildungsanstrengungen" (ebd. 98) als Voraussetzungen für den Erhalt eines „auskömmlichen Grundeinkommens" (ebd.). Diese Forderung erscheint auf den ersten Blick das Problem der Lebensgestaltung ohne vorgegebenes Zentrum zu lösen: „um neue Freiheiten von der Ökonomie, vom Markt gesellschaftlich einüben zu können, persönlich erfolgreich, sozial einvernehmlich, sind ökonomische Anreize unentbehrlich" (ebd. 99). Sichtbar werden die ‚blinden Flecke‘ dieses ‚durch Bildung bedingten Grundeinkommens‘ (vgl. ebd.) wenn man danach fragt, welche Art Bildung das Testat eines Schulabschlusses attestiert, wer die Glaubwürdigkeit von Bildungsanstrengungen bezeugt und was die Folgen eines fehlenden Testates wären[7]. Mit Heike Solga sei hier auf gesellschaftliche Wandlungen des Konzep-

---

7   „Verneinbarkeit der Arbeit auf Basis eines auskömmlichen Grundeinkommens überzeugt nur als gebildete Freiheit. […] Glaubwürdige Bildungsanstrengungen, ein einfacher Schulabschluss genügen; das kann jede Schule jedem Schüler, jeder Schülerin ohne bürokratischen Aufwand attestieren. So weit ist er, ist sie gekommen, mit redlichem Bemühen, vorderhand. Oder eben nicht gekommen. In diesem Fall sieht sich der oder die junge Erwachsene vom ungeschmälerten Genuss des Grundeinkommens ausgeschlossen und mit einem deutlich geringeren Betrag abgefunden, mit einem staatlichen Taschengeld, nach Art und Umfang dem Kindergeld vergleichbar. Die materielle Abhängigkeit von anderen besteht fort" (Engler 2007, S. 98). Wolfgang Engler gibt mit dieser Konsequenz seinen Anspruch auf, den Anspruch Menschen

tes ‚Bildungserfolg' (vgl. Selga 2005, S. 189) verwiesen: „Ob und wann ‚geringe Bildung' bzw. Zertifikatlosigkeit ein soziales Stigma in modernen Bildungsgesellschaften darstellt, hängt [...] vom jeweiligen Referenzsystem ‚Bildungserfolg' ab. Dieses stellt das Bezugssystem dar, das den jeweiligen Normalitätserwartungen und -pflichten hinsichtlich des Bildungserwerbs und des zu erbringenden Bildungserfolgs zu Grunde liegt" (ebd.). Alternativ bietet sich z. B. das bewährte pädagogische Konzept der Lebensweltorientierung (vgl. Thiersch 2009) an, das sich als eines gegen Eingriffsdenken, Bevormundung und Kontrolle versteht. Lebensweltorientierte Pädagogik wendet sich „gegen unprofessionelle Vorstellungen von einer Veränderung des Gegebenen im Sozial- und Bildungswesen, in der das Bekannte, Überschaubare, Vertraute, Eingespielte, das ‚kleine' Leben oder die pragmatische Bewältigung der alltäglichen Lebenspraxis der Klienten sozialer Arbeit zwar ein Anknüpfungspunkt für soziale Intervention, nicht aber als Basis des Handelnden erscheinen" (Dewe 1998, S. 16). Ausgehend von Diagnosen brüchiger traditioneller Alltagsmuster sowie Pluralisierungen und Individualisierungen ungleicher Lebensressourcen (vgl. Thiersch 2009) fragt sie danach, was dem einzelnen Menschen als sinnvoll erscheint und bemüht sich sie/ ihn als einen „in seinen Lebensbezügen kompetenten Menschen" (Dewe 1998, S. 22) kennen zu lernen, „weniger als Hilfesuchenden, mit der Realität nicht mehr klar kommenden" (ebd.). Unterstützung hat hier das Ziel, die Fähigkeit zu einer selbstbewussten und selbstbestimmten Gestaltung der eigenen Lebenswelt zu erweitern (ebd. 23). Das Konzept der Lebensweltorientierung verbindet dabei das Anliegen, Schwierigkeiten und Potenziale sozialer Beziehungen wahrzunehmen, mit der Frage nach möglichen Veränderungen im pädagogischen Prozess. Als Prinzipien lebensweltorientierter Arbeit gelten Arbeitsgemeinschaft, Selbsttätigkeit, Selbstbestimmung, Fall- und Projektmethoden sowie Konzepte offener Erfahrungs- und Lernorte (vgl. ebd.). Der Versuch der Begegnung mit Verschiedenheiten individueller Lebensgestaltung öffnet so die Möglichkeit, eine Vielfalt von Teilhabemöglichkeiten und Teilhaberisiken, sowohl gesellschaftlicher Zugehörigkeit als auch sozialer Einbindung zu entdecken.

„ein Leben als Bürger unter Bürgern einzuräumen, frei von beschämender Diskriminierung [...] mit der Forderung nach einem allgemeinen Recht auf Leben, auf Lebensunterhalt" (ebd. 7).

Literatur

Anheier HK (2000) Dritter Sektor und Freiwilligendienste in Deutschland. In: Guggenberger B (Hrsg) Jugend erneuert Gemeinschaft. Freiwilligendienste in Deutschland und Europa. Eine Synopse. Nomos, Baden-Baden, S 305-324

Arendt H (2007) Vita activa oder vom tätigen Leben, 6. Auflage. Piper, München

Bieker R (2005) Individuelle Funktionen und Potentiale der Arbeitsintegration. In: Bieker (Hrsg) Teilhabe am Arbeitsleben. Wege der beruflichen Integration von Menschen mit Behinderung. Kohlhammer, Stuttgart, S 12-25

Bieling HJ (2007) Die neue politische Ökonomie sozialer Ungleichheit. In: Klinger C, Knapp GA, Sauer B (Hrsg) Achsen der Ungleichheit: Zum Verhältnis von Klasse, Geschlecht und Ethnizität. Campus Verlag, Frankfurt/ M, S 100-115

Bude H, Willisch A (Hrsg) (2008) Exklusion. Die Debatte über die „Überflüssigen". Suhrkamp, Frankfurt/ M

Bundeszentale für politische Bildung (2005) Die Agenda 2010: Eine wirtschaftpolitische Bilanz. www.bpb.de/apuz/28920/die-agenda-2010-eine-wirtschaftspolitische-Bilanz?p=1. Zugegriffen: 30. November 2012

Castel R (2008) Die Fallstricke des Exklusionsbegriffs. In: Bude H, Willisch A (Hrsg) Exklusion. Die Debatte über die „Überflüssigen". Suhrkamp, Frankfurt/ M, S 69-86

Dewe B (1998) ‚Lebenswelt' – eine Orientierung für Sozialarbeit? In: Pantucek P, Vyslouzil M (Hrsg) Theorie und Praxis Lebenswelt-orientierter Sozialarbeit. Sozaktiv, St. Pölten, S 13-27

Die glücklichen Arbeitslosen (1997): Manifest. O.O. www.dieglücklichenarbeitslosen.de/ dieseite/ seite/mitte.htm. Zugegriffen: 30. November 2012

dpa-AFX Überblick: KONJUNKTUR auf FOCUS Online. O.O. http://www.focus.de/finanzen/news/ wirtschaftsticker/dpa-afx-ueberblick-konjunktur-vom-20-11-2012-17-00-uhr_aid_864767.html. Zugegriffen: 30. November 2012

Engler W (2005) Bürger, ohne Arbeit. Für eine radikale Neugestaltung der Gesellschaft. Aufbau, Berlin

Engler W (2007) Unerhörte Freiheit. Arbeit und Bildung in Zukunft. Aufbau, Berlin

Glatzer W (1990) Die Rolle der privaten Haushalte im Prozeß der Wohlfahrtsproduktion. In: Heinze GH, Offe C (Hrsg) Formen der Eigenarbeit: Theorie, Empirie, Vorschläge. Westdeutscher Verlag, Wiesbaden, S 16-29

Gorz A (2000) Arbeit zwischen Misere und Utopie. Suhrkamp, Frankfurt/ M

Hark S (2007) „Überflüssig": Negative Klassifikationen – Elemente symbolischer Delegitimierung im soziologischen Diskurs. In: Klinger C. Knapp GA, Sauer B (Hrsg) Achsen der Ungleichheit: Zum Verhältnis von Klasse, Geschlecht und Ethnizität. Campus Verlag, Frankfurt/ M, S 151-162

Häußermann H, Lüsebrink K, Petrowsky W (1990) Die Bedeutung von informeller Ökonomie und Eigenarbeit bei Dauerarbeitslosigkeit. In: Heinze GH, Offe C (Hrsg) Formen der Eigenarbeit: Theorie, Empirie, Vorschläge. Westdeutscher Verlag, Wiesbaden, S 87-104

Heinze RG, Offe C (Hrsg) (1990) Formen der Eigenarbeit. Theorie, Empirie, Vorschläge. Westdeutscher Verlag, Opladen

Keupp H, Ahbe T, Gmür W, Höfer R, Mitzscherlich B, Kraus W, Straus F (Hrsg) (1999) Identitätskonstruktionen. Das Patchwork der Identitäten in der Spätmoderne. Rowohlt-Taschenbuch, Reinbek

Klinger N, König J (2006) Einfach abgehängt. Ein wahrer Bericht über die neue Armut in Deutschland. Rowohlt, Berlin

Koch M (1999) Performative Pädagogik. Über die welterzeugende Wirksamkeit pädagogischer Reflexivität. Waxmann, Münster

Kronauer M (2002) Exklusion. Die Gefährdung des Sozialen im hoch entwickelten Kapitalismus. Campus, Frankfurt/ M

Kronauer M (2007) Inklusion – Exklusion: Ein Klärungsversuch. http://www.die-bonn.de/doks/kronauer0701.pdf. Zugegriffen: 30. November 2012

Kronauer M (2008) Plädoyer für ein Exklusionsverständnis ohne Fallstricke. In: Bude H, Willisch A (Hrsg) Exklusion: Die Debatte über die ‚Überflüssigen'. Suhrkamp, Berlin, S 146-153

Luedtke J (1998) Lebensführung in der Arbeitslosigkeit. Differentielle Problemlagen und Bewältigungsmuster. Centaurus, Pfaffenweiler

Luhmann N (1997) Die Gesellschaft der Gesellschaft. Suhrkamp, Frankfurt/ M

Luhmann N, Schorr KE (1988) Reflexionsprobleme im Erziehungssystem. Suhrkamp, Frankfurt/M

Mathern S (2003) Benachteiligte Jugendliche an der Schnittstelle zwischen Schule und Beruf. Lang, Frankfurt/ M

Mückenberger U (1990) Allein wer Zugang zum Beruf hat, ist frei, sich für Eigenarbeit zu entscheiden. In: Heinze RG, Offe C (Hrsg) Formen der Eigenarbeit: Theorie, Empirie, Vorschläge. Westdeutscher Verlag, Wiesbaden, S 197-211

Müller A (2012) 96,8 Prozent der 4,35 Millionen erwerbsfähigen Hartz-IV-Bezieher halten sich an die Gesetze. o.O. http://www.nachdenkseiten.de/?p=15197#more-15197. Zugegriffen: 30. November 2012

Müller-Kohlenberg H (1990) Die Helferrückwirkung. Was profitiert der Helfer von seiner Hilfeleistung? In: Heinze RG, Offe C (Hrsg) Formen der Eigenarbeit: Theorie, Empirie, Vorschläge. Westdeutscher Verlag, Wiesbaden, S 212-224

Nowotny H (1990) Eigenzeit, Entstehung und Strukturierung eines Zeitgefühls, 3. Auflage. Suhrkamp, Frankfurt/ M

Offe Claus, Heinze RG (Hrsg) (1990) Organisierte Eigenarbeit. Das Modell Kooperationsring. Campus, Frankfurt/ M

Olk T (1990) Förderung und Unterstützung freiwilliger sozialer Tätigkeiten – eine neue Aufgabe für den Sozialstaat? In: Heinze RG, Offe C (Hrsg) Formen der Eigenarbeit: Theorie, Empirie, Vorschläge. Westdeutscher Verlag, Wiesbaden, S 244-265

Puhr K (2009) Inklusion und Exklusion im Kontext prekärer Ausbildungs- und Arbeitsmarktchancen. Biografische Portraits VS Verlag für Sozialwissenschaften, Wiesbaden

Rifkin J (1996) Das Ende der Arbeit und ihre Zukunft, 4. Auflage. Campus, Frankfurt/ M

Schroer M (2007) Defizitäre Reziprozität: Der Raum der Überflüssigen und ihr Kampf um Aufmerksamkeit. In: Klinger C. Knapp GA, Sauer B (Hrsg) Achsen der Ungleichheit: Zum Verhältnis von Klasse, Geschlecht und Ethnizität. Campus Verlag, Frankfurt/ M, S 257-270

Skolka J (1990) Eigenleistungen Zeit und Unabhängigkeit. In: Heinze RG, Offe C (Hrsg) Formen der Eigenarbeit: Theorie, Empirie, Vorschläge. Westdeutscher Verlag, Wiesbaden, S 53-73

Solga H (2005) Ohne Abschluss in die Bildungsgesellschaft. Die Erwerbschancen gering qualifizierter Personen aus soziologischer und ökonomischer Perspektive. Budrich, Opladen

Sozialgesetzbuch (SGB) Zweites Buch (II) Grundsicherung für Arbeitssuchende. http://www.gesetze-im-internet.de/bundesrecht/sgb_2/gesamt.pdf. Zugegriffen: 30. November 2012

Stichweh R (2005) Inklusion und Exklusion. Studien zur Gesellschaftstheorie. transkript, Bielefeld

Thiersch H (2009) Lebensweltorientierte soziale Arbeit. Aufgaben der Praxis im sozialen Wandel, 7.Auflage. Juventa, Weinheim und München

Wacquant L (2009) Bestrafen der Armen. Zur neoliberalen Regierung der sozialen Unsicherheit. Budrich, Opladen

Weiler H (2008) Drei Pfund Kombilohn. Hartz IV im deutschen Wald. In: Sooth S (Hrsg.) Der 100.000 Euro Job. Nützliche und neue Ansichten zur Arbeit. Verbrecher Verlag, Berlin, S 189-191

III
Pädagogische Praktiken
und die Rolle der Betriebe am Übergang

Lernen und Disziplinieren. Die Rolle des Lernorts Betrieb im Unterricht der dualisierten Berufsvorbereitung

Marc Thielen

Die Berufsvorbereitung von benachteiligten Jugendlichen setzt gegenwärtig auf den Lernort Betrieb, in dualisierten Bildungsgängen sind bis zu drei betriebliche Praxistage pro Woche vorgesehen. Praktisches Tun in der Echtsituation der Arbeitswelt soll die schulisch meist wenig erfolgreichen Schüler/-innen motivieren und integrieren. Zudem besteht die Hoffnung auf eine spätere Übernahme in ein Ausbildungs- oder Arbeitsverhältnis. Im bildungspolitischen Diskurs wird die Lernortkooperation äußerst positiv bewertet und dabei in erster Linie auf das besondere Bildungspotenzial von Betrieben verwiesen. Eine Leerstelle in der Debatte bildet demgegenüber die Frage nach den Veränderungen, welche die neuen Konzepte der Berufsvorbereitung für die institutionellen Träger mit sich bringen und wie diese die konzeptionell geforderte Lernortkooperation pädagogisch umsetzen und gestalten. Im vorliegenden Beitrag wird untersucht, wie sich die wöchentlichen Praxistage in Betrieben und die mit diesen einhergehende enge Kooperation mit betrieblichen Anleitern und Ausbildern auf der Mikroebene des schulischen Unterrichts in einer beruflichen Schule niederschlagen. Dementsprechend geraten die Effekte in den Blick, welche die dualisierte Berufsvorbereitung für den unterrichtlichen Alltag mit sich bringt.

Hierzu werden Befunde einer noch laufenden ethnographischen Studie referiert, mittels derer ich pädagogische Praktiken zur Herstellung von Ausbildungsfähigkeit in einer Berufsvorbereitungsklasse rekonstruiere. Die bisherigen Untersuchungen offenbaren, dass der ‚Ernstcharakter‘ des Betriebs von Lehrkräften im Unterricht häufig aufgegriffen und höchst unterschiedlich genutzt wird: *Didaktisch*, um abstrakte Lerninhalte verständlich und konkret zu vermitteln, *erzieherisch*, um die Relevanz arbeitsrelevanter Tugenden wie Pünktlichkeit und Zuverlässigkeit zu unterstreichen. Bei genauerem Hinsehen zeigt sich, dass die schulische Funktionalisierung des Lernorts Betrieb nicht nur der Qualifizierung der Jugendlichen dient, sondern auch der Stärkung schulischer Ordnungs- und Disziplinierungsmaßnahmen. Somit nutzt die pädagogische Praxis die betriebliche Realität und Autorität für institutionelle Eigeninteressen, was im Alltag nicht ohne Ambivalenzen und Widersprüche bleibt. Bevor ich dies an exemplarischen Beispielen konkretisiere, beleuchte ich zunächst den bildungspolitischen und berufspädagogischen Diskurs um den Lernort Betrieb und skizziere dann das dem Beitrag zugrundeliegende Forschungsprojekt.

1. Betriebe als Lernorte in der dualen Berufsvorbereitung

Ungeachtet des demographischen Wandels verweist der aktuelle Bildungsbericht auf eine nach wie vor hohe Bedeutung des Übergangssystems, in das zwischen 25 und 30 Prozent aller Neuzugänge in berufliche Bildung einmünden (vgl. Autorengruppe Bildungsberichterstattung 2012, S. 102). Wurde der Bedarf der Bildungsgänge lange mit der Knappheit an Lehrstellen begründet, steht gegenwärtig die vermeintlich fehlende Ausbildungsreife junger Menschen angesichts der gestiegenen Anforderungen in vielen Berufen im Zentrum der Diskussion. Insbesondere gilt dies für die Teilnehmerinnen und Teilnehmer der schulischen und sozialpädagogischen Berufsvorbereitung (klassisch BVJ der Bundesländer und BvB der Bundesagentur für Arbeit)[1], welche die ungünstigsten Bildungsvoraussetzungen im Übergangssystem mitbringen und bspw. zu ca. 40 Prozent über keinen Hauptschulabschluss verfügen (vgl. Schroeder und Thielen 2009). Berufsvorbereitenden Bildungsgängen wird eine wesentliche Sozialisationsfunktion zugeschrieben: In ihnen sollen die jungen Frauen und Männer – so ein Slogan der Bundesagentur für Arbeit – „fit" für ihre Ausbildung werden.[2]

In jüngster Zeit werden vor allem dualisierte Konzepte präferiert, die einen hohen Anteil betrieblicher Praxis vorsehen. Begründet wird dies mit den hohen Anforderungen einer sich stetig verändernden Arbeitswelt, von denen selbst Einfachtätigkeiten betroffen sind. Bildungspolitisch herrscht weitgehend Konsens darüber, dass betrieblichem Lernen ein ganz wesentlicher Stellenwert zukommt. So vertritt auch der Deutsche Gewerkschaftsbund die Auffassung, dass „der Lernort Betrieb […] in den Mittelpunkt der Berufsvorbereitung gestellt werden [muss]" (vgl. DGB 2010). Neben dem Echtcharakter, den ein betrieblicher Arbeitsplatz im Gegensatz zu Werkstätten und Fachpraxisräumen der Berufsschule ermöglicht, wird auf spezifische Lernmöglichkeiten verwiesen: Eine Expertise des Bundes-

---

1   Während die Maßnahmen der Arbeitsagentur bundesweit einheitlich mit BvB (Berufsvorbereitende Bildungsmaßnahme) bezeichnet werden, spiegelt das Kürzel BVJ (Berufsvorbereitungsjahr) kaum noch die Heterogenität der inzwischen sehr unterschiedlich bezeichneten Konzepte der Bundesländer wider.

2   Vgl. Bundesagentur für Arbeit Marketing (2010): Berufsvorbereitende Bildungsmaßnahme (BvB). Information für Jugendliche. Online: http://www.arbeitsagentur.de/zentraler-Content/ Veroeffentlichungen/Berufsorientierung/Flyer-BvB.pdf

instituts für Berufsbildung spricht von einer Qualifizierung, „die anschaulich ist und sich durch unmittelbare Erfahrung des Nutzens des Erlernten auszeichnet. Lernfortschritte werden unmittelbar erlebbar" (BIBB 2006, S. 7). Insbesondere für schulmüde Jugendliche wird praktisches Lernen in Betrieben als ein erfolgsversprechender Weg gesehen (vgl. BIBB 2007, S. 34). Ebenso besteht die Hoffnung auf sogenannte ‚Klebeeffekte‘, die Übernahme der Praktikantinnen und Praktiken in ein Ausbildungsverhältnis.[3] Die empirischen Befunde zu den Effekten der betrieblichen Langzeitpraktika im Übergangssystem sind uneindeutig. Während einige Autoren überschwänglichen Erfolgsmeldungen misstrauen (vgl. Goik et al. 2011) verweisen Projekt- und Evaluationsberichte auf positive Erfahrungen. So hebt Rademacker (2008) hervor, dass Problemschüler im Betrieb beachtliche Leistungen zeigten und sich pünktlich, verantwortlich und engagiert verhielten. Der Betrieb habe eine hohe Bedeutung für die Entwicklung und Förderung der eigenen Fähigkeiten. Auch die Expertise des BIBB (2007) kommt zu dem Schluss, dass Jugendliche in Maßnahmen mit betrieblichen Bezügen „zu einem höheren Maße motiviert [sind] als es in einem herkömmlichen BVJ der Fall ist" (BIBB 2007, S. 33).

In der wissenschaftlichen Diskussion wird die Bedeutung von Betrieben differenziert betrachtet. Grundsätzlich wird die Auffassung geteilt, dass Betriebe zu einer zentralen Sozialisationsinstanz werden *können*, etwa wenn sie Jugendlichen im Vergleich zur Schule ein höheres Maß an Mitverantwortung und Mitgestaltung einräumen. Ebenso besteht jedoch die Gefahr, dass Praktikantinnen und Praktikanten lediglich als zusätzliche Arbeitskräfte ausgenutzt werden (vgl. Schelten 2010, S. 75ff). Eckert (2007) vertritt vor diesem Hintergrund die Auffassung, dass die Bedeutung des Betriebs davon abhängt, wie der konkrete Arbeitsplatz als Lernort gestaltet ist und wie die pädagogische Einbindung und Betreuung der betrieblichen Ausbildungsphasen organisiert wird. Pauschale Aussagen zur Rolle von Betrieben sind folglich nicht möglich. Dies verdeutlicht auch Schroeder (2011) anhand einer Studie zur Organisation von betrieblichen Langzeitpraktika: Selbst solche Firmen, die ein dezidiert pädagogisches Verständnis von Praxistagen haben, verfolgen sehr unterschiedliche Konzepte und sind daher nicht gleichermaßen für jede/n Jugendliche/n geeignet: So erwartet ein Betrieb, der Praktikantinnen und Praktikanten wie Auszubildende behandelt, ein höheres Maß an Verantwortung und Eigeninitiative als eine Firma, die das Praktikum im

---

3   In der Praxis werden solche Erwartungen bisweilen enttäuscht. Beim ersten Durchlauf im
    Schulversuch zu einem zweijährigen („gestreckten") Berufsvorbereitungsjahr in Sachsen, das
    über ein Schuljahr hinweg drei wöchentliche Praxistage in Betrieben vorsieht, konnten sich
    ungeachtet der hohen Quote an erreichten Schulabschlüssen nur wenige Teilnehmer/-innen
    über das Praktikum einen betrieblichen Ausbildungsplatz sichern (vgl. Thielen 2011).

Sinne eines Lehrgangs versteht und die Jugendlichen behutsam an die Arbeitswelt heranführen möchte. Wiederum andere Betriebe stellen bei lernbeeinträch-
tigten jungen Menschen zunächst das betriebliche Lernen ganz in den Hintergrund und räumen der Persönlichkeitsentwicklung oberste Priorität ein. Hier sind
die Jugendlichen kaum in die üblichen Arbeitsabläufe integriert.

Somit ist der Erfolg von betrieblichen Langzeitpraktika keineswegs von vornherein gesichert. Er ist vielmehr voraussetzungsvoll und bedarf einer konzeptionellen Abstimmung und systematischen Kooperation von Schule und Betrieb.
Dabei sind berufliche Schulen als institutionelle Träger der Berufsvorbereitung
dafür verantwortlich, dass die Jugendlichen von den betrieblichen Praxisphasen
profitieren. Die Auswahl von geeigneten Firmen und die Abstimmung mit den
Anleitern sind ebenso bedeutsam wie die Frage, in welcher Weise die Betriebserfahrungen im schulischen Unterricht aufgegriffen werden. Die berufliche Schule hat demnach dafür Sorge zu tragen, dass die Lernorte Betrieb und Schule von
den Jugendlichen nicht als getrennte Welten erlebt werden, die mehr oder weniger zusammenhangslos nebeneinander stehen (vgl. Rützel und Schapfel 1996;
Euler 2004). Gleichwohl wird vor einer zu engen Verzahnung von Betrieb und
Schule – etwa durch eine übermäßige Präsenz von Schule im Betrieb (vgl. Bastian et al. 2007) – gewarnt, damit beide Lernorte ihre je spezifischen Bildungs-
möglichkeiten entfalten können. Das Verhältnis der Lernorte erscheint also keineswegs eindeutig und klar, es muss vielmehr im Alltag der Berufsvorbereitung
stetig neu ausgehandelt werden.

2. Ethnographie zu den pädagogischen Praktiken zur Herstellung von Ausbildungsfähigkeit

Studien zur Berufsvorbereitung beziehen sich meist auf die Teilnehmer/-innen
und fokussieren bspw. deren Biografien oder Bewältigungsstrategien (vgl. Berg
et al. 2012; Rahn 2005) sowie deren Lebenslagen oder den Verbleib im Anschluss
(vgl. Enggruber 2001; Thielen 2011). Gesichertes Wissen zum pädagogischen All-
tagsgeschehen liegt hingegen kaum vor, obgleich das Übergangssystem für viele
junge Menschen eine zentrale Sozialisationsinstanz darstellt. Vor diesem Hintergrund wird nachvollziehbar, dass Bojanowski und Eckert (2012) von einer „Black
Box Übergangssystem" sprechen. Widmen sich Untersuchungen dem Alltag, so
geschieht dies in der Regel mittels Befragung der Akteure, so z. B. in einer Studie von Giese (2011), die auf der Basis von qualitativen Interviews untersucht,
wie Schüler/-innen und Lehrkräfte den Unterricht erleben. Wenngleich ein „gewissermaßen ‚lebendiges' Bild vom ‚Alltag' und von erheblichen Problemen"

(a. a. O., S. 13) gezeichnet wird, erfährt man nur vermittelt etwas über die Alltagswirklichkeit, nämlich über die Darstellungen und Deutungen der Interviewten. Den unterrichtlichen Alltag ausschließlich mittels Befragung zu rekonstruieren, birgt ein grundsätzliches Problem: Ein nicht unerheblicher Teil der alltäglichen Praktiken, die in ihrer Gesamtheit die soziale Situation des Unterrichts generieren, sind den Akteuren selbst gar nicht bewusst und können folglich in Interviews auch nicht ohne weiteres verbalisiert werden. Vor diesem Hintergrund verwirkliche ich eine ethnographische Forschungsstrategie, in der ich Interviewverfahren in erster Linie ergänzend zur teilnehmenden Beobachtung sowie zu Tonbandaufzeichnungen von Unterrichtsstunden einsetze. Während in der Schulpädagogik ethnographischer Forschung ein zentraler Stellenwert zukommt (vgl. Heinzel 2010), ist die Forschungsrichtung in der Berufspädagogik weniger verbreitet. Dabei hat bereits Willis (1979) in seiner längst klassischen Studie zum Berufseintritt von Arbeiterjugendlichen in einer mittelenglischen Großstadt gezeigt, wie fruchtbar ethnographische Untersuchungen gerade zur Erforschung des Statusübergangs Schule–Arbeitswelt sind. Willis zeichnet nach, warum Arbeiterjugendliche wiederum ‚nur' Arbeiter werden und rekonstruiert das jugendkulturelle Handeln der Schüler als Widerstand gegen die schulische Ordnung und die in ihr grundgelegten Wertorientierungen der Mittelschicht. Während Feldforschung ursprünglich in der Kulturanthropologie entwickelt wurde, um Einblicke in fremde soziale Welten und Kulturen zu erhalten (vgl. Friebertshäuser 2003), besteht in der Schul- und Unterrichtsforschung das Problem der Befremdung des allzu Vertrauten – Schule und Unterricht sind Forschenden in aller Regel aus ihrer eigenen Biographie bestens bekannt (vgl. Amann und Hirschauer 1997). Ethnographische Schul- und Unterrichtsforschung findet zu höchst unterschiedlichen Fragestellungen statt. Heinzel (2010, S. 40f.) unterscheidet Arbeiten zur Bedeutung der Schulen für die Reproduktion der Industriegesellschaft von Studien zu kulturellen Konflikten und Aushandlungsprozessen der Gleichaltrigen an Schulen. Einem dritten Forschungsschwerpunkt lässt sich die diesem Beitrag zugrundeliegende Studie zuordnen: Studien zu Mikroprozessen im Feld des Unterrichts, genau genommen zu Praktiken des Lehrens und Lernens.

Theoretisch schließt die Rekonstruktion pädagogischer Praktiken zur Herstellung von Ausbildungsfähigkeit an die Theorie der sozialen Praktiken an, eine spezifische Sozialtheorie, nach der sich die soziale Welt „aus sehr konkret benennbaren, einzelnen, dabei miteinander verflochtenen Praktiken zusammensetzt" (Reckwitz 2003, S. 289). Eine Praktik wird verstanden als ein „typisiertes, routinisiertes und sozial ‚verstehbares' Bündel von Aktivitäten" (ebd.). Dieses wird durch implizites, methodisches und interpretatives Wissen zusammengehalten.

Im Fokus einer praxistheoretisch inspirierten Forschung steht folglich die Materialität des Sozialen/ des Kulturellen, die sich auf zwei Instanzen bezieht: Menschliche Körper und Artefakte (Dinge) bzw. deren sinnhafter Gebrauch. Die von mir durchgeführte Untersuchung zielt demzufolge auf routinierte Handlungen und damit auf sich wiederholende Tätigkeiten von Lehrkräften, mittels derer die Ausbildungsfähigkeit der Schülerinnen und Schüler im unterrichtlichen Alltag gefördert wird bzw. werden soll. Um diesen Praktiken auf die Spur zu kommen habe ich über ein Schuljahr hinweg eine Berufsvorbereitungsklasse an einer beruflichen Schule in einer westdeutschen Großstadt ethnographisch begleitet.[4] Die beobachteten Unterrichtsstunden wurden protokolliert und teilweise auf Tonband aufgezeichnet und transkribiert. Zu den sich im Laufe der Zeit als prägnant erweisenden pädagogischen Praktiken habe ich Interviews mit Lehrerinnen und Lehrern geführt. Der Perspektiven der Schüler wurden mittels Gruppendiskussion erhoben.[5]

Zur untersuchten Berufsvorbereitungsklasse ist anzumerken, dass diese auf das Berufsfeld Lagerlogistik vorbereitet wurde. Die nach wie vor geschlechtsabhängige Berufswahl erklärt, weshalb die Gruppe ausnahmslos aus männlichen Schülern bestand, die im Untersuchungszeitraum zwischen 16 und 19 Jahren alt waren. Über das gesamte Schuljahr waren zwanzig Schüler Mitglied der Klasse, dreizehn von diesen hatten einen Migrationshintergrund. Die Familien der Schüler haben durchweg einen niedrigen Sozialstatus: Nur die Hälfte der Eltern verfügt über eine abgeschlossene Berufsausbildung. Die Väter gehen Bauberufen nach, arbeiten im Transport, der Lagerlogistik und der Gebäudetechnik oder sind in der Reinigung und Abfallwirtschaft tätig. Die Mütter arbeiten in der Reinigung, der Gastronomie und im Einzelhandel. Jeder fünfte Vater und jede vierte Mutter sind nicht erwerbstätig. Für die Klasse waren vier männliche Lehrkräfte sowie eine Sozialpädagogin und ein Sozialpädagoge zuständig.

3. Funktionen des Lernorts Betrieb im schulischen Unterricht

Bei der Diskussion um die Bedeutung des Lernorts Betrieb gilt es sich zunächst das Grundanliegen des pädagogischen Konzepts zu vergegenwärtigen: Primäres

---

4   Um sicherzustellen, dass es sich bei den beobachteten Phänomenen um typische Handlungsweisen handelt, habe ich in den letzten Wochen des vorangegangenen Schuljahres sowie in den ersten Wochen im nachfolgenden Schuljahr ebenfalls beobachtend am Unterricht von zwei anderen Berufsvorbereitungsklassen teilgenommen.

5   Die Kombination von unterschiedlichen Erhebungsmethoden ist ein typisches Kennzeichen ethnographischer Forschung (vgl. Friebertshäuser 2003, S. 515f.). Bei der Datenauswertung orientiere ich mich an der Grounded Theorie nach Glaser und Strauss sowie der Dokumentarischen Methode nach Bohnsack.

Ziel ist die Vermittlung in betriebliche Ausbildung, idealerweise in der Lagerlogistik. Bei der Akquise potenzieller Ausbildungsplätze kommt den drei wöchentlichen Praxistagen eine hohe Relevanz zu. Zwar können sich die Jugendlichen selbst Betriebe suchen, gleichwohl leisten viele ihr Praktikum in Firmen ab, mit denen die Schule schon länger in der Berufsvorbereitung sowie der beruflichen Ausbildung kooperiert. Dies bietet den Vorteil, dass die Lehrkräfte die zu verrichtenden Tätigkeiten kennen und auf gewachsene Kooperationsbeziehungen mit Anleitern und Ausbildern zurückgreifen können. Im Zuge der Untersuchung wurden sehr unterschiedliche Bedeutungen des Lernorts Betrieb im Unterricht sichtbar. Die in den bildungspolitischen Diskursen stark gemachten motivationalen und didaktischen Aspekte, auf die ich zunächst eingehen werde, bilden dabei nur einen Bereich pädagogischer Praktiken. Ebenso bedeutsam sind die im Anschluss diskutierten erzieherischen und disziplinierenden Funktionen.

3.1 „Ich möchte, dass ihr euch jetzt gedanklich in eure Betriebe versetzt" – Der Lernort Betrieb zur Konkretisierung von Unterrichtsinhalten

Im Unterricht nehmen die Lehrkräfte regelmäßig Bezug auf die Praktikumsbetriebe, um Lerngegenstände zu veranschaulichen. Die bisweilen sehr abstrakten Inhalte werden an die konkreten Arbeitserfahrungen der Schüler rückgebunden. In solchen Situationen lässt sich beobachten, dass sich Jugendliche, die während der theoretischen Ausführungen eher unbeteiligt und gelangweilt wirken, aktiv in den Unterricht einbringen und von ihren Erfahrungen im Praktikum berichten:

„Herr K. setzt indes das Unterrichtsgespräch zur Sicherung der Ware fort. Er fordert die Schüler auf, das Problem der Umreifung von Stückgut auf ihren eigenen Praktikumsbetrieb zu beziehen: ‚Ich möchte, dass ihr euch jetzt gedanklich in eure Betriebe versetzt und euch überlegt, ob ihr da schon mal Ware ummantelt habt!' Danko, der schon seit längerer Zeit keinen Praktikumsbetrieb hat, beklagt sich: ‚Ich hab aber keinen Betrieb!' Herr K. geht darauf nicht ein. Brandon meldet sich zu Wort und erklärt, wie es in seinem Praktikumsbetrieb (‚bei uns im Lager') mit der Ummantelung von Ware gehandhabt wird." (Beobachtungsprotokoll)

Der Lehrer greift in einer didaktischen Intention auf die betrieblichen Lernorte der Schüler zurück: Er fordert sie auf, den ihnen zuvor abstrakt näher gebrachten Lerngegenstand mit ihren praktischen Erfahrungen im Betrieb abzugleichen. Sie sollen überlegen, ob sie dort die Tätigkeit der Ummantelung schon einmal ausgeübt haben. Für den Schüler Brandon trifft dies offensichtlich zu: Er meldet sich und berichtet, wie in seinem Betrieb Ware ummantelt wird und kann somit seine

Erfahrungen aus dem Betriebspraktikum in das Unterrichtsgeschehen einbringen. Die in solchen Kontexten häufig verwendete Formulierung „*bei uns im Lager*" zeigt, dass sich der Schüler mit seinem Praktikumsbetrieb identifiziert und seine Zugehörigkeit zur Firma betont. Zugleich kann er sich über die hier nicht zitierte Beschreibung der Ummantelungspraktiken im Betrieb als Experte für den Unterrichtsgegenstand darstellen.

In der Unterrichtsszene deutet sich jedoch ein grundsätzliches Problem der dualen Berufsvorbereitung an: Der didaktische Rückgriff auf die betriebliche Realität geht davon aus, dass alle Schüler über einen Praktikumsbetrieb verfügen. Im Gegensatz zur dualen Berufsausbildung ist dies in der Berufsvorbereitung jedoch keineswegs die Regel. So können Schüler wie Danko, die keinen Betrieb gefunden haben, nicht von der pädagogischen Praktik profitieren und sind von der Möglichkeit ausgeschlossen, sich in den Unterricht einzubringen. Danko weist den Lehrer explizit darauf hin, dass er derzeit kein Praktikum macht und somit der Aufforderung nicht nachkommen kann. Dies gilt auch für die Bearbeitung einer betrieblichen Lernaufgabe, zu der die Schüler kurz darauf vom Lehrer aufgefordert werden: Sie sollen am nächsten Praktikumstag darauf achten, wie in ihrem Betrieb die Ummantelung von Ware gehandhabt wird. Auch jene pädagogische Praktik zielt auf die Verknüpfung von schulischem Unterricht und betrieblicher Praxis, nun jedoch in umgekehrter Weise: Die Schüler sind aufgefordert, sich am Lernort Betrieb den schulischen Unterricht zu vergegenwärtigen und die praktische Tätigkeit der Ummantelung an die schulisch vermittelten theoretisch-abstrakten Erkenntnisse rückzubinden.

3.2 „Stell dir mal vor, du wärst jetzt in einem Betrieb, da würde das auch nicht gehen!" –Der Lernort Betrieb zur Legitimierung schulischer Regeln

Weitere pädagogische Praktiken, bei denen Lehrkräfte auf den Lernort Betrieb rekurrieren, beziehen sich auf das Verhalten der Schüler. Bei Disziplinproblemen verweisen Lehrkräfte auf Anforderungen in Betrieben, wo ein derartiges (Fehl-) Verhalten keineswegs geduldet werde. Jene pädagogische Praktik unterstreicht die besondere Relevanz der Verhaltensnorm, indem die betriebliche Realität als Legitimation herangezogen wird. Jene Praktik lässt sich bei allen möglichen Verhaltensweisen von Schülern beobachten, die Lehrkräfte als störend einschätzen. Besonders häufig sind Konflikte um die in der Schule streng gehandhabte Pünktlichkeitsregel: Ab zehn Minuten Verspätung nach dem Beginn der ersten Stunde bzw. ab fünf Minuten Verspätung nach den Pausen erfolgt der Ausschluss aus dem Unterricht für die gesamte Doppelstunde mit dem Vermerk der entsprechenden Zeit als unentschuldigtes Fehlen; die Ankunftszeit wird mittels digitaler Funkuhr sekundengenau erfasst und auf einem Zettel dokumentiert. Die Durchsetzung der Regel führt oft zu Konflikten, so auch in der folgenden Szene, in der sich ein Schüler über seinen Ausschluss aus der vorangegangenen Doppelstunde beschwert:

> *"'Das ist unfair!' ruft Erik, 'die letzten Tage kamen auch welche zu spät! Aber die bekamen nur einen gelben Zettel und durften dann bleiben!' Der Lehrer bestätigt dies und erläutert, dass dies in den letzten Tagen so gehandhabt wurde, da es sich noch um eine Zeit der Eingewöhnung gehandelt habe. Nun würden aber veränderte Regeln gelten. 'Wegen zwei Minuten, die ich zu spät war!' wirft Erik ein, und empört sich erneut: 'Das ist voll unfair!' Herr K. fragt Erik daraufhin, auf was er denn hier in der Schule vorbereitet werde. 'Auf den Betrieb!' antwortet Erik. Herr K. bestätigt dies und erläutert am Beispiel eines ehemaligen Schülers die Bedeutung von Pünktlichkeit. Dem Auszubildenden sei nach zweimaligem Zuspätkommen im Betrieb gekündigt worden. Erik weiß gegen die Argumente von Herrn K. offensichtlich nichts mehr einzuwenden und beendet seinen Protest." (Beobachtungsprotokoll)*

Es offenbart sich, dass die Durchsetzung der Pünktlichkeitsregel im Laufe des Schuljahres sukzessive verschärft wird. Auf einen den Schülern anfänglich noch zugestandenen Toleranzbereich wird bald verzichtet. Der Schüler deutet dies als eine ungerechte Ungleichbehandlung und betont zudem sein Unverständnis über die Sanktion angesichts der seiner Einschätzung nach nur geringen Verspätung. Eriks Kritik verstummt erst, als der Lehrer ihm mit seiner Frage verdeutlicht, worauf die Berufsvorbereitung und damit auch die Pünktlichkeitserziehung vorbereiten: *"Auf den Betrieb"* – so lautet die vom Lehrer erwartete Antwort des Schülers. Anhand des Berichts über die Entlassung eines ehemaligen Schülers aus einem Ausbildungsverhältnis bekräftigt der Lehrer die hohe Relevanz von Pünktlichkeit in betrieblichen Zusammenhängen. Jene Argumentation, welche die besondere Macht betrieblicher Autorität unterstreicht, scheint derart überzeugend, dass der Protest des Schülers verstummt.

In den Interviews, in denen sich die Lehrkräfte zur Pünktlichkeitsregel äußern, rekurrieren sie ebenfalls auf den Lernort Betrieb und beschreiben die pädagogische Praktik im Sinne eines *"Trainings"* (Lehrer 2), durch das die Jugendlichen betriebstauglich gemacht werden sollen: *"Wenn sie's hier nicht schaffen, pünktlich zu kommen, dann werden sie's höchst wahrscheinlich im Praktikum ebenfalls nicht schaffen und in der Ausbildung auch nicht"* (Lehrer 1). Zugleich räumen die Lehrer jedoch ein, dass sich die betriebliche Realität tatsächlich differenzierter darstellt und durchaus von der im Unterricht vermittelten abweichen kann:

„Also wenn man ehrlich ist, dann muss man sehen, dass es in den Betrieben verschieden ist. Also einmal also welche, die genau auf die Minute auf die Uhr gucken, ist er pünktlich oder nicht. Dann gibt's ein paar Ermahnungen. Und wenn man es dann nicht hinkriegt, dann kann es schon ein Ausschlusskriterium sein. Und bei anderen sind sie sehr tolerant. Hauptsache der Mann ist irgendwann, irgendwie da." (Lehrer 4)

Die Betriebe gehen demnach unterschiedlich mit der Unpünktlichkeit von Praktikanten um und sanktionieren Verspätungen keineswegs immer so streng, wie es die pädagogischen Praktiken der Schule vorgeben. Auch die Schüler schildern in Gruppendiskussionen, dass Verspätungen von wenigen Minuten in den Betrieben keineswegs derart problematisiert werden wie in der Schule. Vor diesem Hintergrund überrascht es nicht, dass die Beobachtungen im Schulalltag noch auf einen anderen Grund für die rigide Umsetzung der Pünktlichkeitsregel verweisen: Das verspätete Betreten des Klassenraums stört den Unterrichtsablauf, insbesondere, wenn mehrere Schüler nach Unterrichtsbeginn erscheinen. Hierzu exemplarisch die Aussage eines Lehrers:

„Alle fünf Minuten ging die Tür auf und es kam jemand rein. Und gerade bei den Schülern beobachte ich das auch im Vergleich zu Berufsschule, die kommen nicht rein und setzen sich hin und sind ruhig. Sondern dann wird erst mal großes Shake Hand und Begrüßung und dann ist erst mal eine Minute Störung. Und dann wird der Faden wieder aufgenommen. Fünf Minuten später geht die Tür wieder auf und der nächste kommt. Dann kommt mal wieder ein Kollege rein. Und dann ist einfach die Unruhe zu groß." (Lehrer 3)

Die Durchsetzung der Pünktlichkeitsregel zielt demnach keineswegs nur auf die Betriebsfähigkeit, wie es den Jugendlichen vermittelt wird. Vielmehr soll sie zugleich einen möglichst störungslosen Unterrichtsablauf gewährleisten. Vor diesem Hintergrund lässt sich von einer grundlegende *Doppeldeutigkeit* sprechen, die auch andere pädagogische Praktiken in der Berufsvorbereitung konstituiert: Sie zielen zwar durchaus auf die Förderung der *Ausbildungsreife der Schüler*, dienen jedoch zugleich der Aufrechterhaltung der institutionellen *Ordnung der Schule*. Deutlich wird dies auch daran, dass Regeln wie das Verbot von Baseballkappen im Unterricht ebenfalls explizit mit den Anforderungen in der Arbeitswelt begründet werden. Tatsächlich sind solche Regularien jedoch auch an allgemeinbildenden Schulen verbreitet (vgl. Langer 2008, S. 111f.) und somit in erster Linie als Teil der institutionellen Ordnung von Schule zu verstehen. Bezeichnenderweise berichten Lehrkräfte und Schüler in Interviews übereinstimmend, dass Jugendliche in einigen Betrieben Kappen tragen dürfen. Der Betrieb wird demnach im Unterricht der Berufsvorbereitung offenbar genutzt, um schulische Regeln zu legitimieren und ihnen eine besondere normative Geltung zu verschaffen.

3.3 „Ein Nichtfunktionieren in der Berufsschule bedeutet, geh in den Betrieb zurück und erklär das dort!" – Der Lernort Betrieb zur Sanktionierung von Störungen

Eine weitere Funktionalisierung des betrieblichen Lernorts durch Lehrkräfte im Unterricht zeichnet sich in besonderer Weise durch einen disziplinierenden Charakter aus, wie in folgender Szene deutlich wird:

> „Sven ist mit der Entscheidung des Klassenlehrers, die Vorführung des Films nicht weiter fortzusetzen, sondern im Unterricht mit der Behandlung unterschiedlicher Verpackungsarten fortzufahren, sehr unzufrieden und bekundet dies für alle laut hörbar. Herr K. fordert ihn auf, den Protest einzustellen und ruhig zu sein. Hiervon lässt sich der Schüler nicht beeindrucken. Er protestiert weiter lautstark. Da sich der Lehrer davon gestört fühlt, droht er dem Schüler mit weitergehenden Sanktionen und verweist darauf, dass es ‚verschiedene Eskalationsstufen' gebe: Eine erste sei der Ausschluss vom Unterricht und eine weitere das Schicken des Schülers in seinen Praktikumsbetrieb. Sven stellt daraufhin seine Unterhaltung ein." (Beobachtungsprotokoll)

In der Interaktion beschreibt der Lehrer ein Repertoire an schulischen Sanktionspraktiken, die gestuft aufeinanderfolgen: Auf eine wiederholte mündliche Ermahnung folgt zunächst der bereits erwähnte Ausschluss vom Unterricht, der nicht nur im Zuge der Pünktlichkeitserziehung, sondern auch zur Sanktionierung von Unterrichtsstörungen eingesetzt wird. Der störende Schüler wird bei dieser fast täglich zu beobachtenden Praktik aus der Klasse geschickt und muss vor der Türe warten, bis ihn der Lehrer wieder auffordert in den Klassenraum zurückzukehren. Bleibt auch diese Intervention wirkungslos, so greift nach Darstellung des Lehrers eine weitere „Eskalationsstufe", bei welcher der Lernort Betrieb ins Spiel kommt: Schüler, die sich in der Schule besonders undiszipliniert verhalten, werden in ihren Praktikumsbetrieb geschickt. Auch in der folgenden Unterrichtsszene wird zwei Schülern damit gedroht:

> „Gegen Ende der Stunde, nachdem Herr K. Mario und Brandon ermahnt hat, da diese sich fortwährend laut unterhalten haben, kommt Herr K. auf die nachfolgende Unterrichtsstunde zu sprechen, die von seinem Kollegen Herrn G. geleitet wird. Herr K. kündigt an, dass mit Herrn G. besprochen sei, dass die Schüler, die den Unterricht stören, von Herrn G. in ihren Prak-

*tikumsbetrieb geschickt werden. Diese gelte selbst dann, wenn es bereits
13.10 Uhr ist."* *(Beobachtungsprotokoll)*

Die Ankündigung, dass Schüler auch nach dem Ende der regulären Unterrichtszeit in ihren Betrieb geschickt werden können, verweist darauf, dass die Sanktion eine spezifische Modifikation des schulischen Nachsitzens darstellt. Im Unterschied zur allgemeinbildenden Schule findet das Nachsitzen jedoch nicht am
Lernort Schule, sondern am Lernort Betrieb statt. Im Interview berichtet der
Lehrer, dass jene disziplinierende Praktik der dualen Berufsausbildung entlehnt
ist. Ebenso betont er, nur selten davon Gebrauch zu machen: *„Eines der letzten
Druckmittel, die man so hat. Weil den Betrieb, den wollen sie schon noch gerne
behalten."* (Lehrer 4)

Wenngleich sich die Praktik also im Alltag üblicherweise auf die Drohung
beschränkt, ist sie keineswegs unproblematisch. In Bezug auf die Lernortkooperation drängt sich geradezu der Vergleich mit der Arbeitsteilung einer traditionellen Familie auf, in welcher die für die Erziehung zuständige Mutter dem un-
artigen Kind droht, dem Vater vom Fehlverhalten zu berichten, in der Absicht,
das Kind durch die Androhung der väterlichen Autorität zu beeindrucken und zur
Ordnung zu rufen. Somit bestätigt der Disziplinierungsversuch die tendenziell
schwächere Position der Mutter. Analog hierzu verortet sich die Schule im Rückgriff auf die betriebliche Autorität in ihrer Erziehungsfunktion als geschwächt.
Auf Nachfrage im Interview stellt der Lehrer vor diesem Hintergrund die Disziplinierungspraktik durchaus selbstkritisch infrage: *„Die Probleme, die in der
Schule entstehen, muss das System Schule lösen, weil die betrieblichen Probleme muss der Betrieb lösen. [...] Aber ich kann nicht das Problem, das ich habe,
an andere abwälzen."* (Lehrer 4)

Während die berufliche Schule in eine schwache Position gerät, bleibt die
Disziplinierungspraktik auch für den Lernort Betrieb keineswegs folgenlos: Es
besteht die Gefahr, dass der aus Sicht der Schüler möglicherweise positiv besetzte und motivierende Lernort zu einem Zwangsort wird und die berufliche Tätigkeit, zu der die Jugendlichen über das Praktikum geführt werden sollen, den
Charakter einer Strafe bzw. einer Strafarbeit erhält. Ein solches Verständnis vom
betrieblichen Lernort steht in einer deutlichen Diskrepanz zum eingangs dargestellten bildungspolitischen Diskurs, der das spezifische Bildungs- und biografische Entfaltungspotenzial des betrieblichen Lernortes betont.

4. Fazit

Die Rekonstruktion exemplarischer pädagogischer Praktiken zur Herstellung von Ausbildungsreife in der Berufsvorbereitung zeigt, dass Betrieben im unterrichtlichen Alltag keineswegs nur der Charakter von motivierenden, fördernden und anregenden Lernarrangements zukommt wie er in bildungspolitischen Postulaten zum Übergangssystem im Vordergrund steht. Vielmehr werden in alltäglichen Interaktionen häufig betriebliche Hierarchien und Autoritäten hervorgehoben, um erzieherisch und disziplinierend auf die Jugendlichen einzuwirken. Derartige Praktiken, die bildungspolitisch kaum thematisiert werden, in der Praxis gleichwohl weit verbreitet sein dürften, dienen keineswegs nur der Förderung der Betriebsreife der Jugendlichen und einer verbesserten Teilhabe an beruflicher Bildung. Vielmehr zielt die Thematisierung des Lernorts Betrieb auch auf die normative Stützung und Stärkung der schulischen Regeln und damit auf die Aufrechterhaltung der institutionellen Ordnung des Lernorts Schule. Die Lehrkräfte erhoffen sich einen Zugewinn an Autorität, indem sie ihr pädagogisches Handeln mit den vermeintlich unumgänglichen Anforderungen und Erwartungen der betrieblichen Arbeitswelt begründen. Die Notwendigkeit zur Aushandlung der schulischen Regeln scheint auf diese Weise obsolet zu werden, da die betriebliche Hierarchie als eine letztlich unumstößliche Tatsache angeführt wird. Wenngleich die Anpassung an die Erfordernisse der Arbeitswelt auch den Schülern selbst grundsätzlich als schlüssig erscheint, lassen sich Interaktionen beobachten, in denen der bisweilen inflationär gebrauchte Verweis auf die betriebliche Realität zu einer pädagogischen Floskel wird, etwa dann, wenn die Jugendlichen feststellen, dass die im Praktikum tatsächlich erlebte betriebliche Realität keineswegs der schulisch vermittelten entspricht.

Die Tendenz der beruflichen Schule, im unterrichtlichen Alltag berufsvorbereitender Bildungsgänge derart vehement auf den Lernort Betrieb zurückzugreifen, um die Durchsetzung der eigenen institutionellen Ordnung zu erreichen, erklärt sich nur bedingt durch die vermeintlich besonders ‚schwierige‘ Klientel. Vielmehr gilt es zu berücksichtigen, dass die Bildungsinstitution den ihr anvertrauten Schülerinnen und Schülern nur wenige Anreize bieten kann, sich im schulischen Unterricht diszipliniert und motiviert zu verhalten: Weder können die Jugendlichen in der Maßnahme ein ihnen attraktiv erscheinendes Bildungszertifikat erwerben – maximal kann ein dem der Hauptschule gleichwertiger Abschluss erreicht werden, über den ein Teil der Schülerschaft bereits verfügt – noch wird der Bildungsgang auf eine spätere Berufsausbildung angerechnet. Zudem findet der Unterricht im dualisierten Bildungsgang angesichts des hohen Praxisanteils komprimiert an zwei in der Regel zeitlich langen Schultagen statt und erfordert demzufolge besondere Anpassungsleistungen aufseiten der jungen Menschen. Gerade schulmüden und schulisch wenig erfolgreichen Jugendlichen dürfte dies Schwierigkeiten bereiten. Somit wird nachvollziehbar, weshalb schulischer Unterricht im Zuge der dualisierten Berufsvorbereitung besonders ‚störanfällig' ist und daher häufig auf systemexterne Begründungsmuster für Disziplinierungspraktiken zurückgreift.

Angesichts der diskutierten Befunde sollten die Debatten um die dualisierte Berufsvorbereitung stärker als bislang auch der Frage nachgehen, welche konzeptionellen Veränderungen auf Seiten des *Lernorts Schule* notwendig sind. Zielt der Bildungsgang bspw. in erster Linie auf die Anschlussorientierung und nicht auf den (nachträglichen) Erwerb von Bildungszertifikaten, sollten die unterrichtlichen Inhalte konsequenter als bislang an die tatsächlichen Anforderungen an den betrieblichen Arbeitsplätzen der Jugendlichen rückgebunden werden. Dies würde den Schülern vermutlich eher dazu verhelfen, einen *unmittelbaren* Sinn im schulischen Unterricht zu sehen und deren Motivation und Bereitschaft zur aktiven Teilnahme fördern. Der gebetsmühlenartig wiederholte und moralisch aufgeladene Verweis auf die späteren Anforderungen in einer sich vielleicht anschließenden Ausbildung erfüllt diese Funktion i. d. R. nicht, zumal verlässliche Zusagen für einen Ausbildungsplatz meist erst gegen Ende des Schuljahres erfolgen. Didaktisch müsste das Unterrichtsangebot so gestaltet werden, dass möglichst wenig Gemeinsamkeiten mit solchen schulischen Lernarrangements bestehen, an denen viele Teilnehmerinnen und Teilnehmer der Berufsvorbereitung im Laufe ihrer Schulkarriere wiederholt gescheitert sind. Hierzu gilt es Lernformen zu etablieren, die es den Jugendlichen ermöglichen, sich als handlungswirksam und kompetent zu erleben, indem sie nicht zuletzt auch auf die im Praktikum erworbenen Fähigkeiten und Fertigkeiten zurückgreifen können. Ohne eine Neujustierung des schulischen Lernangebots besteht die Gefahr, dass die mit der Höhergewichtung des betrieblichen Lernorts einhergehenden positiven Effekte dualer Berufsvorbereitung verpuffen, mit der Konsequenz, dass sich die Übergangschancen der jungen Menschen ungeachtet der umfangreichen Praxisphasen in Betrieben letztlich nicht spürbar verbessern.

Literatur

Amann K, Hirschauer S (1997) Die Befremdung der eigenen Kultur. Ein Programm. In: Hirschauer S, Amann K (Hrsg) Die Befremdung der eigenen Kultur. Zur ethnographischen Herausforderung soziologischer Empirie. Suhrkamp, Frankfurt/ M, S 7–52

Autorengruppe Bildungsberichterstattung (2012) Bildung in Deutschland 2012. Ein indikatorengestützter Bericht mit einer Analyse zur kulturellen Bildung im Lebenslauf. Bertelsmann, Bielefeld

Bastian J, Combe A, Hellmer J, Wazinski E (2007) Zwei Tage Betrieb – drei Tage Schule. Kompetenzentwicklung in der Lernortkooperation an Allgemeinbildenden Schulen. Klinkhardt, Bad Heilbrunn

Berg A, Ecarius J, Hößl S (2012) Reversion schulischer Erfahrungen in Biographien von Jugendlichen in berufsvorbereitenden Fördermaßnahmen – der Typus phasenweise biographischer Gefährdung. In: Ittel A et al. (Hrsg) Jahrbuch Jugendforschung 2011. VS-Verlag für Sozialwissenschaften, Wiesbaden, S 47–74

BIBB – Bundesinstitut für Berufsbildung (2007) (Hrsg) Aktuelle Tendenzen in der schulischen Berufsvorbereitung. Eine Expertise des Instituts für Berufspädagogik und Erwachsenenbildung – Fachgebiet für Sozialpädagogik – der Leipniz Universität Hannover. Bonn

BIBB – Bundesinstitut für Berufsbildung (2006) (Hrsg) Lernort Betrieb. Berufliche Qualifizierung von benachteiligten Jugendlichen. Methodische Ansätze für Ausbilder und Ausbilderinnen. Bonn

Bojanowski A, Eckert M (2012) (Hrsg) Black Box Übergangssystem. Waxmann, Münster u. a.

DGB – Deutscher Gewerkschaftsbund-Bundesvorstand (2010) DGB Positionspapier. Weniger ist Mehr – Jugendliche im Übergang zwischen Schule und Beruf. Berlin

Eckert M (2007) Die Bedeutung des Lernort Betrieb für die Berufsvorbereitung und die außerbetriebliche Berufsausbildung. Manuskript zum Vortrag auf der Fachtagung „Neue Ansätze zur Zusammenarbeit mit Betrieben in der Berufsvorbereitung, Ausbildung und Nachqualifizierung" am 14.6.2007 in Bonn. http://www.kompetenzen-foerdern.de/eckert_zusammenarbeit_betriebe.pdf. Zugegriffen: 9. November 2012

Enggruber R (2001) (Hrsg) Berufliche Bildung benachteiligter Jugendlicher. Empirische Einblicke und sozialpädagogische Ausblicke. LIT, Münster

Euler D (2004) Über die Entwicklungsbedingungen einer Kooperationskultur. In: Euler D (Hrsg) Handbuch der Lernortkooperation. Bd. 1: Theoretische Fundierungen. Bertelsmann, Bielefeld, S 305–318

Friebertshäuser B (2003) Feldforschung und teilnehmende Beobachtung. In: Friebertshäuser B, Prengel A (Hrsg) Handbuch qualitative Forschungsmethoden in der Erziehungswissenschaft. Juventa, Weinheim, München, S 503–534

Giese J (2011) „Besser als zu Hause rumsitzen". Zur Wahrnehmung und Bewältigung interner Ausgrenzung im Übergangssystem zwischen Schule und Beruf. Klinkhardt, Bad Heilbrunn

Goik S, Fuchs-Dorn A, Wissinger J (Hrsg) Betriebe als Lernorte. In: Thielen M (Hrsg) Pädagogik am Übergang. Arbeitsweltvorbereitung in der allgemeinbildenden Schule. Klinkhardt, Bad Heilbrunn, S 252–262

Heinzel F (2010) Ethnographische Untersuchung von Mikroprozessen in der Schule. In: Heinzel F, Thole W, Cloos P, Köngeter S (2010) „Auf unsicherem Terrain". Ethnographische Forschung im Kontext des Bildungs- und Sozialwesens. VS-Verlag für Sozialwissenschaften, Wiesbaden, S 39–47

Langer A (2008) Disziplinieren und Entspannen. Körper in der Schule – eine diskursanalytische Ethnographie. Transcript, Bielefeld

Rademacker H (2008) Schule und Betrieb als Lernorte. In: Sturm H, Schulze H, Schipull-Gehring F, Troeder M, Schlotzhauer M (Hrsg) Übergangssystem im Wandel. Perspektiven für die Ausbildungsvorbereitung. Berufsbildungswerk Hamburg/ Staatliche Berufsschule Eidelstedt, Hamburg, S 160-168

Rahn P (2005) Übergang zur Erwerbstätigkeit. Bewältigungsstrategien Jugendlicher in benachteiligten Lebenslagen. VS-Verlag für Sozialwissenschaften, Wiesbaden

Reckwitz A (2003) Grundelemente einer Theorie sozialer Praktiken. Eine sozialtheoretische Perspektive. In: Zeitschrift für Soziologie, Jg. 32: 282–301

Rützel J, Schapfel F (1996) Kooperation zwischen Berufsschule und Betrieb – Der gemeinsame Bildungsauftrag als Grundlage für eine gelingende Kooperation. In: Dehnbostel P, Holz H, Novak H (Hrsg) Neue Lernorte und Lernortkooperationen. Erfahrungen und Erkenntnisse aus dezentralen Bildungskonzepten. Bertelsmann, Bielefeld, S 71–90

Schelten A (2010) Einführung in die Berufspädagogik. 4. Aufl., Franz Steiner Verlag, Stuttgart

Schroeder J (2011) Zwischen Arbeitsplatz und Lernort. Formen und Konzepte der Praktikumsorganisation in Betrieben. In: Thielen M (Hrsg) Pädagogik am Übergang. Arbeitsweltvorbereitung in der allgemeinbildenden Schule. Klinkhardt, Bad Heilbrunn, S 263–280

Schroeder J, Thielen M (2009) Das Berufsvorbereitungsjahr. Eine Einführung. Kohlhammer, Stuttgart

Thielen M (2011) Kurzfristige (Re-)Integration – Nachhaltige Wirkung? Eine Verbleibsuntersuchung zum „Gestreckten Berufsvorbereitungsjahr" in Sachsen. In: Brändle T (Hrsg) bwp@ Spezial 5 – Hochschultage Berufliche Bildung 2011, Workshop 01. http://www.bwpat.de/ht2011/ws01/thielen_ws01-ht2011.pdf. Zugegriffen: 26. September 2011

Willis P (1979) Spaß am Widerstand. Gegenkultur in der Arbeiterschule. Suhrkamp, Frankfurt/ M

'Schule ist Schrott' – Jugendliche Selbstbehauptung und pädagogische Praktiken im Spannungsfeld von Aktivierungspolitik und der Pädagogik am Übergang

Maja S. Maier

1. Einleitung

Forschungen zum Übergang von der Schule in den Beruf fokussieren in der Regel einzelne Bildungsmaßnahmen oder den Übergangsbereich als Ganzen unter der Maßgabe ihres Ziels: der erfolgreichen Vermittlung ihrer Klientel in Ausbildung bzw. der Herstellung von Ausbildungsreife bei den teilnehmenden Jugendlichen. Je nach Perspektive lassen sich die vergleichsweise geringen Erfolge der Übergangsmaßnahmen in finanzieller, organisatorischer oder pädagogischer Hinsicht problematisieren. Dass dennoch ein Großteil der Jugendlichen trotz kaum verbesserter Chancen die Maßnahmen positiv bewertet – wie die Übergangsstudie des Bundesinstituts für berufliche Bildung belegt (Beicht 2009, S. 8) – ist bemerkenswert und wird als „erstaunlich" gewertet (ebd.): Vier Fünftel der Jugendlichen des zugrunde gelegten Samples gaben an, gerne an der Maßnahme[1] teilgenommen zu haben – und das, obwohl zum einen die Übergangsquoten bei den Teilnehmerinnen und Teilnehmern vor allem der Berufsvorbereitung (im Unterschied zur teilqualifizierenden Berufsfachschule und zum Berufsgrundbildungsjahr) eher gering waren und die befragten Jugendlichen den Maßnahmen zum anderen fachlich und für ihre persönliche Entwicklung auch einen eher geringeren Nutzen bescheinigen. Als Erklärung wird die allgemeine Tendenz, retrospektiv die Etappen der eigenen berufsbiografischen Entwicklung positiv zu bewerten, bemüht (vgl. Ulrich 2008, S. 14). Wie sich diese auf den ersten Blick widersprüchlichen Befunde im speziellen Fall von Jugendlichen in Berufsorientierungsmaßnahmen erklären lassen, bleibt unausgeleuchtet.

Ziel des vorliegenden Beitrags ist es, diesen „blinden Fleck" zum Gegenstand zu machen und ausgehend von den Deutungen von Jugendlichen in Berufs-

---

1   Befragt wurden Jugendliche aus Berufsvorbereitenden Bildungsmaßnahmen (BvB)/Berufsvorbereitungsjahr (BVJ), Berufsgrundbildungsjahr (BGJ) und teilqualifizierender Berufsfachschule (BFS) (Beicht 2009, S. 7).

vorbereitungsmaßnamen den Zusammenhang zu den Praktiken der Pädagog/inn/
en sowie den konzeptionellen, organisatorischen und politischen Rahmenbedingungen zu rekonstruieren. Konkret werden dazu empirische Befunde aus Gruppendiskussionen mit Jugendlichen, die zum Zeitpunkt der Befragung kurz davor standen, eine Berufsvorbereitende Bildungsmaßnahme (BvB) zu beenden,
genutzt. Auf der Basis ihrer Erfahrungen mit einer wenig bildungserfolgreichen
Schulbiografie und der von Unsicherheit gekennzeichneten Situation des Übergangs sollen die Selbstbeschreibungen und Einschätzungen der Jugendlichen
unter der Perspektive jugendlicher Selbstbehauptung analysiert werden (2.). Unter jugendlicher Selbstbehauptung werden hier – im Unterschied zu psychologischen Zugängen – die Aussagen der Jugendlichen nicht als individuelle, sondern
in Anlehnung an Erving Goffman (1975) vor dem Hintergrund gesellschaftlich
verankerter Normalitätsvorstellungen als kollektive „Techniken" des Stigmama-
nagements verstanden. Im Anschluss werden die pädagogischen Praktiken, die
auf der Basis von Expertengesprächen konturiert werden, in analytischer Absicht beschrieben (3.). Sie sollen Aufschluss über die Spannungsfelder geben, die
die Berufsvorbereitende Bildungsmaßnahme (BvB) charakterisieren und die sich
in der Verwobenheit von pädagogischen Praktiken und kollektiven Deutungen
der Jugendlichen zeigen. Die aufgezeigten Spannungsfelder werden dann innerhalb der politischen, konzeptionellen und organisatorischen Rahmenbedingungen, die ihrerseits dem Leitbild des aktivierenden Sozialstaats folgen, kontextuiert (4.). Abschließend soll reflektiert werden, welche Herausforderungen sich aus
dem rekonstruierten Zusammenhang zwischen jugendlicher Selbstbehauptung,
pädagogischen Praktiken und der aktivierungspolitischen Konzeption der BvB-
Maßnahme im Hinblick auf pädagogische und disziplinäre Reflexionsnotwendig-
keiten einer Pädagogik am Übergangs ergeben – wenn diese nicht dazu beitragen
will, die Pädagogisierung der Übergangsproblematik und die damit einhergehende
Entpolitisierung der Debatte über sich zunehmend prekarisierende Ausbildungs-,
Erwerbsarbeits- und Beschäftigungsverhältnisse fortzuschreiben.

2. Dimensionen der Selbstbehauptung: Gruppendiskussionen mit Jugendlichen in einer Berufsvorbereitenden Bildungsmaßnahme (BvB)

In den Gruppendiskussionen wurden Jugendliche, die kurz davor standen, eine
Berufsvorbereitende Bildungsmaßnahme (BvB) abzuschließen, befragt. Dem Berufsbildungsbericht 2012 zufolge haben im Jahr 2011 63.369, 2010 noch 70.020
Jugendliche diese Maßnahme, die von der Bundesagentur für Arbeit finanziert
wird und bundesweit konzeptionell und organisatorisch vereinheitlicht ist, be-

sucht (BMBF 2012, S. 28). Die Dauer der BvB beträgt max. zehn Monate und sie
hat mit fünf Tagen pro Woche (39 h) und 2,5 unterweisungsfreien Tagen im Mo-
nat in etwa den Charakter eines regulären Beschäftigungs- bzw. Ausbildungs-
verhältnisses – auch, weil die Jugendlichen Anspruch auf Berufsausbildungsbeihilfe haben (Bundesagentur für Arbeit 2009).[2] Empfohlen wird die Maßnahme
insbesondere solchen Jugendlichen, die in ihrer Berufswahl noch nicht sicher sind
oder deren Chancen auf einen Ausbildungsplatz aufgrund eines fehlenden Schulabschlusses oder von ,Verhaltensauffälligkeiten' als gering eingeschätzt werden.
   Die konkrete Maßnahme, aus der Jugendliche befragt wurden, wurde von
einem kleinen Bildungsträger aus Baden-Württemberg durchgeführt.[3] In insgesamt fünf Gruppendiskussionen wurden jeweils drei bis vier Jugendliche ge-
schlechtergetrennt zu ihren Erfahrungen befragt. Dabei wurden Diskussions-
impulse gesetzt, die auf Bewertung und Sinn der Maßnahme, Erfahrungen mit
der Geschlechtertrennung im Unterricht und Perspektiven nach Beendigung der
Maßnahme gerichtet waren. Das Material wird im Folgenden dahingehend befragt, wie die Jugendlichen im Rahmen der Maßnahme ihre – nach schulischen
Maßstäben vom Scheitern bedrohte – Bildungsbiografie plausibilisieren.[4] Bil-
dungsmisserfolge erzwingen schließlich individuelle Begründungen und Recht-
fertigungen, da – gemäß der meritokratischen Ideologie – die Verteilung gesellschaftlicher Güter durch individuelle Leistungsunterschiede legitimiert wird (vgl.
dazu Solga und Powell 2006).
   Für Jugendliche – insbesondere für diejenigen, die sich nach der Schule im
Übergangssystem wiederfinden – stellt sich die Situation dieser Individualisierung von Bildungs(miss)erfolg als Dilemma dar: einerseits ist für die Jugendlichen
ein Ausbildungsplatz erstrebenswert, andererseits haben sie keinen erhalten. Dass
ihre eigenen Leistungen dafür verantwortlich gemacht werden, wissen – oder vermuten – die meisten auch unabhängig von ihren je konkreten Schulnoten. Diese
Erfahrung teilen die Jugendlichen der BvB. Die in den Gruppendiskussionen re-
konstruierbaren kollektiven Deutungen beziehen sich insofern auf den konjunktiven Erfahrungraum (Bohnsack 2003) der BvB-Maßnahme einerseits und der

---

2   Konkret entscheidet die Beratungsfachkraft der BA über den Erhalt.
3   Ursprüngliches Ziel war die Evaluation des im Jahrgang 201/2011 erstmals praktizierten
    monoedukativen Unterrichtskonzepts. ,Monoedukative' Bildungsangebote entstehen im
    Übergangsbereich aufgrund der geschlechtlichen Segregation des Arbeitsmarktes quasi nur
    ,nebenbei' wie z. B. innerhalb des (vergeschlechtlichten) fachbereichsspezifischen Berufsvor-
    bereitenden Jahrs (BVJ).
4   Die Vorgehensweise orientiert sich in methodologischer und methodischer Hinsicht an der
    Dokumentarischen Methode (vgl. Bohnsack 2003); jedoch wird die Interpretation an dieser
    Stelle nicht in systematischer Weise nachgezeichnet, sondern ergebnisbezogen in verdichteter
    Form dargestellt.

Schule andererseits. Wie dieser Erfahrungsraum durch pädagogische Konzepte und Praktiken, organisatorische Rahmenbedingungen und institutionelle Regelungen sowie politische Diskurse vorstrukturiert ist, soll ausgehend von den kollektiven Deutungen der Jugendlichen rekonstruiert werden. In der hier verfolgten Perspektive sind es also nicht die Jugendlichen, die im Rückgriff auf Milieu-, Geschlechter- oder Herkunftsdifferenzen in Verbindung mit den kollektiven Deutungen typisiert werden sollen; es sollen vielmehr die stigmatisierenden und bildungshinderlichen Wirkungen der strukturellen, politischen und pädagogischen Rahmenbedingungen samt der damit verbundenen pädagogischen Praktiken am Übergang ausgeleuchtet werden.

Dimensionen jugendlicher Selbstbehauptung

Die Gruppendiskussionen zeugen zunächst von einer grundsätzlich positiven Bewertung der Maßnahme durch die Jugendlichen. Kritik richtet sich nur zu einem kleinen Teil auf das Konzept und die Durchführung der Maßnahme wie beispielsweise, dass kein Englischunterricht vorgesehen ist, obwohl viele der Jugendlichen hieran Interesse hätten und die Verbesserung ihrer Kenntnisse auch für den Berufseinstieg für sinnvoll hielten. Kritisiert wurde auch die Tatsache, dass nicht für alle der Jugendlichen am Ende der Maßnahme ein Ausbildungsplatz zur Verfügung steht. Im Vordergrund der Kritik der Jugendlichen stehen jedoch Aspekte, die sich als Bewältigungsversuche einer an gesellschaftlichen Normalitätsvorstellungen gescheiterten Bildungsbiografie und als Selbstbehauptung in einer auch für die Jugendlichen spürbar prekären Übergangssituation identifizieren lassen. Die Jugendlichen greifen dabei auf Themen und Deutungen zurück, die ihnen – wie noch zu zeigen sein wird – innerhalb des institutionellen Settings der Jugendberufshilfe zur Verfügung stehen. Die kollektiven Deutungen der Jugendlichen, die sich in allen Gruppendiskussionen finden, lassen sich als drei Dimensionen jugendlicher Selbstbehauptung rekonstruieren: die Betonung der freiwilligen Teilnahme an der Maßnahme, die Abwertung von Schule und die Kritik an pädagogischen Praktiken, die von den Jugendlichen als Infantilisierung gedeutet werden.

Konturierung der Maßnahme als ein freiwillig gewähltes Angebot

Zuvorderst betrachten die Jugendlichen eine bestimmte soziale Konstellation „man muss mit den Leuten klarkommen" (J3B5)[5] als notwendige Vorraussetzung für einen erfolgreichen Durchlauf der Maßnahme. Wer für dieses „Klarkommen"

---

5   Die Kürzel geben Geschlechterkonstellation (J/M), Teilnehmerzahl, Gruppenkürzel (A-E) und
     Seite an.

verantwortlich ist oder gemacht werden kann, bleibt dabei offen. Deutlich wird jedoch, dass dieses Klarkommen aus der Perspektive der Jugendlichen nicht unwesentlich an die Betonung der freiwilligen Teilnahme an der Maßnahme geknüpft ist. Alle kennen Teilnehmer/innen, die abgebrochen haben, weil sie nicht motiviert waren oder nicht klarkamen. „Mit den Leuten klar kommen" lässt sich insofern als Umschreibung der Bereitschaft verstehen, Beziehungen zum sozialpädagogischen Personal und zu den anderen Teilnehmer/inn/en nicht als Zwangskonstellation zu deuten. Nur unter dieser Bedingung kann es offenbar gelingen, darauf zu verzichten, unmittelbare Bedürfnisse und Interessen gegenüber den Pädagog/inn/en durchzusetzen und die pädagogische Beziehung als Unterstützungsbeziehung in Anspruch zu nehmen.[6] Diese Bereitschaft gilt dabei nicht nur als von den eigenen sozialen Kompetenzen, sondern auch als von den anderen Beteiligten abhängig: Obwohl die Lerngruppen (wie Schulklassen) nach organisatorischen Kriterien und weitgehend ohne Beteiligung der Jugendlichen zusammen gestellt wurden, wird die Gemeinschaft von den befragten Jugendlichen durchgängig nicht als Zwangsgemeinschaft erlebt: Positiv hervorgehoben wird „die Atmosphäre und der Zusammenhalt der Gruppe" (M3D1), dass sie „nicht einmal gezofft" (M3D1) hätten und feststellen mussten: „Keiner wird gemobbt und blöd angemacht". Dies markiert einen wesentlichen Unterschied zur Schule: Dort, so die Jugendlichen, „gibt es immer Streit" (M3D1).

Für einen Teil der Jugendlichen ist diese Freiwilligkeit zusätzlich gegeben, weil sich in ihrer Perspektive in der Phase des Übergangs auch ein Wunsch nach Orientierung einstellt: „man ist ja in dem Alter, wo man sich orientieren möchte" (M3A1). Vor allem den Jugendlichen, die keine Ausbildungsstelle erhalten haben oder die noch keine Klarheit über ihren Berufswunsch haben, nutze deshalb die Maßnahme: „Bei denen es nicht klappt. Für die ist es halt hier ne richtige Chance" (M3A1). Neben den Vorteilen der sozialpädagogischen Begleitung bei der Suche nach einer Ausbildungsstelle biete die Maßnahme auch Hilfe bei der Bewältigung von Misserfolgen. Sie sei eine Alternative zu dem (offenbar allzu vertrauten) und von einigen Jugendlichen beschriebenen „zuhause Rumhocken", „Nichts machen", „Fernsehen", „Schlafen" (vgl. dazu auch Giese 2011).

Mit der Betonung der freiwilligen Teilnahme an der BvB geht jedoch auch die Formulierung spezifischer Ansprüche einher. Ein Diskussionsteilnehmer einer Gruppe, die deutliche Kritik äußert, formuliert wie folgt:

---

6   Jugendliche, die Maßnahmen später abgebrochen haben, erklären ihre unregelmäßige Teilnahme häufig als Versuch, Konflikte und Eskalationen vermeiden zu wollen – rückwirkend wird ihnen dies allerdings als mangelnde Konfliktfähigkeit ausgelegt (Heisler 2008, S. 242).

„Ich mein, es ist ne freiwillige Veranstaltung, die uns vom Arbeitsamt vorge-
schlagen worden is. Normalerweise können wir gerade aufstehen und ein-
fach nach Hause gehen. Es ist unsere Sache, ob wir hier sind, ob wir's ma-
chen wollen oder nicht. Da kann das Arbeitsamt nichts dagegen machen. (...)
wir haben gesagt, okay, wir probieren's, wenn's läuft, dann läuft's, wenn es
nicht läuft, läuft es nicht. Theoretisch könnten wir tun und lassen, was wir
wollen" (J4C11).

In dieser Passage wird zweierlei deutlich: einerseits – so die Deutung – folge die
Teilnahme einer freien Entscheidung, die jederzeit rückgängig gemacht werden
könne, andererseits verweist gerade die Betonung der freien Entscheidung auf
die Auslassung der durch die spezifischen Rahmenbedingungen der Maßnahme
gegebenen Zwänge, unter denen diese Entscheidung nur getroffen werden kann.
Freiwilligkeit wird – in Ausblendung praktischer Konsequenzen – eben „theoretisch" als individuelle Freiheit konturiert, die sich darauf bezieht, das eigene Leben „normalerweise" selbst gestalten zu können und sich Eingriffe in individuelle Autonomie und Selbstbestimmtheit nicht gefallen zu lassen. Die Betonung
der Entscheidungsfreiheit bzgl. der BvB entfaltet ihre Bedeutung hierbei offenbar
allein am Gegenhorizont Schule und dem durch die Schulpflicht erfahrenen institutionellen Zwang.[7] Die Vehemenz, mit der die Deutung einer freiwilligen Teilnahme hier formuliert wird, zeugt von der entscheidenden Bedeutung, die diese
für die Jugendlichen offenbar hat – sei es für die Selbstdarstellung im Rahmen
der Gruppendiskussion, sei es den Pädagog/inn/en gegenüber oder für das eigene sich auf die individuelle Autonomie stützende Selbstkonzept. Nur auf dieser
Basis scheinen die Jugendlichen bereit zu sein, den an sie gerichteten Erwartungen nachzukommen, Vorgaben und Regeln ein- und Kritik auszuhalten. Die Ausblendung der bei Fehlverhalten durchaus möglichen Sanktionen (unentschuldigte
Fehltage werden z. B. von Berufsausbildungsbeihilfe abgezogen) und die Konturierung der Maßnahme als freiwillig gewähltes Angebot, lassen sich daher als
ein Versuch lesen, die in gewissem Sinne doppelte Gefahr des Entzugs von Autonomie – als Ausbildungslose/r und als Jugendliche/r – zumindest auf der Dis-
kursebene abzuwenden.

Abwertung von Schule und schulischem Lernen

Mit der Thematisierung der freiwilligen Teilnahme, der guten Atmosphäre in der
Lerngruppe und ihrer individuellen Autonomieansprüche konturieren die Jugend-

---

7   Zur Rolle der Eltern bzgl. Teilnahme an bzw. Abbruch von Maßnahmen vgl. Heisler (2008, S.
     350).

lichen die BvB gegenüber Schule und schulischem Lernen. Gerade weil, und insbesondere dort, wo sich Unterschiede zur Schule zeigen, wird die Maßnahme für hilfreich gehalten. Schule wird demgegenüber durchweg negativ beurteilt: Was in der Schule bzgl. Berufsorientierung gelernt wird, ist „Schrott" (J3B3) – manche Jugendliche formulieren die Befürchtung, die Schule unnötig lange zu besuchen und dann „trotzdem irgendwann da[zu]stehen und [zu] denken, was mach' ich jetzt für eine Ausbildung?" (M3A2). In der Schule interessiere sich niemand für einen, die Klassengemeinschaft und die Lehrer-Schüler-Beziehung werden als belastend wahrgenommen: Die Schule dient wie bereits erwähnt als Gegenhorizont, gegen den die BvB positiv abgegrenzt wird: „auch wenn 50 Mal gefragt wird, wird es wirklich intensiv erklärt" (J4C14), „Hier wird man nicht gleich wieder als Depp abgestempelt" (M4E5), „hier macht man's so oft, da hat man's irgendwann drauf" (M4E4). Nicht nur Geduld, auch das Interesse an ihrer Person und ein gewisses Maß an Sensibilität seitens der Pädagog/inn/en werden geschätzt. Auch die Erfahrung, dass das ihnen das Bedürfnis nach psychisch-emotionaler Entlastung zugestanden wird, wird positiv hervorgehoben. Für die Jugendlichen ist es beispielsweise wichtig, dass Humor im Unterricht nicht zu kurz kommt, denn „wenn man lacht, kriegt man den Kopf wieder frei" (J4C14). Dass sich die Belastungen aufgrund der unsicheren Übergangssituation, der Lernanstrengungen, aber auch der Erwartung einer Persönlichkeitsentwicklung physisch niederschlagen, zeigen die Äußerungen der Jugendlichen ebenfalls. Einige von ihnen klagen über Kopfschmerzen und fehlende Ruhepausen, häufig sei „der Kopf voll" (J4C9). „Es muss auch Spaß machen" (J4C13) – so fassen die Jugendlichen ihre Erfahrungen mit dem Lernen, und speziell dem Lernen in der BvB zusammen – und heben dabei die Unterschiede zum schulischen Lernen, mit dem diese Erfahrung offenbar (schon lange) nicht mehr verbunden war, hervor.

Pädagogische Praktiken als Infantilisierung

Folgt man den Befunden, dass es den Jugendlichen einerseits offenbar nur auf Basis von Freiwilligkeit möglich ist, sich den Regeln der Maßnahme zu unterwerfen und den an sie gerichteten Anforderungen nachzukommen und diese Freiwilligkeit andererseits an der Differenz der Maßnahme zu Schule, schulischem Lernen und der Lehrer-Schüler-Beziehung gemessen wird, leuchtet unmittelbar ein, weshalb die Jugendlichen ihre Aufmerksamkeit in besonderer Weise auf die allgemeinen Regeln, die pädagogischen Methoden sowie die Beziehung zu den Pädagog/inn/en richten. Wo sich Ähnlichkeiten zur Schule zeigen, wie z. B. bei der Anwesenheitspflicht, den Regeln im Unterricht (z. B. bzgl. des Toilettengangs) oder den Sanktionen von Unpünktlichkeit, wird Kritik geäußert, da die Jugendlichen hier ihre Autonomiebedürfnisse und damit verbunden, ihre Deutung der freiwilligen Teilnahme in Frage gestellt sehen. Auch sozialpädagogisch begründete Lernarrangements im Bereich des sozialen Lernens geraten dann in die Kritik: Spielerische Unterrichtsmethoden werden als „Kindergartenspiele" (M3D6) oder als „Aufwärmspiele wie im Kindergarten" (J4C5) bezeichnet; erlebnispädagogisch ausgerichtete Aktivitäten als Zwang zur Vergemeinschaftung interpretiert. Solche Methoden konterkarieren nicht selten die pädagogischen Intentionen, wie ein Jugendlicher am Beispiel eines Hüttenwochenendes ironisierend erläutert:

> *„Uns wurde gesagt, es wird Heidenspaß machen, wir werden zusammenwachsen. Wir waren als Team- sind echt zusammengewachsen, weil jeder schon gewusst hat (...), dass das nix wird" (J4C5).*

Die pädagogisch intendierte Stärkung des Gemeinschaftsgefühls und der Teamfähigkeit hat sich zwar offenbar realisiert, allerdings unter umgekehrtem Vorzeichen: Gerade die ausdrückliche Formulierung der pädagogischen Intentionen, die vermutlich der Motivation der Jugendlichen dienen sollte, erscheint diesen als ein Nicht-Ernstnehmen ihrer Bedürfnisse. Ausgehend von diesem Beispiel wird im weiteren Diskussionsverlauf schließlich die fehlende Berücksichtigung der jugendlichen Autonomieansprüche den zuvor geschilderten positiven Erfahrungen in der BvB gegenübergestellt, wenn ein Jugendlicher einfordert, dass „man hier als Erwachsener respektiert" und „nicht wie kleine Kinder" (J4C7) behandelt werden möchte. Erweitert wird dieser Anspruch mit Verweis auf eine andere Situation, in der ein Jugendlicher von einem Pädagogen „fertig gemacht wurde vor der ganzen Klasse" (J4C5), was von den Jugendlichen als „demütigend", „asozial", „richtig niveaulos" (J4C6) bewertet wurde. Gerade solche als Demütigung erlebten Situationen – die reale Situation wird nicht weiter erläutert – dienen den, hier: männlichen Jugendlichen zur Vergemeinschaftung jenseits sozialpädagogisch intendierter Teamentwicklung. Die Jugendlichen interpretieren pädagogische Methoden und Vorgehensweisen, in denen sie ihre Bedürfnisse als junge Erwachsene – subjektiv erlebt – nicht ernst genommen sehen, als Infantilisierung.[8] Jenseits einer pädagogischen Einschätzung des Verhaltens und der Deutung der Jugendlichen, lässt sich erkennen, dass solche Erfahrungen von Infantilisierung Gefahr laufen, die positive Beurteilung der Maßnahme, die sich auch aus der deutlichen Grenzziehung gegenüber Schule speist, zu überlagern (vgl. dazu auch Thomas 2010, S. 155) – wenn die Jugendlichen in der Diskussion schließlich zum Ergebnis kommen „Ist ja eigentlich wie in der Schule – eigentlich

---

8   Auch die Geschlechtertrennung sehen vor allem die männlichen Jugendlichen als Infantilisierung: „Da denken sie, dass wir Kinder sind und so haben sie die Mädchen rausgenommen, damit wir konzentriert lernen" (J4C8).

schlimmer" (J4C12). Erklärbar wird eine solche widerspruchsvolle Wendung in
der Bewertung der Maßnahme, wenn man sie als Bewältigungsversuch bildungs-
institutionell erzeugter Ohnmachtsgefühle deutet (vgl. dazu Buchen und Straub
2006, S. 107). Anders formuliert, scheint die prekäre Situation des Übergangs
und die zusätzlich als Infantilisierung gedeuteten pädagogischen Praktiken den
Jugendlichen gleichsam eine offensive Selbstbehauptung gegenüber ihrer Umwelt aufzuzwingen. Angeschlossen wird damit u. a. an die schulische Erfahrung,
bei der – vor allem von den schwachen Schüler/inne/n – institutionelle Exklusion und persönliche Zurückweisung aufgrund der strukturell gegebenen Gleichzeitigkeit diffuser und spezifisch funktionaler Anteile der Lehrer-Schüler-Beziehung nur schwer auseinander gehalten werden können (Thomas 2010, S. 142). Je
ähnlicher demnach die sozialpädagogischen Praktiken – strukturell oder in der
konkreten Ausgestaltung – den schulischen sind, desto eher läuft auch die Pädagogik am Übergang Gefahr, nicht-intendierte bildungshinderliche Wirkungen,
wie sie schon mit schulischen Selektionsmechanismen einhergehen, zu (re-)pro-
duzieren, und dadurch der jugendlichen Abwertung von Bildungsinstitutionen
und ihrer daraus resultierenden allgemeinen Skepsis gegenüber professionellen
Unterstützungssystemen neue Begründungen zu liefern.[9]

Zusammengenommen veranschaulichen die dargestellten drei Dimensionen
der jugendlichen Selbstbehauptung zentrale Spannungsfelder der pädagogischen
Arbeit am Übergangsbereich: Methoden, Umgangsformen und allgemeine Regeln,
die die von den Jugendlichen betonte Freiwilligkeit in Frage stellen und darüber
hinaus auf schulische Disziplinierungspraktiken und – in der Lesart der Jugendlichen – Infantilisierung zurückgreifen, untergraben nicht nur die Glaubwürdigkeit der Pädagog/inn/en, sondern gefährden auch den Erfolg der Maßnahme. Dabei lassen sich die von den Jugendlichen kritisierten pädagogischen Praktiken
vermutlich weniger auf Professionalisierungsdefizite des Personals zurückführen als auf die in den konzeptionellen und organisatorischen Rahmenbedingungen angelegten Spannungsfelder, die sich in den pädagogischen Praktiken innerhalb der BvB widerspiegeln.

3. Pädagogische Praktiken am Übergang

In den Gesprächen mit den Expertinnen und Experten, die an der Durchführung
der BvB-Maßnahme beteiligt waren, wurden die Themen, die von den Jugendli-

---

9   Das auf stärkere Selektion gründende Rahmenkonzept zur Umgestaltung der Übergangsmaß-
    nahmen, das von der Bertelsmann Stiftung (2011) herausgegeben wurde, wäre vor diesem
    Hintergrund kritisch zu überdenken.

chen benannt worden waren, gezielt nachgefragt.[10] Dass die pädagogischen Praktiken, die einerseits auf Motivation, andererseits auf Qualifizierung und – vor allem – Vermittlung zielen, Widersprüche implizieren, war den Befragten dabei
durchaus bewusst – ohne dass sie jedoch die Bedeutung der von den Jugendlichen
problematisierten Aspekte angemessen zu erfassen vermochten.

Beispielsweise wurde deutlich gemacht, dass der von den Jugendlichen betonte und zugleich als Erwartung bestehende Aspekt der Freiwilligkeit im pädagogischen Alltag in disziplinierender Absicht genutzt wird: Zum einen wird die
„Freiwilligkeit" bei Maßnahmebeginn in eine per Vertragsform festgehaltene
Selbstverpflichtung transformiert; zum anderen dient der Verweis auf Freiwilligkeit seitens der Pädagog/inn/en auch als Antwort auf jugendliche Widerstände, Beschwerden und Kritik, was nicht zuletzt der Entlastung dient. Die Pädagog/
inn/en bedienen sich dabei der disziplinierenden Wirkung, die die konzeptionellen
und organisatorischen Rahmenbedingungen entfalten, ohne sie selbst verantworten zu müssen. Die Akzeptanz dieser Rahmenbedingungen ist dabei ein zentrales Selektionskriterium; Jugendlichen, die diese nicht aufbringen (können), z. B.
hinsichtlich der Anwesenheits-, Entschuldigungs- Mitwirkungspflicht, wird eine
weitere Teilnahme verwehrt – wenn sie nicht „freiwillig" abbrechen. Sie haben
dann ihr Anrecht auf pädagogische Beratung und Begleitung und auf Sozialleistungen gleichermaßen verwirkt.[11]

Auf die Möglichkeit, dass Sanktionen von den Trägern im Zuge der Steuerung und „Qualitätssicherung" ihrer Maßnahme auch instrumentalisiert werden
können, verweist Heisler (2008, S. 48): Von den erzielten Vermittlungserfolgen
abhängig, profitieren schließlich die Maßnahmeträger von Creaming Effekten,
die entstehen, wenn Jugendliche „freiwillig" abbrechen, bei denen die Vermittlung ohnehin schwierig erscheint (ebd.). Solche organisationslogischen Aspekte und die Tatsache, dass in den Übergangsmaßnahmen (wie schon im Schulsystem) solcherart gescheiterte Jugendliche den Pädagog/inn/en im Weiteren nicht
mehr persönlich begegnen, tragen vermutlich wesentlich dazu bei, dass die Widersprüchlichkeit des Freiwilligkeitstopos im pädagogischen Alltag ausgeblen-
det werden kann. Mit der Betonung von Freiwilligkeit (und Selbstverantwortung)
bei gleichzeitiger selektiver Separierung derer, die sich nicht einfügen, wird die

---

10 Die Gespräche wurden zu unterschiedlichen Zeitpunkten problemzentriert geführt und auf
    der Grundlage von Gedächtnisprotokollen interpretiert.
11 Im Berufsbildungsbericht werden für 2011 immerhin 85.968 Jugendliche aufgeführt, die bei
    der BA keine weitere Hilfe nachgefragt haben und über deren Verbleib nichts bekannt ist, also
    auch nicht, wie groß der Anteil der Jugendlichen ist, die sich durch den Abbruch von Maßnah-
    men und dem (erzwungenen oder freiwilligen) Verzicht auf Unterstützung den institutionellen
    Kontrollen entzogen haben (BMBF 2012, S. 24).

für Bildungseinrichtungen, auch in Übergangsmaßnahmen, typische Verschiebung von institutioneller zu individueller Verantwortung vollzogen, bei der die Folgenschwere eines „freiwilligen" Abbruchs der Maßnahme dem betroffenen Individuum überantwortet wird.

Auch der zweite Aspekt, die von den Jugendlichen geäußerte Abwertung der Schule, findet seine Entsprechung im pädagogischen Handeln, einerseits als gängige „im sozialpädagogischen Berufsethos tief verankerte sozialpädagogische Schulkritik" (Olk und Speck 2001, S. 52), die sich u.a. aus Ungerechtigkeitsgefühlen hinsichtlich der „Prestige- und Verdiensthierarchie" speist (Olk und Speck 2001, S. 56). Andererseits geben die Expert/inn/en an, dass die Abgrenzung gegenüber der Schule eine geradezu notwendige Bedingung für die Wirksamkeit sozialpädagogischer Praxis ausmache. So sei es zwar manchmal widersprüchlich, den Jugendlichen zu vermitteln, die BvB habe nichts mit der Schule und ihren Anforderungen zu tun, und sie gleichzeitig darauf vorzubereiten, den Hauptschulabschluss nachzuholen. Wenn es allerdings auf diese Weise gelänge, die Jugendlichen zu einem Neuanfang zu motivieren, läge es nahe, Abgrenzungen gegenüber Schule explizit zu vollziehen. In der Praxis manifestiere sich die Grenzziehung gegenüber Schule zudem im ausdrücklichen Nicht-Einholen von schulischen Informationen um Typisierungen der Jugendlichen zu vermeiden.[12] Beides, die Abgrenzung gegenüber Schule und das explizite Nicht-Berücksichtigen von Informationen zur individuellen schulischen Vergangenheit führt – womöglich entgegen der pädagogischen Absicht – schließlich dazu, dass die jugendlichen Erfahrungen des Scheiterns und der Ausgrenzung einer pädagogischen Bearbeitung entzogen bleiben. Es ist zumindest fraglich, ob und unter welchen Bedingungen sich dann der erwünschte „Neuanfang" realisieren lässt.

Eine zusätzliche Problematik der sozialpädagogischen Abgrenzung gegenüber Schule liegt allerdings nicht nur darin, dass diese Grenzziehung – wenn auch ungewollt – die Deutung der Jugendlichen, dass Schule eben „Schrott" ist, stützt oder gar verstärkt (vgl. dazu auch Wellgraf 2011). Vielmehr werden in der BvB gleichzeitig – und darin liegt die Paradoxie auf der professionellen Ebene – quasi konzeptionell festgelegte Mechanismen der Selektion umgesetzt, indem sozialpädagogisch variierte Praktiken schulischer Disziplinierung in Anwendung gebracht werden. Die Analyse der Gruppendiskussionen hat gezeigt, dass diese Paradoxie nicht nur in den pädagogischen Praktiken sichtbar und von den Jugendlichen nahezu zielsicher aufgespürt wird. Deutlich wurde auch, dass die Pädagog/inn/en in

---

12 Interessanter Weise widerspricht diese Praxis auch den Vorstellungen einer stärkeren und besseren Verzahnung der Akteure sowie der Idee des Case Managements (vgl. dazu Lex et al. 2006).

den Augen der Jugendlichen dadurch an Glaubwürdigkeit verlieren und darüber hinaus als Repräsentanten der sowieso schon negativ bewerteten gesellschaftlichen Institutionen erscheinen.

Ähnliches gilt für die ressourcenorientierte Arbeit: Während die Jugendlichen in ihren mäßigen bis schlechten Schulleistungen keine Bestätigung ihrer persönlichen Stärken erkennen können, werden sie in der BvB (wie in mittlerweile zahlreichen anderen pädagogischen Settings) einer Potentialanalyse unterzogen, mit dem Zweck, individuelle Stärken und Schwächen zu identifizieren. In diese Analyse gehen Einschätzungen der Pädagog/inn/en und der Jugendlichen selbst ein. Die konzeptionell der Ressourcenorientierung folgende Betonung individueller Stärken zeugt jedoch in der Perspektive der jugendlichen Teilnehmer/inn/en – so in den Expertengesprächen deutlich gemacht – vor allem von der Realitätsverklärung und -verkennung der Pädagog/inn/en. Die pädagogische Praxis reduziere sich in der Perspektive der Jugendlichen auf ein bloßes Reden über persönliche Eigenschaften resp. Potentiale und beinhalte – fast zwangsläufig – die Relativierung von Diskriminierungs- und Ausgrenzungserfahrungen. Zu befürchten ist daher, dass sich die standardisierte Anwendung solcher Verfahren kontraproduktiv auf den Erfolg auswirkt, insbesondere dann, wenn die von den Jugendlichen sehr geschätzten konkreten Hilfen und Hilfestellungen wie z.B. Matheübungen, Korrekturen bei Bewerbungsschreiben, Üben von Gesprächen, kostenlose Getränke etc. ausbleiben.

Zusammengefasst hat sich in der analytischen Beschreibung des pädagogischen Alltags auf Basis der Gespräche mit Expert/inn/en die Verwobenheit der jugendlichen Deutungen und der pädagogischen Praktiken innerhalb der Maßnahme gezeigt. So bemühen sich die Pädagog/inn/en einerseits, den Jugendlichen durch die diskursive und praktische Grenzziehung gegenüber Schule deren schulisches Scheitern nicht individuell anzulasten. Zugleich zielen die pädagogischen Praktiken gemäß der aktivierungspolitischen Leitlinien ("Fördern und Fordern") des pädagogischen Konzepts der BvB darauf, die Jugendlichen dennoch dazu zu bringen, ihre Situation zu akzeptieren, an sich selbst zu arbeiten und aktiv zu werden. Dass Diskriminierungs- und Ausgrenzungserfahrungen dabei als Thema ausgespart bleiben (müssen), die beruflichen Möglichkeiten der Jugendlichen äußerst begrenzt sind, und sich die Chancen auf einen Ausbildungsplatz durch die BvB kaum verbessern bzw. sich im besten Falle nicht verschlechtern, verweist an dieser Stelle auf die Spannungsfelder einer Pädagogik am Übergang. Letztere hat hier ihren "blinden Fleck": Schließlich wird durch die konzeptionelle, organisatorische und pädagogische Ausgestaltung der Maßnahme – anders als in Selbstbeschreibungen der Sozialpädago/inn/en gerne behauptet – schulischen

Selektionsmechanismen ke nesfalls entgegengewirkt. Vielmehr wird der gesell-schaftliche Umgang mit Jugendlichen ohne oder mit schlechtem Schulabschluss nur in pädagogischer Gestalt institutionalisiert.

4. Übergangsmaßnahmen im Spannungsfeld von Aktivierungspolitik und Pädagogik

Allgemein betrachtet lassen sich Berufsvorbereitungsmaßnahmen, die der indivi-duellen Bearbeitung der von konjunkturellen Schwankungen abhängigen, teils von Arbeits- und Unternehmenspolitik erzeugten gesellschaftlichen Übergangsproble-matik dienen sollen, als Pädagogisierung gesellschaftlicher Probleme kritisieren: Probleme als auch Lösungswege werden dabei vornehmlich aus pädagogischer (und nicht aus gesellschaftstheoretischer) Sichtweise beschrieben (Münchmei-er 2007, S. 212).[13] Um die mit der pädagogischen Perspektive häufig verbundene verkürzte Betrachtung zu vermeiden, soll im Anschluss an die empirischen Be-funde zur Mikroebene der pädagogischen Praktiken die gesellschaftspolitische Bedeutung der Übergangsmaßnahmen allgemein und der BVB im Besonderen beleuchtet werden. Die Widersprüche, die sich in den pädagogischen Praktiken ebenso wie in den Aussagen der Jugendlichen wiederfinden, lassen dann erst ihre Verwiesenheit auf meso- und makrostrukturelle Bedingungen erkennen.

Die konkrete Ausgestaltung politischer Maßnahmen zur Verhinderung oder Beendigung von Arbeitslosigkeit hat sich bei einer Kontinuität der Problembe-schreibung und -bearbeitung den jeweils dominanten politischen Leitlinien der historischen Zeit angepasst: Gegenwärtig ist die Gestaltung von Übergangsmaß-nahmen vom Leitbild des aktivierenden Sozialstaats geprägt, das – neutral formu-liert – darauf orientiert ist „die Rechte und Pflichten gesellschaftlicher Akteure in eine neue Balance [zu] bringen" (Dahme und Wohlfahrt 2005, S. 9). Infolge-dessen werden staatliche Unterstützungsleistungen nicht länger vorrangig am Bedarf, sondern an der individuellen Arbeitsleistung ausgerichtet. Arbeits- und Sozialpolitik setzen infolgedessen auf die möglichst vollständige Arbeitmarktin-tegration aller Erwerbsfähigen und fördern diese mittels Aktivierung ihrer Kli-entel, u. a. durch staatlich geförderte Maßnahmen. Arbeits- und Ausbildungslo-sigkeit gilt in dieser Logik als Resultat zu geringer individueller Bemühungen und/oder Qualifikationen.

Die Berufsvorbereitenden Bildungsmaßnahmen (BvB) der Bundesagentur für Arbeit (BA) repräsentieren solche Aktivierungsmaßnahmen in idealtypischer

---

13 Pädagogisierung bezeichnet Münchmeier als „Konstitutionsparadigma der Praxis der Sozial-arbeit" (2007, S. 214).

Weise. Sie werden von öffentlichen und privaten Bildungsträgern resp. Dienstleistern nach Vorgaben der BA in Eigenregie gestaltet. Vorrangiges Ziel der BvB ist –
wie im Fachkonzept der BA (2009) nachzulesen – die Vorbereitung der Aufnahme einer Ausbildung bzw. der beruflichen Eingliederung, welche in Kooperation
mit Dienstleistern erreicht werden soll. Rietzke (2006) hat die Folgen dieser ju-
ristisch und konzeptionell verankerten Kooperation zwischen Dienstleistern und
Job-Center speziell für die BvB kritisch analysiert: Als zentrales Problem hebt
er das „Arbeitsvermittlungs- und Existenzsicherungsmonopol" der Job-Center
hervor (ebd., S. 197), das auch die Entscheidung über „passgenaue Hilfen" in die
Hände der „Fallmanager" der U 25-Teams (und eben nicht der mit den Jugendlichen pädagogisch Arbeitenden) legt. Deren Entscheidung stütze sich auf die anhand einer „Differenzierung von Kundengruppen" erfolgende Einschätzung des
Individuums, dem sog. „Profiling" (ebd., S. 198). Bestimmte Maßnahmen – oder
in der Dienstleistungsterminologie: Produkte – bleiben infolgedessen den Jugendlichen, die nicht als „Marktkunden" oder „Beratungskunden", sondern als in vie-
lerlei Hinsicht zu fördernde, als schwer integrierbar geltende „Betreuungskunden"
(Bundesagentur für Arbeit o.J., S.4, zit. nach ebd. S. 198) klassifiziert werden,
dabei von vorneherein vorenthalten. Die Maßgabe der Betreuung orientiert sich
an dieser Stelle jedoch nicht am (pädagogischen) Hilfebedarf des Klienten/der
Klientin, sondern sie zielt auf die Zuweisung einer eng geführten institutionellen Kontrolle. Während beispielweise Verweigerungsverhalten oder Widerstän-
digkeit in einer pädagogischen Perspektive durchaus als Bestandteil des individuellen Entwicklungsprozesses gesehen und mit entsprechender Unterstützung
als bearbeitbar gelten können, werden sie innerhalb der aktivierungspolitischen
Programmatik zu Gründen für Sanktionierung. Den Erhalt finanzieller und pädagogischer staatlicher Leistungen an das Verhalten des Anspruchsberechtigten
zu knüpfen, bezeichnet Rietzke demzufolge als „autoritär erzwungene Anpassung" (Rietzke 2006, S. 200).

Während Übergangsmaßnahmen konzeptionell neben der (Nach-)Qualifi-
zierung und Berufsvorbereitung auch die soziale Integration von Jugendlichen
am Übergang gewährleisten sollen, zeigt sich bei einer genaueren Betrachtung
des Modus' der Integration eine weitere Problematik der erwerbsarbeitsbezogenen Aktivierungspolitik: Wagner verdeutlicht den Unterschied zwischen aktiver
und aktivierender Arbeitsmarktpolitik an den unterschiedlichen Integrationsmo-
di der jeweiligen staatlich geförderten Maßnahmen. Wagner folgend zielen Arbeitsbeschaffungsmaßnahmen einer aktiven Arbeitsmarktpolitik auf den „sekundären Integrationsmodus": staatlich geförderte Arbeitsplätze auf Zeit, wie z.B.
ABM, sollen die Überführung der Stellen in reguläre Arbeitsplätze befördern.

Demgegenüber verschiebe sich im Rahmen einer aktivierenden Arbeitsmarktpolitik der Fokus auf die „therapeutische Funktion" von Arbeit (Wagner 2011, S.
175): Ein-Euro-Jobs und sog. Arbeitsgelegenheiten mit Mehraufwandsentschä-
digung (AGH-MAE) im Niedriglohnsektor werden als „zusätzliche Tätigkeiten"
oder Ersatztätigkeiten gefördert (ebd.), ohne dass sie in reguläre Arbeitsplätze
überführt werden oder die eigenständige Existenzsicherung ermöglichen. Die
BvB als Maßnahme für unter 25-Jährige weist eine ähnliche Konstellation auf,
da die Gewährung von Berufsausbildungsbeihilfe (die sich durchaus positiv auf
die Motivation der Jugendlichen auswirken mag) einschneidende Sanktionsmöglichkeiten nach sich zieht, die Teilnehmenden für den Zeitraum der Maßnahme in
der Statistik der BA nicht als arbeitslos geführt werden und die Anerkennung der
erworbenen Qualifikationen u. a. durch Arbeitsgeber[14] und damit verbunden die
Vermittlungschancen gering sind. Ob so konstellierte Maßnahmen die Eingliederung in den Ausbildungs- oder Arbeitsmarkt befördern, bleibt dabei zumindest
ungeklärt. Ebenso bleibt die Frage offen, inwiefern – zugespitzt formuliert – solche ‚Inszenierungen von Arbeit' in die Stigmatisierung von Betroffenen eingehen. In den Deutungen der Jugendlichen findet sich jedenfalls eine große Skepsis gegenüber Maßnahmeinhalten, die einen Inszenierungscharakter aufweisen.
Zwar verweist die Schärfe der Sanktionen auf den „Ernstcharakter" der Maßnahme, jedoch nicht unbedingt deren inhaltliche Ausgestaltung, was vor dem Hintergrund bedenkenswert ist, dass der „Ernstcharakter der auszuübenden Tätigkeit"
immerhin einer der vier Faktoren ist, die sich positiv auf die Maßnahmezufrie-
denheit von Jugendlichen auswirken (Heisler 2008, S. 262).[15]
    Neben diesen, sich an den Übergangsmaßnahmen konturierenden Proble-
matiken, die auch die Pädagogik am Übergang beeinflussen, wirkt sich die ak-
tivierungspolitische Programmatik zusätzlich auf die Erwerbssituation der Beschäftigten aus. Die These der Prekarisierung der sozialen Arbeit stützt sich
auf die Feststellung eines sinkenden Lohnniveaus[16] bei einer gleichzeitigen Re-
Hierarchisierung der Tätigkeiten. Die Reformierung der Diplomstudiengänge zu

---

14 In Baden-Württemberg folgen die Arbeitsgeber trotz anders formulierter Vereinbarung mit dem
    Land nur selten der formalen Möglichkeit, die Berufsvorbreitung auf das erste Ausbildungsjahr
    anzurechnen (Ministerium für Kultus, Jugend und Sport Baden-Württemberg 2011, S. 137).
15 Die anderen drei sind Wertschätzung und Anerkennung für die erworbenen Qualifikationen
    durch die Umwelt, deren Alltagswert und die Art und Weise der Maßnahmeneinmündung
    (Heisler 2008, S. 262).
16 Eine weitere Problematik resultiert aus den reformierten Tarifregelungen des TV-L, nach denen
    Berufserfahrung und nicht mehr Dienstalter für die Einstufung in Entgeltgruppen relevant
    ist. Arbeitgeberwechsel werden von Dauerbeschäftigten seltener in Kauf genommen, da sie
    häufig mit Lohneinbußen verbunden sind. Für die soziale Arbeit erweist sich dies als fatal, da
    durch den erzwungenen Verbleib in einem Tätigkeitsfeld eine einseitige Überlastung und die
    Gefahr von Burn-out ansteigen können.

sechssemestrigen Bachelor-Studiengängen wirkt sich zudem nachteilig auf Tarifeingruppierung und Entlohnung von Pädagog/inn/en aus. Während es auf Seiten der Beschäftigten zwar unterschiedliche Strategien des Umgangs mit den jüngeren Entwicklungen gibt (vgl. Eichinger 2009), ist von einer Formulierung genereller Kritik oder gar Widerstand innerhalb des Berufsstands allerdings bislang kaum etwas zu bemerken ist (vgl. Stolz-Willig und Christoforidis 2011). Selbst in Evaluationen von Modellprojekten und in Studien zu den Übergangsmaßnahmen z. B. zu deren Effektivität gerät die Beschäftigungssituation der Pädagog/inn/en kaum in den Blick, obwohl sich die Anzahl der (kaum speziell für diesen Bereich ausgebildeten) Beschäftigten mit dem Ausbau der Übergangsmaßnahmen seit den 1990er Jahren stark erhöht hat. Dabei sind aufgrund der zeitlich befristeten Maßnahmen und infolgedessen befristeter Arbeitsverträge vor allem Unsicherheiten über die berufliche Zukunft und Flexibilitätszwänge im Hinblick auf neue Aufgabenzuweisungen gewachsen. Da sich zentralisierte Vergabe- und Ausschreibungsverfahren wie das der BA bzgl. der BvB zudem auf Preis/Leistungsvergleiche der Angebote stützen, beginnt sich zudem bei einzelnen Trägern eine untertarifliche Bezahlung zu etablieren. Der Ausbau des Niedriglohnsektors bei gleichzeitigem Stellenabbau und die Prekarisierung der Beschäftigungsverhältnisse im Übergangsbereich werden dadurch vorangetrieben (vgl. Rietzke 2006, S. 201). Nicht auszuschließen ist dabei, dass die kollektive Erfahrung der Entwertung von sozialer Arbeit ihren Ausdruck in distinkten Praktiken gegenüber den Jugendlichen im Übergangsbereich findet. [17]

5. Problematisierung und Herausforderungen einer Pädagogik des Übergangs

Kontextuiert man die kollektiven Deutungen der Jugendlichen und die pädagogischen Praktiken der Pädagog/inn/en innerhalb der Rahmenbedingungen, die durch die Konzeption, die sich prekarisierenden Beschäftigungsbedingungen und den arbeits- und sozialpolitischen Aktivierungsimperativ gekennzeichnet sind, lassen sich in drei Punkten Probleme und Herausforderungen, an denen sich eine Pädagogik des Übergangs messen lassen muss, benennen.

---

[17] Möglicherweise sind in diesem Zusammenhang auch die der Selbstbeschreibung der sozialen Arbeit entgegenstehenden Gerechtigkeitsvorstellungen auf die Ziegler (2010) hinweist, zu verstehen.

Integration durch institutionelle Kontrolle?

Erstens zeigt sich an den herausgearbeiteten Dimensionen jugendlicher Selbstbehauptung das durch Abgrenzung bestimmte problematische Verhältnis der Jugendlichen zu gesellschaftlichen (Bildungs-)Institutionen (und ihren Repräsentanten). Wenn eine Pädagogik des Übergangs die selbständige Lebensführung der
Jugendlichen befördern möchte, läge ein Augenmerk auf der Ermöglichung des
Zugangs zu gesellschaftlichen Institutionen und deren Inanspruchnahme zur Realisierung einer selbstbestimmten Lebensführung. Dass dies unter der Maßgabe
der institutionellen Kontrolle gelingen kann, lässt sich bezweifeln. Thomas hat in
einem anderen Zusammenhang darauf hingewiesen, dass sich Ausgrenzung und
Prekarität schulerfolgloser Jugendlicher (die auf der Straße leben) verstärken, weil
aus der erfahrungsbasierten Skepsis gegenüber Institutionen und institutionellen
Hilfen eine geringe Kompetenz, formalisierte Interaktionen zu gestalten und auszuhalten, resultiert (Thomas 2010, S. 145). Offenbar versäumen es insbesondere die Bildungsinstitutionen, zuvorderst Schule, den Vergesellschaftungsprozess
der Jugendlichen im Sinne eines Erlernens funktionaler, spezifischer, institutionalisierter Interaktion voranzubringen. Die Realisierung von jugendlichen Autonomiebedürfnissen läuft somit Gefahr, sich in der Abgrenzung gegenüber Schule, und den ihr strukturell ähnlichen institutionellen Settings zu erschöpfen. Die
Befunde lassen die Vermutung zu, dass Übergangsmaßnahmen dazu beitragen,
diese Skepsis neu zu befeuern, weil ihr zentraler Bezugspunkt die Verhinderung
eines dauerhaften Bezugs von Sozialleistungen ist und nicht eine auf Freiwilligkeit und Eigeninitiative basierende Entwicklung eines individuell offenen Umgangs mit Phasen von Unsicherheit und Orientierungslosigkeit ist. Die individuelle Unterwerfung unter die Vorgaben der Maßnahme und der damit verbundenen
institutionellen Kontrollen lässt sich vielmehr zuvorderst als Zwang zur Adaption
einer spezifischen Lebensführung interpretieren, die sich insbesondere auf die Illusion des sozialen Aufstiegs durch individuelle Bildungsanstrengungen stützt.

Selbstorganisation als Selektionskriterium?

Begreift man Übergangsmaßnahmen als sozialpädagogische Fortführung allgemeinbildender Beschulung für gering qualifizierte Schüler/innen lässt sich zumindest bezweifeln, ob sich die erwünschte re-inkludierende Wirkung im Rahmen von berufsvorbereitenden Maßnahmen entfalten kann. Fasst man schulische
Exklusion – anders als auch aus sozialpädagogischer Perspektive manchmal argumentiert – nicht als Ergebnis von professionellem pädagogischen Handeln,
sondern als Resultat von Organisationsentscheidungen (Bettmer und Cleppien
2006, S. 126), die dazu führen, „dass der Zugang zum professionellen Angebot

schulischer Wissensvermittlung eingeschränkt oder versperrt wird" (ebd. S. 134) erhalten Übergangsmaßnahmen eher die Bedeutung einer institutionellen Form der „geregelten Ausgrenzung" (Ehmann und Rademacher 2003, S. 15 zit. nach Bettmer und Cleppien 2006, S. 135). Dies ist insbesondere dann der Fall, wenn in Maßnahmen wie der BvB weniger die Vermittlung schulische und/oder berufs-bezogener Inhalte und deren Anerkennung als die Herstellung von Ausbildungs-reife erfolgen soll (vgl. dazu auch Helsper 2001, S. 26). Ergebnis ist dann, dass nachgeholte Schulabschlüsse nur bei Erwerb eines höheren Abschlusses auf die Vermittlungschancen der Jugendlichen auswirkt, mit Hauptschulabschluss aber insbesondere die Tatsache, dass Jugendliche die Maßnahme „durchgehalten" ha-ben (Beicht 2009, 10). Insbesondere bei Hauptschülern und Jugendlichen ohne Abschluss wird dieses „Durchhalten" von Arbeitgebern offenbar als Zeichen für erfolgreiche Selbstorganisation und Selbstdisziplinierung gedeutet. Zu reflek-tieren wäre daher, inwiefern die strukturellen Rahmenbedingungen (Konzept, Beschäftigungssituation, pädagogische Praktiken) der Pädagogik am Übergang selbst (und nicht nur die wiederholte Teilnahme an Maßnahmen) zur Defizitzu-schreibung und Stigmatisierung der Jugendlichen im Übergangssystem beitra-gen, indem sie schulische Qualifikationen zugunsten von erzieherischen Maß-nahmen, die sich auf eine Infantilisierung des Klientels stützen, vernachlässigen.

Ökonomisierung der Pädagogik – Pädagogisierung der Arbeitswelt?

Die von den Jugendlichen implizit formulierte – in gewisser Weise – scharfsich-tige Analyse der pädagogisch hergestellten (Schein-)Wirklichkeit und ihren auf Persönlichkeitsentwicklung gerichteten Zielen, basiert auf dem gemeinsam ge-teilten Erfahrungen mit pädagogischen Methoden und ihrer in der Perspektive der Jugendlichen manipulativen Logik. Jugendliche Selbstbehauptung äußert sich dementsprechend in der Abwehr solcher Methoden und Vorgehensweisen, bei de-nen Lernziele nicht konkret erkennbar sind.[18] Die im Konzept der BvB angeleg-te Spannung zwischen der Vermittlung berufsbezogener Qualifikationen und der Förderung personaler Kompetenzen (Stichwort: Ausbildungsreife) wird von den Jugendlichen in dieser Abwehr sichtbar. Während die Erziehungswissenschaft, wie Karl und Schröer an der Debatte über die Begriffe Bildung und Kompetenz zeigen (Karl und Schröer 2006, S 48f.), die Aufrechterhaltung der „Spannung zwischen Ökonomie und Bildung" (ebd., S. 53) aufgegeben zu haben scheint, bei einer gleichzeitigen „rhetorischen Reduzierung von Bildungsprozessen auf Selb-storganisation" (ebd.), konnte im vorliegenden Beitrag aufgezeigt werden, dass

---

18   Auf die Problematik, dass sich die Jugendlichen im Zuge dessen zugleich gegenüber neuen Erfahrungen und Deutungen immunisieren, wurde bereits hingewiesen.

diese Spannung der pädagogischen Praxis und schließlich den Jugendlichen selbst aufgezwungen wird. Eine Pädagogik des Übergangs hätte sich aber stärker als bislang in einer Anerkennung der Realität, dass nicht nur Bildungsinstitutionen von Ökonomisierung, sondern auch Erwerbstätige und Arbeitslose von einer unerwünschten Pädagogisierung ihrer Situation[19] betroffen sind, zu stellen und zum Gegenstand einer grundlegenden Diskussion der Disziplin zu machen. Vor allem aber müsste eine Pädagogik des Übergangs, wenn sie sich in den Augen der Jugendlichen nicht unglaubwürdig machen möchte, darauf verzichten, die Widersprüche der eigenen Arbeit durch methodische und diskursive Inszenierungstechniken am Übergang zu verdecken. Auch die Anerkennung, dass Ausbildungslosigkeit nicht nur von individuellen Bemühungen und schulischen Leistungen abhängt, sondern Resultat von schulischen Selektionsmechanismen, Diskriminierungsprozessen am Übergang und der Stigmatisierung der Jugendlichen ohne Ausbildungsplatz, zu denen die Bildungsinstitutionen selbst – nicht zuletzt durch pädagogisch intendierte Defizitbeschreibungen – beitragen, könnte der Entpolitisierung der Übergangsproblematik qua Individualisierung bereits entgegenwirken.

Literatur

Beicht U (2009) Verbesserung der Ausbildungschancen oder sinnlose Warteschleife? Zur Bedeutung und Wirksamkeit von Bildungsgängen am Übergang Schule – Berufsausbildung. Bundesinstitut für Berufsbildung BIBB (Hrsg.) Report 11/2009, S. 1-16

Bertelsmann Stiftung (2011) Übergänge mit System. Rahmenkonzept für eine Neuordnung des Übergangs von der Schule in den Beruf. Verlag Bertelsmann Stiftung. Gütersloh

Bettmer F, Cleppien G (2006) Soziale und biografische Risiken benachteiligter Jugendlicher. Das Zusammenspiel der Erziehungsaufträge von Jugendhilfe und Schule. In: Spies A, Tredop D (2006) „Risikobiografien" Benachteiligte Jugendliche zwischen Ausgrenzung und Förderprojekten. VS Verlag für Sozialwissenschaften, Wiesbaden, S. 125-140

Bohnsack R (2003) Rekonstruktive Sozialforschung. Einführung in qualitative Methoden. Leske+Budrich, Opladen

---

19 Beispiele gibt die vergleichsweise unhinterfragte Implementation von auf Selbst- und Fremdeinschätzung basierenden Mitarbeitergesprächen, die pädagogische Methode Kooperatives Lernen (vgl. Maier 2013) erlebnispädagogisch arrangierte Teamentwicklung, 360° Feedback am Arbeitsplatz etc..

Buchen S, Straub I (2006) Die Bedeutung des Hackertopos für Hauptschüler in der Adoleszenz. In Treibel, A et al (Hrsg.) Gender medienkompetent. Medienbildung in einer heterogenen Gesellschaft. VS Verlag für Sozialwissenschaften, Wiesbaden, S. 93-110

Bundesagentur für Arbeit (2009) Fachkonzept für berufsvorbereitende Bildungsmaßnahmen nach §§ 61, 61a SGB III, HEGA-11-2009-VA-Erg-BvB-Fachkonzept-Anlage-2.pdf, S. 1-36

Bundesministerium für Bildung und Forschung (BMBF) (Hrsg) (2012) Berufsbildungsbericht 2012, Bonn, Berlin

Dahme HJ, Wohlfahrt N (2005) Sozialinvestitionen. Zur Selektivität der neuen Sozialpolitik und den Folgen für die Soziale Arbeit. In: Dies. (Hrsg.) Aktivierende Soziale Arbeit. Theorie – Handlungsfelder – Praxis. Baltmannsweiler, S. 6-20

Ehmann C , Rademacher, H. (2003): Schulversäumnisse und sozialer Ausschluss. Bielefeld

Eichinger U (2009) Zwischen Anpassung und Ausstieg. Perspektiven von Beschäftigten im Kontext der Neuordnung Sozialer Arbeit. VS Verlag für Sozialwissenschaften, Wiesbaden

Giese J (2011) „Besser als zu Hause rumsitzen" Zur Wahrnehmung und Bewältigung interner Ausgrenzung im Übergangssystem zwischen Schule und Beruf. Verlag Julius Klinkhardt, Bad Heilbrunn

Goffman E (1975) Stigma. Über Techniken der Bewältigung beschädigter Identität. Suhrkamp, Frankfurt/ M

Heisler D (2008) Maßnahmeabbrüche in der beruflichen Integrationsförderung. Ursachen und Konsequenzen vorzeitiger Maßnahmenbeendigungen in der Berufsvorbereitung (BvB) und außerbetrieblichen Berufausbildung (BaE). Eusl-Verlagsgesellschaft, Paderborn

Helsper W (2001) die sozialpädagogische Schule als Bildungsvision? Eine paradoxe Entparadoxierung. In: Becher P, Schirp J (Hrsg) Jugendhilfe und Schule. Zwei Handlungsrationalitäten auf dem Weg zu einer? Votum, Münster, S. 20-45

Karl U, Schröer W (2006) Fördern und Fordern – sozialpädagogische Herausforderungen angesichts sozialpolitischer Umstrukturierungen. In: Spies A, Tredop D (2006) „Risikobiografien" Benachteiligte Jugendliche zwischen Ausgrenzung und Förderprojekten. VS Verlag für Sozialwissenschaften, Wiesbaden, S. 41-56

Lex T, Gaupp N, Reißig B, Adamczyk H (2006) Übergangsmanagement: Jugendliche von der Schule ins Arbeitsleben lotsen. VS Verlag für Sozialwissenschaften, Wiesbaden

Maier MS (2013) ‚Diversity Education' und ‚Kooperatives Lernen' als Antwort auf schulische Heterogenität? Eine Problemskizze. In: von Carlsburg GB, Wehr H (Hrsg) Kooperatives Lernen lehren und lernen. Brigg, Augsburg, S. 208-226

Ministerium für Kultus, Jugend und Sport Baden-Württemberg (Hrsg.) (2011) Expertenrat „Herkunft und Bildungserfolg". Empfehlungen für Bildungspolitische Weichenstellungen in der Perspektive auf das Jahr 2020 (BW 2020), http://www.kultusportal-bw.de/servlet/PB/show/1285001/ExpertenberichtBaW%FC_online.pdf. Zugegriffen: 22. Februar 2013

Münchmeier R (2007) Hält die Doppelstruktur des Wohlfahrtstaats noch? Anmerkungen zum historischen und gegenwärtigen Verhältnis von Sozialpolitik und Sozialpädagogik. In: Krauß JE, Möller M, Münchmeier R (Hrsg) Soziale Arbeit zwischen Ökonomisierung und Selbstbestimmung. kassel university press, Kassel, S. 207-229

Olk T, Speck C (2001) LehrerInnen und SchulsozialarbeiterInnen. Institutionelle und berufskulturelle Bedingungen einer „schwierigen" Zusammenarbeit. In: Becher P, Schirp J (Hrsg) Jugendhilfe und Schule. Zwei Handlungsrationalitäten auf dem Weg zu einer? Votum, Münster, S. 46-85

Rietzke T (2006) Jugendberufshilfe und Hartz. Anmerkungen zu den Auswirkungen aktivierender Arbeitsmarktpolitik auf die Praxis der Jugendberufshilfe, In: Schweppe C, Sting S (Hrsg) Sozialpädagogik am Übergang, Juventa, Weinheim, S. 193-203

Solga H, Powell J (2006) Gebildet – Ungebildet. In: Lessenich, S Nullmeier, F (Hrsg.) Deutschland – eine *gespaltene Gesellschaft*. Campus, Frankfurt/ M. S. 175-190

Stolz-Willig B, Christoforodis J (Hrsg) (2011) Hauptsache billig? Prekarisierung der Arbeit in den sozialen Berufen. Westfälisches Dampfboot, Münster

Thomas S (2010): Exklusion und Selbstbehauptung. Wie junge Menschen Armut erleben. Campus, Frankfurt/ M

Ulrich JG (2008) Jugendliche im Übergangssystem – eine Bestandsaufnahme. BWP@Spezial, September 2008

Wagner A (2011) Beschäftigungsförderung im Rahmen „aktivierender" Arbeitsmarktpolitik – Risiken für die Beschäftigungsbedingungen (nicht nur) im Bereich sozialer Arbeit. In: Stolz-Willig B, Christoforodis J (Hrsg) Hauptsache billig? Prekarisierung der Arbeit in den sozialen Berufen. Westfälisches Dampfboot, Münster, S. 163-189

Wellgraf S (2012) Hauptschüler. Zu gesellschaftlichen Produktion von Verachtung. Transcript, Bielefeld

Ziegler H (2010) Der aktivierende Sozialstaat und seine Pädagogik. Gerechtigkeitsideologien Studierender in der sozialen Arbeit. In: Thiersch H, Treptow R (Hrsg) Neue Praxis. Zeitschrift für Sozialarbeit, Sozialpädagogik und Sozialpolitik. Sonderheft 10, Zur Identität der Sozialen Arbeit. Verlag neue Praxis, S. 74-77

Betriebliche Gatekeepingprozesse: Wie Rekrutierungsprozesse und Einstellungsentscheidungen von Betrieben strukturiert sind

Bettina Kohlrausch

1. Einleitung

Die Chancen von Hauptschüler/inne/n, unmittelbar nach der Schule eine berufliche Ausbildung zu beginnen, sind gering. Knapp die Hälfte dieser Jugendlichen mündet nach der Schule zunächst ins Übergangssystem ein (Kohlrausch 2012a). Gelingt der Übergang in eine Ausbildung, so sind dies häufig Ausbildungsberufe, die eine duale Ausbildung erfordern. Der überwiegende Teil der Hauptschüler/innen muss sich nach der Schule also im Wettkampf um (zu) wenige freie Ausbildungsplätze behaupten. Die Frage, ob ein Jugendlicher einen Ausbildungsplatz im dualen System erhält, hängt allerdings nicht nur von seinen individuellen Fähigkeiten ab, sondern auch von äußeren Faktoren, wie der Struktur des Ausbildungsmarktes, und – in ganz wesentlichem Maße – von den Rekrutierungsentscheidungen der Betriebe. „Betriebe (…) haben als Gatekeeper des Ausbildungsmarktes einen großen Einfluss auf die sozialen Selektionsprozesse an dieser Schwelle. (…) Schulabgänger werden nämlich gemäß ihrer potenziellen Eignung für das Erlernen berufsspezifischer Fertigkeiten und Kenntnisse und nicht auf der Basis in der Ausbildung bereits gelernter Handlungskompetenzen ausgewählt" (Konietzka 2004, S. 284). Die geringen Übergangsquoten von Hauptschüler/inne/n in eine voll qualifizierende Ausbildung belegen, dass diese Rekrutierungsentscheidungen häufig zu Ungunsten von Hauptschüler/inne/n ausfallen. Ziel des vorliegenden Beitrages ist es zu untersuchen, welche Aspekte die Rekrutierungsentscheidungen von Betrieben beeinflussen und welche innerbetrieblichen Abläufe hierfür eine Rolle spielen.

Ausgangspunkt der hier ausgeführten Überlegungen zum betrieblichen Gatekeeping sind die Analysen von Übergangsmustern abschlussgefährdeter Hauptschüler/innen in Niedersachsen, welche sich auf die Evaluation der Projekte „Abschlussquote erhöhen – Berufsfähigkeit steigern I und II" sowie „vertiefte

Berufsorientierung" (im Folgenden AQB1, AQB2 und VBoP) beziehen[1]. Diese Modellprojekte verfolgten den Ansatz eines „dualisierten Schulalltages", in dem die Schüler/innen einen bestimmten Teil der Unterrichtszeit im Betrieb verbringen, um dort praxisrelevante Lernerfahrungen zu sammeln. Untersucht wurden die Projektteilnehmer/innen und Schüler/innen einer Kontrollgruppe. Aufgrund der Langzeitpraktika, die alle Projektteilnehmer/innen absolvierten, waren sie schon sehr früh betrieblichen Gatekeepingprozessen unterworfen. Die Jugendlichen verbrachten meist mehrere Monate in demselben Betrieb, so dass dieser ausreichend und umfassend Gelegenheit hatte, die/den Jugendliche/n mit ihren/ seinen individuellen Fähigkeiten und Kompetenzen kennen zu lernen. Der betriebliche Screeningprozess war damit deutlich länger als es betriebliche Rekrutierungsprozesse normalerweise erlauben. Die Evaluationsprojekte machen es möglich, den beschriebenen Screeningprozess detaillierter in den Blick zu nehmen. Dabei wurde deutlich, dass dieser deutlich widersprüchlicher und komplexer ist, als häufig angenommen:

- Um mehr darüber zu erfahren, welche Aspekte bei der Auswahl von Auszubildenden eine Rolle spielen, wurden die Betriebe gebeten, ihre Praktikant/ inne/n zu bewerten. Diese Bewertung umfasste einerseits die grundsätzliche Einschätzung der Ausbildungseignung und die Bewertung verschiedener Aspekte der Leistungsfähigkeit der jeweiligen Jugendlichen. Hierzu gehörten zum Beispiel die Auffassungsgabe, aber auch das Erscheinungsbild der Jugendlichen. Da zudem auch noch Persönlichkeitseigenschaften, soziale und kognitive Kompetenzen und Schulnoten erhoben wurden, konnte untersucht werden, durch welche Faktoren die Einschätzung der Ausbildungseignung beeinflusst wurde. Dabei wurde zunächst – und im klaren Widerspruch zu dominanten Erklärungsmustern für die geringen Chancen von Hauptschüler/inne/n auf dem Ausbildungsmarkt – deutlich, dass Fachnoten bei der Bewertung der Ausbildungseignung keine Rolle spielten, während z. B. Gewissenhaftigkeit (als Persönlichkeitseigenschaft) einen hohen Einfluss auf die Einschätzung der Ausbildungseignung hatte. Weiterhin wurden Jugendliche, denen von den Betrieben eine hohe Auffassung, Flexibilität, Kommunikationsfähigkeit und eine gute Arbeitsbelastbarkeit attestiert wurde, besonders oft als ausbildungsgeeignet eingeschätzt. Die große Bedeutung der Sozial- und Handlungskompetenzen spricht für eine Abwertung der Fachleistungen von Hauptschüler/inne/n, was auch dadurch bestätigt wird, dass die Noten

1   Für eine detaillierte Darstellung des Evaluationsansatzes und der Evaluationsergebnisse siehe: Solga et al. 2010; Solga et al. 2011; Baas et al. 2012; Kohlrausch 2012a; Kohlrausch und Solga 2012.

nicht nur für die Einschätzung zur Ausbildungseignung, sondern auch bei der tatsächlichen Einstellung – also dem konkreten Übergang in die Ausbildung – als Marktsignale keine Rolle mehr spielen (siehe nächster Absatz). Es ist allerdings davon auszugehen, dass fachbezogene Leistungspotenziale durchaus einen Einfluss auf die Rekrutierungsentscheidungen der Betriebe haben – die Noten (von Hauptschüler/inne/n) aber offensichtlich nicht mehr als Indikator hierfür gelten (Kohlrausch 2012b).

- Die multivariaten Analysen der Übergangsmuster zeigen, dass die im Vergleich zu den Kontrollschüler/inne/n sehr hohen Übergangsraten der Projektteilnehmer/innen weder mit Schulleistungen bzw. mit kognitiven Fähigkeiten, welche ja häufig als Indiz mangelnder Ausbildungsreife ins Feld geführt werden, noch mit der lokalen Ausbildungsplatzsituation erklärt werden können (Kohlrausch und Solga 2012, S. 770). Letzteres bedeutet, dass – anders als vielfach behauptet – auch mit der Verbesserung der Ausbildungsplatzsituation die Chancen von Hauptschüler/inne/n auf einen Ausbildungsplatz nicht steigen. Der Hauptschulabschluss scheint von vielen Betrieben inzwischen so weit abgewertet zu sein, dass er als absolutes Ausschlusskriterium fungiert (siehe hierzu auch Baas et al. 2012).

- Der Erfolg der Projekte AQB1, AQB2 und VBOP liegt somit nicht darin, dass es gelungen ist, die Schulleistungen der Jugendlichen zu verbessern. Kern der Projekterfolge ist vielmehr die Herstellung sogenannter Klebeeffekte. Dafür spricht, dass 86 % der Jugendlichen, die nach Projektende eine Ausbildung begonnen haben, dies in ihrem (ehemaligen) Praktikumsbetrieb taten. Dies war vor allem dann der Fall, wenn sie zuvor lange in ihrem Praktikumsbetrieb verblieben und dort qualifizierte und berufsbezogene Tätigkeiten ausgeübt hatten (Baas et al. 2012). Offensichtlich ermöglichten die Langzeitpraktika eine Situation, in der die Jugendlichen „wieder mit ihren individuellen Fähigkeiten und Motivationen von den Betrieben wahrgenommen [wurden] und (...) dadurch ‚ihre' Betriebe finden [konnten]. Und die Betriebe hatten wiederum die Möglichkeit, ihre' Jugendlichen zu finden" (Kohlrausch und Solga 2012, S. 771). Im Gegensatz zu der Diskussion um die (mangelnde) Ausbildungsreife vieler Jugendlicher scheint es den Betrieben somit weniger um ein fest definiertes Mindestmaß von Kompetenzen zu gehen, sondern um eine individuelle Passung zwischen Betrieb und Jugendlichen.

Wie aber finden Betriebe ihre Jugendlichen und wie finden Jugendliche Betriebe? Warum finden die Personalverantwortlichen manche Jugendliche passend für ihre Betriebe und andere nicht? Wie also ist der Matching-Prozess eigentlich genau strukturiert? Und warum steht am Ende eines solchen Prozesses so oft die

Entscheidung gegen eine/n Hauptschüler/in? Der vorliegende Beitrag unternimmt den Versuch, diese Fragen auf der Grundlage einer Befragung von 567 Betrieben, die im Rahmen des Projektes „Wenn und wann Benachteiligtenförderung gelingt" durchgeführt wurde, zu beantworten.

2. Betriebe als Gatekeeper: Warum Hauptschüler/innen bei betrieblichen Auswahlprozessen so selten berücksichtigt werden

In der Literatur gibt es verschiedene Erklärungsansätze für den empirischen Befund, dass betriebliche Gatekeepingprozesse häufig zur Ausgrenzung von Jugendlichen mit maximal einem Hauptschulabschluss führen (siehe auch Kohlrausch 2012b). Eine nahe liegende Erklärung für das schlechte Abschneiden gering qualifizierter Jugendlicher auf dem Ausbildungsmarkt ist – im Rückgriff auf humankapitaltheoretische Ansätze (Becker 1964) –, dass die Bildung einer Person als Ausweis der zukünftigen Produktivität der Auszubildenden gilt und daher als zentrales Selektionskriterium bei der Einstellung von Jugendlichen fungiert. Jugendliche, die gar keinen oder lediglich einen Hauptschulabschluss besitzen, scheitern demnach an ihren zu geringen Qualifikationen. Wenn Betriebe die Möglichkeit haben, bevorzugen sie höher qualifizierte Jugendliche, da sie davon ausgehen, dass diese in zukünftigen Arbeitsprozessen produktiver sind. Auf dem Ausbildungsmarkt werden sie von Jugendlichen mit höheren Qualifikationen „verdrängt" (Solga 2005). Diese Entwicklung wird dadurch verschärft, dass es im Zuge der Bildungsexpansion zu einer Homogenisierung und sozialen Verarmung von Hauptschulen gekommen ist (Solga 2005; Solga und Wagner 2007). Eine Konsequenz daraus ist die Abwertung niedriger Bildungsabschlüsse sowie eine Erhöhung der „Glaubwürdigkeit der damit gegebenen Information von Kompetenzdefiziten" (Solga 2005, S. 109). Im Verlauf dieser Entwicklung kann es zu „Diskreditierungsprozessen" (Solga 2005), d. h. zu Abwertungsprozessen der Fähigkeiten und Kompetenzen von Hauptschüler/inne/n kommen. Diese gelten nun als unzureichend für eine berufliche Ausbildung – unabhängig davon, welche individuellen Fähigkeiten die Jugendlichen tatsächlich besitzen. Der Unterschied zwischen Verdrängungs- und Diskreditierungsprozessen besteht darin, dass davon ausgegangen wird, dass Verdrängungsprozesse weniger stark wirken, sobald sich die Situation auf dem Ausbildungsmarkt entspannt und die Konkurrenz durch höher qualifizierte Jugendliche geringer wird. Wenn bei betrieblichen Rekrutierungsprozessen hingegen vornehmlich Diskreditierungsprozesse eine Rolle spielen, dann wirkt die Ausgrenzung absolut, weil die Betriebe die Qualifikation von Hauptschüler/innen als unzureichend bewerten. Das würde bedeuten, dass sich die Situation für Hauptschüler/inne/n auch in Zeiten, in denen der Ausbildungsmarkt weniger angespannt ist, nicht verbessert. Wie oben bereits dargestellt, sprechen empirische Befunde zu den Übergangsmustern von Hauptschüler/inne/n in eine vollqualifizierende Ausbildung eher dafür, dass hier vor allem Diskreditierungsprozesse eine Rolle spielen.

Eng mit diesen Erklärungsansätzen verbunden ist die These, dass die qualifikatorischen Ansprüche einer Ausbildung in Segmenten mit besseren Beschäftigungschancen derart gestiegen sind, dass Hauptschüler/innen ihnen nicht mehr gerecht werden können (Protsch 2013). Diese „Upskilling-Prozesse" haben zur Konsequenz, dass Jugendliche mit einem Hauptschulabschluss (wenn überhaupt) Ausbildungsplätze meist nur in einem begrenzten Berufsspektrum, welches sich durch schlechtere Beschäftigungschancen auszeichnet, finden. Protsch (2013) überprüft diese Argumentation in einer historischen Inhaltsanalyse von Ausbildungsverordnungen und kommt zu dem Ergebnis, dass sich diese Aussage pauschal nicht belegen lässt. Zwar ist es in bestimmten Bereichen, z. B. im Gesundheitssegment, in denen Hauptschüler/innen zunehmend geringere Chancen auf einen Ausbildungsplatz haben, zu einer wesentlichen Steigerung des Anspruchsniveaus gekommen. „Eine ähnliche Entwicklung lässt sich jedoch interessanterweise nicht für das Bürosegment nachweisen, obwohl in diesem Segment noch größere Einschnitte in den Zugangschancen von Hauptschülern im Zeitverlauf zu beobachten sind." (Protsch 2013, S. 21) Umgekehrt ist es auch in Ausbildungsberufen, in denen Hauptschüler/innen noch vergleichsweise gute Chancen auf einen Ausbildungsplatz haben, zu einem Anstieg des Anspruchsniveaus (beispielsweise dem Kaufmann im Einzelhandel) gekommen. Diese Ausbildungsberufe gewähren jedoch vergleichsweise schlechte Beschäftigungsperspektiven. „Weder muss also ein erhöhtes Anforderungsprofil bedeuten, dass Hauptschüler/innen keinen Ausbildungsplatz in den entsprechenden Berufen finden, noch sind dauerhaft angehobene schulische Voraussetzungen für attraktive Ausbildungsberufe universell über komplexere Anforderungsniveaus erklärbar. Anzunehmen ist daher, dass andere Mechanismen für die abnehmenden Ausbildungschancen von Hauptschüler/inne/n mitverantwortlich sein müssen." (Protsch 2013, S. 22) Diese Befunde sprechen dafür, dass die geringeren Chancen von Hauptschüler/inne/n auch mit Upgrading-Prozessen – möglicherweise als Resultat der Abwertung von Hauptschulabschlüssen – zu erklären sind (Solga 2005). Dies bedeutet, dass Betriebe die qualifikatorischen Eingangsvoraussetzungen für eine Ausbildung angehoben haben, ohne dass die Ansprüche einer Ausbildung tatsächlich gestiegen sind.

Der Zugang zu einer vollqualifizierenden Ausbildung ist jedoch nicht nur durch fachbezogene und kognitive Leistungskriterien, sondern auch durch sozioökonomische Charakteristika und Sozial- und Handlungskompetenzen strukturiert (Ulrich 2005a, 2005b, Beicht und Ulrich 2008; Kohlrausch 2011, 2012b; Autorengruppe Bildungsberichterstattung 2012). Die wachsende Bedeutung nichtfachlicher Kompetenzen kann plausibel mit der dargestellten Entwertung niedriger Schulabschlüsse erklärt werden: Gerade für gering qualifizierte Jugendliche gewinnen soziale Kompetenzen als Indizes zukünftiger Produktivität an Bedeutung, da Leistungsmerkmale wie Noten oder Abschlüsse im Zuge der beschriebenen Abwertungsprozesse an Bedeutung verloren haben (Kohlrausch 2011; Kohlrausch und Solga 2012).

Die bislang dargestellten Mechanismen erklären allerdings noch nicht, warum die Chancen auf dem Ausbildungsmarkt auch von sozialstrukturellen Charakteristika abhängig sind. So zeigen Diehl et al. (2009) beispielsweise, dass männliche ausländische Jugendliche auch unter Kontrolle ihrer arbeitsmarktrelevanten Individualressourcen und Netzwerke geringere Chancen auf einen Ausbildungsplatz haben als deutsche Jugendliche. Ein Ergebnis der dargestellten Evaluationsprojekte war, dass Betriebe Jugendliche aus Elternhäusern, in denen kein Elternteil über einen Ausbildungsabschluss verfügte, für weniger ausbildungsgeeignet halten. Selbst wenn sie diese Jugendlichen als ausbildungsgeeignet einschätzen, werden sie (bei gleichen fachlichen und nicht fachlichen Kompetenzen und gleichen arbeitsmarktrelevanten Ressourcen) weniger häufig nach dem Praktikum in eine Ausbildung übernommen. Solche Befunde können als Diskriminierungsprozesse bewertet werden. In diesem Zusammenhang verweist die Signallingtheorie darauf, dass der Zusammenhang zwischen Produktivität und Marktsignalen[2] kein tatsächlicher, sondern ein unterstellter Zusammenhang ist (Solga 2005). Die Signallingtheorie kann dann beobachtbare Benachteiligungen erklären – und als Diskriminierung entlarven – wenn empirisch gezeigt werden kann, dass der Zusammenhang zwischen Marktsignalen und angenommener Produktivität entsprechend bestimmter sozial-struktureller Merkmale variiert (vgl. hierzu auch Imdorf 2011).

Um die Bedeutung sozialstruktureller Merkmale, vor allem des kulturellen Kapitals des Elternhauses, zu erklären, wird häufig argumentiert, dass bei der Vergabe von Ausbildungsplätzen arbeitsmarktrelevante Netzwerkstrukturen eine Rolle spielen (Granovetter 1974). Bei den Jugendlichen sind dies in erster Linie die Eltern. Einerseits können diese sich bei Betrieben für ihre Kinder einsetzen und ihnen für die Bewerbung und/oder die Ausbildung wichtiges Kontextwissen vermitteln (Solga 2005). Andererseits gibt es in einigen Betrieben die Praxis, Mit-

---

2   Mit Marktsignalen sind Charakteristika (z. B. Schulabschluss) gemeint, die den Arbeitgebern
    auf dem Ausbildungsmarkt Eignung bzw. Nicht-Eignung für eine Ausbildungsstelle signalisieren.

arbeiterkinder bei Auswahlprozessen bevorzugt zu behandeln. So zeigen Protsch und Solga (2012) zum Beispiel in einer qualitativen Studie zum betrieblichen Rekrutierungsverhalten, dass Mitarbeiterkinder in einem mehrstufigen Bewerbungsverfahren die erste Auswahlstufe „überspringen" und gleich in die engere Auswahl von Bewerber/inne/n aufgenommen wurden. Die Autor/inn/en weisen in diesem Zusammenhang auch darauf hin, dass durch diesen Auswahlmechanismus gering qualifizierte Jugendliche systematisch ausgegrenzt werden: „Da jedoch – wie vielfältige Studien zeigen – Eltern von Jugendlichen mit maximal Hauptschulabschluss häufiger nicht oder nur geringfügig erwerbstätig sind, gibt es nur selten Mitarbeiterkinder mit Hauptschulabschluss" (Protsch und Solga 2012, S. 47).

Auf der Seite der Betriebe steht bei der Auswahl von Auszubildenden die Frage im Zentrum, wie sie die Produktivität ihrer zukünftigen Auszubildenden am effizientesten ermitteln können. Imdorf (2007, 2010, 2011) argumentiert in diesem Zusammenhang, dass die Bewertung der Produktivität nicht nur durch die Angebotsseite, sondern auch durch die Nachfrageseite, d. h. die organisatorische und institutionelle Verfasstheit der Betriebe, strukturiert ist und dass hier durchaus unterschiedliche Logiken eine Rolle spielen. Ausgangspunkt seiner Überlegungen ist, dass Produktivität von Bewerber/inne/n keinesfalls nur „als Funktion individueller Kompetenzen", sondern auch „als Resultat funktionierender und profitabler Sozial- und Kundenbeziehungen am Arbeitsplatz" betrachtet werden muss (Imdorf 2011, S. 82). Er unterscheidet dabei zwischen individuellen und organisatorischen Ressourcen (Imdorf 2007). Bezugnehmend auf Boltanski und Thévenot (2007) geht Imdorf davon aus, dass letztere durch unterschiedliche „betriebliche Welten" strukturiert sind, die nach jeweils eigenen Logiken funktionieren. In der „Welt des Marktes" ist es beispielsweise von Bedeutung „(…), dass ein künftiger Auszubildender dem Betrieb keine unnötigen Kosten verursachen soll. Zum einen existieren hier betriebliche Überlegungen, die nahe legen, keine Jugendlichen einzustellen, die die Ausbildung frühzeitig abbrechen könnten, da diese einer betrieblichen Fehlinvestition gleichkämen" (Imdorf 2011, S. 84). In der „häuslichen Welt" hingegen ist „[d]ie Selektion von Auszubildenden (…) bestrebt, konfliktfreie horizontale und vertikale Sozialbeziehungen im Betrieb zu garantieren" (Imdorf 2011, S. 85). Hier könnten askriptive Merkmale mit antizipierten Störungen innerbetrieblicher Sozialbeziehungen assoziiert werden. Folgt man dieser Argumentation, können der Organisation des Betriebes, genauer seiner betriebsinternen Sozialbeziehungen und betriebsexternen Kundenbeziehungen, institutionelle Diskriminierungsprozesse immanent sein (Gomolla 2010, S. 79).

Der vorliegende Beitrag untersucht betriebliche Rekrutierungs- und Screeningprozesse. Vor dem Hintergrund des dargelegten Forschungsstandes gliedern sich diese in zwei wesentliche Aspekte:

1. *Erstens* stellt sich die Frage, welchen Signalwert der Hauptschulabschluss auf dem Ausbildungsmarkt hat. Hat er aus betrieblicher Sicht an „Wert verloren", d. h. signalisiert er Betrieben inzwischen eher, dass Bewerber/innen mit einem solchen Zertifikat *nicht* über die ausreichenden Fähigkeiten verfügen, um den Anforderungen einer Ausbildung gerecht zu werden? Ein Indikator dafür ist, ob Betriebe qualifikatorische Mindestvoraussetzungen definieren, die Hauptschüler/innen von vornherein aus dem Bewerbungsprozess ausschließen. Wenn dies so wäre, würden Hauptschüler/innen vor allem an dem negativen Signalwert ihres Schulabschlusses scheitern, da sie nicht einmal die Möglichkeit hätten, ihre Fähigkeiten in einem Vorstellungsgespräch darzulegen. Qualitative Analysen haben zudem gezeigt, dass arbeitsmarktrelevante Netzwerkstrukturen (z. B. bei den Betrieben angestellte Familienmitglieder) Zugänge zu den betrieblichen Auswahlprozessen erleichtern können. Denkbar wäre, dass diese Netzwerkstrukturen den negativen Signalwert eines Hauptschulabschlusses teilweise kompensieren könnten.

2. *Zweitens* ist von Bedeutung, auf welcher Grundlage Betriebe ihre Auswahlentscheidungen treffen. Hier ist vor allem relevant, welche Fähigkeiten und Kompetenzen Betrieben als Ausweis von Ausbildungsfähigkeit dienen und wie diese von den Betrieben ermittelt werden. Da empirische Analysen von Übergangsmustern nahe legen, dass Betriebe bei der Auswahl von Auszubildenden diskriminieren, stellt sich die Frage, inwiefern der Prozess der Ermittlung und Bewertung der Fähigkeiten der Bewerber/innen „anfällig" für Diskriminierungen bestimmter Gruppen (z. B. gering qualifizierter Jugendlicher) ist. Darüber hinaus soll untersucht werden, welche innerbetrieblichen Abläufe und Überlegungen Rekrutierungsprozesse strukturieren.

3. Beschreibung des Datensatzes und methodisches Vorgehen

Die Analyse stützt sich auf eine Betriebsbefragung, welche im Rahmen des Projektes „Wann und warum Benachteiligtenförderung gelingt" erhoben wurde. Kern des Projektes ist die Erhebung eines Panels, in dem ca. 1500 ehemalige niedersächsische Hauptschüler/innen in sechsmonatigen Abständen zum Verlauf ihrer beruflichen Ausbildung (bzw. des Besuchs von Maßnahmen des Übergangssystems) befragt werden. Im Oktober 2011 wurden die Jugendlichen nach Namen von Betrieben gefragt, bei denen sie sich erfolglos oder erfolgreich um ein Praktikum oder einen Ausbildungsplatz beworben haben. Die so erhobenen Betriebe wurden im Juni 2012 im Rahmen einer Computer gestützten Telefonbefragung (Cati) danach befragt, wie sie ihre betrieblichen Auswahl- und Einstellungsprozesse strukturieren. Ebenso wurden Strukturdaten der Betriebe und Einstellungen der jeweiligen Personalverantwortlichen[3] gegenüber Hauptschüler/inne/n befragt. Insgesamt wurden 567 Betriebe befragt, wobei es aufgrund der Auswahl der Betriebsadressen zu einer Überrepräsentation von Betrieben kommt, die Hauptschüler/innen ausbilden. Das Sample ist somit keine repräsentative Erhebung. Ziel der Befragung ist daher auch nicht die repräsentative Darstellung von betrieblichen Rekrutierungsprozessen, sondern zu ermitteln, welche Prozesse und Mechanismen zur Einstellung bzw. Ausgrenzung von Hauptschüler/inne/n führen. In einem ersten Schritt werden die Rekrutierungsprozesse der befragten Betriebe deskriptiv dargestellt. In einem zweiten Schritt wird untersucht, in welchem Zusammenhang diese Prozesse mit dem Einstellungsverhalten der Betriebe stehen. Dafür wurde eine binäre abhängige Variable gebildet, die abbildet, ob Betriebe aktuell Hauptschüler/innen ausbilden (1= Ausbildung von Hauptschüler/inne/n; 0= keine Ausbildung von Hauptschüler/innen). Aufgrund der binären abhängigen Variablen werden binäre logistische Regressionen geschätzt. Ausgewiesen sind Odds Ratios. Von den befragten Betrieben bilden aktuell 500 aus. Von diesen gaben 222 (44,4 %) an, momentan keine Hauptschüler/innen auszubilden.

4. Betriebliche Rekrutierungsprozesse und die Konsequenzen für die Einstellung von Hauptschüler/inne/n

Im Folgenden soll nun untersucht werden, welche der beschriebenen Mechanismen bei betrieblichen Auswahlprozessen tatsächlich zum Tragen kommen und inwieweit diese dann dazu beitragen, dass Jugendlichen mit einem Hauptschulabschluss der Zugang zu einem Ausbildungsplatz verwehrt bleibt.

4.1 Deskriptive Beschreibung der Rekrutierungsprozesse

Bezüglich der Rekrutierungsprozesse lässt sich für die befragten Betriebe zunächst kein Muster feststellen, welches darauf hinweist, dass Hauptschüler/innen bereits an dieser Stelle systematisch ausgeschlossen werden. Wie Abbildung 1 darstellt, rekrutieren die befragten Betriebe am häufigsten über die Arbeitsagentur, Stel-

---

3   Diese wurden ermittelt, indem gefragt wurde, wer im Betrieb für die Einstellung von Auszubildenden verantwortlich ist.

lenanzeigen in Zeitungen und über ihre Firmenhomepage. Deutlich wird auch die vergleichsweise hohe Bedeutung von Praktika, die die Betriebe offensichtlich für verlängerte Screeningprozesse nutzen. Auch die Einstiegsqualifikationen (EQJ) können bei betrieblichen Rekrutierungsprozessen eine ähnliche Funktion haben. Der Zugang der Jugendlichen zu arbeitsmarktrelevanten Netzwerken spielt bei betrieblichen Rekrutierungsprozessen hingegen eine vergleichsweise geringe Rolle. So geben nur 7,8 % der befragten Betriebe an, bei der Rekrutierung von Auszubildenden auf soziale Netzwerke zurückzugreifen.

Abbildung 1:   Betriebliche Rekrutierungsprozesse

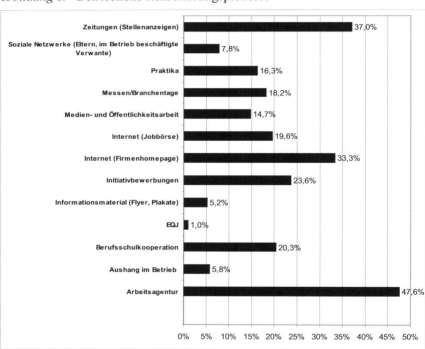

Frage: „Wie rekrutieren Sie neue Auszubildende?“, Mehrfachnennungen möglich, Angaben in Prozent
N= 503
Quelle Datensatz: Betriebsbefragung 2012, SOFI

Ein wichtiger Schritt im betrieblichen Gatekeepingprozess ist die Bewertung der Bewerbungsunterlagen und die darauf aufbauende Auswahl zum Bewerbungsgespräch. Die Betriebe wurden daher gefragt, worauf sie bei der Durchsicht der Bewerbungsunterlagen besonders achten. Wenn Betriebe im Sinne der beschriebenen Diskreditierungsprozesse absolute Ausschlusskriterien für Hauptschüler/innen (z. B. einen Schulabschluss unterhalb eines Realschulabschlusses) anwenden, werden diese vermutlich an dieser Stelle wirksam[4]. Die große Bedeutung der Kopfnoten und der Note im Arbeits- und Sozialverhalten[5] (zusammen 24,4 %) sowie der Fehlzeiten (17,7 %) belegen, dass nicht fachliche Kompetenzen für viele Betriebe bei der Auswahl von Jugendlichen eine größere Bedeutung haben als fachliche Kompetenzen. Es gaben nur 3,8 % der Betriebe an, bei der Durchsicht der Bewerbungsunterlagen besonders auf den Schulabschluss zu achten. Dennoch nannten auf die Frage, ob es bei der Einstellung von Auszubildenden eine Mindestqualifikation gebe, 59,5 % der befragten Personalverantwortlichen einen Hauptschulabschluss und 24,8 % einen Realschulabschluss, während 0,5 % sogar einen Fachhochschulabschluss als Mindestvoraussetzung angaben (15,3 % gaben „sonstige qualifikatorische Mindestvoraussetzungen" an). Gut ein Viertel der befragten Betriebe schließt Jugendliche, die „nur" über einen Hauptschulabschluss verfügen, somit systematisch aus dem Bewerbungsverfahren aus.

In Hinblick auf mögliche Diskriminierungsprozesse ist auffällig, dass das Geschlecht, der Name (als möglicher Hinweis auf einen Migrationshintergrund), die Berufe der Eltern (als Hinweis auf den sozio-kulturellen Status) und das Alter von den Betrieben als unwichtig eingestuft wurden. Dies muss allerdings nicht zwangsläufig bedeuten, dass diese Faktoren bei der Auswahl von Bewerber/inne/n tatsächlich keine Rolle spielen.

Um herauszufinden, auf welche Fähigkeiten und Kompetenzen die Personalverantwortlichen in den Betrieben besonders achten, wurden sie danach gefragt, welche Kriterien sie bei der Auswahl von Bewerber/inne/n im Allgemeinen ansetzen. Abbildung 3 verdeutlicht, dass dem Leistungsniveau und den schulischen Qualifikationen der Bewerber/innen eine vergleichsweise geringe Bedeutung zukommt. Die hohe Bedeutung der Leistungsfähigkeit (4. Stelle der Auswahlkriterien) zeigt jedoch, dass die Betriebe durchaus darauf achten, dass die Kompetenzen der Jugendlichen so strukturiert sind, dass sie die Jugendlichen dazu befähigen,

---

4 Die Frage wurde als offene Frage formuliert, die entsprechend der unten aufgeführten Vorgaben von den Interviewer/inne/n verschlüsselt wurde. Dieses Vorgehen erklärt den hohen Anteil der Antwortkategorie „Sonstiges". Am häufigsten nannten die Betriebe unter Sonstiges, dass die Jugendlichen mehr Praxiserfahrungen mitbringen sollten.

5 In Niedersachsen werden als Kopfnoten jeweils eine Note für das Arbeits- und Sozialverhalten gegeben.

Abbildung 2: Kriterien bei der Bewertung der Bewerbungsunterlagen

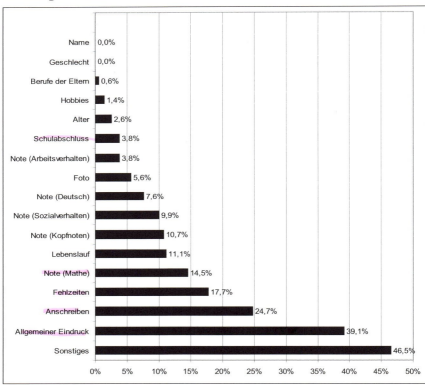

Frage: „Worauf wird bei den Bewerbungsunterlagen der Auszubildenden besonders geachtet?"
Mehrfachnennungen möglich, Feldvercodung während der Befragung, Angaben in Prozent.
N= 503
Quelle Datensatz: Betriebsbefragung 2012, SOFI

den Anforderungen einer Ausbildung gerecht zu werden. Es ist davon auszugehen,
dass dazu auch fachliche bzw. berufsbezogene Kompetenzen gehören. Allerdings
scheinen, wie auch bereits oben diskutiert, schulische Leistungen (vor allem bei
Hauptschüler/inne/n) hierfür keine Referenz mehr zu sein. Gleichwohl bestätigen die Ergebnisse der Befragung die oben angeführten Argumente, dass nicht-
fachliche Kompetenzen, wie Zuverlässigkeit und Motivation, eine größere Rolle
spielen als schulische Qualifikationen. Auffällig ist außerdem, dass der Frage, ob

der/die Bewerber/in gut ins Team passt, eine sehr hohe Bedeutung (3. Stelle der Auswahlkriterien) zugemessen wird. Ebenso wird der Stellenwert des „Bauchgefühls" bei der Personalselektion betont. Dies bestätigen die Befunde Imdorfs (2007), die zeigen, dass Betriebe nicht nur fachliche und soziale Kompetenzen bewerten, sondern bei der Einstellungsentscheidung auch darüber nachdenken, ob die „soziale Passung" stimmt, d. h., ob die Bewerber/innen gut ins Team passen oder ob die „Chemie" zwischen Bewerber/in und Vorgesetzten stimmt. Gerade diese sehr diffusen Kriterien könnten der Ausgrenzung von Hauptschüler/inne/n Vorschub leisten, wenn es von Seiten der Personalverantwortlichen Vorurteile gegenüber dieser Bewerbergruppe gibt.

Abbildung 3: Kriterien der Bewertung von Bewerbungen

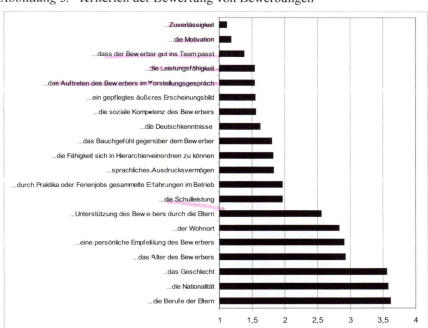

Frage: „Welche Kriterien spielen bei der Auswahl von Auszubildenden eine Rolle?" Antwortmöglichkeiten: sehr wichtig (1), eher wichtig (2), eher unwichtig (3) und sehr unwichtig (4).

N= 509

Quelle Datensatz: Betriebsbefragung 2012, SOFI

Aus diesem Grund wurden die Betriebe zusätzlich nach ihren Einstellungen gegenüber Hauptschüler/inne/n gefragt (siehe Abbildung 4). Die Aussagen belegen
zunächst, dass sich bei den befragten Betrieben Abwertungsprozesse in Bezug auf
den Hauptschulabschluss beobachten lassen. 57,7 % stimmen der Aussage, dass
Jugendliche heute weniger Leistung erbringen müssen, um einen Hauptschulabschluss zu erlangen, als noch vor 20 Jahren zu oder voll zu. Die Aussagen der Betriebe können sowohl als Bestätigung von Upgrading- als auch Upskilling-Pro-
zessen interpretiert werden. So stimmen 56,7 % der Betriebe der Aussage voll zu
oder zu, dass die Ansprüche einer Ausbildung gestiegen sind (Upskilling-Prozesse). Offensichtlich scheinen die meisten Betriebe allerdings eher aufgrund der –
ihrer Einschätzung nach – gestiegenen schulischen Ansprüche dieser Auffassung
zu sein. Denn während nur 21 % der befragten Betriebe der Aussage voll zustimmen oder zustimmen, dass Hauptschüler/innen den betrieblichen Anforderungen
einer Ausbildung nicht gewachsen seien, findet die Aussage, dass diese Jugendlichen den schulischen Anforderungen nicht mehr gewachsen seien, eine mehr als
doppelt so hohe Zustimmung (45,2 %). Die Aussage, dass Betriebe generell lieber

Abbildung 4: Einstellungen der befragten Betriebe gegenüber Hauptschüler/
inne/n

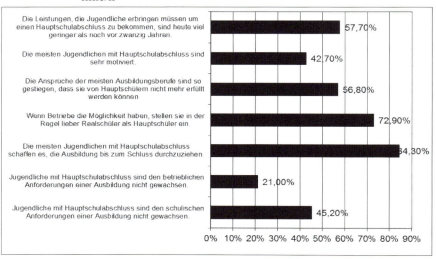

Prozent der befragten Betriebe, die der formulierten Aussage „voll zustimmen" oder „zustimmen".
N= 537

Realschüler/innen als Hauptschüler/innen einstellen, kann hingegen als Bestätigung von Upgrading-Prozessen verstanden werden. Es scheint bei den Betrieben – unabhängig von den tatsächlichen Kompetenzen der Bewerber/innen – eine generelle Tendenz zu geben, Jugendliche mit höheren Schulabschlüssen zu bevorzugen.

4.2 Einflüsse auf Einstellungsverhalten der Betriebe

In welchem Verhältnis stehen die oben erhobenen Befunde zu den Rekrutierungsprozessen, der Strukturierung der Einstellungsentscheidungen und den generellen Einstellungen gegenüber Hauptschüler/inne/n zu dem Einstellungsverhalten der Betriebe? Um diese Frage beantworten zu können, wurden einfache logistische Regressionen gerechnet, in denen der Einfluss der dargestellten Items auf die Tatsache, dass Betriebe Hauptschüler/innen aktuell ausbilden oder in der Vergangenheit ausgebildet haben, untersucht wird. Bei allen Regressionen wurde für die Art des Unternehmens[6] und die Branche[7] kontrolliert. Aus Platzgründen sind in Tabelle 1 nur jene Items ausgewiesen, sie sich als signifikant erwiesen haben.

Bezüglich der Rekrutierung stellt sich zunächst heraus, dass die Wahrscheinlichkeit für einen Betrieb, einen Hauptschüler einzustellen, höher ist, wenn er über Aushänge im Betrieb oder Berufsschulkooperationen rekrutiert. Ebenso haben Betriebe, die angaben, dass als allgemeine Auswahlkriterien das Anschreiben, die Note im Sozialverhalten, die Unterstützung durch die Eltern und/oder Erfahrungen in dem Betrieb durch Ferienjobs oder Praktika wichtig bzw. sehr wichtig sind, eine höhere Wahrscheinlichkeit Hauptschüler/innen auszubilden als solche, die diesen Merkmalen eine geringere Bedeutung zumessen. Diese Befunde scheinen zu bestätigen, dass angesichts der geringen Erwartungen in die schulischen und fachbezogenen Kompetenzen von Hauptschüler/inne/n alternative „Garanten" für die Leistungsfähigkeit der Hauptschüler/innen an Bedeutung gewinnen. Hierzu gehören nicht nur Sozial- und Handlungskompetenzen, sondern auch berufsbezogene Erfahrungen durch Praktika und die Unterstützung durch die Eltern. Auffällig ist darüber hinaus, dass Betriebe, die angaben, dass das „Bauchgefühl" bei der Bewertung von Bewerber/inne/n um einen Ausbildungsplatz eine große Rolle spielt, eine nur halb so große Wahrscheinlichkeit haben (0,54), Hauptschüler/innen auszubilden, als solche, die dies nicht angeben.

---

6   Es wurde erfasst, ob es sich um ein unabhängiges, eigenständiges Unternehmen, die Filiale eines größeren Unternehmens oder die Zentrale oder Hauptverwaltung eines Unternehmens handelt.

7   Bei der Erfassung der Branche wurde nach Industrie, Handwerk und Dienstleistung differenziert.

Die Bedeutung des Bauchgefühls als eher indifferentes Auswahlkriterium könnte auch eine Erklärung dafür sein, warum generelle Einstellungen gegenüber Hauptschüler/inne/n in so einem engen Zusammenhang mit dem tatsächlichen Einstellungsverhalten der Betriebe stehen. So weisen vier der sieben abgefragten Items zu den Einstellungen gegenüber Hauptschüler/inne/n einen signifikanten Zusammenhang mit der Tatsache auf, ob Betriebe aktuell Hauptschüler/innen ausbilden. Betriebe, die der Aussage, dass Haupschüler/innen die begonnene Ausbildung auch tatsächlich beenden, zustimmen oder voll zustimmen, haben eine fast viermal so hohe Wahrscheinlichkeit (3,79), Hauptschüler/innen auszubilden, als solche, die dies nicht tun. Dies bestätigt den Befund von Imdorf, dass die Einschätzung, ob Jugendliche eine begonnene Ausbildung auch beenden, bei der Bewertung der Produktivität der Bewerber/innen eine ganz wesentliche Rolle spielt. Diese Interpretation wird zusätzlich dadurch gestützt, dass Betriebe, die Hauptschüler/innen für sehr motiviert halten, eine 1,5-mal höhere Wahrscheinlichkeit aufweisen, Hauptschüler/innen auszubilden, als solche, die dies nicht tun. Umgekehrt zeigt sich, dass bei Betrieben, die Upskilling- und Upgrading-Prozesse konstatieren (volle Zustimmung oder Zustimmung zu den Aussagen „Betriebe stellen lieber Realschüler ein" und „Ansprüche einer Ausbildung sind so gestiegen, dass Hauptschüler ihnen nicht mehr gerecht werden können"), die Chance, dass sie Hauptschüler/innen ausbilden, nur halb so groß ist wie bei Betrieben, die diesen Prozessen eine weniger große Bedeutung beimessen.

Tabelle 1: Wahrscheinlichkeit Hauptschüler/innen einzustellen, Odds Ratios

	Odds Ratio	N
Rekrutierung: Aushang im Betrieb	2,2* (.97)	462
Rekrutierung: Aushang Berufsschulkooperationen	1,59* (0,39)	462
Kriterien bei der Bewertung der Bewerbungsunterlagen: Anschreiben	1,74* (0,39)	462
Kriterien bei der bei der Bewertung der Bewerbungsunterlagen: Note im Sozialverhalten	2,42* (0,86)	462
Auswahlkriterien allgemein: Bauchgefühl	0,54** (0,15)	459
Auswahlkriterien allgemein: Unterstützung durch die Eltern	1,48** (0,29)	455
Auswahlkriterien allgemein: Praktika oder Ferienjobs	1,53* (0,35)	461
Einstellungen: Hauptschüler/innen ziehen die Ausbildung durch	3,79*** (1,14)	408
Einstellungen: Betriebe stellen lieber Realschüler ein	0,46** (0,1)	456
Einstellungen: Ansprüche einer Ausbildung sind so gestiegen, dass Hauptschüler/innen nicht mehr gerecht werden können	0,42*** (0,09)	448
Einstellungen: die meisten Hauptschüler/innen sind sehr motiviert	1,68** (0,36)	394

*= p<0,1, **= p<0,05, *** p<0,01

5. Fazit

Der vorliegende Beitrag verdeutlicht, dass die Bedeutung betrieblicher Gatekeepingprozesse tatsächlich ein blinder Fleck in der Übergangsforschung ist. Der ganz überwiegende Teil der wissenschaftlichen und politischen Auseinandersetzungen mit dem Übergangssystem diskutiert, welchen Beitrag bestimmte Maßnahmen leisten können, um die Kompetenzen der Jugendlichen – und damit auch ihre Chancen auf dem Ausbildungsmarkt – zu erhöhen. So gerät in der Analyse der Wirksamkeit des Übergangssystems vor allem die Angebotseite in den Blick. Um verstehen zu können, warum Maßnahmen erfolgreich sind, ist es aber ebenso wichtig zu wissen, wie betriebliche Auswahlprozesse strukturiert sind. Zu dieser Fragestellung leisten die dargestellten Ergebnisse einen Beitrag:

Die Ergebnisse der Betriebsbefragung bestätigen, dass der Hauptschulabschluss aus betrieblicher Sicht an Wert verloren hat. Für ein gutes Viertel der befragten Betriebe signalisiert ein Hauptschulabschluss, dass der/die entsprechende Bewerber/in *nicht* über die ausreichenden Fähigkeiten verfügt, um den Ansprüchen einer Ausbildung gerecht zu werden. Rund 25 % der befragten Betriebe legen eine qualifikatorische Mindestvoraussetzung oberhalb des Hauptschulabschlusses als Voraussetzung, um eine Bewerbung für einen Ausbildungsplatz überhaupt in die engere Wahl zu ziehen, fest. Die Befragung der Betriebe legt nahe, dass die konstatierte Abwertung des Hauptschulabschlusses sowohl aus Upskilling- als auch aus Upgrading-Prozessen resultiert, was sich mit den Forschungsergebnissen von Protsch (2013) zu dieser Fragestellung deckt.

Die beschriebenen Abwertungsprozesse haben Konsequenzen für die Strukturierung der betrieblichen Rekrutierungs- und Einstellungsentscheidungen. Zertifizierte schulische Leistungen gelten vielen Betrieben nicht mehr als ausreichendes Signal für die Eignung für eine Ausbildung. Wenn Betriebe schulische Zertifikate zur Ermessung der fachlichen Kompetenzen nutzen, so ist dies wohl vor allem die Note im Fach Mathematik. Die Befragung hat aber verdeutlicht, dass viele Betriebe auf andere Signale zur Ermessung der Ausbildungseignung der Jugendlichen zurückgreifen. Dabei ist festzuhalten, dass für die Bewertung eines Jugendlichen sowohl berufsbezogene Fähigkeiten (die Frage, ob der oder die Jugendliche den Anforderungen einer Ausbildung in fachlicher Hinsicht gerecht werden kann) als auch motivationale Aspekte (die Frage, ob der oder die Jugendliche die Ausbildung auch tatsächlich beendet) wichtig sind (siehe auch Kohlrausch 2012a, Kohlrausch und Solga 2012). Für ersteres spricht die große Bedeutung der Frage, ob die Jugendlichen im Rahmen von Praktika oder Ferienjobs bereits Erfahrungen im Betrieb gesammelt haben. Für letzteres die Tatsache, dass Eigen-

242 Bettina Kohlrausch

schaften wie Zuverlässigkeit und Motivation von vielen Betrieben stärker wert-
geschätzt werden als gute Schulleistungen.

In Bezug auf die Bereitschaft, Hauptschüler/innen auszubilden, zeigt sich
hier eine Wechselwirkung: Die Betriebe im untersuchten Sample, die angaben,
bei der Auswahl der Auszubildenden und der Bewertung der Bewerbungsunterlagen besonders auf die Note im Sozialverhalten und bereits gesammelte betriebliche Erfahrungen zu achten, bildeten deutlich häufiger Hauptschüler/innen aus.

Interessanterweise taten dies auch Betriebe, die besonders auf die Unterstützung der Eltern achteten. Vorherige Untersuchungen haben gezeigt, dass das
kulturelle Kapital des Elternhauses für die Bewertung der Ausbildungseignung
eine große Rolle spielt. Diese Befunde können mit Hilfe der vorliegenden Untersuchung dahingehend erklärt werden, dass das Elternhaus (wenn es über das
entsprechende kulturelle Kapital verfügt) als eine Art Garant oder zusätzliche
Ressource zur erfolgreichen Bewältigung der Anforderung einer beruflichen Ausbildung gilt. Damit wird das Elternhaus nicht so sehr – wie häufig vermutet – bei
der Vermittlung von Zugängen zu einer Ausbildung (z. B. durch Kenntnisse über
freie Ausbildungsplätze etc.), sondern bei der Einschätzung der Ausbildungseignung relevant. Dies ist für jene Jugendlichen problematisch, die aus Elternhäusern mit geringem kulturellen Kapital und entsprechend wenig Ressourcen, ihre
Kinder während der Ausbildung zu unterstützen, kommen. Dabei kommen gerade Hauptschüler/innen häufig aus solchen Elternhäusern. Umgekehrt scheinen
Hauptschüler/innen, die auf diese Ressource zurückgreifen können, damit aus ihrer schulischen Qualifikation resultierende Nachteile kompensieren zu können.
Die Ergebnisse dieses Beitrages zeigen zudem, dass auch innerbetriebliche Abläufe, z. B. die Überlegung, ob der/ die Jugendliche gut ins Team passt oder das
sogenannte „Bauchgefühl", Auswahlentscheidungen bei der Vergabe von Ausbildungsplätzen strukturieren. Solche wenig standardisierten Auswahlkriterien,
insbesondere das sogenannte Bauchgefühl, scheinen sich auf die Chancen der
Hauptschüler/innen eher nachteilig auszuwirken.

Zusammenfassend lässt sich feststellen: Bei der Bestimmung der Ausbildungseignung (von Hauptschüler/innen) spielen schulische Zertifikate für Betriebe in der Regel eher eine untergeordnete Rolle. Gerade für Hauptschüler/innen
können daher Sozialkompetenzen, Betriebserfahrungen durch Praktika oder die
Unterstützung durch das Elterhaus Ressourcen darstellen, die ihre Chancen auf
einen Ausbildungsplatz erhöhen und das „Manko Hauptschulabschluss" kompensieren. Jugendliche, die auf diese Ressourcen nicht zurückgreifen können, sind
damit allerdings zusätzlich benachteiligt. Maßnahmen des Übergangssystems
sollten somit einerseits auch die Vermittlung von Sozialkompetenzen im Blick

haben und andererseits, angesichts der hohen Bedeutung der Praktika, darauf achten, dass länger andauernde Kontakte zwischen Betrieben und Jugendlichen hergestellt werden. Vor allem aber sollte sich die Bildungspolitik generell zum Ziel setzen, einen größeren Teil von Jugendlichen als bisher an ein Qualifikationsniveau oberhalb des Hauptschulabschlusses heranzuführen.

Literatur

Autorengruppe Bildungsberichterstattung (2012) Bildung in Deutschland 2012. W. Bertelmann Verlag, Bielefeld

Baas M, Eulenberger J, Geier B, Kohlrausch B, Lex T, Richter M (2012) „Kleben bleiben?" – Der Übergang von Hauptschüler/innen in eine berufliche Ausbildung. Sozialer Fortschritt 61(10): 247-257

Becker G (1964) Human Capital: A Theoretical and Empirical Analysis, with special Reference to Education. National Bureau of Economic Research, New York

Beicht U, Ulrich J G (2008) Welche Jugendlichen bleiben ohne Berufsausbildung? Analyse wichtiger Einflussfaktoren unter besonderer Berücksichtigung der Bildungsbiographie. BIBB Report(6)

Boltanski L, Thévenot L (2007) Über die Rechtfertigung. Eine Soziologie der kritischen Urteilskraft. Hamburger Edition, Hamburg

Diehl C, Friedrich M, Hall A (2009) Jugendliche ausländischer Herkunft beim Übergang in die Berufsausbildung: Vom Wollen, Können und Dürfen. Zeitschrift für Soziologie 38(1): 48-67

Gomolla M (2010) Institutionelle Diskriminierung. Neue Zugänge zu einem alten Problem. In: Hormel U, Scherr A (Hrsg) Diskriminierung. Grundlagen und Forschungsergebnisse. VS-Verlag, Wiesbaden, S 61-93

Granovetter M (1974) Getting a Job. Study of Contacts and Careers. The University of Chicago Press, Chicago

Imdorf C (2007) Individuelle oder organisationale Ressourcen als Determinanten des Bildungserfolgs? Organisatorischer Problemlösungsbedarf als Motor sozialer Ungleichheit. In: Swiss Journal of Sociology 33(3): 407-423

Imdorf C (2010) Wie Ausbildungsbetriebe soziale Ungleichheit reproduzieren: Der Ausschuss von Migrantenjugendlichen bei der Lehrlingsselektion. In: Krüger HH, Raabe-Kleeberg U, Kramer RT, Budde J (Hrsg) Bildungsungleichheit revisited. Bildung und soziale Ungleichheit vom Kindergarten bis zur Hochschule. VS-Verlag, Wiesbaden, S 259-274

Imdorf C (2011) Zu jung oder zu alt für eine Lehre? Altersdiskriminierung bei der Ausbildungsplatzvergabe. Zeitschrift für Arbeitsmarktforschung: 79-98.

Kohlrausch B (2011) Die Bedeutung von Sozial- und Handlungskompetenzen im Übergang in eine berufliche Ausbildung. Ergebnisse der Evaluation des Projektes „Abschlussquote erhöhen – Berufsfähigkeit steigern". In: Krekel E, Lex T (Hrsg) Neue Jugend – neue Ausbildung. Beiträge aus der Jugend- und Bildungsforschung. Bertelsmann, Gütersloh, S 131-143

Kohlrausch B (2012a) „Das Übergangssystem – Übergänge mit System?". In: Bauer U, Bittlingmeyer UH, Scherr A (Hrsg) Handbuch Bildungs- und Erziehungssoziologie. VS-Verlag, Wiesbaden, S 595-610

Kohlrausch B (2012b) Betriebe als Gatekeeper. Sozialer Fortschritt 61(10): 257-264

Kohlrausch B, Solga H (2012) Übergänge in die Ausbildung. Welche Rolle spielt die Ausbildungsreife? Zeitschrift für Erziehungswissenschaft 15(4): 753-774

Konietzka D (2004) Berufliche Ausbildung und der Übergang in den Arbeitsmarkt. In: Becker R, Lauterbach W (Hrsg) Bildung als Privileg: Erklärungen und Befunde zu den Ursachen der Bildungsungleichheit. VS-Verlag, Wiesbaden, S 273-306

Protsch P (2013) Höhere Anforderungen in der beruflichen Erstausbildung? WSI Mitteilungen(1): 15-23

Protsch P, Solga H (2012) Wenn der Betrieb aussiebt. Warum Jugendliche mit Hauptschulabschluss bei der Lehrstellensuche scheitern. WZB Mitteilungen. Lernen erforscht: von der Kita bis ins Alter(138): 45-48

Solga H (2005) Ohne Abschluss in die Bildungsgesellschaft. Verlag Barbara Budrich, Opladen

Solga H, Wagner S (2007) Die Zurückgelassenen – die soziale Verarmung der Lernumwelt von Hauptschülerinnen und Hauptschülern. In: Becker R, Lauterbach W (Hrsg) Bildung als Privileg. VS-Verlag, Wiesbaden, S 195-224

Solga H, Kohlrausch B, Kretschmann C, Fromm S (2010) Evaluation des Projektes „Abschlussquote erhöhen – Berufsfähigkeit steigern". IAB-Forschungsbericht. Institut für Arbeitsmarkt- und Berufsforschung, Nürnberg

Solga H, Baas M, Kohlrausch B (2011) Übergangschancen benachteiligter Hauptschülerinnen und Hauptschüler. Evaluation der Projekte „Abschlussquote erhöhen – Berufsfähigkeit steigern 2" und „Vertiefte Berufsorientierung und Praxisbegleitung". IAB-Forschungsbericht. Institut für Arbeitsmarkt- und Berufsforschung, Nürnberg

Ulrich JG (2005a) Ausbildungschancen von Jugendlichen mit Migrationshintergrund. Ergebnisse aus der BIBB-Berufsbildungsforschung. In: INBAS (Hrsg) Werkstattberichte. Frankfurt/M, Berlin, S 1-26

Ulrich JG (2005b) Probleme bei der Bestimmung von Ausbildungsplatznachfrage und Ausbildungsplatzangebot. Definitionen, Operationalisierungen, Messprobleme. In: Bundesinstitut für Berufsbildung (Hrsg) Der Ausbildungsmarkt und seine Einflussfaktoren. Dokumentation der Fachtagung der Arbeitsgemeinschaft Berufsbildungsforschungsnetz vom 01./02. Juli 2004. Bonn, S 5-36

Ethnisierung von ‚Ausbildungsfähigkeit' – ein Fall sozialer Schließung in der Migrationsgesellschaft

Ulrike Hormel

Bislang stellen Migrationsforschung und Berufsbildungsforschung weitgehend unverbundene Forschungsbereiche dar. Wenn die Berufsbildungsforschung die Bedingungen beruflicher Bildung in der Migrationsgesellschaft in den Blick nimmt, dann geschieht dies vor allem im Rahmen deskriptiver Beschreibungen der Übergangsprozesse (vgl. Beicht et al. 2008) oder aber im Kontext von Problembeschreibungen, mit denen ‚ausländische Jugendliche' oder ‚Jugendliche mit Migrationshintergrund' als besondere Gruppe oder gar als ‚Risiko-Gruppe' konzeptualisiert werden (etwa Troltsch und Ulrich 2003; vgl. dazu Schmidt 2011). Umgekehrt werden jedoch Strukturen und Prozesse systematischer Benachteiligung beim Zugang zur beruflichen Bildung seitens der sozial- und erziehungswissenschaftlichen Migrationsforschung bereits seit den 1990er Jahren wiederkehrend thematisiert (vgl. dazu etwa Bommes 1996; Boos-Nünning 1999).

Den durch die verfügbaren Daten mittlerweile empirisch deutlich nachweisbaren Benachteiligungen von Jugendlichen mit Migrationshintergrund beim Übergang in die berufliche Bildung steht die bislang nur unzureichende Rekonstruktion der dafür verantwortlichen Mechanismen gegenüber. Während die beobachtbaren besonderen Schwierigkeiten bei der Einmündung in eine vollqualifizierende Ausbildung lange Zeit primär als Effekt der Kumulation biographischer Bildungsbenachteiligungen und der individuellen Ausstattung mit arbeitsmarktrelevanten Ressourcen gewertet wurden (vgl. dazu kritisch Boos-Nünning 2006, 2011), finden sich inzwischen nicht mehr ignorierbare Hinweise darauf, dass sich an der Übergangsschwelle zum Berufsausbildungssystem genuine, nicht ausschließlich mit den Selektionsrationalitäten des allgemeinbildenden Schulsystems zu erklärende Formen allokativer Benachteiligung vollziehen.

Der folgende Beitrag versucht zunächst die Problematik der Benachteiligung von Jugendlichen mit Migrationshintergrund in der beruflichen Bildung (1.) im allgemeineren Problemzusammenhang sozialer Ungleichheit in der Migrationsgesellschaft zu verorten. In einem nächsten Schritt werden (2.) anhand der Theorie sozialer Schließung unterschiedliche Logiken der Benachteiligung im Schulsystem einerseits, beim Zugang zur betrieblichen Berufsausbildung andererseits aufgezeigt. Unter Berücksichtigung empirischer Befunde zur nicht-meritokratischen Rationalität bei der Lehrstellenvergabe werden (3.) unterschiedliche Logiken der wissenschaftlichen Beobachtung der (Aus-)Bildungsbenachteiligung von Jugendlichen mit Migrationshintergrund nachgezeichnet. Unter Bezugnahme auf den aktuell bedeutsamen Topos der ‚mangelnden Ausbildungsreife' wird (4.) die These formuliert, dass dieser eine Klassifikation darstellt, die soziale Schließungsprozesse mit Legitimationsfähigkeit ausstattet. Abschließend wird (5.) zu diskutieren sein, ob und inwiefern sich auf das Berufsbildungssystem bezogene Klassifikationen wie ‚Ausbildungsfähigkeit' oder ‚Ausbildungsreife' mit sozialen Klassifikationen wie ‚Migrationshintergrund' oder ‚Ethnizität' verschränken und hierin ihre spezifische Benachteiligungswirksamkeit entfalten.

1. Soziale Ungleichheit in der Migrationsgesellschaft

Wenngleich Prozesse internationaler Migration durch vielfältige Motivlagen geprägt sind und unter sehr unterschiedlichen Bedingungen stattfinden, verknüpfen sie sich gleichermaßen mit der Problemstellung der Realisierung gesellschaftlicher Teilhabechancen in den Nationalstaaten, in die migriert wird.[1] Dabei ist ein großer Teil der internationalen MigrantInnen mit politisch-rechtlichen Einschränkungen konfrontiert, die zunächst die Möglichkeiten des Zugangs zu jeweiligen Staaten betreffen (vgl. Bommes 2011, S. 20) und Bedingungen der sozialen Teilhabe über ein an Aufenthaltstitel geknüpftes Berechtigungswesen regulieren (vgl. Mohr 2005, S. 386ff.). Von Bedeutung ist hierbei nicht nur die formal-rechtliche Unterscheidung zwischen Staatsangehörigen und Nicht-Staatsangehörigen, sondern auch die zwischen MigrantInnen aus privilegierten und benachteiligten Regionen der Weltgesellschaft, insofern die legalen Zugangsmöglichkeiten zu einem Territorium und zu staatsbürgerlichen Rechten außerhalb des Geburtslandes in erheblichem Maße auf der Privilegierung bestimmter Staatsangehörigkeiten basieren. Im Fall der Bundesrepublik findet dies nicht zuletzt in der Unterscheidung zwischen EU-BürgerInnen und Nicht-EU-BürgerInnen sowie in hierarchisierten Ordnungen von Aufenthaltstiteln seinen Ausdruck, die auch den un-

---

1   Auch wenn, wie in der neueren Migrationsforschung, das Faktum der ‚Transnationalität' von Migration in Rechnung gestellt wird und in der Folge auch von einer Transnationalisierung sozialer Ungleichheitsverhältnisse auszugehen ist (vgl. Pries 2012, S. 178), müssen dabei die Verschränkungen von Migrations-, Arbeitsmarkt- und Wohlfahrtspolitik innerhalb der jeweiligen Staaten bei der Erzeugung dieses Phänomens berücksichtigt werden.

gleichen Zugang zum Arbeits- und Ausbildungsmarkt strukturieren (vgl. dazu
Hormel 2007, S. 209ff.).

Während bspw. das Recht auf Schulbesuch von minderjährigen Flüchtlingen
mittlerweile in allen Bundesländern mit der Einführung der Schulpflicht rechtlich
verankert ist, unterliegen Teilgruppen von Flüchtlingen beim Zugang zum Arbeitsmarkt nach wie vor Einschränkungen – etwa in Form von zeitlich begrenzten
Arbeitsverboten oder ‚Vorrangprüfungen', die die Übernahme einer Arbeitsstelle
nur dann ermöglichen, wenn kein ‚bevorrechtigter' Arbeitssuchender (Deutscher
oder Ausländer mit gesichertem Aufenthalt) zur Verfügung steht (vgl. Guerrero
Meneses und Graf 2011; Weiser 2012). Für diejenigen Flüchtlinge, die über keine uneingeschränkte Erlaubnis zur Aufnahme einer Beschäftigung verfügen, ist
auch der Zugang zur betrieblichen Berufsausbildung von der Zustimmung – und
d. h. immer auch dem Ermessensspielraum – der Ausländerbehörden abhängig. In
diesem Fall fungiert der Rechtsstatus als Bezugspunkt strukturierter Benachteiligung und führt zur Absicherung von Privilegien über die Zuschreibung sozialer –
hier: gleichermaßen nationa_ wie symbolisch markierter – legitimer Zugehörigkeit.

Aber auch jenseits dieser, am Rechtsstatus orientierten Unterscheidung, die
eine über den Staat als „Apparat legitimer Ausschließung" (Balibar 1993, S. 91)
vermittelte Form der Benachteiligung aufgrund zugeschriebener Zugehörigkeit
darstellt, sind Prozesse der Inklusion in Migrationsgesellschaften mit der Konstitution von Strukturmustern sozialer Ungleichheit verbunden. Diese verweisen
ihrerseits auf den Zusammenhang zwischen einer je spezifischen Migrationsgeschichte, den alltäglichen, medialen und politischen Konstruktionen von Migration als ‚Normalität' oder aber als ‚Problem' nationaler Wohlfahrtsstaaten sowie
den faktischen Eingliederungsprozessen in unterschiedliche gesellschaftliche
Teilbereiche – allen voran die ‚Kernbereiche' des Wirtschafts- und Erziehungs-
systems. Für die Bundesrepublik ist in diesem Zusammenhang von Bedeutung,
dass die im Rahmen der Anwerbepolitik seit Mitte der 1950er Jahre einsetzende
Arbeitsmigration zur Überwindung eines Arbeitskräftemangels zwar staatsrecht-
lich organisiert wurde und insofern als politisch dezidiert erwünschte Migration betrachtet werden kann, dabei aber wesentlich von den Interessen der ‚abnehmenden' Industrieunternehmen geleitet war. Entgegen der politischen Intention,
die als nur zeitlich begrenzt konzeptualisierten Migrationsprozesse in Abhängigkeit von der Arbeitsmarktkonjunktur zu regulieren, vollzog sich infolge der
dauerhaften Niederlassung eines großen Teils der angeworbenen MigrantInnen
und ihrer Familien eine gesellschaftsstrukturelle Veränderung, die den sozialen
Wandel in der Bundesrepublik in den Folgejahrzehnten zentral mitbestimmt hat
(vgl. Herbert 2001; Meier-Braun 2002).

Dabei wurde der vorrangig administrativ-pragmatische Umgang mit der faktischen Transformation der Bundesrepublik zu einer Migrationsgesellschaft bis in die 1990er Jahre jedoch von einem Staatsverständnis der Bundesrepublik als „Nicht-Einwanderungsland" (vgl. Bade und Bommes 2004, S. 441) begleitet. Die aus ungleichheitstheoretischer Perspektive bedeutsamen migrationsgesellschaftlichen Folgen werden wiederkehrend in das sinnfällige Bild einer ‚ethnischen Unterschichtung' der Sozialstruktur gebracht: Die Positionierung eines erheblichen Teils der MigrantInnen am unteren Ende des sozialen Schichtungsgefüges wird dabei als Resultat des Zusammenspiels der an ökonomischen Kalkülen orientierten Steuerung von Migration, der formal niedrigen Qualifikation der angeworbenen ArbeitsmigrantInnen, der Tätigkeit in gering entlohnten, durch prekäre Beschäftigungsverhältnisse gekennzeichneten Segmenten des Arbeitsmarktes und des dadurch erhöhten Risikos, abhängig von sozialen Transferleistungen zu werden, beschrieben (vgl. Herbert 2001, S. 213). Auf diese historisch sedimentierte und verfestigte Ungleichheitsstruktur wird angesichts der durch die Nachfolgegenerationen nur eingeschränkt realisierten Aufstiegsmobilität auch im Rahmen der Erklärung der systematischen Benachteiligung von Kindern und Jugendlichen mit Migrationshintergrund im Bildungs- und Ausbildungssystem Bezug genommen (vgl. etwa Geißler 2012).

Das Bild der ‚ethnischen Unterschichtung' ist jedoch irreführend: Sich als ‚ethnisch' darstellende soziale Ungleichheiten werden durch den politischen und wohlfahrtsstaatlichen Umgang mit Migration sowie die organisationsvermittelten In- und Exklusionsprozesse im Wirtschaftssystem und Erziehungssystem je spezifisch erzeugt. Gleichzeitig tragen die daraus resultierenden manifesten Ungleichheitsstrukturen zur Etablierung eines die Repräsentation von MigrantInnen bestimmenden „Elendsdiskurses" (Hamburger 2009, S. 92) bei, der Plausibilitäten über die vermeintlichen Eigenschaften ‚ethnisch' oder ‚kulturell' verstandener Gruppen bereitstellt, die dann wiederum als benachteiligungsrelevante kategoriale Unterscheidungen (mit/ohne Migrationshintergrund; deutsch/ausländisch; ethnisch/nicht-ethnisch) Relevanz erlangen können.

Im Folgenden wird demgegenüber von der Prämisse ausgegangen, dass weder ‚Migrationshintergrund' oder ‚Ethnizität' noch der ‚soziale Status' eine eigenständige ‚Ursache' für die dauerhafte (Re-)Produktion sozialer Ungleichheiten im Bildungssystem darstellen. Die durch empirische Studien hinreichend dokumentierte Abhängigkeit des Bildungserfolgs von sozialer Herkunft stellt demnach selbst keinen erklärenden, sondern einen erklärungsbedürftigen Sachverhalt dar. Klärungsbedürftig ist dann vor allem, in welcher Weise Unterscheidungen zwischen MigrantInnen und Nicht-MigrantInnen in den jeweiligen organisatorischen

Kontexten des (Aus-)Bildungssystems mit Sinn ausgestattet werden und welche
Mechanismen hierbei in Rechnung zu stellen sind.

Im Fall des Zugangs zur betrieblichen Ausbildung stellt sich dieser Problemzusammenhang für verschiedene ‚Gruppen' von Jugendlichen mit Migrationsgeschichte sehr unterschiedlich dar. Während für Flüchtlinge der Zugang zum Ausbildungssystem bereits formal-rechtlich unter erschwerten Bedingungen erfolgt
und einen Fall systematischer Benachteiligung par excellence darstellt, vollziehen
sich Benachteiligungsprozesse im Fall von Jugendlichen mit Mitgrationshinter-
grund, die über einen gesicherten Aufenthaltsstatus oder einen uneingeschränk-
ten Zugang zum Arbeitsmarkt verfügen, unter anderen – augenscheinlich weniger ‚sichtbaren' – Bedingungen.

2. Bildungsbenachteiligung und soziale Schließung

Das Selbstverständnis moderner Gesellschaften ist konstitutiv mit der meritokratischen Idee verknüpft, dass Bildungszertifikate und der damit verbundene Zugang zu sozialen Positionen nicht über soziale Merkmale – wie Geschlecht, soziale
Herkunft oder Ethnizität – zugeschrieben, sondern durch Leistung individuell erworben werden sollen. Gleichzeitig ist das auf dieses Ideal verpflichtete Bildungssystem jedoch grundlegend in die Herstellung sozialer Ungleichheit involviert,
insofern die leistungsbasierte Differenzierung und Beurteilung von SchülerInn-
en sowie die Vergabe ungleichwertiger Bildungszertifikate zu seinen zentralen
Funktionsaufgaben gehört. Die Legitimationsfähigkeit der öffentlichen Schule
hängt entsprechend davon ab, dass sich ihre ungleichheitsrelevanten Selektionsprozesse am Kriterium individuell erbrachter Leistung orientieren, bzw. dass sie
diese Orientierung am meritokratischen Prinzip ‚glaubhaft' machen kann (vgl.
Emmerich und Hormel 2013; Solga 2005a).

Die Außerkraftsetzung meritokratisch-individualistischer Prinzipien im
‚Wettbewerb' um soziale Positionen ist klassisch im Rahmen von Theorien sozialer Schließung beschrieben worden. Nach Weber stellt soziale Schließung einen Mechanismus der ‚Monopolisierung sozialer und ökonomischer Chancen'
dar, der Individuen über die Zuschreibung von Gruppenzugehörigkeit vom Zugang zu Ressourcen ausschließt. Zur Legitimation dieses Ausschlusses kann an
beliebige askriptive Merkmale angeknüpft werden – Weber nennt „Rasse, Sprache, Konfession, örtliche oder soziale Herkunft, Abstammung, Wohnsitz" (Weber
1922/2005, S. 260f.). Soziale Schließung folgt demnach einer vormodernen Logik
quasi-ständischer Reproduktion, die mit den Selbstbeschreibungen moderner Gesellschaften nicht kompatibel ist. In seiner Weiterentwicklung der Schließungs-

theorie hat Parkin (2004, S. 33) dafür plädiert, soziale Schließungsprozesse nicht auf die interessengeleitete Ausnutzung zugeschriebener Gruppenmerkmale zu beschränken, sondern „individualistische und kollektivistische Ausschließungsregelungen" (ebd.) zu unterscheiden: Demnach besteht die Besonderheit individualistischer Ausschließung darin, dass sie eine ‚moderne‘, kredentialistisch begründete Variante der Privilegienabsicherung darstellt, die vor allem durch formale Bildungszertifikate legitimiert wird, während kollektivistische Ausschließungen im Modus von Gruppenzugehörigkeiten operieren (vgl. ebd., S. 33f.). Individualistische Ausschließung basiert demnach auf der Prozessierung von Kriterien der Ungleichbehandlung, die mit institutioneller Legitimität ausgestattet sind, während kollektivistische Ausschließungen gesteigerten Legitimationsbedarf erzeugen. Unberücksichtigt bleibt bei Parkin jedoch, dass sowohl individualistische Kriterien wie ‚Leistung‘ oder ‚Leistungsfähigkeit‘ als auch Gruppenzugehörigkeiten wie ‚soziale Herkunft‘ oder ‚Migrationshintergrund‘ Individuen allererst zugeschrieben werden müssen. Vor dem Hintergrund, dass es sich in beiden Fällen um einen sozial voraussetzungsvollen Prozess der Askription handelt, kann als zentrales Problem die Frage exponiert werden, wie sich individualistische und kollektivistische Askriptionen in der konkreten Operationspraxis von Bildungsoder Arbeitsorganisationen faktisch überlagern und wechselseitig abstützen (vgl. Emmerich und Hormel 2013, S. 32f.).

Die Selektionsrationalitäten der öffentlichen Schule etablieren sich – formal betrachtet – ausgehend von einem grundlegenden Mechanismus der Inklusion[2]: Kinder im ‚schulfähigen Alter‘ haben nicht nur die Pflicht, die Schule zu besuchen, sondern – verfassungsrechtlich abgesichert – auch den Anspruch, nicht vom ‚Gut Bildung‘ ausgeschlossen zu werden. Schulische Bildung wird entsprechend als eine ‚Leistung‘ betrachtet, die das Bildungssystem als staatliche Einrichtung auch zu erbringen hat. Seit der Einführung der allgemeinen Schulpflicht und mit der Etablierung der Grundschule für ‚Alle‘ in der Weimarer Republik ist damit zunächst von einer formalen Inklusionsgleichheit auszugehen, die jedoch im Laufe der Schullaufbahn und im Modus differenzierter Exklusionsmechanismen in eine Ungleichheit von Bildungskarrieren transformiert wird. Diese realisiert sich insbesondere durch die Verteilung von SchülerInnen auf unterschiedliche Schultypen im mehrgliedrigen Schulsystem und im Ergebnis durch die Vergabe ungleichwertiger Bildungszertifkate, die Allokationschancen präfigurieren. Diese Form der bildungskategorialen Schließung (vgl. etwa Solga 2005b) folgt gemäß

---

2   Ich verwende die Begriffe Inklusion und Exklusion im Folgenden im Sinne ihrer differenzierungstheoretischen Formulierung durch Luhmann, die hier nicht näher entfaltet werden kann
     (vgl. dazu aber Emmerich und Hormel 2013, S. 71ff.).

der Selbstbeschreibung des Bildungssystems Kriterien der Leistung, d. h. meri-
tokratisch-individualistischen Ausschließungsregeln. Jene Selbstbeschreibung
erweist sich in dem Maße als ‚Illusion' (vgl. Bourdieu und Passeron 1971), wie
empirisch feststellbar ist, dass das Bildungssystem soziale Ungleichheiten nach
Merkmalen wie ‚soziale Herkunft' und ‚Migrationshintergrund' reproduziert. Als
ein Referenzproblem ungleichheitsbezogener Schulforschung lässt sich entsprechend die Frage nach dem Einfluss eines möglichen kollektivistischen, an Gruppenzugehörigkeiten orientierten (latenten) Modus schulischer Leistungsaskrip-
tion ausweisen (vgl. Emmerich und Hormel 2013, S. 34ff.).

Das Berufsbildungssystem basiert nun auf einer vollkommen anderen Logik: Hier ist – wiederum formal betrachtet – nicht Inklusion, sondern Exklusion
der Normalfall. In das Berufsbildungssystem werden AbsolventInnen nur dann
inkludiert, wenn sie sich erfolgreich um einen Ausbildungsplatz beworben haben. Dabei gibt es weder einen allgemeinen Rechtsanspruch auf die Einmündung
in eine vollqualifizierende Berufsausbildung, noch stellen erworbene Bildungszertifikate eine ‚Garantie' dar, einen Berufsbildungswunsch auch realisieren zu
können. Zwar wird dem Berufsbildungssystem klassischerweise auch ein „Inte-
grationsfaktor" (Hillmert 2010, S. 167) zugesprochen, womit historisch zentral
der Gedanke der Ermöglichung gesellschaftlicher Teilhabe auch für Jugendliche aus sozioökonomisch benachteiligten Klassen und Schichten verknüpft war.
Dieses Motiv tritt jedoch in dem Maße in den Hintergrund, wie es eine deutliche
Diskrepanz zwischen Nachfrage und Angebot am Ausbildungsmarkt gibt – wie
dies seit spätestens Mitte der 1990er Jahre der Fall ist (vgl. Baethge et al. 2007).

Damit ist gleichzeitig auf eine grundlegende Strukturdifferenz zwischen
allgemeinbildendem Schulsystem und dem Zugang zur betrieblichen Berufsausbildung verwiesen, insofern letztere durch eine grundlegend marktförmige Zu-
gangslogik (vgl. Ulrich 2012, S. 69) gesteuert wird. Die in historischer Perspektive entkoppelte Entwicklung von Schul- und Berufsbildungssystem, die zur Folge
hat, „dass die Berufsbildung in Deutschland eher als Teil der Arbeitsmarkt- als der
Bildungspolitik institutionalisiert ist" (Baethge 2008, S. 546), konstituiert dabei
das ‚Problem des Übergangs' als spezifisch zu bestimmenden Gegenstand: Pri-
vatwirtschaftliche Steuerungslogik als Systemcharakteristik vorausgesetzt, wären
ungleiche Inklusionschancen im Berufsbildungssystem auch entlang dieser Logik
zu rekonstruieren. Der Zugang zum Ausbildungssystem kennt dabei traditionell
nur schwach regulierte formale Zugangsbarrieren: Jeder/jede, der/die das Schulsystem – ob mit oder ohne Schulabschluss – durchlaufen hat, steht der Zugang
zur Berufsausbildung de jure offen (vgl. Dobischat et al. 2012, S. 12). Ein forma-
les Kriterium, ausgewiesen durch Bildungstitel oder andere Zertifizierungen ei-

ner ‚Ausbildungsfähigkeit' stellt – historisch gesehen – keine Zugangsbedingung dar. Zwar spielten de facto immer schon erlangte Bildungszertifikate, Schulleistungen und Noten eine Rolle bei den differentiellen Chancen der Einmündung in eine betriebliche Ausbildung, hinzu treten aber eigene Kriterien, die sich in Abhängigkeit von den Konjunkturen auf dem Arbeitsmarkt, den Logiken der in die Berufsausbildung involvierten Arbeitsorganisationen und der in die Vermittlung von Ausbildungsplätzen involvierten Bundesagentur für Arbeit vollziehen.

Spezifische Strukturmuster sozialer Ungleichheit realisieren sich jedoch nicht nur beim Zugang zur Ausbildung, sondern auch über die starke Segmentierung des Ausbildungsmarkts selbst: Es handelt sich hierbei um ein hierarchisiertes System von Berufsfeldern, die eine Strukturierung sowohl nach schulischen Qualifikationen als auch nach ‚leistungsfremden' kategorialen Merkmalen wie Geschlecht oder Migrationshintergrund aufweisen (vgl. Baethge 2010). Unterschiedliche Segmente des Berufsausbildungssystems unterliegen dabei offensichtlich auch unterschiedlichen Schließungslogiken: Berufsausbildungen, die relative soziale Mobilität, gesichertes Einkommen und Aufstiegsmöglichkeiten versprechen, werden deutlicher durch formalisierte Zugangsbarrieren, d. h. durch Bildungszertifikate reguliert (vgl. Dobischat et al. 2012, S. 15). Soziale Schließung erfolgt hier – zunächst – stärker formal kontrolliert, d. h. über individualistische Schließungsregeln des Bildungszertifikates, die etwa Hauptschul- und RealschulabsolventInnen den Zugang zu diesen Bildungsgängen tendenziell verwehren, während der Zugang zu weniger privilegierten Ausbildungsgängen offensichtlich zusätzlich stärker anfällig ist für informelle Kriterien und damit ggf. auch für kollektivistische Schließungen entlang zugeschriebener Merkmale wie Geschlecht oder Migrationshintergrund.

3. Bildungsbenachteiligung von Jugendlichen mit Migrationshintergrund – wissenschaftliche Beobachtungslogiken

Die Abhängigkeit der Bildungschancen von kategorialen Merkmalen wie Geschlecht, soziale Herkunft oder Migrationshintergrund wird dann als Außerkraftsetzung meritokratischer Prinzipien ‚sichtbar' und skandalisierbar, wenn die Muster strukturierter Bildungsungleichheit auf eine institutionelle Praxis der ungleichen Verteilung von SchülerInnen innerhalb des Schulsystems verweisen, die nicht mit den vermeintlich ‚bildungsrelevanten' Eigenschaften der SchülerInnen selbst in Verbindung gebracht werden kann. Dies war historisch insbesondere in Bezug auf die Bildungsbenachteiligung von Mädchen und Frauen in den 1960er/70er Jahren der Fall, die in der Problemanalyse wesentlich auf schulstrukturelle Faktoren des Bildungsangebots zurückgeführt werden musste und entsprechende Lösungsangebote auch auf der organisatorischen Ebene des Bildungssystems gesucht wurden (vgl. etwa Faulstich-Wieland 1991). Mit Blick auf die im Zuge der Schulleistungsstudien wie TIMMS, IGLU und PISA aktuell im Fokus der Empirischen Bildungsforschung stehende Benachteiligung von Jugendlichen mit Migrationshintergrund dominiert demgegenüber eine Perspektive, die den Verursachungszusammenhang einseitig auf die ‚bildungsrelevanten' Merkmale der SchülerInnen (Lernvoraussetzungen sowie Bildungsaspirationen und Bildungsstrategien) verengt, wobei das Zusammenspiel von benachteiligter sozio-ökonomischer Lage und unzureichenden Kenntnissen in der Verkehrs- und Unterrichtssprache ins Zentrum der Erklärungsansätze rückt (vgl. etwa Stanat 2008).

Eine andere Perspektive ergibt sich demgegenüber, wenn in der Forschung die systemimmanent vorgesehenen Gelegenheitsstrukturen für Selektion als Verursachungszusammenhang für die strukturierte Benachteiligung von Kindern und Jugendlichen mit Migrationshintergrund in den Blick genommen werden. So zeigt sich in der einschlägigen Studie zur „Institutionellen Diskriminierung" von Gomolla und Radtke (2002), dass die sozial selektive Vorenthaltung von Bildungschancen auf die eigensinnige Verteilungsrationalität im Schulsystem selbst zurückgeführt werden kann und selektionsrelevante Entscheidungen – etwa bei der Überweisung auf Förder-/Sonderschulen oder im Übergang auf die Sekundarschule – im Rückgriff auf ethnisierende Unterscheidungen plausibilisiert werden.

Auch in der Berufsbildungsforschung lassen sich unterschiedliche Logiken der wissenschaftlichen Beobachtung von Benachteiligungsprozessen ausmachen. Dabei dominiert aktuell eine Perspektive, die die sozial selektiven Übergangsprozesse entlang kategorial erhobener Merkmale (Bildungsabschlüsse, Geschlecht, Migrationshintergrund etc.) beschreibt. Eine Forschung, die der Frage der Selektionsrationalität im betrieblichen Ausbildungssystem systematisch nachgeht, existiert demgegenüber nur in Anfängen. Im Fall der strukturellen Benachteiligung von Jugendlichen mit Migrationshintergrund erscheint sie – wie im Folgenden gezeigt werden soll – jedoch dringend notwendig.

Die vergleichende Betrachtung der Chancenstruktur im Berufsbildungssystem anhand der Unterscheidung ‚Migrationshintergrund' wird erst seit kurzer Zeit zu einer gängigen Beobachtungsperspektive innerhalb der Berufsbildungsforschung. Während bis Mitte der 2000er Jahre vor allem Daten entlang der kategorialen Unterscheidung der Staatsangehörigkeit (Deutsche/Ausländer) erhoben wurden und die Berufsbildungsstatistik bis heute ausschließlich nach diesem Kriterium differenziert (vgl. Uhly et al. 2012), wird dies innerhalb der migrationsbezogenen Berufsbildungsforschung seit geraumer Zeit problematisiert (vgl. etwa Boos-Nünning 2006). Neuere Studien stellen entsprechend zunehmend auf die Differenzierung nach Migrationshintergrund um (vgl. Konsortium Bildungsberichterstattung 2006; Bundesministerium für Bildung und Forschung 2008; Beicht et al. 2008; Beicht und Granato 2009; Beicht 2011).[3] Auf der Grundlage der verfügbaren Daten lassen sich unterschiedliche Phänomene empirisch beobachten, die auf migrationsbezogene Schließungsprozesse im Berufsbildungssystem hinweisen:

- Die Chancen von Jugendlichen mit ausländischer Staatsangehörigkeit auf Einmündung in eine vollqualifizierende Berufsausbildung waren schon Mitte der 1990er Jahre erheblich schlechter als die von Jugendlichen mit deutscher Staatsangehörigkeit. Im Jahr 1994 lag die Ausbildungsbeteiligungsquote von ausländischen Jugendlichen bei 34 %, die von deutschen Jugendlichen demgegenüber bei 67 % (vgl. Granato und Uhly 2006). Diese ungleiche Chancenrelation hat sich bis Mitte der 2000er Jahre weiter zu ungunsten ausländischer Jugendlicher verschlechtert: So waren diese vom allgemeinen Rückgang des Ausbildungsplatzangebots im Dualen System und der zunehmenden Ausbildungslosigkeit eines erheblichen Teils der BewerberInnen überproportional betroffen. Ihre Ausbildungsbeteiligungsquote sank im Jahr 2006 auf 24 %, die deutscher Jugendlicher im gleichen Zeitraum hingegen ‚nur' auf 57 % (vgl. Bundesministerium für Bildung und Forschung 2008, S. 126). Obwohl gegenwärtig eine allgemeine ‚Entspannung' auf dem Ausbildungsmarkt festgestellt wird[4] (vgl. Autorengruppe Bildungsberichterstattung

---

3   Wenn im Folgenden auf Ergebnisse empirischer Studien Bezug genommen wird, werden die jeweils zugrunde gelegten Differenzierungen (Staatsangehörigkeit oder ‚Migrationshintergrund') zunächst ohne Kommentierung hinsichtlich der Aussagekraft der über diese Unterscheidungen erhobenen Daten übernommen. In der einschlägigen aktuellen Literatur spielen vor allem die Studien des Bundesinstituts für Berufsbildung (‚BIBB-Übergangsstudien' und die – gemeinsam mit der Bundesagentur für Arbeit durchgeführten – ‚BA/BIBB-Bewerberbefragungen') eine besondere Rolle, die neben der Berufsbildungsstatistik auch eine zentrale Referenz für die Bildungsberichte und Berufsbildungsberichte darstellen. Im Unterschied zu Studien, die sich auf die gängige Definition des Mikrozensus (2005) stützen, wird im Rahmen der BIBB-Studien eine „indirekte Definition" gewählt: Demnach „gelten als Personen ohne Migrationshintergrund alle Jugendlichen mit deutscher Staatsangehörigkeit, die in Deutschland geboren wurden und mit Deutsch als alleiniger Muttersprache aufwuchsen. Alle sonstigen Personen werden den Bewerber/-innen mit Migrationshintergrund zugerechnet." (Datenreport zum Berufsbildungsbericht 2012; vgl. Beicht 2011, S. 4).

4   Dabei ist zu berücksichtigen, dass die Relation von Ausbildungsplätzen und BewerberInnen durch die Klassifikationspraxis der Bundesagentur für Arbeit reguliert wird. Als „Ausbildungsstellenbewerber" werden nur die Jugendlichen erfasst, die als „ausbildungsreif" gelten und bei der Bundesagentur als suchend gemeldet sind. Dabei gelten auch jene „Ausbildungsstellensuchende" als „versorgt", die sich in Maßnahmen des sogenannten Übergangssystems befinden. Sie werden damit nicht als „Ausbildungsstellenbewerber" registriert (vgl. Ulrich und

2012, Bundesministerium für Bildung und Forschung 2012), können Jugendliche mit Migrationshintergrund davon kaum profitieren (vgl. ebd., S. 36ff.).

- Jugendliche mit Migrationshintergrund haben auch bei Kontrolle von Kriterien der schulischen Qualifikation wesentlich schlechtere Chancen auf dem Ausbildungsmarkt: Selbst bei identischen formalen Bildungsabschlüssen, bei vergleichbarem Notendurchschnitt und gleichen Noten in Deutsch oder Mathematik wird die Chancenstruktur in erheblichem Ausmaß durch die in den Studien erhobenen Merkmale wie Staatsangehörigkeit oder Migrationshintergrund reguliert (vgl. zusammenfassend Boos-Nünning und Granato 2008; Beicht und Granato 2009). Die strukturelle Benachteiligung wirkt sich dabei paradoxerweise im Fall eines mittleren Schulabschlusses deutlicher aus als im Fall eines Hauptschulabschlusses: So erhöhen sich die Chancen, einen Ausbildungsplatz zu erhalten bei Jugendlichen ohne Migrationshintergrund, wenn sie einen Realschulabschluss nachweisen können, während dies für Jugendliche mit Migrationshintergrund nicht in gleichem Maße der Fall ist (vgl. Konsortium Bildungsberichterstattung 2006, S. 156; Beicht und Granato 2009, S. 22). Im Rahmen von Studien, die eine Differenzierung nach ‚nationalen' Herkunftsgruppen vornehmen, lässt sich eine besondere Benachteiligung von BewerberInnen ‚türkischer oder arabischer Herkunft' erkennen: Diese verfügen nicht nur insgesamt über sehr geringe Einmündungschancen, sie können diese durch einen mittleren Schulabschluss gar nicht und durch die (Fach-)Hochschulreife kaum verbessern (vgl. Beicht 2011, S. 10).[5]

- Bei der Berücksichtigung von Kriterien, die sich auf das bewerberseitige Verhalten und die Suchstrategien im Bewerbungsprozess beziehen, wie etwa die Anzahl von Bewerbungen oder die Mobilitätsbereitschaft, lassen sich auf der Grundlage vorliegender Studien keine signifikanten Unterschiede zwischen Jugendlichen mit und ohne Migrationshintergrund finden. Offensichtlich können Jugendliche mit Migrationshintergrund ihre erworbenen Bildungstitel wesentlich schlechter auf dem Berufsausbildungsmarkt verwerten, obwohl ihre beruflichen Interessen und Strategien bei der Ausbildungsplatzsuche bei gleichem Schulabschluss denen von Jugendlichen ohne Migrationshin-

---

Eberhard 2008, S. 16f.). Die diagnostizierte ‚Entspannung' reflektiert somit möglicherweise nicht zuletzt die selektive Registrierungspraxis der Bundesagentur für Arbeit.

5   Laut der BA/BIBB-BewerberInnen-Befragung von 2010 liegen die Einmündungsquoten von Jugendlichen mit türkischem oder arabischem Migrationshintergrund in eine betriebliche Ausbildung sowohl bei einem Hauptschulabschluss als auch einem mittleren Schulabschluss bei knapp 20 % und steigen mit der (Fach-)Hochschulreife auch nur auf 26 % an (vgl. Beicht 2011, S. 10).

tergrund vergleichbar sind (vgl. Boos-Nünning und Granato 2008, S. 60f.; Beicht und Granato 2009).

■ Frauen mit Migrationshintergrund sind in besonderem Maße mit Schwierigkeiten bei der Einmündung in die Berufsausbildung konfrontiert. So haben den Ergebnissen einer Studie des Bundesinstituts für Berufsbildung aus dem Jahr 2003 zufolge Frauen mit Migrationshintergrund, die über einen Hauptschulabschluss verfügen, ein doppelt so hohes Risiko keinen anerkannten Berufsabschluss zu erwerben wie Frauen ohne Migrationshintergrund, im Fall des Realschulabschlusses besteht sogar ein um ein vierfaches erhöhtes Risiko (vgl. Granato 2004, S. 16). Die geschlechtsspezifische Segmentierung des Berufsausbildungsmarkts in weiblich und männlich codierte Berufszweige und die dadurch eingeschränkten Möglichkeiten der ,freien' Berufswahl verschränkt sich offensichtlich mit einer Segmentierung entlang ethnisierender Grenzziehungen. Dies hat zur Folge, dass sich Frauen mit Migrationshintergrund gegenüber Frauen ohne Migrationshintergrund „in einem zusätzlich verengten Spektrum von Ausbildungsberufen konzentrieren" (Granato und Schittenhelm 2003, S. 114). Dabei zeigt sich, dass Bewerberinnen mit Migrationshintergrund in den seltensten Fällen ursprüngliche Berufziele realisieren können, sondern einen sukzessiven Anpassungsprozess an verbleibende Chancen auf dem Ausbildungsmarkt vollziehen, indem sie sich an (unattraktiven) Berufsfeldern orientieren, für die sich Frauen ohne Migrationshintergrund weniger interessieren (vgl. Granato 2004, S. 16).

■ Als vielleicht ,sichtbarstes' Resultat der Verdrängungsprozesse auf dem durch Verknappung des Lehrstellenangebots gekennzeichneten Ausbildungsmarkt (vgl. Skrobanek 2007, S. 115f.), kann der Sachverhalt gelten, dass Jugendliche mit Migrationshintergrund in Schulformen und Maßnahmen des seit Jahren enorm expandierenden ,Übergangssystems'[6] (vgl. Konsortium Bildungsberichterstattung 2006; Baethge et al. 2007) stark überrepräsentiert sind (vgl. Autorengruppe Bildungsberichterstattung 2010; Christe 2011). Aber auch innerhalb dieses ,neuen' Sektors des Berufsausbildungssystems, der zu keinem qualifizierenden Berufsabschluss führt, sondern – zumindest in der bildungspolitischen Selbstbeschreibung – von der Idee der nachholenden (Schul-)Qualifizierung bzw. vorbereitenden Erlangung ausbildungsrelevanter Kompetenzen getragen ist (vgl. Konsortium Bildungsberichterstattung 2006, S. 79), realisieren sich neue Benachteiligungsmuster: Die tatsächliche

6   Dies galt zumindest bis vor wenigen Jahren: Im Berufsbildungsbericht 2012 wird inzwischen von einer in quantitativer Hinsicht geringer werdenden Bedeutung des Übergangssystems ausgegangen (vgl. Bundesministerium für Bildung und Forschung 2012).

Realisierung eines Übergangs in eine vollqualifizierende Ausbildung nach der Absolvierung von Maßnahmen gelingt Jugendlichen mit Migrationshintergrund deutlich später und insgesamt seltener als denjenigen ohne Migrationshintergrund (vgl. Christe 2011, S. 27ff.).

Insgesamt weisen die vorliegenden – hier freilich nur kursorisch referierten – Befunde darauf, dass sich die erheblich schlechteren Chancen von Jugendlichen mit Migrationshintergrund auf eine Einmündung in eine vollqualifizierende Berufsausbildung nicht auf vermeintliche ausbildungsrelevante Eigenschaften – seien es etwa die durch das Schulsystem zugeschriebenen Unterschiede in der Qualifikation oder die Strategien bei der Ausbildungsplatzsuche – zurückführen lassen.[7]
Die entlang kategorialer Individualmerkmale erhobenen Daten enthalten selbst jedoch lediglich Hinweise auf eine jenseits meritokratischer Prinzipien etablierte Selektionslogik bei der Vergabe von Ausbildungsplätzen, sie bieten als solche keine Erklärung für die hierfür in Rechnung zu stellenden Mechanismen. Diese werden nach wie vor nicht hinreichend wissenschaftlich beobachtet, so dass Beicht und Granato (2009, S. 30) zu der Einschätzung gelangen, dass die „Erklärungspotenziale *betrieblicher* und *schulischer* Selektionsmechanismen und -prozesse beim Zugang zu einer vollqualifizierenden Ausbildung [...] bei weitem nicht ausgeschöpft" sind.
Vielmehr lässt sich feststellen, dass auch in wissenschaftlichen Beiträgen wiederkehrend vereinfachende Erklärungsansätze bemüht werden, die ausgehend von der Diagnose ‚defizitärer Sprachkompetenzen' und unzureichenden allgemeinen schulischen Leistungen auf einen erschwerten Zugang zur Berufsausbildung schließen. Das gängige Erklärungsmuster für Ausbildungsbenachteiligung folgt damit – und entgegen der empirischen Befundlage – einer linearen Kausalitätskette, die eine individuell zurechenbare Kontinuität von Schul- und Ausbildungsmisserfolg konstruiert (vgl. kritisch dazu Boos-Nünning 2011, S. 242). Aber auch die im Rahmen empirischer Untersuchungen in Anschluss an Bourdieu zugrunde gelegte Annahme ungleicher Kapitalausstattungen ‚objektiviert' die Ursachen der Benachteiligung letztlich durch auf das Individuum zugeschriebene Bildungsvoraussetzungen und soziale Ressourcen (vgl. etwa Beicht und Granato 2009, S. 28).
In der Forschung wird eine weitere Differenzierung des ‚Migrationshintergrundes' nach nationalen Herkunftsgruppen für notwendig erachtet, weil das übergeneralisierende Merkmal des Migrationshintergrundes eine Homogenität unter-

---

7   Es wird im Folgenden darauf verzichtet, die in der einschlägigen Diskussion zu den Ursachen differenziert aufgeführten Erklärungsdimensionen wie ‚Ausstattung mit Humankapital', ‚Arbeitsmarktsegmentation' und ‚Arbeitsmarktdiskriminierung' zu referieren (vgl. dazu Boos-Nünning 2006; Boos-Nünning und Granato 2008; Beicht und Granato 2009). Vielmehr steht hier die spezifische Frage nach Prozessen sozialer Schließung im Vordergrund.

stelle, die jedoch faktisch nicht gegeben sei (vgl. etwa Beicht 2011). In diesem
Zusammenhang wird insbesondere auf die besonders schlechten Einmündungschancen von Jugendlichen ‚türkischer oder arabischer Herkunft' verwiesen (vgl.
ebd.). Eine derartige Beobachtungsstrategie unterbricht damit jedoch nicht jene
Kausallogik, die aus zugeschriebener Zugehörigkeit lineare Benachteiligungs-
effekte ableitet: Da hierbei notwendigerweise die Herkunft als unabhängige Variable eingesetzt wird und gerade nicht die institutionellen Selektionsmechanismen, geraten komplexe Prozesse der Erzeugung von ‚ethnischer Differenz' erst
gar nicht in das Blickfeld der Forschung.

Die Frage, ob die Befundlage zu ‚national-ethnisch' differenzierten Einmündungschancen ebenso als Hinweis auf ethnisch-differenzierende Zuschreibungs-
praktiken gelesen werden kann, die die Prozesse der Lehrstellenvergabe orientieren, bleibt damit weiterhin unbeantwortet. Beantworten ließe sie sich indes nur,
wenn die Verdopplung der Problembeschreibung der Arbeitsorganisationen zugunsten einer Beobachtungsperspektive verlassen wird, die die Askriptionspraxis der in die Lehrstellenvergabe involvierten Akteure und die daraus resultierenden möglichen Formen sozialer Schließung sowie deren Legitimierung empirisch
untersucht. Ansatzpunkte hierfür finden sich bereits im Rahmen organisations-
theoretisch fundierter Analysen, die die Selektionsmodalitäten im Übergang zur
beruflichen Ausbildung beschreiben und für Benachteiligungsprozesse relevante Mechanismen empirisch aufzuzeigen versuchen (vgl. Imdorf 2007 und 2010)[8].
Damit kann bspw. nachgezeichnet werden, dass ethnisierende Unterscheidungen
als Kriterien für die BewerberInnen-Auswahl genutzt werden, um die Komplexität der Entscheidungssituation für die Betriebe zu reduzieren. Neben der Zuschreibung mangelnder Leistungs- oder Ausbildungsfähigkeit, die primär durch
den Verweis auf defizitäre Sprachkompetenzen plausibilisiert wird, spielen dabei
Kalküle eine Rolle, die die soziale Zusammensetzung der Belegschaft als auch
die (vermeintlichen) Kundenreaktionen im Blick haben: „Bemerkenswerterwei-
se korrelieren die leistungsunabhängigen Produktivitätserwartungen der Betriebe mit den verbreiteten negativen Leistungszuschreibungen: ‚Ausländern' werden nicht nur sprachliche und schulische Defizite nachgesagt, sondern ebenso
ein betriebliches Störpotenzial jenseits ihrer individuellen Leistungsfähigkeit."
(Imdorf 2007, S. 419). Folglich basiert die betriebsseitige Konstruktion des Pas-
sungsproblems zwischen BewerberInnen und Ausbildungsbetrieben auf der Verschränkung individualistisch (Leistung) und kollektivistisch (Zugehörigkeit) zugeschriebener Attribute. Aufgeworfen ist damit entsprechend die Frage, in welcher
Weise Ausbildungsorganisationen BewerberInnen unterscheiden und dabei sozi-

---

8   Es handelt sich hierbei um vor allem in der Deutschschweiz durchgeführte Untersuchungen.

ale Klassifikationen wie Ethnizität und Geschlecht mit jeweiligen, in ihrer eigenen Binnenlogik legitimen Klassifikationen wie ‚Leistungsfähigkeit' oder ‚berufliche Eignung' koppeln.

In Rückgriff auf Charles Tillys schließungstheoretisch gefasste Ungleichheitstheorie kann dabei von einem *Matching interner* und *externer* Kategorien ausgegangen werden (Tilly 1999, S. 75; vgl. Solga 2005b; Imdorf 2007; Emmerich und Hormel 2013, S. 52ff.). Während Organisationen auf der Grundlage interner Kategorien ihre hierarchisierte Stellenstruktur differenzieren oder zwischen Mitgliedern und Nicht-Mitgliedern unterscheiden, beziehen sich externe Kategorien auf gesellschaftlich verfügbare Unterscheidungen, die mit sozialer Sichtbarkeit – wie Bildungsabschluss, sozialer Herkunft oder Geschlecht – operieren. Das Matching oder die Synchronisation unterschiedlicher Klassifikationssysteme kann dabei als neuralgischer Punkt für die (Re-)Produktion sozialer Ungleichheit in und durch Organisationen gewertet werden (vgl. Emmerich und Hormel 2013, S. 55). Die weiteren Überlegungen gehen davon aus, dass sich mit dem Diskurs um ‚Ausbildungsreife'/'Ausbildungsfähigkeit' ein Klassifikationssystem institutionalisiert hat, das nicht nur die Selektion von Ausbildungsplatzsuchenden nach nicht-meritokratischen Kriterien plausibilisiert, sondern zudem Prozesse sozialer Schließung legitimiert.

4. ‚Mangelnde Ausbildungsreife': Die Institutionalisierung eines Klassifikationssystems

‚Ausbildungsfähigkeit' oder ‚Ausbildungsreife' erweisen sich zunächst als politisch überformte Containerbegriffe, beide Termini werden dabei faktisch synonym verwendet, wenngleich in der wissenschaftlichen Diskussion Versuche einer Differenzierung vorgeschlagen werden (vgl. etwa Hilke 2008). Es erscheint jedoch wenig vielversprechend, ‚Ausbildungsfähigkeit' oder ‚Ausbildungsreife' auf einen durch beide Begriffe differenzierten ‚tatsächlichen' Inhalt oder Informationsgehalt hin zu befragen, sondern vielmehr den Blick darauf zu richten, welche Problemkonstruktionen damit artikulations- und legitimationsfähig werden und Deutungsmacht erlangen.

Der 2004 zwischen unterschiedlichen Bundesministerien, Unternehmens- und Handwerksverbänden und der Bundesagentur für Arbeit (BA) geschlossene und inzwischen zweimal verlängerte „Nationale Pakt für Ausbildung und Fachkräftenachwuchs in Deutschland" wählt ‚Ausbildungsreife' zum zentralen Leitbegriff und hat sich dessen kriteriengeleitete Präzisierung zur Aufgabe gemacht (vgl. Nationaler Pakt für Ausbildung und Fachkräftenachwuchs – Kriterienkatalog zur Ausbildungsreife 2006: 20ff.): Auffällig ist hierbei, dass neben „schulischen Basiskenntnissen", grundlegenden kognitiven bzw. metakognitiven Fähigkeiten („psychologische Leistungsmerkmale") sowie körperlichen Merkmalen auch Bewerbermerkmale in den Kriterienkatalog einfließen, die offensichtlich Informationen über deren soziale ‚Passung' enthalten sollen: So finden sich unter der Überschrift „Psychologische Merkmale des Arbeitsverhaltens und der Persönlichkeit" Attribute wie *Kommunikationsfähigkeit, Konfliktfähigkeit, Kritikfähigkeit, Leistungsbereitschaft, Teamfähigkeit, Sorgfalt, Umgangsformen, Verantwortungsbewusstsein und Zuverlässigkeit* (ebd. 42ff.), die einen selektiven Wertekanon von Kulturtechniken und ‚Arbeitstugenden' abbilden. Damit fließen explizit soziokulturelle ‚Merkmale' und Fragen der Werteorientierung in die Definition von Ausbildungsreife ein. Dass solche kulturellen und wertebezogenen Eigenschaften von BewerberInnen im Verhältnis zu schulischen Basiskenntnissen auf Seiten der potenziell ausbildenden Betriebe tatsächlich hoch gewichtet werden, zeigen Unternehmensbefragungen (vgl. Klein und Schöpper-Grabe 2012, S. 42ff.). Mit den Kategorien Ausbildungsfähigkeit oder Ausbildungsreife wird entsprechend ein hoch fungibles Klassifikationssystem bereitgestellt, dessen Besonderheit allerdings darin besteht, dass es nicht nur ‚meritokratische' Kategorien, sondern ebenso Konstrukte wie etwa ‚Umgangsformen' nutzt, mit denen faktisch familial-sozialisatorische bzw. als solche zugeschriebene Eigenschaften differenziert werden.

Die politische und mediale Exponierung des Problems der ‚mangelnden Ausbildungsreife' scheint sich just in dem Zeitraum verdichtet zu haben, in dem das Angebot an Lehrstellen zurückging (vgl. Eberhard und Ulrich 2010). Mit der Zentrierung auf das Problem ‚mangelnder Ausbildungsreife' wird offensichtlich der Ausbau des ‚Übergangssystems' berufsvorbereitender Maßnahmen begründbar, in das Jugendliche, die der BA als ausbildungsstellensuchend gemeldet sind und von dieser als (noch) nicht ausbildungsreif klassifiziert wurden, einmünden, um jene Ausbildungsreife allererst zu entwickeln. Die Kategorie ‚Ausbildungsreife' plausibilisiert und stabilisiert sich als eigenständiges Klassifikationsmuster in dem Maße, wie die Expansion des Übergangssystems jene ‚nicht-ausbildungsreifen' Jugendlichen zur ‚Sichtbarkeit' bringt.

Dies ermöglicht zugleich eine Pädagogisierung des Ausgangsproblems, das nun folgerichtig an der Schnittstelle von Sozial- und Bildungspolitik bearbeitet werden kann. Unter den Bedingungen des ‚aktivierenden Sozialstaats' oder „Sozialinvestitionsstaats" (Olk 2009) werden nicht-ausbildungsreife Jugendliche nicht nur zu einer eigenständigen AdressatInnengruppe und zum Gegenstand sozialstaatlicher und pädagogischer Intervention, sie werden selbst zum sinnstiftenden Moment für das Übergangssystem und die (pädagogische) Begründung seiner aktivierenden Maßnahmen. Entsprechend der aktivierungspolitischen Logik kann der Topos der mangelnden Ausbildungsreife das Phänomen der Ausbildungslosigkeit individualisieren, indem die strukturelle Krise des Dualen Ausbildungssystems als bewerberseitiges Qualifikations-, Persönlichkeits- oder Passungsproblem umdefiniert wird (vgl. Dobischat et al. 2012).

Im Diskurs um ‚mangelnde Ausbildungsreife‘ wird – vor allem von Betrieben, Unternehmen, Handwerks- und Wirtschaftsverbänden sowie wirtschaftsnahen Stiftungen – das Passungsproblem zwischen den erworbenen (schulischen) Kompetenzen der potentiellen Auszubildenden und den Bedürfnissen der ‚abnehmenden‘ Ausbildungsorganisationen markiert. Der Diskurs entlastet hierbei offensichtlich zugleich das Berufsausbildungssystem selbst, indem nun das allgemeinbildende Schulsystem als Verursacher jener Krise adressiert werden kann. Eine Argumentationsfolie bilden dabei nicht zuletzt die durch das Übergangssystem entstehenden Kosten für Bund, Länder, Kommunen, denen mit der notwendigen Nachqualifizierung nun die Aufgabe der „Reparatur der schulischen Defizite" (Klein und Schöpper-Grabe 2012, S. 6) zukomme. Dabei werden unter dem Konstrukt ‚Ausbildungsreife‘, „alltags- und berufsbezogene Grundfähigkeiten aus der Sicht der Wirtschaft" (ebd., S. 7) gebündelt und als Ausgangspunkt für die Formulierung von Mindeststandards im Rahmen einer durch das Schulsystem zu gewährleistenden ‚Grundbildung‘ genommen (vgl. ebd.). Eine solche Perspektive unterläuft allerdings die Errungenschaft moderner Schulsysteme, ihre Inhalte und Form von Bildung und Erziehung nicht an den Bedarfslagen des Wirtschaftssystems ausrichten zu müssen.

Die Konstruktion des Klassifikationssystems ‚Ausbildungsreife‘ und seiner strategischen Positionierung im Steuerungsgefüge des Berufsbildungssystems kann damit nachvollzogen werden, unklar bleibt allerdings, wie Betriebe und auch die Bundesagentur für Arbeit dieses Muster auf Ausbildungsstellensuchende tatsächlich anwenden. Die Bezugnahme auf sozial erworbene und immer mit einem ‚sozialen Index‘ versehene Eigenschaften wie Umgangsformen, Kommunikationsfähigkeit, Konfliktfähigkeit usw. eröffnen hier das Feld für Interpretationsspielräume, die ‚mangelnde Ausbildungsreife‘ immer als auch als Problem einer ‚mangelnden kulturellen Passung‘ in Erscheinung treten lassen können.

5. Ethnisierung von Ausbildungsfähigkeit und soziale Schließung

Im Zusammenhang des Diskurses um mangelnde Ausbildungsfähigkeit werden Jugendliche mit Migrationshintergrund als eigenständige Problemgruppe im Berufsbildungssystem markiert. So vermutet die Bundesvereinigung der Deutschen

Arbeitgeberverbände hinsichtlich des ursächlichen Zusammenhangs von Ausbildungsfähigkeit, Erwerbstätigkeit und Armut: „Von den Schülern eines Abschluss-
jahrgangs sind nach der PISA-Studie knapp 20 Prozent der Schüler insgesamt und
40 Prozent jener mit Migrationshintergrund nicht ausbildungsfähig."[9] Bemerkenswert an dieser Quantifizierung nicht-ausbildungsfähiger SchülerInnen ist,
dass ‚PISA' keine Aussagen zu deren ‚Ausbildungsfähigkeit' macht. Zwar wurden in der ersten PISA-Studie für diejenigen Jugendlichen, die in ihren Leseleis-
tungen nicht die Kompetenzstufe I erreichen, „erhebliche Schwierigkeiten beim
Übergang in das Berufsleben" (Artelt et al. 2001, S. 117) prognostiziert, gleichzeitig aber festgestellt, dass die erhobenen Daten nicht dazu geeignet seien, „zu
bestimmen, welches minimale Niveau der Lesekompetenz erreicht sein muss, um
eine Ausbildung erfolgreich abschließen zu können" (ebd.). Dennoch wird diese Kontinuität zwischen der mit PISA konstruierbaren Gruppe der „Risikoschü-
lerinnen und -schüler" (ebd. 116ff.) und der Gruppe der ‚nicht Ausbildungsreifen' als Erklärungsansatz wiederkehrend ins Spiel gebracht (vgl. etwa Klein und
Schöpper-Grabe 2012, S. 9).
    Da sich eine Identität beider ‚Gruppen' indes nur durch einen echte Längs-
schnittuntersuchung begründen ließe, die allerdings nicht vorliegt, ist ein anderer
Grund für die scheinbar unmittelbare Evidenz dieser Behauptung anzunehmen:
‚PISA' stellt einen Zusammenhang zwischen der Kategorie ‚Risikoschüler' und
der Variable ‚Migrationshintergrund' her (vgl. Artelt et al. 2001, S. 118; Konsortium Bildungsberichterstattung 2006, S. 174), sodass die Behauptung einer Kontinuität zwischen ‚Risikoschülern' und ‚mangelnder Ausbildungsreife' den Faktor ‚Migrationshintergrund' implizit mitführt und somit auch in Bezug auf das
Ausbildungssystem mit Erwartungssicherheit ausstattet. In der damit vollzogenen
Ethnisierung von Ausbildungsfähigkeit, die den semantischen Umweg des ‚Risikoschülers' nimmt, lässt sich entsprechend ein *Matching*-Mechanismus nach-
zeichnen, der das Klassifikationsschema ‚mangelnde Ausbildungsreife' mit der
Askriptionsoption koppelt, die jene Typisierung des ‚Risikoschülers mit Migrationshintergrund' bietet. Dieser Mechanismus sorgt letztlich dafür, dass das für
Ausbildungsorganisationen offensichtlich selektionsrelevante Kriterium der sozialen bzw. ‚ethnischen' Zugehörigkeit mit dem meritokratischen Kriterium der
‚mangelnden Leistungsfähigkeit' unmittelbar ‚gematcht' und somit legitimiert
werden kann.

---

9   Es handelt sich hier um einen Stichworteintrag zum Thema „Armut" auf der Homepage der
    BDA: (http://www.arbeitgeber.de/www/arbeitgeber.nsf/id/4C1001B6CAF6A671C12574F000
    3EC3F3?open&ccm=800)

Mit ‚PISA' hat sich ‚Migrationshintergrund' offenbar als ein selbstevidentes Askriptionsmuster etabliert, auf dessen Grundlage Problemerwartungen auch im Dualen System und im Übergangssystem plausibilisiert und entsprechend konsensfähige Problembeschreibungen angefertigt werden können. Die im öffentlichen Diskurs beobachtbare Verschränkung der individualistischen Klassifikation der ‚mangelnden Ausbildungsreife' mit der kollektivistischen Klassifikation ‚Migrationshintergrund' sagt jedoch noch nichts über die konkrete Askriptionspraxis und selektive Nutzung verfügbarer Askriptionsoptionen aus. Es ist dabei davon auszugehen, dass in der konkreten benachteiligungswirksamen Selektionspraxis der Betriebe Unterscheidungen prozessiert werden, die nicht mit sozialwissenschaftlichen Kategorien wie ‚Migrationshintergrund' oder ‚Ethnizität' identisch sind. Sozialwissenschaftliche Kategorien sind faktisch Abstraktionsleistungen sozialwissenschaftlicher Theorie und Forschung, von denen nicht anzunehmen ist, dass sie als solche ‚die Praxis' leiten. Eine Aufgabe der Berufsbildungsforschung wäre vor diesem Hintergrund, der Frage offen nachzugehen, ob und mit welchen Unterscheidungen potentielle BewerberInnen klassifiziert werden und welche Rolle die Zuschreibung von Zugehörigkeit in unterschiedlichen Ausbildungsbetrieben überhaupt spielt und welchen Zweck sie für den Betrieb erfüllt. So ist zu erwarten, dass die oben skizzierten Matching-Prozesse insbesondere auch von organisationsinternen Faktoren abhängen wie bspw. unterschiedliche Betriebsgrößen, divergierende Betriebsstrukturen, Grad der Differenzierung unterschiedlicher Tätigkeitsbereiche und innerbetrieblicher Positionen oder etwa sozialer Heterogenität oder Homogenität der Belegschaft.

Die Berufsbildungsforschung steht damit gerade vor der Herausforderung, die differenzierten Klassifikations- und Askriptionsrationalitäten im Berufsbildungssystem selbst zum Gegenstand wissenschaftlicher Beobachtung zu machen. Sie kann dies allerdings nur, wenn es ihr gelingt, die Problembeschreibungen und Erklärungsmuster der Organisationen und Institutionen des Berufsausbildungssystems im Rahmen ihrer eigenen Beobachtung auf Distanz zu halten. Anderenfalls besteht die Gefahr, dass die Ursachen für Benachteiligung beim Zugang zum Ausbildungssystem immer wieder einseitig auf die vermeintlichen Eigenschaften der von dieser Benachteiligung betroffenen Jugendlichen zugerechnet werden. Stattdessen wären Prozesse der Herstellung strukturierter Ungleichheit beim Zugang zur beruflichen Ausbildung als Fall sozialer Schließung in den Blick zu nehmen, der an der Schnittstelle von Erziehungs-, Wirtschafts- und politischem System nach eigenen, empirisch bislang jedoch nur unzureichend rekonstruierten Ausschließungsregeln produziert wird.

Literatur

Artelt C, Stanat P, Schneider W, Schiefele U (2001) Lesekompetenz: Testkonzeption und Ergebnisse. In: Deutsches PISA Konsortium (Hrsg) PISA 2000. Basiskompetenzen von Schülerinnen und Schülern im internationalen Vergleich. Leske und Burich, Opladen, S 69-137

Autorengruppe Bildungsberichterstattung (2010) Bildung in Deutschland 2010. Bertelsmann Verlag, Bielefeld

Autorengruppe Bildungsberichterstattung (2012) Bildung in Deutschland 2012. Bertelsmann Verlag, Bielefeld

Bade K, Bommes M (2004) Migration und politische Kultur im ‚Nicht-Einwanderungsland‘. In: Bade K (Hrsg.) Sozialhistorische Migrationsforschung. V&R Unipress, Göttingen, S 437-471

Baethge M (2008) Das berufliche Bildungswesen in Deutschland am Beginn des 21. Jahrhunderts. In: Cortina KS et al. (Hrsg) Das Bildungswesen in der Bundesrepublik Deutschland. Rowohlt Verlag, Reinbek bei Hamburg, S 541-597

Baethge M (2010) Neue soziale Segmentationsmuster in der beruflichen Bildung. In: Krüger HH et al. (Hrsg) Bildungsungleichheit revisited. VS-Verlag für Sozialwissenschaften, Wiesbaden, S 275-298

Baethge M, Solga H, Wieck M (2007) Berufsbildung im Umbruch. Signale eines überfälligen Aufbruchs. Friedrich-Ebert-Stiftung. http://library.fes.de/pdf-files/stabsabteilung/04258/studie. pdf. Zugegriffen: 28. Januar 2012

Balibar E (1993) Die Grenzen der Demokratie. Argument Verlag, Hamburg

Beicht U (2011) Junge Menschen mit Migrationshintergrund: Trotz intensiver Ausbildungsstellensuche geringer Erfolgsaussichten. In: Christ-Report, H 16. http://www.bibb.de/dokumente/pdf/ BIBBreport_16_11_final_de.pdf. Zugegriffen: 12. Januar 2013

Beicht U, Friedrich M, Ulrich J G (2008) Ausbildungschancen und Verbleib von Schulabsolventen. W Bertelsmann Verlag, Bonn, Bundesinstitut für Berufsbildung

Beicht U, Granato M (2009) Übergänge in eine berufliche Ausbildung. Geringere Chancen und schwierige Wege für junge Menschen mit Migrationshintergrund, Friedrich-Ebert-Stiftung, Bonn

Bommes M (1996) Ausbildung in Großbetrieben. Einige Gründe, warum ausländische Jugendliche weniger Berücksichtigung finden. In: Kersten R, Kiesel D, Sargut S (Hrsg) Ausbilden statt Ausgrenzen. Jugendliche ausländischer Herkunft in Schule, Ausbildung und Beruf. Haag und Herchen (Arnoldshainer Texte), Frankfurt/ M

Bommes M (2011) Nationale Paradigmen der Migrationsforschung. In: Ders. Migration und Migrationsforschung in der modernen Gesellschaft. IMIS-BEITRÄGE, Heft 38/2011, S 15-52

Boos-Nünning U (1999) Gleichbehandlung durch Quotierung? Strategien zur beruflichen Eingliederung junger Zuwanderer. In: Friedrich-Ebert-Stiftung (Hrsg) Integration und Intergrationsförderung in der Einwanderungsgesellschaft, Bonn, S 73-90

Boos-Nünning U (2006) Berufliche Bildung von Migrantinnen und Migranten Ein vernachlässigtes Potenzial für Wirtschaft und Gesellschaft. In: Friedrich Ebert Stiftung (Hrsg) Kompetenzen stärken, Qualifikationen verbessern, Potenziale nutzen, Bonn, S 6-29

Boos-Nünning U (2011) Blinde Flecken? Bedarf von Forschung und Praxis vor dem Spiegel der Migrationsforschung. In: Granato M, Münk D, Weiß R (Hrsg) Migration als Chance. Ein Beitrag der beruflichen Bildung. Bertelsmann Verlag, Bielefeld, S 239-258

Boos-Nünning U, Granato M (2008) Integration junger Menschen mit Migrationshintergrund: Ausbildungschancen und Ausbildungsorientierung. Forschungsergebnisse und offene Fragen. In:

Bade K J, Bommes M, Oltmer J (Hrsg) IMIS-BEITRÄGE, Heft 34/2008, Nachholende Integrationspolitik – Problemfelder und Forschungsfragen, S 57-89

Bourdieu P, Passeron, J C (1971) Die Illusion der Chancengleichheit: Untersuchungen zur Soziologie des Bildungswesens am Beispiel Frankreichs. Klett Verlag, Stuttgart

Bundesministerium für Bildung und Forschung (2008) Berufsbildungsbericht 2008, Bonn u. Berlin

Bundesministerium für Bildung und Forschung (2012) Berufsbildungsbericht 2012, Bonn u. Berlin

BIBB (2012) Datenreport zum Berufsbildungsbericht 2012. Informationen und Analysen zur Entwicklung der beruflichen Bildung

Christe G (2011) Notwendig, aber reformbedürftig! Die vorberufliche Bildung für Jugendliche mit Migrationshintergrund. Friedrich-Ebert-Stiftung, Bonn

Dobischat R, Kühnlein G, Schurgatz R (2012) Ausbildungsreife – Ein umstrittener Begriff beim Übergang Jugendlicher in eine Berufsausbildung. Arbeitspapier Hans-Böckler-Stiftung. http://www.boeckler.de/pdf/p_arbp_189.pdf. Zugegriffen: 13. Februar 2013

Eberhard V, Ulrich JG (2010) Übergänge zwischen Schule und Berufsausbildung. In: Bosch G, Krone S, Langer D (Hrsg) Das Berufsbildungssystem in Deutschland. Aktuelle Entwicklungen und Standpunkte. VS-Verlag für Sozialwissenschaften, Wiesbaden, S 133-164

Emmerich M, Hormel U (2013) Heterogenität-Diversity-Intersektionalität. Zur Logik sozialer Unterscheidungen in pädagogischen Semantiken der Differenz. VS-Verlag für Sozialwissenschaften, Wiesbaden

Faulstich-Wieland H (1991) Koedukation – Enttäuschte Hoffnungen? Wissenschaftliche Buchgesellschaft, Darmstadt

Geißler R (2012) Verschenkte Bildungsressourcen durch Unterschichtung und institutionelle Defizite. Der Beitrag des vertikalen Paradigmas zur Erklärung und zum Verständnis der Bildungsungleichheit im Kontext von Migration. In: Friedrich-Ebert-Stiftung (Hrsg) Soziale Ungleichheit in der Einwanderungsgesellschaft. Kategorien, Konzepte, Einflussfaktoren, Bonn, S 12-28

Gomolla M, Radtke FO (2002) Institutionelle Diskriminierung. Die Herstellung ethnischer Differenz in der Schule. Leske und Budrich. Opladen

Granato M (2004) Feminisierung der Migration – Chancengleichheit für (junge) Frauen mit Migrationshintergrund in Ausbildung und Beruf, Kurzexpertise für den Sachverständigenrat für Zuwanderung und Integration, Bonn

Granato M, Schittenhelm K (2003) Junge Migrantinnen zwischen Schule und Arbeitsmarkt – Ungleichheiten angesichts der Ausdifferenzierung einer Übergangsphase. In: Castro Varela M/Clayton C (Hrsg.) Migration, Gender, Arbeitsmarkt, Königstein/Taunus, S 109-126

Granato M, Uhly N (2006) Ausbildungsquote junger Menschen ausländischer Nationalität im dualen System. In: Bundesinstitut für Berufsbildung. Bonn. http://www.bibb.de/dokumente/pdf/a24_veranstaltung_migranten-kompetenzen-staerken_ausbildungsquote-2005.pdf. Zugegriffen: 12. Januar 2013

Guerrero Meneses V, Graf S (2011) Legislation on minor Asylum Seekers, Institut für Soziale Infrastruktur. http://www.redcross.gr/files/a%20hmerida%20ekpaideysi/Legal%20Report%20Germany.pdf. Zugegriff 07. Januar 2013

Hamburger F (2009) Abschied von der interkulturellen Pädagogik. Plädoyer für einen Wandel sozialpädagogischer Konzepte. Juventa, Weinheim u München

Herbert U (2001) Geschichte der Ausländerpolitik in Deutschland. C. H. Beck Verlag, München

Hillmert S (2010) Betriebliche Ausbildung und soziale Ungleichheit. In: Sozialer Fortschritt 6-7/2010, S 167-174

Hilke R (2008) Vom Begriff der Eignung zum Begriff der Ausbildungsreife – ein pragmatischer Vorschlag. In: Schlemmer E, Gerstberger H (Hrsg) Ausbildungsfähigkeit im Spannungsfeld zwischen Wissenschaft, Politik und Praxis. VS-Verlag für Sozialwissenschaften, Wiesbaden, S 109-130

Hormel U (2007) Diskriminierung in der Einwanderungsgesellschaft. Begründungsprobleme pädagogischer Strategien und Konzepte. VS-Verlag für Sozialwissenschaften, Wiesbaden

Imdorf C (2007) Individuelle oder organisationale Ressourcen als Determinanten des Bildungserfolgs? Organisatorischer Problemlösungsbedarf als Motor sozialer Ungleichheit. In: Swiss Journal of Sociology, 33(3), S 407-423

Imdorf C (2010) Die Diskriminierung ‚ausländischer‘ Jugendlicher bei der Lehrlingsauswahl. In: Hormel U, Scherr A (Hrsg) Diskriminierung. Grundlagen und Forschungsergebnisse. VS-Verlag für Sozialwissenschaften, Wiesbaden, S 197-219

Klein HE, Schöpper-Grabe S (2012) Was ist Grundbildung? Bildungstheoretische und empirische Begründung von Mindestanforderungen an die Ausbildungsreife. Forschungsberichte aus dem Institut der deutschen Wirtschaft Köln

Konsortium Bildungsberichterstattung (2006) Bildung in Deutschland. Ein indikatorengestützter Bericht mit einer Analyse zu Bildung und Migration. Bertelsmann Verlag, Bielefeld

Meier-Braun KH (2002) Deutschland Einwanderungsland. Suhrkamp Verlag, Frankfurt/ M

Mohr K (2005) Stratifizierte Rechte und soziale Exklusion von Migranten im Wohlfahrtsstaat. In: Zeitschrift für Soziologie 5, S 383-398

Nationaler Pakt für Ausbildung und Fachkräftenachwuchs (2006) Kriterienkatalog zur Ausbildungsreife http://www.arbeitsagentur.de/zentraler-Content/Veroeffentlichungen/Ausbildung/Kriterienkatalog-zur-Ausbildungsreife.pdf. Zugegriff: 12. Januar 2013

Olk T (2009) Transformationen im deutschen Sozialstaatsmodell. Der ‚Sozialinvestitionsstaat‘ und seine Auswirkungen auf die Soziale Arbeit. In: Otto HU, Kessl F (Hrsg) Soziale Arbeit ohne Wohlfahrtsstaat? Zeitdiagnosen, Problematisierungen und Perspektiven. Juventa, Weinheim und München, S 23-34

Parkin R (2004) Strategien sozialer Schließung und Klassenbildung. In: Mackert J (Hrsg) Die Theorie sozialer Schließung. Tradition, Analysen, Perspektiven. VS-Verlag für Sozialwissenschaften, Wiesbaden, S 27-44

Pries L (2012) Soziale Ungleichheit und Migration im 21. Jahrhundert. In: Friedrich-Ebert-Stiftung (Hrsg) Soziale Ungleichheit in der Einwanderungsgesellschaft. Kategorien, Konzepte, Einflussfaktoren, Bonn, S 172-181

Schmidt C (2011) Verstärkte Integrationschancen für Jugendliche mit Migrationshintergrund aufgrund des demografischen Wandels? In: bwp@ Spezial 5 – Hochschultage Berufliche Bildung 2011, (http://www.bwpat.de/ht2011/ws15/schmidt_ws15-ht2011.pdf. Zugegriffen: 08. Januar 2013

Skrobanek J (2007) Junge Migrantinnen und Migranten auf dem Weg in die Ausbildung. Ungleiche Platzierung durch Diskriminierung? In: Soziale Probleme. Zeitschrift für soziale Probleme und soziale Kontrolle, 18. Jg, H 2, S 113-138

Solga H (2005a) Meritokratie – die moderne Legitimation ungleicher Bildungschancen. In: Berger PA, Kahlert H (Hrsg) Institutionalisierte Ungleichheiten? Stabilität und Wandel von Bildungschancen. Juventa, Weinheim u. München, S 19-38

Solga H (2005b) Ohne Abschluss in die Bildungsgesellschaft. Die Erwerbschancen gering qualifizierter Personen aus soziologischer und ökonomischer Perspektive. Verlag Barbara Budrich, Opladen

Stanat P (2008) Heranwachsende mit Migrationshintergrund im deutschen Bildungswesen. In: Cortina KS et al. (Hrsg) Das Bildungswesen in der Bundesrepublik Deutschland. Rowohlt Verlag, Reinbek bei Hamburg, S 685-743

Tilly C (1999) Durable inequality. Berkeley, Los Angeles u.London

Troltsch K, Ulrich JG (2003) Problemgruppen unter den Ausbildungsstellenbewerbern 2002. In: Informationen für die Beratungs- und Vermittlungsdienste (ibv), Nr. 13/03 vom 25. Juni 2003, S 1725-1734

Ulrich JG (2012) Institutionelle Mechanismen der (Re-)Produktion von Bildungsungleichheit an der Schwelle zur dualen Berufsausbildung und ihr Einfluss auf die Qualifizierungschancen von Bewerbern mit Migrationshintergrund. In: Soziale Ungleichheit in der Einwanderungsgesellschaft. Kategorien, Konzepte, Einflussfaktoren, Bonn, S 68-83

Ulrich JG, Eberhard V (2008) Die Entwicklung des Ausbildungsmarktes in Deutschland seit der Wiedervereinigung. In: Beicht L, Friedrich M, Ulrich JG (Hrsg) Ausbildungschancen und Verbleib von Schulabsolventen. W Bertelsmann Verlag, Bonn, Bundesinstitut für Berufsbildung, S 13-57

Weber M (1922/2005): Wirtschaft und Gesellschaft. Grundriss der verstehenden Soziologie. Melzer Verlag, Lizenzausgabe für Zweitausendeins, Frankfurt/ M

Weiser B (2012) Rahmenbedingungen des Arbeitsmarktzugangs von Flüchtlingen Wer darf unter welchen Voraussetzungen arbeiten und welche Möglichkeiten der Förderung gibt es? Beilage zum ASYLMAGAZIN 10/2012, Bonn. http://www.asyl.net/fileadmin/user_upload/redaktion/Dokumente/Publikationen/Beilage_Arbeitsmarkt_fin.pdf. Zugegriffen: 06. Januar 2013

IV
Entwürfe einer Pädagogik des Übergangs

Von der Berufs- zur „Übergangspädagogik"[1]? Gedanken zu einer Pädagogik in einer prekären Arbeitswelt

Thomas Vogel

1. Übergangssystem – Symptom einer Krise beruflicher Bildung

Der Übergang von der allgemeinbildenden Schule in die Arbeitswelt gestaltet sich schon seit langem als schwierig. Bereits die „Erfindung" der Berufsschule durch Georg Kerschensteiner vor etwa 100 Jahren war beispielsweise wesentlich dem Umstand geschuldet, dass die Jugendlichen damals zwischen dem Besuch der allgemeinbildenden Schule und dem Militärdienst ohne Beschäftigung und Ausbildung waren und dadurch befürchtet wurde, sie könnten sozialdemokratischem Gedankengut verfallen (vgl. Greinert 1998, S. 49f.). Doch lange Zeit stand der Übergang Schule-Beruf/Arbeitswelt kaum im Zentrum der Aufmerksamkeit. Das änderte sich in den vergangenen zwei Jahrzehnten, in denen der Übergang zeitweise für mehr als die Hälfte eines Altersjahrgangs zum Problem wurde und die Funktionalität des ursprünglich vielgerühmten dualen Systems beruflicher Erstausbildung zur Disposition stand.

Zu Beginn der 1990er Jahre lag die Einmündungsquote der institutionell erfassten Ausbildungsinteressierten in das duale Berufsbildungssystem noch bei etwa 75 % (vgl. Tessaring 1993). In den Folgejahren fanden allerdings immer weniger Jugendliche nach dem Besuch der allgemeinbildenden Schule eine Ausbildung. Bei der Verteilung der Neuzugänge zum beruflichen Ausbildungssystem lag der Anteil des dualen Berufsausbildungssystems im Jahr 2005 nur noch bei 43,3 %. Hingegen mündeten 2005 18,1 % in das Schulberufssystem und 38,7 % in das sogenannte Übergangssystem. Auch wenn seitdem auf Grund der demographischen und ökonomischen Entwicklung eine Verbesserung eingetreten ist, lag

---

1   Mit „Übergangspädagogik" wird hier ein Begriff angedacht, der auf die in dem Beitrag näher begründete Notwendigkeit einer neuen Pädagogik für eine sich abzeichnende gesellschaftliche Übergangszeit hinweist, die den Subjekten in ihrer (Erwerbs-)Biographie in Zukunft die Bewältigung einer Vielzahl unterschiedlichster Übergänge abfordern wird. Der Ausdruck wird in Anführungsstriche gesetzt, weil das dahinterstehende Konzept im Rahmen dieses Beitrags noch nicht hinreichend entwickelt werden kann.

die Zahl der Neuzugänge zum Schulberufssystem[2] und zum Übergangssystem
im Jahr 2011 immer noch bei 504.348 Jugendlichen, was einem Anteil von 49 %
entsprach (Autorengruppe Bildungsberichterstattung 2012, S. 102). Der Anteil der
Neuzugänge zum dualen System betrug im gleichen Jahr 524.946 (51 %). Insgesamt zeigt diese Entwicklung, dass das duale Berufsbildungssystem der Funktion
einer sozialen Integration junger Menschen in die Arbeitswelt quantitativ kaum
noch hinreichend gerecht werden kann. Auch wenn aufgrund der weiteren demographischen Entwicklung in den nächsten Jahren mit einer gewissen Entspannung auf dem Ausbildungsmarkt zu rechnen ist (vgl. Troitsch et al. 2012), wird
weiterhin eine signifikant hohe Zahl von jungen Menschen Schwierigkeiten beim
Übergang von der allgemeinbildenden Schule in Ausbildung und Arbeit haben.

In den vergangenen Jahren wurde das Übergangssystem aufgrund seiner Ineffizienz in der Fachwelt scharf kritisiert. Die einzelnen Maßnahmen sind oft zu
wenig aufeinander abgestimmt und es gibt zu viele gleichartige Parallelangebo-
te von unterschiedlichen Institutionen, die bei mehrfacher Wiederholung auf die
Jugendlichen gar demotivierend und kontraproduktiv wirken. Namhafte Berufspädagogen kritisierten am Übergangssystem, es sei unter qualifikatorischen Ge-
sichtspunkten weitgehend nutzlos (Greinert 2007, S. 3), zahlreiche Jugendliche
würden durch Maßnahmekarrieren die Erfahrung machen, nicht gebraucht zu werden (Euler 2005, S. 205) und es handle sich hier weniger um eine Vorbereitung
auf eine voll qualifizierende Ausbildung, sondern um den Einstieg in eine Phase
der Unsicherheit (Baethge et al. 2007, S. 51). Zimmer fordert mit ähnlichen Kri-
tikpunkten die komplette Abschaffung des beruflichen Übergangssystems (Zimmer 2009, S. 26). Obwohl sich die größtenteils staatlich finanzierten Übergangsmaßnahmen als ausgesprochen teuer erweisen – in 2006 betrug der öffentliche
Aufwand 5,6 Mrd. Euro (Werner et al. 2008, S. 300) – erscheint der pädagogische
Erfolg zweifelhaft. Der „heimliche Lehrplan" dieses Systems führt den Jugendlichen permanent ihre vermeintlichen und/ oder tatsächlichen Defizite vor Augen und vermittelt ihnen statt Selbstbewusstsein eher Minderwertigkeitsgefühle.

Die von vielen Experten formulierte Kritik an der Ineffizienz und Unübersichtlichkeit des Übergangssystems ist zwischenzeitlich in den Diskurs eingeflos-
sen und hat eine weitere Reformschleife hervorgerufen. Um die Unübersichtlichkeit
und mangelnde Koordination des Übergangssystems zu beheben, wurde vielerorts ein regionales Übergangsmanagement eingeführt. Ob es allerdings gelingt,
zum Teil bis zu 70 unterschiedliche Initiativen im Übergangssystem einer Regi-

---

2   Das Schulberufssystem kann man nicht ausschließlich dem Übergangssystem zurechnen.
     Allerdings dient zumindest der Besuch der Berufsfachschule vielen Jugendlichen als Warte-
     schleife auf der Suche eines Ausbildungsplatzes.

on auf eine sinnvolle Zielsetzung auszurichten, erscheint zweifelhaft. Man wird die Vielfalt zusammenfassen, aber es wird kaum gelingen, die Vielfalt zum Ziel zu führen, dass alle Jugendlichen eine Ausbildung im dualen System bekommen. Die Entwicklung des Übergangssystems ist ausgesprochen widersprüchlich. Es scheint im gesellschaftlichen Gesamtprozess weniger um die Ermöglichung eines Übergangs junger Menschen in eine Ausbildung oder in die Arbeitswelt zu gehen als um die Verwaltung der Situation. Vielfach erwecken die Maßnahmen im Übergangssystem den Eindruck, als sollten mögliche Konflikte vermieden werden indem man die Jugendlichen aufbewahrt und möglichst ruhig stellt[3]. Im hegemonialen Diskurs wird die Problematik des Übergangs von der Schule in Ausbildung und Beruf als isoliertes Problem einer bestimmten Gruppe Jugendlicher definiert, die zugleich oft als defizitär stigmatisiert wird. Die Wirtschaft kann mithilfe des Diskurses und durch das weitgehend öffentlich finanzierte Übergangssystem von ihrer juristischen und moralischen Verantwortung ablenken, die nachwachsende Generation auszubilden. Zugleich kann die politische Führung im Land aufgrund des Verschwindens der Jugendlichen im Übergangssystem auf eine im internationalen Vergleich vorbildlich geringe Jugendarbeitslosigkeit verweisen (vgl. Tagesschau 2012). Sozusagen als Nebeneffekt übt ein Übergangssystem und die Nachricht über fehlende Ausbildungsplätze auf die junge Generation eine disziplinierende Wirkung aus. Das Übergangssystem mag deshalb zwar im Hinblick auf eine Problemlösung eher überflüssig sein, weil es den Erwerb eigenständiger qualifizierter Erwerbsfähigkeiten eher verhindert und zu selten in eine qualifizierte Berufsausbildung mündet (vgl. Zimmer 2009, S. 26). Aber es erfüllt im hegemonialen gesellschaftlichen Diskurs über die Verantwortlichkeiten und Lösungen einer sozialen Problemlage sehr gut seine Funktion und verdeckt gleichzeitig die Sicht auf tieferliegende Ursachen.

Genauer betrachtet stellt sich die gegenwärtige Problematik des Übergangs von der allgemeinbildenden Schule in den Beruf eher als eine fundamentale Krise der Arbeitsgesellschaft, des Berufs und infolge dessen des Berufsbildungssystems dar. Übergangsprobleme gibt es in dieser Krise nicht nur an der Schwelle von der Schule in die Arbeitswelt; vielmehr ist die Arbeitswelt insgesamt zunehmend von vielfältigen Übergängen durchzogen. Die Übergangsprobleme sind die Folge einer Entwicklung der Arbeitsgesellschaft weg vom „System standardisierter Vollbeschäftigung" hin zu einem „System flexibel-pluraler Unterbeschäftigung" (Beck 1986, S. 222). Die Kernthese dieses Beitrags lautet deshalb, dass die Entstehung des Übergangssystems Schule-Beruf in den vergangenen Jahrzehnten lediglich ein Krisensymptom für einen weit umfassenderen Wandel der Arbeitsgesellschaft

<hr>

3   vgl. Vogel 2011

darstellt. Von dieser These ausgehend soll im folgenden auf die Übergangsproblematik eine ganzheitlichere Perspektive eingenommen werden. Die Schwierigkeiten des Übergangs von der allgemeinbildenden Schule in die Arbeitswelt sind
kein isoliertes Phänomen, sondern Ausdruck der grundlegenden Veränderungen
in der Arbeitsgesellschaft. Die lediglich affirmative Anpassung an die Veränderungen stellt einen, wenn nicht *den* zentralen blinden Fleck in der Debatte des
Übergangssystems dar. Aus dieser Sichtweise erscheint es eher manipulativ ver-
klärend, den Jugendlichen mit Übergangsschwierigkeiten an der ersten Schwelle
in den Arbeitsmarkt den Eindruck zu vermitteln, ihre subjektiven Defizite würden zu den Schwierigkeiten führen.

  Im folgenden Beitrag wird zunächst der fundamentale Wandel der Arbeitsgesellschaft skizziert. Die Berufspädagogik war bisher weitgehend auf die Qualifizierung für ein Normalarbeitsverhältnis in einem Lebensberuf einer Vollerwerbsgesellschaft fixiert. Der Wandel der Arbeitsgesellschaft hat unter Berufspädagogen
eine Diskussion sowie neue Konzepte und Leitideen hervorgerufen, die sich unter
den Schlagworten „Entwicklung des Humankapitals", „lebenslanges Lernen" und
„Modularisierung" subsumieren lassen. Diese Konzepte werden im Anschluss an
die Darstellung der Entwicklungen in der Arbeitsgesellschaft diskutiert und kritisiert. Abschließend soll hieraus ein pädagogischer Ausblick auf eine sogenannte „Übergangspädagogik" entwickelt werden.

2. Der Wandel der Arbeitsgesellschaft und seine Folgen

Die Veränderungen in der Arbeitswelt wurden bereits vielfach und aus unterschiedlichen Perspektiven von der Soziologie und Philosophie analysiert. Sie zeigen sich
sehr deutlich in den Begriffen vom Ende der Arbeitsgesellschaft, der Flexibilisierung und Prekarisierung der Beschäftigungsverhältnisse, der Widersprüchlichkeit
im Arbeitsethos der Menschen sowie in dem aus ökologischer Perspektive dringend
gebotenen Wandel von Produktions- und Konsummustern. Diese Entwicklungen
werden im folgenden Kapitel rezipiert. Der beschriebene Wandel der Arbeitsgesellschaft weist Übergänge in eine andere „Arbeits-"Gesellschaft, deren mögliche Struktur in einem Zukunftsszenario am Ende des Abschnitts skizziert wird.

  Im gesellschaftlichen Diskurs sind die Prophezeiungen vom Ende der Arbeitsgesellschaft bis heute kaum hinreichend rezipiert worden. Zwar werden die
großen Probleme, alle Menschen mit einem bezahlten Arbeitsplatz zu versorgen, immer wieder diskutiert. Grundsätzliche Fragestellungen bleiben in dem
Diskurs über den Wandel der Arbeit aber weitgehend ausgespart. Man hofft auf
das Ziel, Vollbeschäftigung herzustellen und jeden Arbeitswilligen mit einer Be-

schäftigung in einem „Normalarbeitsverhältnis" zu versorgen. Solange das nicht gelingt, werden die Ursachen nicht im Wandel und in der Unfähigkeit des Wirtschaftssystems gesucht, Vollbeschäftigung herzustellen, sondern den Defiziten der Menschen zugeschrieben.

Schon in der Mitte des letzten Jahrhunderts sahen Soziologen und Philosophen das Ende der Arbeitsgesellschaft herannahen. Horkheimer und Adorno sprachen in der Dialektik der Aufklärung 1947 davon, dass der Lebensunterhalt derer, die zur Bedienung der Maschinen überhaupt noch gebraucht würden, mit einem minimalen Teil der Arbeitszeit verfertigt werden könne und der überflüssige Rest, „die ungeheure Masse der Bevölkerung als zusätzliche Garde fürs System gedrillt" werde (Horkheimer und Adorno 1975, S. 37). Und Hannah Arendt prophezeite in den 1950er Jahren in ihrer Untersuchung „Vita activa oder vom tätigen Leben" (Arendt 1996) das Ende der Arbeitsgesellschaft. Was uns bevorstehe, so schrieb sie, sei „die Aussicht auf eine Arbeitsgesellschaft, der die Arbeit ausgegangen ist" (Arendt 1996, S. 13). Was Arendt noch als Vision darstellte, scheint mit Einzug der Mikroprozessoren in die Arbeitswelt zunehmend Realität zu werden. Man kann meist weder das noch als menschliche Arbeit bezeichnen, was diese Entwicklung der Arbeitswelt nach sich zieht[4], noch reicht die Menge der verbleibenden Arbeit aus, um besonders die in den entwickelten Industrieländern auf bezahlte Arbeit fixierten Menschen zu beschäftigen. Die weltweite Arbeitslosigkeit befindet sich gegenwärtig auf einem Rekordniveau. Nach Angaben der internationalen Arbeitsorganisation ILO, einer Sonderorganisation der Vereinten Nationen, ist die aktuelle Lage auf den Arbeitsmärkten in den meisten Ländern alarmierend. Ende 2011 seien weltweit 169 Millionen Menschen arbeitslos, Ende 2012 werden es 202 Millionen sein (vgl. Handelsblatt 2012). Schon Mitte der 90er Jahre beschrieb der amerikanische Soziologe Rifkin ein Szenario vom „Ende der Arbeit": „Millionen Arbeitsplätze werden einer technologischen Revo-

---

4   Eric Hobsbawm exemplifiziert die Eliminierung des Faktors Mensch am Beispiel der Supermarktkassen: „Sie erforderten vom menschlichen Bediener nur noch, daß ihm die Banknoten und Münzen der jeweiligen Landeswährung bekannt waren und er den ihm angebotenen Geldbetrag in die Kasse eingeben konnte. Ein automatischer Scanner übersetzte die Kodierungen auf dem Einkauf in Preise, addierte sie zum Gesamtwert, zog diesen von dem Betrag ab, den der Kunde anbot, und informierte den Kassierer, wieviel Rückgeld er zu geben habe" (Hobsbawm 1995, S. 651). Hobsbawm beschreibt diese Entwicklung der Arbeit verallgemeinernd mit folgenden Worten: „Das Idealergebnis war eine vollständig idiotensichere Reihe von Knöpfen oder eine Tastatur, die nichts weiter erforderte, als auf die richtige Stelle zu drücken, um einen automatisch ablaufenden, selbstregulierenden und so weit wie möglich auch eigenständige Entscheidungen fällenden Prozeß in Gang zu setzen, der den begrenzten und unzuverlässigen Fähigkeiten und der Intelligenz des Durchschnittsmenschen keinerlei zusätzliche Aktivitäten abverlangte" (ebd.). Das Prozedere für die Einrichtung solcher Abläufe erfordert zwar hochqualifizierte Arbeit, die jedoch kaum ausreichen wird, allen Menschen Beschäftigung zu geben.

lution zum Opfer fallen; in fast allen Wirtschaftszweigen werden Maschinen an die Stelle der menschlichen Arbeitskräfte treten" (1996, S. 11). Zum ersten Mal in der Geschichte, so Rifkin, werde die „menschliche Arbeitskraft aus dem Produktionsprozess verbannt" (ebd., S. 17). Auch wenn ein tatsächliches Ende der Arbeit für den Menschen kaum denkbar ist[5], scheint sich der Bedarf an menschlicher Arbeitskraft zumindest im industriellen Produktionsprozess tendenziell einem Minimum anzunähern.

Der Wirtschaftswissenschaftler Pierenkemper ist der Auffassung, dass die Vorstellungen einer Vollbeschäftigung schon lange eine „Chimäre einer längst versunkenen Zeit" sei (Pierenkemper 2012, S. 45). In Deutschland habe es mit einer einzigen Ausnahme in den 1960er Jahren im gesamten 20. Jahrhundert bis heute keine Vollbeschäftigung gegeben. Aktuell muss man davon ausgehen, dass über die gut drei Millionen registrierten Arbeitslosen hinaus „noch etwa knapp zwei Millionen Menschen sich entmutigt vom Arbeitsmarkt zurückgezogen haben oder wegen Arbeitslosigkeit bereits Rente beziehen, dass gut eine halbe Million in arbeitsmarktpolitischen Maßnahmen oder im Vorruhestand verharren und dass sich knapp eine halbe Million in Arbeitsbeschaffungsmaßnahmen befinden" (ebd., S. 44). Die Zahl der registrierten Arbeitslosen sei, so Pierenkemper, in etwa zu verdoppeln, um einen realistischen Anhaltspunkt für die Unterauslastung des Erwerbspotentials der deutschen Wirtschaft zu erhalten (ebd.).

Flexibilisierung und Prekarisierung der restlichen Arbeit

Eine andere Strategie der Politik, zur Vollbeschäftigung zurückzukehren, besteht in der Einführung neuer Beschäftigungsformen. Castel spricht hier kritisch von einem Versuch, „die Nichtbeschäftigung durch die Schaffung neuer Formen der Unterbeschäftigung abzubauen" (Castel 2011, S. 138f.). Insbesondere aufgrund des Kostendrucks im globalisierten Konkurrenzkampf ist in der Wirtschaft eine zunehmende Flexibilisierung des Arbeitsmarkts zu beobachten. Durch externe und interne Flexibilisierung übertragen die Unternehmen dabei Marktrisiken auf die Beschäftigten. Sie tauschen gering Qualifizierte durch höher Qualifizierte aus oder führen zeitflexible Vertragsformen wie Zeitarbeit oder geringfügige Beschäftigung ein. Zur Steigerung der internen Flexibilität stellen die Unternehmen höhere Qualifikationserwartungen, verdichten die Leistungsansprüche an die Beschäftigten, senken die Löhne ab, versuchen den Krankenstand zu reduzieren und greifen rechtliche Schutzmechanismen an (vgl. Struck

---

5   Man sollte zwischen einem Ende der traditionellen Arbeitsgesellschaft und einem Ende der Arbeit unterscheiden. Ein Ende der Arbeit wird es nicht geben; ein Ende der traditionellen Arbeitsgesellschaft zeichnet sich hingegen deutlich ab.

et al. 2009, S. 520). In letzter Konsequenz untergräbt diese Entwicklung die bisher üblichen rechtlichen und sozialen Standards einer Absicherung von Beschäftigungsverhältnissen.

Sennett hat den Trend zur Flexibilisierung in der Arbeitswelt in seiner Studie „Der flexible Mensch" (2000) analysiert und kritisch beleuchtet. Er stellt fest, dass der Wandel in der Arbeitswelt durch das Motto „Nichts Langfristiges" gefasst werden könne. Traditionelle Erwerbsbiographien, in denen Menschen im Laufe ihres Arbeitslebens in ein oder zwei Unternehmen verbleiben, sind auf dem Rückzug. Auch eine einzige Berufsausbildung reicht für ein Erwerbsleben nicht mehr aus. Ein junger Amerikaner müsse heute damit rechnen, so Sennet, „in vierzig Arbeitsjahren wenigstens elfmal die Stelle zu wechseln und dabei seine Kenntnisbasis wenigstens dreimal auszutauschen" (ebd., S. 25). Flexibilität bedeutet in diesem Kontext, dass die Menschen die permanente Bereitschaft aufbringen, sich den Veränderungen in der Arbeitswelt anzupassen. Sie sollen dabei in der jeweiligen Situation unterschiedlichste Unternehmensziele verinnerlichen und sich möglichst weitgehend mit ihnen identifizieren. Der herausragende Charakterzug, den ein Mensch für diese Entwicklung benötige, sei die Fähigkeit, sich von der eigenen Vergangenheit zu lösen und Fragmentierung zu akzeptieren (vgl. ebd., S. 79f.). Das Subjekt soll dabei einen grundsätzlichen Perspektivwechsel vollziehen und sich selbst als Humankapital betrachten. Dieser Perspektivwechsel erfordert von den Menschen „eine ständige Reproduktion, Modernisierung, Erweiterung und Verwertung" ihres Arbeitspotentials (Gorz 2004, S. 25). An die Stelle des Lohnabhängigen tritt der Arbeitskraftunternehmer, der für seine Ausbildung, Weiterbildung, Krankenversicherung usw. selbst sorgt und an die Stelle der ursprünglichen Ausbeutung seiner Arbeitskraft durch andere tritt die Selbstausbeutung und Selbstvermarktung (vgl. ebd.). In der neuen Arbeitswelt muss sich der Mensch auf immer schneller wandelnde Handlungssituationen einstellen. Übergänge werden dabei zur alltäglichen Normalität und eine Pädagogik, die sich auf die Qualifizierung für einen Lebensberuf konzentriert, wird zunehmend zu einem Antagonismus.

Widersprüchliches Arbeitsethos

Der massive Rückgang der im Produktionsprozess erforderlichen menschlichen Arbeit und die Entwicklung neuer Arbeitsstrukturen müssten eigentlich dazu führen, dass der Arbeit eine zunehmend geringere Bedeutung im Lebenslauf beigemessen wird. Hingegen scheint das Gegenteil der Fall zu sein. Die Menschen haben trotz dieser Entwicklungen große Schwierigkeiten, sich von ihrem strengen Arbeitsethos zu befreien; denn Arbeit sei, so Arendt in ihrer bereits erwähnten

Untersuchung, die einzige Tätigkeit, auf die sich die Arbeitsgesellschaft verstehe. Die zunehmende Befreiung von der Arbeitsnotwendigkeit wirke auf die Arbeitsgesellschaft wie ein Fluch, weil sie kaum noch höhere und sinnvollere Tätigkeiten als das Arbeiten kenne, um derentwillen sich die Befreiung lohnen würde (vgl. Arendt 1996, S. 13). Diese Arbeitsgesellschaft hat deshalb große Schwierigkeiten, sich von der Vorstellung einer Versorgung aller Menschen mit einem Normalarbeitsverhältnis in einer Vollerwerbsgesellschaft zu lösen. Die Arbeitsnorm ist ihnen eingeprägt, trifft aber auf Verhältnisse, die es den Menschen nicht mehr ermöglicht, der Norm zu entsprechen.

Man kann von einer tragischen und zugleich komischen geschichtlichen Entwicklung der Einstellung zur Arbeit und ihrer Notwendigkeit sprechen: Zum einen hat sich das Arbeitsethos seit der Antike um 180° gewandelt; vom Fluch der Arbeit, von Mühsal, Leid und Not sprach man in antiken und biblischen Zeiten; Arbeit und Freiheit passten nicht zusammen, denn Arbeit hieß der (Natur-)Notwendigkeit dienen; heute hingegen demonstrieren die Menschen für Arbeit, selbst wenn sie durch soziale Maßnahmen der „Notwendigkeit" entbunden sind; Arbeit ist ihre Identität, ihr Lebenselixier; die Frage „Was bist Du?" ist gleichbedeutend mit der Frage: „Welcher Arbeit gehst Du nach?" Das Arbeitsethos der Menschen in der Industriegesellschaft geht so weit, dass sie sich das Leben nehmen, wenn sie ihre Arbeit verlieren.[6] Mit dem Verlust der Arbeit, einer Arbeit, die keineswegs immer Erfüllung und Sinn vermittelt, sondern oft nur rastlose Bewegung ermöglicht, geht vielen Menschen heute der Sinn für ihr Leben verloren.

Trotz einem dogmatischen Arbeitsethos ist die individuelle Einstellung der Menschen zu ihrer Arbeit kaum noch wertorientiert; denn in ihrem letzten Stadium hat sich die Arbeitsgesellschaft in eine „Gesellschaft von Jobholders" verwandelt (Arendt 1996, S. 410). Arendt sprach von einem „Sieg des Animal laborans", womit sie nicht allein die Folgen der Mechanisierung meinte, sondern auch eine „einzig auf die Arbeit abgestellte Welt" kritisierte. Die Jobholder-Gesellschaft „verlangt von denen, die ihr zugehören, kaum mehr als ein automatisches Funktionieren" (ebd., S. 410). Die einzige aktive, individuelle Entscheidung besteht nur noch darin, „sich selbst gleichsam loszulassen, seine Individualität aufzugeben[7], …, um dann völlig ‚beruhigt' desto besser und reibungsloser ‚funktionieren' zu können" (ebd., S. 410 f.). Mit dem „Sieg des Animal laborans" bescheinig-

---

6   Eine Lokalzeitung berichtet von einem Mann, der auf dem Hamburger Hauptbahnhof Selbstmord begangen hat, weil er nach 20 Jahren seinen Job bei der Berliner Stadtreinigung verloren hatte. Ohne Arbeit wollte er nicht mehr leben (vgl. Hamburger Morgenpost v. 3.3.1999, Nr. 052/09, S.1 und 10f.).

7   Heute – das hatte Arendt noch nicht in vollem Ausmaß vorausgesehen – ist das Individuum gezwungen, seine Individualität ganz in den Dienst der Ökonomie zu stellen.

te Arendt der modernen Gesellschaft zugleich, sie habe die antike Wertschätzung menschlicher Grundtätigkeiten auf den Kopf gestellt. Menschliche Tätigkeiten, wozu Aristoteles den Genuss, die Politik und die Philosophie zählte, finden in der modernen Arbeitsgesellschaft kaum noch Anerkennung und die Muße wird sogar verachtet. Man kann zusammenfassend feststellen, dass sich das Arbeitsethos im Verlauf der Geschichte entgegengesetzt zur (Natur-) Notwendigkeit der Arbeit entwickelt, so dass heute ein ausgeprägtes Arbeitsethos einem Verschwinden traditioneller Arbeitsformen gegenübersteht.

Zerstörung der Lebensgrundlagen durch Arbeit

Auch wenn die Arbeitsgesellschaft immer weniger Menschen ein gesichertes Arbeitsverhältnis bietet und menschliche Arbeit sich – vor allem in der Produktion – auf dem Rückzug befindet, bewirken die Produktionsanlagen und die verbliebenen Arbeiter heute mit Hilfe der in der Technik aufgespeicherten Arbeitskraft weit mehr, als die natürlichen Lebensgrundlagen ertragen können. Mit einem immer geringeren Quantum an menschlicher Arbeitskraft können immer mehr Güter produziert werden. Hinzu kommt, dass einfache Arbeiten unter Ausbeutung von Mensch und Natur in Niedriglohnländer verlagert werden. Die Fortführung dieser Form der Arbeits- und Konsumgesellschaft erscheint aufgrund der gesellschaftlichen Naturkrise ethisch kaum noch vertretbar. Die Arbeitsgesellschaft befindet sich in einem Dilemma, in dem sich eigentlich nicht die Arbeitslosen die Sinnfrage stellen lassen müssten sondern die Arbeitenden; und eine sorgfältige Selbstprüfung würde diese mit einem eher bestürzenden Eindruck von der Sinnhaftigkeit ihres geschäftigen Tuns konfrontieren (vgl. Gronemeyer 2006). Wenn wir weiterarbeiten wie bisher, werden wir unsere natürlichen Lebensgrundlagen zerstören. Dem steht allerdings unser gesellschaftliches Arbeitsethos entgegen und die Gefahr besteht im Grunde nicht in einem Ende der Arbeit, sondern in einem „regenerations- und transformationsunfähigen Dauersiechtum" (von Weizsäcker 1994, S. 311). Die Lösung der kritischen Situation bereitet deshalb Probleme, weil die Vorstellung von den unendlichen Bedürfnissen des Menschen bis heute nicht überwunden ist. Obwohl wir in den reichen Industrienationen alles haben, um gut leben zu können, verhalten wir uns so, als gehe es noch immer darum, existenzielle Bedürfnisse zu befriedigen. Der fundamentale gedankliche Widerspruch im gesellschaftlichen Denken besteht darin, dass diejenigen, die sich durch ihre Arbeit täglich an der Zerstörung der Lebensgrundlagen beteiligen, honoriert werden, während denen, die nicht arbeiten (können), gesellschaftliche Miss- und Verachtung widerfährt. In dieser Situation drängt sich die Frage auf, ob die Krise nicht eher überwunden werden kann indem man die Menschen der Arbeitsgesellschaft über ihr widersprüchliches Arbeitsethos aufklärt und – gegebenenfalls in Anlehnung an antike Vorbilder – aufzeigt, dass es noch höhere und sinnvollere Tätigkeiten als das rastlose Arbeiten für ein Mehr-Haben-Wollen gibt. Würde man der Natur und damit unseren Lebensgrundlagen durch einen solchen aufklärerischen Prozess nicht einen größeren Dienst erweisen, als wenn man die Menschen für einen beschleunigten naturverzehrenden Stoffwechselprozess qualifiziert? Die Zukunft der Arbeit, so von Weizsäcker, könne nicht mehr länger ausschließlich in der Erwerbsarbeit liegen. Die Lebens- und Versorgungsweisen werden sich dahingehend wandeln müssen, „dass subsidiäre Hilfeleistungen und Selbstversorgung – mit durchaus modernen Mitteln – wieder einen höheren Stellenwert erhalten" (von Weizsäcker 1994, S. 313). Die Bedeutung der Eigenarbeit wird in einer zukünftigen Arbeitsgesellschaft steigen; denn aufgrund heute bereits akuter ökologischer Krisensignale wird die Arbeitsgesellschaft der Zukunft anders aussehen (müssen) als eine Fortsetzung des Gewesenen.

Zukunft der Arbeit

Die Wirtschaftswissenschaftler Liedtke und Giarini haben in einer Studie über die Zukunft der Arbeitsgesellschaft (Giarini und Liedtke 1999) prophezeit, das die unterschiedlichen Arbeitsformen der Menschen in den Industrienationen künftig anders aufgeteilt sein werden. In ihrer Untersuchung stellen sie fest, dass sich der Anteil an bezahlter Erwerbsarbeit zugunsten von nichtmonetisierter[8], nichtmonetarisierter[9] Arbeit (der sogenannten Eigenproduktion) sowie lebenslanger Bildung / Fortbildung verschieben wird (ebd., 165f.; siehe Abb. 1). Bisher trat der Mensch nach einer allgemeinen und beruflichen Ausbildung in das Arbeitsleben ein und arbeitete ca. 30-40 Jahre in Vollzeitform in seinem Beruf bevor er dann anschließend wieder vollständig aus dem Erwerbsleben ausschied. Dieser traditionelle Lebenszyklus wird sich zugunsten anderer Arbeitsformen verändern. Die Chancen der Zukunft bestehen nach Ansicht der Studie in einer gewissen Rückwendung zu ursprünglicheren Formen von Arbeit: „Die Agrargesellschaft

---

8   Unter nichtmonetisierter Arbeit verstehen die Autoren der Studie Tätigkeiten mit einem potentiellen monetären Wert, der nicht realisiert wird. Zu diesem Tätigkeitsspektrum gehören wohltätige oder freiwillige Arbeiten. Aber auch Haushaltsarbeit und Pflege/Fürsorge für andere Menschen werden dazu gezählt, die in der heutigen Welt immer noch vor allem von Frauen erledigt werden , doch in fast allen Fällen nicht entlohnt und monetär nicht bewertet sind, obwohl dies möglich wäre.

9   Bei den nichtmonetarisierten Tätigkeiten ist eine monetäre Bewertung nicht möglich. Dieses Tätigkeitsspektrum umfasst alle Tätigkeiten der Eigenproduktion und des Eigenkonsums. Als Beispiele für diese Art von Arbeit nennen die Autoren ein Selbststudium durch die Lektüre von Büchern, selbst erledigte Reparaturen oder auch die Selbstbehandlung bei Krankheiten.

beruhte noch weitgehend auf der Effizienz ihrer nichtmonetarisierten Arbeiten, da der größte Teil der Produktion in Gemeinschaften stattfand, die für sich selber produzierten. Heute erleben wir das Comeback dieser nichtmonetarisierten Tätigkeiten, die während der Industriellen Revolution durch die starke Zunahme monetisierter Arbeit verdrängt wurden." (Giarini und Liedtke 1999, S. 165f.)

Abbildung 1: Veränderung der Arbeit im Lebenszyklus

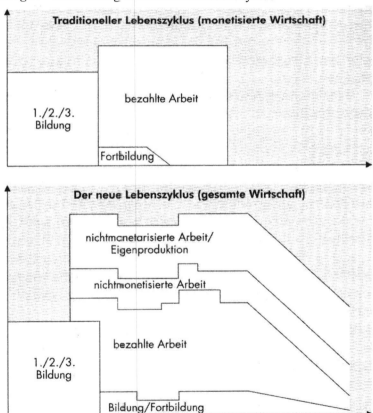

Quelle: Giarini und Liedtke 1999, S. 236

Die Forschungsergebnisse von Giarini und Liedtke zeigen ebenfalls, dass ein Festhalten an traditionellen Vorstellungen eines Übergangs von der Schule in die Arbeitswelt bzw. eine Berufsausbildung und dem anschließenden Einmünden in ein sogenanntes „Normalarbeitsverhältnis" künftig wohl kaum der realen Entwicklung entsprechen wird. Die Diskussionen über solche Übergänge werden voraussichtlich zunehmend der Vergangenheit angehören. Die Zukunft der Arbeit wird in einem weitaus komplexeren biographischen Geflecht unterschiedlicher Tätigkeitsformen und zahlreicher Übergänge liegen, die vom Subjekt zu bewältigen sein werden.

3. Kritik berufspädagogischer Leitideen

In der Berufspädagogik werden verschiedene Leitideen zur Überwindung der Krise und Bewältigung des Wandels der Arbeitsgesellschaft diskutiert. Sie sind weitgehend auf das Ziel gerichtet, die Strukturen beruflicher Bildung zu flexibilisieren und die Menschen den ökonomisch bedingten Entwicklungen und Ansprüchen anzupassen.

Eines der zentralen Leitbilder der Globalisierung, das heute in den Industriegesellschaften diskutiert wird und nicht nur auf den Berufsbildungsbereich beschränkt ist, richtet sich auf die Bildung von „Humankapital"[10]. Die OECD als eine der bedeutendsten Institutionen, die dieses Leitbild fordern und fördern, sieht im Aufbau von „Humankapital" eine Grundvoraussetzung für mehr Wirtschaftswachstum und Wohlstand. Man ist der Überzeugung, dass mit einer Anhebung des „Humankapitals" einer Gesellschaft beispielsweise ein besserer Gesundheitszustand, ein stärkeres zivilgesellschaftliches Engagement sowie günstigere Beschäftigungsaussichten einhergehen (OECD-Generalsekretär Gurria zit. n. Keeley 2010, Vorwort).

Mit dem Ausdruck „Humankapital" werden zunächst sehr allgemeine Qualifikationen umschrieben; „Humankapital" seien „Kompetenzen und sonstige Eigenschaften, die dem Einzelnen eigen sind und es ihm ermöglichen, persönliches, soziales und wirtschaftliches Wohlergehen zu erzeugen" (Keeley 2010, S. 33). Aus volkswirtschaftlicher Sicht kann man gegen die Förderung von „Humanka-

---

10   Der Ausdruck „Humankapital" wird hier in Anführungszeichen gesetzt, weil die unkommentierte Verwendung dieses Wortes m.E. ein Verstoß gegen die Menschenwürde darstellt. Der Begriff wurde im Jahr 2004 von einer unabhängigen Jury von Sprachwissenschaftlern und Vertretern der öffentlichen Sprachpraxis zum Unwort des Jahres gewählt. Die Begründung der Jury lautete, das Wort degradiere nicht nur Arbeitskräfte in Betrieben, sondern Menschen überhaupt „zu nur noch ökonomisch interessanten Größen". Primär werde durch dieses Wort die ökonomische Bewertung aller Lebensbezüge gefördert.

pital" wenig einwenden. Jeder an der humanen Entwicklung einer Gesellschaft interessierte Pädagoge wird der Forderung zustimmen, dass die Förderung von Bildung eine sinnvolle Investition in die Zukunft darstellt. Beleuchtet man die Forderung nach der Bildung von „Humankapital" allerdings aus der Perspektive des einzelnen Menschen auf einem vom Konkurrenzkampf bestimmten Arbeitsmarkt, so zeigt sich ein ausgesprochen inhumanes Gesellschaftsbild. Der Begriff „Humankapital" wird dann zum Ausdruck einer „postfordistisch-ganzheitlichen Verwertung des Menschen als Arbeitskraft" (Ribolits 2011, S. 145). Er benötigt die höchste Form von Flexibilität. Er muss permanent seine geistige und körperliche Arbeitskraft erhalten und gewinnbringend vermarkten. Pädagogische Zielsetzungen wie Mündigkeit, Selbständigkeit oder Emanzipation werden in einem rein an den Kriterien der Ökonomie ausgerichteten Bildungssystem zu Leerformeln; denn, so Ribolits, in dem Maß in dem die Effizienzkriterien der industriellen Kapitalverwertung auf organisierte Lernprozesse umgelegt würden, gingen die unhintergehbaren Bedingungen der Möglichkeit von Bildung – Muße, Leidenschaft, intellektuelle Beharrlichkeit oder echte Begegnung – endgültig verloren (vgl. Ribolits 2011, S. 138f.).

Eine weitere (berufs-)pädagogische Leitidee, die den Wandel der Arbeitsgesellschaft begleitet, wird unter dem Schlagwort des notwendigen lebenslangen Lernens diskutiert. Man rezipiert den Wandel der Arbeitsgesellschaft sozusagen als „Dauerarbeitsauftrag" für die Pädagogik, indem man eine Neubestimmung des Verhältnisses von allgemeiner Bildung, beruflicher Erstausbildung und Weiterbildung hin zu einem Prozess lebenslangen Lernens fordert (vgl. Arnold und Gonon 2006, S. 191ff.). Der Forderung nach Flexibilisierung folgend sollen die Berufsbildungswege angepasst und der Reihenfolgezwang beruflicher Bildungsgänge aufgelöst werden (ebd.). Entsprechend der von Sennet eher kritisch betrachteten Analyse, dass es nichts Langfristiges mehr in der Entwicklung der Arbeitswelt gebe, fasst man das pädagogische Leitziel in die Formel: „Alles muss sich wandeln, damit es bleibt, wie es ist" (Arnold und Gonon 2006, S. 196). Diese Zielsetzung kann aber nur als sinnvoll bezeichnen, wer mit dem ständigen Wandel und der Anpassung der Menschen an diesen Wandel einverstanden ist. Der permanente Wandel, auf den die Menschen programmiert werden sollen und der als Ursache für die pädagogische Debatte um die Qualifizierung für Beruf und Arbeit gilt, ist an sich bereits inhuman; er ist das Ergebnis eines ökonomischen Konkurrenzkampfes, dem die Menschen sich permanent anzupassen haben. Die Konsequenz einer berufspädagogischen Konzeption, die diesem Ziel folgt, entspräche einer Entkoppelung organisierten Lernens von jedem an Freiheit orientierten Bildungsanspruch. Das Lernen würde zu einer „lebenslangen kontextlosen Ansamm-

lung von Qualifikationsmodulen, deren Auswahl sich einzig aus ihrer Brauch-
barkeit im Prozess der Humankapitalverwertung ableitet" (Ribolits 2011, S. 139).
Man muss an dieser Stelle nicht allzu tief in die Philosophie einsteigen: Ei-
nigkeit wird in der Grunderkenntnis bestehen, dass der Mensch zu allererst leben und sich nicht permanent anpassen will, dass er Ruhe und Heimat sucht und
nicht Entwurzelung und dauernden Wandel. Eine Pädagogik, die den Menschen
als Antwort auf die Entwicklungen der Wirtschaft eine „kontinuierliche und ko-
härente Kompetenzentwicklung" (Sauter 2003) abverlangt, kann kaum, auch
wenn sie das „Selbst" oft in das Zentrum ihrer Lernkultur stellt, im Interesse der
Lernsubjekte stehen. Ein fortlaufendes, ununterbrochenes, mit der Ökonomie ver-
schränktes, lebenslanges Sich-Weiterbilden, das von den Menschen gefordert wird,
widerspricht dem Bildungsbegriff in seinem Fundament. Solches Lernen dient
allein der Abwehr von Not – und das ein Leben lang. Aus der Forderung nach einer kontinuierlichen und kohärenten Kompetenzentwicklung folgt ein defensives Lernen der Subjekte in einem weit umfangreicheren Sinne, als es Holzkamp
(1995) ursprünglich gemeint hat. Defensiv lernt der Mensch nach Holzkamp, um
eine Not abzuwenden – sozusagen notgedrungen. Defensives Lernen richtet sich
nicht auf den Lerninhalt, sondern auf die Bewältigung einer Lernanforderung,
um eine mögliche Bedrohung abzuwehren. Das Lernsubjekt dringt nicht in den
Lerngegenstand ein, sondern demonstriert lediglich einen „Lernerfolg", damit
es mögliche negative Auswirkungen vermeidet. Demensprechend ist defensives
Lernen „außengesteuert und sachentbunden" (Holzkamp 1992, S. 9). Wenn ich
defensiv lerne, dann nur, weil ich meine bisherige Welt bedroht sehe und notgedrungen nicht anders als mit Lernen darauf reagieren kann. Ein solches Lernen,
das sich den fortlaufend ändernden Bedürfnissen der Betriebe anzupassen hat,
kann aber nicht als Ziel einer auf die Emanzipation des Menschen gerichtete Berufspädagogik dienen.
Im Zuge des Wandels der Arbeitsgesellschaft und der Globalisierung erscheint insbesondere der Wirtschaft das Berufskonzept, das dem deutschen Berufsbildungssystem bisher zugrunde lag, als zu starr (vgl. Vereinigung der Bayrischen Wirtschaft 2008). Von der Einführung sogenannter Ausbildungsbausteine
(vgl. ebd. sowie Euler und Severing 2006) erhofft man sich für die Integration der
Menschen in die Arbeitswelt mehr Flexibilität. Als Ausbildungsbausteine werden
begrenzte Anteile eines Ausbildungsberufes bezeichnet, die sich an berufstypi-
schen Arbeits- oder Geschäftsprozessen orientieren, eigenständig zertifiziert und
nach erfolgreicher Absolvierung als Ausbildungsteilleistung angerechnet werden
(Vereinigung der Bayrischen Wirtschaft 2008, S. 85). Von einer stärkeren Aufteilung der Berufsaus- und -weiterbildung erhofft sich die Wirtschaft eine zeitli-

che und individuelle Flexibilisierung, eine höhere Transparenz über die Inhalte und Kompetenzen der Bildungsgänge und eine höhere horizontale und vertikale Durchlässigkeit in den beruflichen Bildungsgängen (ebd.). Die Einsatzmöglichkeiten der Arbeitskräfte und die Verfügbarkeit über diese würden durch die zunehmende Zergliederung der beruflichen Qualifikationen steigen. Wie Bausteine könnte man die Menschen im Arbeitsprozess einfügen und austauschen.

In der Debatte, die in der berufspädagogischen Diskussion auch unter dem Ausdruck einer „Modularisierung der Berufsausbildung" geführt wird, geht es um die Frage, an welchem Modell von Berufsbildung man sich orientieren soll. Dabei stehen sich idealtypisch zwei Konzepte gegenüber: Das (ganzheitlich orientierte) Berufskonzept und das Fragmentierungskonzept. Kritisiert wird an der Modularisierung, dass damit die Ganzheitlichkeit beruflicher Bildung aufgegeben wird. Besonders von Gewerkschaftsseite werden die Forderungen als strategische Weichenstellung zur Modernisierung des dualen Systems der Berufsausbildung verstanden, die sich aus zwei Entwicklungssträngen speise: Zum einen aus einer neoliberalen Modernisierungsdebatte, die das duale Berufsbildungssystem als zu teuer und unflexibel kritisiert und zum anderen aus dem europäischen Integrationsprozess, wonach das duale System mehr oder weniger eine singuläre Erscheinung sei und sich nicht auf die EU übertragen lasse (vgl. Ehrke 2003, S. 1). Gegen die Fragmentierung beruflicher Qualifizierungswege wird argumentiert, diesem Konzept wohne ein Modell des „Patchwork-Lernens" inne und es handele sich um ein rein bildungsökonomisches Konzept, das mit Bildungstheorie kaum etwas zu tun habe (vgl. ebd.). Der Gehalt an allgemeiner Bildung, der immer auch in beruflichen Bildungsprozessen enthalten sein muss, geht durch diese Zergliederung verloren.

4. Von der Berufs- zur „Übergangspädagogik"

Die heutige Situation in der Arbeitswelt und in der Gesellschaft insgesamt wird von einem tiefgreifenden Wandel bestimmt. Der Ausdruck „Postmoderne" beschreibt dabei diagnostisch eine Entwicklung in der Arbeitswelt und im Leben der Menschen, die von Auflösung und Zerfall geprägt ist. Die Situation des einzelnen Individuums ist von der Singularität des Augenblicks bestimmt, „durch isolierte, punktuelle Augenblicke, die nicht in einem eindeutigen Zusammenhang mit vergangenen und zukünftigen Ereignissen stehen. Der Augenblick ist ungewiss und undeterminiert. ... Kein Blick auf Vergangenes und Zukünftiges vermag Sicherheit (eines Sinnes) und Handlungsorientierung zu gewähren" (Bruder 1995, S. 8). Die im vorherigen Abschnitt dargestellte zunehmende Prekarität in der Arbeitswelt ist für diese Entwicklung typisch. Es hat den Anschein, dass jeder Mensch seine eigene Geschichte und seinen eigenen Stil selbstständig bestimmen könne. Aber dieses „Eigene" ist eine Illusion (van der Loo und van Reijen 1992, S. 262). Die Verunsicherung des Menschen in dieser Situation besteht darin, „dass ihm seine (angebliche) Identität als ‚menschliches Wesen' entgleitet" (Lyotard 1985, S. 79) Die Folgen für die Menschen bestehen häufig in einer psychischen Überforderung, die auch zur Erkrankung führen kann; denn das Subjekt „zerbricht an den Zumutungen, Subjekt sein zu sollen und es nicht sein zu können" (van der Loo und van Reijen 1992, S. 262). Folge einer solchen Überforderung des Ich ist die heute vielfältig zu beobachtende Zunahme an psychischen Störungen.[11]

Deshalb sind nicht allein die Übergänge von der Schule in die Arbeitswelt in den letzten Jahren problematisch geworden; vielmehr befindet sich die (Arbeits-) Gesellschaft insgesamt in einem Transformationsprozess. In der künftigen Arbeitsgesellschaft erscheint nur noch der Wandel als sicher und eine Pädagogik, die ihren Schülerinnen und Schülern die Hoffnung oder auch nur die Vorstellung der Möglichkeit auf ein Normalarbeitsverhältnis in einer Vollerwerbsgesellschaft vermittelt, erzeugt eher eine Illusion als eine realistische Perspektive. Übergänge werden in der neuen Arbeitsgesellschaft für jeden Menschen, der es nötig hat, vom Verkauf seiner Arbeitskraft zu leben, zur Normalität. Der Berufspädagogik wird durch diese Entwicklung zunehmend ihre „bildungsimmanente Sinngrundlage" (Beck 1986, S. 243) verlorengehen und es stellt sich die Frage, wie neue pädagogische Antworten auf den Wandel der Arbeitsgesellschaft aussehen können. Sollte man die nachwachsende Generation weiterhin für einen Arbeitsmarkt qualifizieren, der kaum noch eine Gewähr für die Abnahme ihrer Qualifikationen abgibt? Wie sollen Jugendliche auf die verschiedenen Übergänge – nicht nur den einen von der allgemeinbildenden Schule in die Ausbildung -, die sich mit großer Wahrscheinlichkeit in ihrem zukünftigen Arbeitsleben ergeben werden, vorbereitet werden? Gibt es einen pädagogischen Weg, der einerseits das Subjekt befreit, aber andererseits die absehbaren Anforderungen künftiger Entwicklungen in der Arbeitswelt nicht gänzlich aus den Augen verliert?

Das Konzept der beruflichen Erstausbildung, wie es in der Vergangenheit galt, wird zunehmend fragwürdig; denn die berufliche Qualifikation wird durch die technologisch und ökonomisch bedingte Entwicklung immer mehr den zufälligen, sich ständig ändernden Anforderungen des Wirtschaftslebens unterworfen. Bildung für einen Beruf, den ein Mensch sein Leben lang ausübt, wird künf-

---

11   Laut Bundespsychotherapeutenkammer ist die Anzahl der betrieblichen Fehltage aufgrund von Erkrankungen am Burn-out-Syndrom seit 2004 drastisch (ca. um den Faktor 8) gestiegen (vgl. Süddeutsche Zeitung v. 30.10.2012, S. 26)

tig immer mehr zur Ausnahme. Zwar bleiben berufliche Ausbildungsabschlüsse in formaler Hinsicht bedeutsam, um überhaupt noch eine Anstellung zu finden. Formale Abschlüsse stellen aber kaum noch eine Garantie für einen gesicherten Arbeitsplatz dar (vgl. Beck 1986, S. 244). Deshalb wird die Bedeutung einer Bildung für einen Lebensberuf immer mehr abnehmen und die Vermittlung einer beruflichen Allgemeinbildung (vgl. Zimmer 1998) an Relevanz gewinnen.

Die Berufsbildung wird dem „Exodus aus der Arbeitsgesellschaft" (Gorz 2000, S. 9) folgen müssen. Gorz erwartet nichts mehr von einer Symptombehandlung der Krise, wozu auch das Übergangssystem zu rechnen ist. Vielmehr sieht er die Etablierung eines neuen Systems, in dem die Arbeit massenhaft abgeschafft wird und das alle zwingt, gegen alle anderen um die immer knapper werdende Arbeit zu kämpfen. Gorz sieht in dieser Entwicklung die erneute Herausbildung schlimmster Formen von Herrschaft, Unterwerfung und Ausbeutung. Man darf allerdings dem System nicht die Abschaffung der Arbeit vorwerfen, „sondern dass es eben diese ‚Arbeit', deren Normen, Würde und allgemeine Zugänglichkeit es abschafft, weiterhin als Pflicht eines jeden, als verbindliche Norm und unersetzliche Grundlage unserer Rechte und unserer Würde postuliert" (Gorz 2000, S. 9). Dieser Vorwurf ist auch dem Übergangssystem von der Schule in Ausbildung und Arbeit zu machen. Es postuliert den jungen Menschen ‚Arbeit' als Norm und unersetzliche Grundlage ihrer Würde, verwehrt ihnen aber gleichzeitig den Zugang zum Ausbildungs- und/oder Arbeitsmarkt. Sie befinden sich sozusagen in einem Dilemma aus dem sie nur der Mut führen kann, den Ausstieg aus der Arbeitsgesellschaft zu wagen. Die bisherige „normale" Arbeit muss „ihre zentrale Rolle im Bewusstsein, im Denken und der Vorstellungskraft aller Menschen" verlieren. Wir müssen lernen, die Arbeit „mit anderen Augen zu betrachten – nicht mehr als das, was man hat oder nicht hat, sondern als das, was wir tun. Wir müssen es wagen, uns die Arbeit wiederanzueignen."(Gorz 2000, S. 9); denn die Entwicklung und die Ergebnisse der kapitalistischen Wirtschaftsordnung und einer ihr zuarbeitenden Berufsbildung hat „die Menschen in einer Weise geschult und sozialisiert, die sie zu fremdbestimmter, funktional spezialisierter Arbeit tauglich macht, zu Eigenarbeit, Selbstversorgung und Muße aber unfähig" (Gorz 2000, S. 118). Die Subjekte bewegen sich in den Maschen einer „Disziplinarmacht" (Foucault), in denen sie „zugleich Produkt von Machtwirkungen wie deren Verbindungselemente" (Pongratz 1989, S. 148) sind. „Sie halten einen Mechanismus in Gang, der sie gegen sich selber ausspielt …" (ebd.). Die jungen Menschen glauben an ihre persönlichen Defizite (beispielsweise ihre mangelnde Ausbildungsreife) als Ursache für ihre Exklusion. Tatsächlich stehen sie aber einer anonymen Macht gegenüber.

Trotzdem die Menschen aber einer scheinbar unüberwindbaren Macht ge-
genüberstehen, sieht Foucault Auswege aus dem Dilemma: Der Widerstand muss
„genauso erfinderisch, genauso beweglich, genauso produktiv" (Foucault 1978, S.
195) sein wie die Disziplinarmacht. Der Disziplinarmacht gegenüber muss sich
ein neuer Widerstandstyp entwickeln: die Dissidenz. Diese Form des subjektiven Widerstands gehorcht keinem endgültig fixierbaren Maßstab, beruhigt sich
in keinem Ort gesicherter Wahrheiten, weil es im Netz der Macht keinen gesicherten Ort der großen kollektiven Weigerung mehr gibt (vgl. Pongratz 1989, S.
148). Pädagogik, die den Menschen Wege aus dem Dilemma und in die Dissidenz
öffnen soll, muss kreativ sein. Sie muss ebenso erfinderisch, beweglich und produktiv wie die Macht sein, die im und durch das Übergangssystem über die jungen Menschen verfügt und sie diszipliniert.

Eine Wiederaneignung der Arbeit erfordert einen (berufs-)pädagogischen
Perspektiv- und Paradigmenwechsel. Die hier avisierte begriffliche Fortentwick-
lung von der Berufs- zur „Übergangspädagogik" soll auf grundlegende Veränderungen der Arbeitsgesellschaft und einen erforderlichen reflektierten Umgang
mit diesem Wandel verweisen. Der Ausdruck „Übergang" soll verdeutlichen, dass
es hier um eine Pädagogik geht, die den Wandel in eine postmoderne Arbeitsgesellschaft begleitet, in der das traditionelle Berufsverständnis sowie ursprünglich
vorherrschende „normale" Arbeitsverhältnisse und Arbeitsformen an Bedeutung
verlieren. Zugleich weist der Ausdruck auf eine Entwicklung in einer zukünftigen Arbeitsgesellschaft hin, in der die Menschen vielfältige Übergänge aus unterschiedlichen Lebenslagen werden bewältigen müssen.

Das Ziel einer „Übergangspädagogik" als Konsequenz dieser Analyse könnte darin bestehen, neue Formen von Subjektivität zustande zu bringen. Nach Foucault ginge es zunächst darum „die Art von Individualität, die man uns jahrhundertelang auferlegt hat", zurückzuweisen (Foucault 1994, S. 250). Dabei ginge
es darum, die Praktiken durchschaubar zu machen, durch die die Individuen in
Machtnetze eingebunden sind und sie für Praktiken der Freiheit zu qualifizieren,
die die Macht unterlaufen und ihr entgegengesetzt sind (vgl. Foucault 1986, Bd.
2, S. 16). Es müsse ein Selbstbezug erarbeitet werden, der die Individuen nicht
versklavt. Dieser ist nicht durch die Vorgabe eines bestimmten Wissens oder universell gültiger Regeln zu erreichen. Neue Subjektivierungsweisen können nur
experimentell erarbeitet werden. Dieses Vorgehen entspricht einem Bildungsver-
ständnis, das die Menschen gegen die vereinnahmenden Verhältnisse stärkt, sie
gegen die gesellschaftlichen Mächte, die ihnen ein bestimmtes Leben abverlangen und vorschreiben, emanzipiert; denn in letzter Konsequenz ist Bildung die
Beseitigung von äußerer Macht über die eigene Person.

Eine „Übergangspädagogik" folgt einem postmodernen Diskurs, der weniger den Verlust alter, liebgewonnener Orientierungen und Denkmuster beklagt, sondern vielmehr den Blick auf gewonnene Freiheitsräume und auf die Möglichkeiten anderer, abweichender Wege richtet. Aus dieser Perspektive ist ein sich abzeichnender Niedergang der alten Arbeitsgesellschaft nicht unbedingt zu beklagen; vielmehr könnte man sich stärker den durchaus vorhandenen Freiheitsräumen zuwenden, den Menschen ein Bewusstsein über ihre keineswegs selbstverschuldete Situation vermitteln und versuchen, sie aus der sie prägenden Normativität zu befreien.

Allerdings muss man auch eingestehen, dass die Übergangssituation für die Menschen höchst ambivalent ist und man darf dabei nicht die für alle Menschen notwendige existenzielle Absicherung aus dem Blick verlieren. Die Menschen müssen von irgendetwas leben; es gibt keine unmittelbare Befreiung aus den Zwängen der materiellen Existenzsicherung. Diese Existenzsicherung funktioniert nach wie vor nach den kapitalistischen Gesetzmäßigkeiten, die von einer verantwortungsbewussten Pädagogik konzeptionell und kritisch reflektierend einbezogen werden muss. Man kann nicht unmittelbar für einen Abschied von den traditionellen Zielsetzungen der Berufspädagogik plädieren, sondern muss Kompromisse zwischen beruflicher Qualifizierung und einer Befreiung der Menschen aus den vereinnahmenden Verhältnissen finden. Kutscha hat die Ambivalenz der Situation in die treffende Formulierung gefasst, dass der (Berufs-)Pädagogik nur die Möglichkeit der Vermittlung zwischen einer „experimentellen Offenheit gegenüber neuen Entwicklungen angesichts der Gleichzeitigkeit des Alten" bleibt (Kutscha 1992, S. 546). Eine berufliche Qualifizierung bleibt in der prekären Lage zumindest tendenziell noch notwendig, um sich im alten System weiterhin Optionen der Teilnahme am Arbeitsmarkt zu sichern. Sie bildet nach wie vor die Eintrittskarte in die „alte" Arbeitsgesellschaft, auch wenn sich diese mit ihren Versprechungen in Auflösung befindet. Dabei bleibt zu berücksichtigen, dass diese Arbeitsgesellschaft kaum noch Garantien und Sicherheiten gibt, dass sie die Menschen trotz einer grundlegenden und noch so guten Ausbildung noch dauerhaft tragen wird. Die berufliche Ausbildung hat in den vergangenen Jahren zunehmend „ihr ‚immanentes Danach', ihren über sie hinausweisenden beruflichen Sinnfaden" verloren (Beck 1986, S. 243). Diese Entwicklung erfordert eine öffentliche Debatte und bietet „historisch die Chance einer phantasievollen Rückverwandlung von Ausbildung in Bildung in einem neu zu entwerfenden Sinne" (ebd. 1986, S. 243).

Entgegen dem zur Abwehr der Krise der Arbeitsgesellschaft geforderten defensiven Lernen soll eine „Übergangspädagogik" ein expansives Lernen ermöglichen. Solches Lernen soll den Lernsubjekten mehr Möglichkeiten eröffnen, über ihren Lebensraum zu verfügen und seine Gestaltung mitzubestimmen. Bei expansivem Lernen steuert das Lernsubjekt seine Lernaktivitäten nicht primär an äußeren Anforderungssituationen, „sondern an den sachlichen Notwendigkeiten, die sich für ihn aus dem Prozess des Eindringens in den für [ihn] ‚problematischen‘, d. h. partiell noch unzugänglichen Lerngegenstand ergeben" (Holzkamp 1992, S. 10). Holzkamp bestimmt die subjektiven Lebensinteressen kategorial als „elementare Notwendigkeit", die „Verfügung über individuell relevante gesellschaftliche Lebensbedingungen zu gewinnen bzw. zu bewahren" (Holzkamp 1995, S. 189). Dabei ist die „Gewinnung der Weltverfügung bzw. Abwehr von deren Bedrohung nicht als Selbstzweck zu betrachten, sondern machen die allgemeine Lebensqualität subjektiver Befindlichkeiten in ihren vielfältigen konkreten Erscheinungsformen aus" (ebd.). Im Gegensatz zu einem Konzept kontinuierlicher und kohärenter Kompetenzentwicklung, dem folgend der Mensch sein Leben lang auf defensives Lernen angewiesen sein wird, um äußere, vom dauernden Konkurrenzkampf auf dem Arbeitsmarkt drohende Not abzuwehren, soll expansives Lernen die subjektive Handlungsfähigkeit in allen Lebenslagen erweitern. Man kann davon ausgehen, dass die zukünftige Entwicklung der Arbeitswelt dermaßen unsicher sein wird, dass es zu einem Konzept expansiven Lernens kaum eine Alternative geben wird, weil die Menschen lebenslanges defensives Lernen psychisch kaum aushalten werden. Schon heute ist an verschiedenen psychischen Störungen wie der Zunahme von Depressionen und des Burn-Out-Syndroms erkennbar, dass immer mehr Menschen der Beschleunigung und dem permanenten Wandel, den die Wirtschaft ihnen abfordert, nicht gewachsen sind. Eine „Übergangspädagogik" soll deshalb ein Fundament personaler Kompetenzen und die psychische Stabilität der Subjekte fördern. Die Persönlichkeitsbildung soll gestärkt werden. Dabei darf nicht permanent – wie bei defensivem Lernen, das beispielsweise auf den Abbau vermeintlich mangelnder Ausbildungsreife zielt (vgl. Bundesagentur für Arbeit 2006) – die Fragestellung im Vordergrund stehen, welche Defizite der Mensch im Hinblick auf eine eventuelle Integration in den Ausbildungs- und Arbeitsmarkt hat, sondern welche Lebensperspektiven er hat und wie er sie in einer prekären (Arbeits-)Welt mit den in jedem Menschen vorhandenen Potentialen verwirklichen kann.

Damit die Menschen die zahlreichen zu erwartenden Übergänge erfolgreich, selbstständig und der jeweiligen Lebenssituation entsprechend selbstbestimmt gestalten können, sind neben beruflichen und berufsrelevanten allgemeinen Fähigkeiten und Fertigkeiten Reflexionsvermögen, Ich-Stärke und Selbstvertrauen erforderlich. Die Menschen müssen darauf vorbereitet werden, ihre eigene Lebenssituation analysieren und die gesellschaftlichen Umstände, die sie in diese Situation führten, beurteilen zu können. Aus dieser Fähigkeit heraus soll es ihnen gelingen, die Umstände zu kritisieren und sich von ihnen so weit wie möglich zu emanzipieren. Sie müssen dabei Offenheit für neue Situationen, aber zugleich auch Frustrationstoleranz entwickeln. Unsichere Situationen werden die Menschen zukünftig ihr ganzes Leben begleiten und ihnen insofern auch die Bereitschaft abverlangen, lebenslang zu lernen. Allerdings sollte dies in einem selbstbestimmten Kontext geschehen, in dem nicht permanent die äußeren, ökonomischen und gesellschaftlichen Bedingungen die Ziele vorgeben und durch den das Lernsubjekt kontinuierlich zum Getriebenen gemacht wird.

Das zentrale Ziel einer „Übergangspädagogik" muss eine (berufs-)biographische Handlungsfähigkeit sein. Unger hat die vielfach diskutierten „Erosionserscheinungen von Beruf und Beruflichkeit und die Fragen nach den Auswirkungen fragmentaler Strukturen in der beruflichen Bildung auf die Lernenden" zur Fragestellung verdichtet, „wie es die Erwerbstätigen eigentlich schaffen (können), eine berufliche Identität und eine berufsbiografische Handlungsfähigkeit aufzubauen, wenn doch die institutionalisierten Muster und Erwartungshaltungen an Berufsbiografien zunehmend kontingent werden" (2009, S. 8) Er sieht in der biographieorientierten Bildungsforschung Möglichkeiten, die Fragestellung zu untersuchen, „wie Menschen unter den Bedingungen ihrer sozialweltlichen Verflechtungen (insbesondere in der Postmoderne) eine biografische Ordnung in der Form von Lebensorientierungen herstellen, diese tentativ variieren und schließlich auch wandeln können" (Unger 2009, S. 8); denn in „einer Gesellschaft, die sich durch Pluralisierung von Sinnhorizonten und Lebensstilen auszeichnet, kann erziehungswissenschaftliche Biographieforschung ein Wissen über verschiedene individuelle Sinnwelten, Lebens- und Problemlösungsstile, Lern- und Orientierungsmuster bereitstellen und in diesem Sinne an einer modernen Morphologie des Lebens arbeiten" (Ahlheit und Brandt zit. n. Unger 2009, S. 9).

Die zu erwartende Zunahme der Eigenarbeit in einer zukünftigen Arbeitsgesellschaft erfordert von der „Übergangspädagogik" zugleich eine inhaltliche Neuausrichtung. Als Eigenarbeit bezeichnet man die „ursprüngliche Form der Arbeit", in der man die Produkte seiner Arbeit kennt, sie liebt und sich zu eigen macht (vgl. von Weizsäcker und von Weizsäcker 1979, S. 94). Man kennt die Risiken dieser Arbeit und weiss sie zu verantworten. Dabei besteht zwischen den Bedeutungen von Eigenarbeit und Arbeitslosigkeit sowie einer zunehmend problematisch gewordenen Definition von Sozialprodukt ein enger Zusammenhang. Die von Weizsäckers fordern, der Begriff „Eigenarbeit" solle über weite Strecken sowohl den Begriff „arbeitslos" als auch den Ausdruck „Freizeit" ersetzen und in der Wortwahl andeuten, dass es nicht die Arbeit ist, die fehlt, sondern die Bezahlung. Außerdem solle das Wort „Eigen-" andeuten, dass hier eine nicht entfremdete Tätigkeit gemeint ist. Ei-

genarbeit soll der Entmündigung entgegenwirken, die die Menschen als Konsumenten, Klienten und Arbeitssuchende erfahren, und dazu beitragen, den unbefriedigenden Zustand latenter Erpressbarkeit, Angst und Konkurrenz zu beenden (vgl. ebd.).
Zur Qualifizierung für solche Eigenarbeit erlangen handwerkliche, haus- und landwirtschaftliche sowie sozialpflegerische Kompetenzen eine neue Bedeutung. Die Forderung nach der Vermittlung solcher Kenntnisse und Fertigkeiten ergibt in diesem Zusammenhang einen neuen Sinn und wird eine veränderte Ausrichtung des Bildungsauftrags allgemeiner und heute noch sogenannter beruflicher Bildung erfordern. Berufsbildende Schulen könnten ihre großen Potentiale an Ausstattung und Know-how (Werkstätten, Küchen, Personal zur Anleitung usw.) für die Qualifizierung zur und Ausführung von Eigenarbeit anbieten[12]. Die Vermittlung von Arbeitsvollzügen für die Eigenarbeit bietet hinsichtlich der Problematik eines bildungsimmanenten Sinnverlustes beruflicher Bildung und auch bei einer Neubestimmung des Zusammenhangs von Arbeit, Ästhetik, Konsum und gesellschaftlichem Naturverhältnis eine Vielzahl von Vorzügen und Anknüpfungspunkten. Sie kann ein Bewusstsein über die problematische Beschleunigung industrieller Prozesse und die mangelnde Qualität der Produkte erzeugen und den Menschen zugleich ein kompetenteres Urteil über den Gebrauchswert und die Haltbarkeit von Produkten vermitteln. In diesem Sinne erhielte eine „Übergangspädagogik" zusätzlich einen kompensatorischen Charakter zu ökologischen und sozialen Fehlentwicklungen industrieller Produktion unter neoliberalen Bedingungen.

Literatur

Arendt H (1996) Vita activa oder vom tätigen Leben. 8. Auflage. Piper, München
Arnold R, Gonon P (2006) Einführung in die Berufspädagogik. Budrich, Opladen u. Bloomfield Hills
Autorengruppe Bildungsberichterstattung (Hrsg) (2012) Bildung in Deutschland 2012. Bertelsmann Verlag, Bielefeld

---

12 Das Münchener Haus der Eigenarbeit könnte hier sozialpolitisch und im Hinblick auf qualifizierende Massnahmen ein Vorbild für das Angebot berufsbildender Schulen und darstellen. Es ist eine Einrichtung, die allen Menschen, die handwerklich, aber auch kulturell und sozial etwas Selbermachen wollen, offen steht. Die offenen Werkstätten können von jedem – Anfänger oder Könner – genutzt werden, um eigene Projekte umzusetzen. Einen Einstieg ins handwerkliche oder künstlerische Schaffen findet man in Kursen; man kann aber auch einfach die Einrichtungen unter Aufsicht und fachlicher Beratung nutzen (vgl. http://www.hei-muenchen.de/hei/index.htm Zugriff am 17.12.2012).

Baethge M, Solga H, Wieck M (2007) Berufsbildung im Umbruch. Friedrich Ebert Stiftung, Berlin

Beck U (1986) Risikogesellschaft – Auf dem Weg in eine andere Moderne. Suhrkamp, Frankfurt/ M

Bruder KJ (1995) Das postmoderne Subjekt. http://web.fu-berlin.de/postmoderne-psych/berichte1/bruder_pomo_subjekt.htm. Zugegriffen: 28. September 2012

Bundesagentur für Arbeit (Hrsg) (2006) Kriterienkatalog zur Ausbildungsreife. Nürnberg, Berlin

Castel R (2011) Die Krise der Arbeit – Neue Unsicherheiten und die Zukunft des Individuums. Hamburger Ed., Hamburg

Ehrke M (2003) Modularisierung contra Beruflichkeit. IG Metall Vorstand, Frankfurt/ M

Euler D (2005) Das Bildungssystem in Deutschland: reformfreudig oder reformresis-tent? In: Bundesinstitut für Berufsbildung (2005) (Hrsg) „Wir brauchen hier jeden. Hoffnungslose Fälle können wir uns nicht erlauben!" Wege zur Sicherung der beruflichen Zukunft in Deutschland. Bertelsmann, Bielefeld, S 203-216

Euler D, Severing E (2006) Flexible Ausbildungswege in der Berufsbildung. Typoskript, Nürnberg, St. Gallen

Foucault M (1978) Dispositive der Macht. Merve, Berlin

Foucault M (1986) Bd. 1: Sexualität und Wahrheit. Bd. 2: Der Gebrauch der Lüste. Bd. 3: Die Sorge um sich. Suhrkamp, Frankfurt/M

Foucault M (1994) Interview mit M.F. In: Dreyfus HL, Rabinow P: Michel Foucault. Jenseits von Strukturalismus und Hermeneutik. Beltz, Weinheim

Giarini O, Liedtke PM (1999) Wie wir arbeiten werden – Der neue Bericht an den Club of Rome. Heyne, München

Gorz A (2000) Arbeit zwischen Misere und Utopie. Suhrkamp (Edition Zweite Moderne. Herausgegeben von Ulrich Beck), Frankfurt/ M

Gorz A (2004) Wissen, Wert und Kapital. Zur Kritik der Wissensökonomie. Rotpunktverlag, Zürich

Greinert WD (1998) Das ‚deutsche System' der Berufsausbildung. 3. Auflage, Nomos, Baden-Baden

Greinert WD (2007) Kernschmelze – der drohende GAU unseres Berufsausbildungssystems. http://www.ibba.tu-berlin.de/download/greinert/kernschmelze.pdf. Zugegriffen: 09. Juni 2009

Gronemeyer M (2006) Wenn uns die Arbeit ausgeht. http://homepage.univie.ac.at/erich.ribolits/php/web/archive. Zugegriffen: 20. Dezember 2012

Handelsblatt (2012) Weltweite Arbeitslosigkeit auf Rekordniveau. http://www.handelsblatt.com/politik/konjunktur/nachrichten/studie-weltweite-arbeitslosigkeit-auf-rekordniveau/6571942.html. Zugegriffen: 27. September 2012

Hobsbawm E (1995) Das Zeitalter der Extreme – Weltgeschichte des 20. Jahrhunderts. Hanser, München, Wien

Holzkamp K (1992) Die Fiktion administrativer Planbarkeit schulischer Lernprozesse. http://www.kritische-psychologie.de/texte/kh1992a.html. Zugegriffen: 13. September 2012

Holzkamp K (1995) Lernen: Subjektwissenschaftliche Grundlegung. Campus, Frankfurt/ M, New York

Horkheimer M, Adorno TW (1975) Dialektik der Aufklärung – Philosophische Fragmente. Fischer Taschenbuch Verlag, Frankfurt/M

Keeley B (2010) Humankapital : wie Wissen unser Leben bestimmt. Bundeszentrale für Politische Bildung, Bonn

Kutscha G (1992) „Entberuflichung" und „Neue Beruflichkeit" – Thesen und Aspekte zur Modernisierung der Berufsbildung und ihrer Theorie. In: Zeitschrift für Berufs- und Wirtschaftspädagogik, 88. Band, Heft 7(1992), S 535-546

Lyotard JF (1985) Immaterialität und Postmoderne. Merve Verlag, Berlin

Pierenkemper Toni (2012) Kurze Geschichte der „Vollbeschäftigung" in Deutschland nach 1945. In:
    Aus Politik und Zeitgeschichte, Heft 14-15/2012, S 38-45
Pongratz LA (1989) Pädagogik im Prozess der Moderne. Deutscher Studien Verlag, Weinheim
Ribolits E (2011) Bildung – Kampfbegriff oder Pathosformel – Über die revolutionären Wurzeln
    und die bürgerlich Geschichte des Bildungsbegriffs. Löcker, Wien
Rifkin J (1996) Das Ende der Arbeit und ihre Zukunft. 3. Auflage. Campus, Frankfurt/ M, New York
Sauter E (2003) Strukturen und Interessen. Auf dem Weg zu einem kohärenten Bildungssystem.
    Bertelsmann, Bielefeld
Sennett R (2000) Der flexible Mensch – Die Kultur des neuen Kapitalismus. 3. Auflage, Siedler, Berlin
Struck O, Gerstenberg S, Krause A, Krause I (2009) Zukunftslos aktiviert oder zukunftsfähig inves-
    tiert? In: Hans-Böckler-Stiftung (Hrsg) WSI-Mitteilungen Heft 10/2009, S 519-525
Tagesschau (2012) Arbeitsmarkt für Jugendliche – EU-weit geringste Jugendarbeitslosigkeit in
    Deutschland. http://www.tagesschau.de/wirtschaft/jugendarbeitslosigkeit110.html. Zugegrif-
    fen: 21. Dezember 2012
Tessaring M (1993) Das duale System der Berufsausbildung in Deutschland: Attraktivität und Be-
    schäftigungsperspektiven. In: Mitteilungen aus der Arbeitsmarkt- und Berufsforschung 26
    (1993), S 131-161
Troitsch K, Gerhards C, Mohr S (2012) Vom Regen in die Traufe? Unbesetzte Ausbildungsstellen
    als künftige Herausforderung des Ausbildungsstellenmarktes. In: Bundesinstitut für Berufs-
    bildung – Der Präsident: BIBB-Report 6.Jahrgang, Heft 19, Oktober 2012
Unger T (2009) Anschluss verpasst? Plädoyer für eine berufsbildungstheoretische Aufarbeitung der
    biografieorientierten Bildungsforschung. In: bwp@ Berufs- und Wirtschaftspädagogik – online,
    Ausgabe 16, S 1-19. http://www.bwpat.de/ausgabe16/unger_bwpat16.pdf. Zugegriffen 30. Juni 2009
van der Loo H, van Reijen W (1992) Modernisierung. Deutscher Taschenbuch Verlag, München
Vereinigung der Bayerischen Wirtschaft e.V. (Hrsg) (2008) Bildungsrisiken und -chancen im Glo-
    balisierungsprozess. VS Verlag für Sozialwissenschaften, Wiesbaden
Vogel T (2011) Jugendarbeitslosigkeit – Die frustrierte Jugend. Veröffentlicht unter: Die Zeit – On-
    line vom 3.9.2011. http://www.zeit.de/politik/deutschland/2011-09/leserartikel-jugend-arbeits-
    losigkeit. Zugegriffen: 3. September 2011
von Weizsäcker C, und von Weizsäcker EU (1979) Eigenarbeit in einer dualen Wirtschaft. In: Hu-
    ber J (Hrsg) Anders arbeiten – anders wirtschaften: Dual-Wirtschaft: nicht jede Arbeit muss
    ein Job sein. Fischer, Frankfurt/ M, S 91-103
von Weizsäcker EU (Hrsg) (1994) Umweltstandort Deutschland – Argumente gegen die ökologische
    Phantasielosigkeit. Birkhäuser, Berlin
Werner D, Neumann M, Schmidt J (2008) Volkswirtschaftliche Potenziale am Übergang von der
    Schule in die Arbeitswelt. Eine Studie zu den direkten und indirekten Kosten des Übergangs-
    geschehens sowie Einspar- und Wertschöpfungspotenzialen bildungspolitischer Reformen.
    Bertelsmann Stiftung, Gütersloh
Zimmer G (1998) Aufgabenorientierte Didaktik – Entwurf einer Didaktik für die Entwicklung voll-
    ständiger Handlungskompetenz in der Berufsbildung. In: Markert W (Hrsg) Berufs- und Er-
    wachsenenbildung zwischen Markt und Subjektbildung. Schneider-Verl. Hohengehren, Balt-
    mannsweiler, S.125-167
Zimmer G (2009) Notwendigkeiten und Leitlinien der Entwicklung des Systems der Berufsausbil-
    dung. In: Zimmer G, Dehnbostel P (Hrsg) Berufsausbildung in der Entwicklung – Positionen
    und Leitlinien – Duales System – Schulische Ausbildung – Übergangssystem – Modularisie-
    rung – Europäisierung. Bertelsmann Verlag, Bielefeld

Pädagogik des Übergangs

Frank Elster

Die öffentliche Debatte um den Übergang von der Schule in den Beruf ist fast durchweg eine Defizitbeschreibung: Der Übergang gelinge zu selten, er gelinge zu spät und rund um diese Statuspassage habe sich ein teures und ineffizientes Übergangssystem etabliert (vgl. für viele: Bertelsmann Stiftung 2011). Dem entsprechend ist diese Diskussion in erster Linie eine Strukturdebatte: Muss dieses Übergangssystem umgestaltet, reformiert oder gar abgeschafft werden? In der Fachdiskussion wird diese Strukturdebatte ergänzt um eine – ebenfalls zumeist defizitär argumentierende – Aufzählung von Fähigkeiten, Kenntnissen und Kompetenzen, die die Jugendlichen für einen gelingenden Übergang mitzubringen hätten einerseits, eine Beschreibung von Strukturen, Prozessen und organisationalen Gegebenheiten und Vorgehensweisen, die den Übergang zu optimieren vermöchten, andererseits (so bspw. Schmidt 2011). Der *pädagogische* Blick auf den Übergang Schule-Beruf steht demgegenüber seltsamerweise im Hintergrund. Zwar existieren in diesem Kontext umfangreiche berufs- und sozialpädagogische Argumente, sie reproduzieren jedoch zumeist die eigenständige Sichtweise der jeweiligen Disziplin. Eine genuine Pädagogik des Übergangs ist kaum auszumachen. Der vorliegende Text versucht, Schlaglichter einer solchen Pädagogik zu entwerfen. Zu diesem Zweck werden ausgehend vom Begriff der Anerkennung Eckpunkte einer Pädagogik des Übergangs entwickelt (1), exemplarisch anhand versagter Anerkennung von Hauptschülerinnen und -schülern empirisch diskutiert (2) und im Anschluss einer soziologischen Analyse unterzogen (3). Dies zusammenfassend fragt der Text abschließend nach den Argumenten, die eine solche Pädagogik in die allgegenwärtige Strukturdebatte einzubringen hätte (4).

1. Anerkennung und elementare Solidarität

Ute Clement hat in ihrer jüngsten Publikation „Ehrbare Berufe für coole Jungs" (2012) den in der Pädagogik ein wenig unüblichen Begriff der *Ehre* ins Zentrum ihrer Überlegungen gestellt. Sie kontrastiert den traditionellen Begriff der „Be-

rufsehre" (ebd., S. 17) mit denjenigen Vorstellungen, die Jugendliche von ihrer
eigenen Ehre haben (vgl. ebd., S. 41ff.). Zwar gelingt es ihr, pädagogische Strategien der Bezugnahme auf den Begriff der Ehre im Rahmen der Arbeit mit so genannten benachteiligten Jugendlichen herzustellen – Clement spricht lieber von
„schwachen Jugendlichen" (ebd., S. 11; Herv. im Original) –, ihr Resümee bleibt
jedoch skeptisch: „Sind wir also zum Ende dieses Buches gerade so weit wie zu
Beginn? Ist die Spannung zwischen Engagement für schwache Jugendliche und
dem potenziellen Scheitern dieses Engagements nun zwar ein wenig besser erklärbar, aber letztlich ebenso wenig auflösbar wie zu Anfang? Ich fürchte: Manchmal ja." (Ebd., S. 129)

So überzeugend ihr Bezug auf den Begriff der Ehre auch erscheinen mag,
dieses skeptische Fazit ist aus meiner Sicht auch der Engführung auf diesen Begriff geschuldet. Es ergeben sich erweiterte pädagogische Handlungsspielräume, wenn wir die Funktionsweise eines solchen Begriffes wenigstens ansatz-
weise analysieren. „Ehre" ist eine Kategorie, die *Anerkennung* verleiht: Wenn
ich mich innerhalb eines beruflichen Zusammenhanges „ehrbar" verhalte, erlan-
ge ich berufliche Anerkennung; wenn ich mich als Jugendlicher „cool" verhalte
und den Regelsystemen der Ehre beuge, die in meiner Peergroup vorherrschen,
bin ich dort anerkannt.

Nun ist „Ehre" aber keineswegs die einzige Kategorie, die Anerkennung zu
erwirken vermag. Bei Clement scheint „Ehre" eine Art Chiffre zu sein für diejenigen Kategorien, die in bestimmten sozialen Handlungszusammenhängen Anerkennung herstellen und auf diesem Wege der Konstitution eines Selbst des Jugendlichen den Weg ebnen (vgl. ebd., S. 53ff.).

Dass Anerkennung genau diese Funktion der Generierung von Identität und
Selbst innehat, ist in der Sozialpsychologie und Subjektphilosophie inzwischen
ein weit verbreiteter Topos (vgl. Butler 2001, Honneth 1994).[1] Anerkennung zu
gewähren ist aus dieser Sicht die Voraussetzung dafür, dass ein menschliches Individuum in sozialen Zusammenhängen ein Selbst zu konstituieren und auf diesem Wege Handlungsfähigkeit zu erlangen vermag. Dementsprechend führt das
Vorenthalten von Anerkennung in einem bestimmten sozialen Kontext dazu, dass
genau hier Handlungsfähigkeit verunmöglicht und das Selbst prekär wird (vgl.
Butler 2001 sowie Honneth 2003).

---

1   Auf die begriffliche Unterscheidung zwischen „Subjekt", „Selbst" und „Identität" kann ich
    im Rahmen der vorliegenden Überlegungen aus Platzgründen nicht eingehen; ich verweise
    in diesem Zusammenhang auf meine eigenen Ausarbeitungen an anderer Stelle (vgl. Elster
    2007, S. 161ff.). Für die weitere Argumentation ist diese begriffliche Unterscheidung jedoch
    von nachrangigem Interesse; entscheidend ist vielmehr die pädagogische Bedeutung von
    Anerkennung.

Nun verweist Clement unter Bezugnahmen auf die aktuelle sozialwissenschaftliche Debatte sowie die Biographieforschung darauf, dass die soziale Welt inzwischen durch Pluralität, Begrenztheit und Kontingenz geprägt sei: „Die Erosion der Rollenentwürfe bringt mehr Freiheit, zugleich aber mehr Risiko und Orientierungslosigkeit. Die Frage: *Wer will ich sein* heißt ja vor allem: *Wohin und zu wem will ich gehören*, und das ist heute nicht mehr so selbstverständlich und naheliegend vorgegeben. Wer wir sind, ist nicht stabil und nicht dauerhaft, sondern eher ein Projekt mit begrenztem Gültigkeitsanspruch." (Ebd. 2012, S. 56; Herv. im Original) Das aber bedeutet, dass Jugendliche, die in dem durch Schule, Ausbildung und Beruf geprägten sozialen Geltungszusammenhang keine Anerkennung erlangen, sich andere soziale Zusammenhänge zur Generierung ihres Selbst suchen: „Jugendliche, die keinen Zugriff auf die Ressourcen des ökonomischen Systems haben, finden die aus der Alten Welt bekannten, zugleich billigen und starken Spiele von Ehre, Rache und Tod wieder." (Waltz 1993, S. 187) Clement beschreibt Ähnliches hinsichtlich der von ihr so beschriebenen schwachen Jugendlichen (vgl. ebd. 2012, S. 13ff.). So gesehen droht eine dauerhafte Exklusion aus dem dominanten, durch das Erwerbsleben geprägten sozialen System. Anders gesagt: Jugendliche, die Schule, Ausbildung oder das „Übergangssystem" als Medium des Scheiterns erfahren, weil ihnen dort Anerkennung versagt bleibt, „klinken" sich aus diesen Zusammenhängen aus und suchen sich andere Bereiche ihres Lebens, in denen sie Bestätigung und Anerkennung erfahren. Ist dieser Zustand erst einmal manifest, ist eine pädagogische Intervention zur Re-Inklusion in den Bereich des Erwerbslebens dauerhaft erschwert; es droht eine Zementierung der Exklusion. Die im folgenden Abschnitt referierte ethnografische Feldstudie bei Berliner Hauptschülern untermauert diese These eindrucksvoll.

An dieser Stelle jedoch sind aus pädagogischer Sicht zunächst zwei Dinge entscheidend: Erstens ist zu fragen, an welchen Punkten der menschlichen Entwicklung Anerkennung eine besondere Bedeutung zukommt und somit eine nachhaltige pädagogische Wirksamkeit entfaltet. Es handelt sich gerade um krisenhafte Übergänge, also um Lebensphasen, an denen die bisherigen Kategorien der Selbst- und Welterfahrung nicht mehr ausreichen und deshalb neue gefunden werden müssen, an denen also das bisherige Selbst überschritten und eine neue Form des Selbst- und Weltverhältnisses entwickelt werden muss. Helmut Peukert (1998) beispielsweise beschreibt die Entwicklung des Kindes und Jugendlichen keineswegs als kontinuierlicher Prozess, sondern als Wechsel von stabilen Phasen mit der Ermöglichung von *„krisenhaften Übergängen"* (ebd., S. 25). Den „Beginn solcher Umstrukturierungen" verortet er in der „Erfahrung, dass die bisher erworbene Handlungsfähigkeit bei der Begegnung mit neuen sozialen und sachbezogenen Handlungsbereichen nicht mehr ausreicht" (ebd.). Angesichts solcher Erfahrungen gehe es darum, sich „wie durch einen Bruch hindurch immer wieder in ein neues Verhältnis zum Gegebenen und zu sich selbst zu setzen und die aufgegebene Freiheit zu realisieren" (ebd.). Mit Fug und Recht kann man diesen Prozess der Generierung eines neuen Selbst- und Weltverhältnisses als *Bildungsprozess* bezeichnen (so auch Koller 2012).

Zweitens ist zu fragen, welche Form von Anerkennung diese Transformationsprozesse ermöglicht: „Von besonderem Gewicht für das Gelingen solcher Übergänge scheint zu sein, ob Personen und Institutionen bei der unter Umständen auch für andere schmerzlichen Selbstüberschreitung nicht die prinzipielle Anerkennung versagen, sondern vielmehr auf Basis einer elementaren Solidarität Spielräume für die Selbsterprobung in alternativen Weisen des Umgangs mit Realität freigeben und paradigmatisch vorführen." (Peukert 1998, S 25) Peukert beschreibt hier und in den weiteren Passagen seiner Überlegungen unter Rückgriff aus Lévinas eine Ausprägung von Anerkennung, die jede Anerkennung anhand bestehender Kategorien und Formen überschreitet und die Anerkennung der *Alterität*, das heißt der genuinen *Andersheit* des Anderen zum Gegenstand hat (ähnlich argumentiert auch Wimmer 1996). Aus diesem Grund spricht Peukert von einer *elementaren* Anerkennung und Solidarität; „elementar" in dem Sinne, dass diese Anerkennung jedem Kategorien- oder Kriteriensystem, welches üblicherweise in sozialen Kontexten die Anerkennung bestimmt, vorhergeht, es transzendiert.

Zweifellos ist auch der Übergang von der Schule in das Erwerbsleben als solch ein krisenhafter Übergang anzusehen. Damit sind entscheidende Eckpunkte einer Pädagogik des Übergangs benannt: Jugendliche stehen am Ende ihrer Schulzeit vor einer Schwelle, die ein neues Verhältnis zur sozialen Umwelt und zu sich selbst erfordert. Das gilt in besonderem Maße für die von Clement so benannten „schwachen" Jugendlichen, also für jene jungen Menschen, die bereits in der Schule Erfahrungen von Missachtung gemacht haben. Damit das Überschreiten jener Schwelle gelingt, müssen diese Jugendlichen Anerkennung erfahren. Ist dies im System von Schule, Ausbildung und Erwerbsleben nicht gegeben, gehen die Jugendlichen alternative Wege und suchen sich die für ihre Entwicklungen entscheidenden Anerkennungsmomente in alternativen sozialen Zusammenhängen, in Ihrer Peergroup, in Subkulturen etc. Entscheidend ist nun die pädagogisch begründete Form der Anerkennung: Da es sich um einen potenziell krisenhaften Übergang handelt, bei dem das bisherige Selbst- und Weltverhältnis in Frage gestellt und ein neues gefunden werden muss, sind die am Übergang agierenden Personen und Institutionen angehalten, eine elementare Form von Anerkennung und Solidarität anzubieten, die für die verschiedenen Wegen der Selbsterprobung und des Umgangs mit der Realität Räume freigibt, Alternativen zulässt und Phasen des Versuchs und auch des Scheiterns sowie der Neu- und Umorientierung ermöglicht. Das bedeutet: Eine *elementare* Anerkennung und Solidarität für alternative Wege des Seins und Spielräume für Selbsterprobung *innerhalb* des Systems von Schule, Ausbildung und Erwerbsarbeit ermöglicht den Übergang von Schule in Ausbildung und Arbeit auch für „schwache" Jugendliche und verhindert die Exklusion aus diesem System.

2. Hauptschule: versagte Anerkennung

Versuchen wir nun, diese abstrakt formulierte Skizze einer Pädagogik des Übergangs mit einem konkret-empirischen Beispiel zu untermauern. Stefan Wellgraf hat am Beispiel Berliner Hauptschulen die Formen von Anerkennung bzw. das Vorenthalten derselben einer „ethnographischen Feldforschung" (Wellgraf 2012, S. 13) unterzogen. Dabei knüpft er an die anerkennungstheoretischen Postulate an, die ich im vorigen Abschnitt skizziert hatte; auch für Wellgraf entstehen „Selbstwahrnehmungen (...) nicht in sozialer Isolation, sondern in der Auseinandersetzung mit Anderen." (Ebd., S. 29) Und das bedeutet auch für ihn: „Nichtanerkennung kann in dieser Sichtweise als eine Form von Unterdrückung verstanden werden und zu Identitätsverletzungen führen." (Ebd.) Anders gesagt ließen sich „problematische Prozesse der Identitätsbildung häufig auf fehlende intersubjektive Anerkennung zurückführen." (Ebd., S. 22)

Im Rahmen seiner vielen Feldbeobachtungen und Interviews in verschiedenen Berliner Hauptschulen stößt Wellgraf jedoch kaum auf die Anerkennung von Hauptschülern. Vielmehr ist es die Missachtung und Verachtung von Hauptschülern, die er herausarbeiten kann, und die sich vom Beginn der Schulzeit bis zu deren Ende hindurchzieht: So empfänden viele Schüler bereits die „häufig ungewollte Zuweisung zu diesem Schultyp als eine persönliche Niederlage." (Ebd., S. 21) Für viele Schüler beginne die Hauptschulzeit bereits „mit einem beschämenden Gefühl der Degradierung", welches zuweilen in einer „trotzigen Weigerung, sich am zeremoniellen Schuljahresanfang zu beteiligen", ihren Ausdruck finde (ebd.). Dieses Gefühl der Degradierung und der Mangel an Anerkennung führe zu einer „Beschämung" der Hauptschüler (ebd.): „Ein soziales Schamgefühl entsteht (...) aus einem in sozialen Beziehungen erfahrenen geringen Maß an Anerkennung." (Ebd., S. 22)

Wellgraf verallgemeinert diese Diagnose und betont die Wirksamkeit der von ihm beschriebenen Problemkonstellation gerade auch für das Ende der Schulzeit: „Das Problem fehlender Anerkennung (...) kann als eine spezifische Ausdrucks-

form und gleichzeitig als ein elementarer Baustein der gesellschaftlichen Verachtung von Hauptschülern begriffen werden. Anerkennungsdefizite entwickeln für
die betroffenen Jugendlichen nicht nur am Beginn, sondern vor allem am Ende
ihrer Schulzeit eine besondere Wucht und Dynamik." (Ebd.) Denn, so sein Resümee, „Berliner Hauptschüler werden am Ende Ihrer Schulzeit massiv mit Formen gesellschaftlicher Ausgrenzung konfrontiert." (Ebd., S. 77)

Es ist nach Wellgrafs Diagnose gerade die Diskrepanz zwischen den Wünschen und Zukunftsplänen der Berliner Hauptschüler einerseits, und dem, was
die Gesellschaft an Zukunft für sie bereit hält andererseits, was den Kern der Erfahrung des Scheiterns ausmacht: „Sucht man nach den am häufigsten genannten verborgenen Wünschen in den Zukunftsträumen von Berliner Hauptschülern,
wird man schnell fündig: sowohl ethnisch deutsche als auch migrantische Hauptschüler sehnen sich überwiegend nach familiärer Geborgenheit und beruflicher
Sicherheit, nach einem Leben in Wohlstand frei von Existenzsorgen." (Ebd., S.
111) Sie träumen Wellgraf zufolge also angesichts der Wirklichkeit auf dem Ausbildungs- und Arbeitsmarkt „vor allem von Dingen, die ihnen weitgehend vorenthalten werden." (Ebd.)

Seinen Analysen zufolge warten statt Ausbildung und Arbeit vor allem typische, demotivierende Erfahrungen auf die Abgänger der Hauptschule: „Die
Mehrzahl der Lichtenberger, Neuköllner und Weddinger Hauptschüler, die mir
im Verlauf meiner Forschung begegneten, gingen jedoch einen solchen Weg, dessen außerschulische Wegmarken scheiternde Bewerbungen, erfolglose Praktika
und gefürchtete Termine im Jobcenter bildeten" (ebd., S. 112).

Wie sehr dieses Aussichten die Selbstwahrnehmung und das Verhalten der
Hauptschüler prägen, wird in folgendem Beispiel aus seinen ethnographischen
Feldstudien deutlich: Die Berliner Hauptschüler durchlaufen ein Schulfach namens „Berufsorientierung"; in der hier zur Debatte stehenden, entsprechenden
Schulstunde fertigten fast keine Schülertrotz wiederholter Aufgabenstellung einen
Lebenslauf an. Einen Lebenslauf anzufertigen begreift Wellgraf als einen Schritt
auf dem Wege, die eigene Biographie und das eigene Selbst marktkonform auszurichten, sich selbst zu vermarkten. „Angesichts ihrer nahezu aussichtslosen Lage
auf dem Ausbildungsmarkt wirken die Erfolgsverheißungen eines ‚unternehmerischen Selbst' für Hauptschüler jedoch wie blanker Hohn." (Ebd., S. 113) In Anbetracht der eigen Erfahrung von Missachtung, so ließe sich dieses Beispiel interpretieren, sind das Selbstbild der Hauptschüler, welches in einem Lebenslauf
abgebildet werden kann, und die Anforderungen seitens der Ausbildungs- und
Arbeitswelt, die in einem Lebenslauf abgebildet werden sollen, nicht zur Deckung

zu bringen. Aus der Sicht der eigenen Identität der Schüler ist die Verweigerung, einen Lebenslauf anzufertigen, deshalb eine nahezu rationale Entscheidung.

Wellgraf resümiert: „Die Zeit nach Verlassen der Schule ist für die Jugendlichen, welche uns in diesem Abschnitt begegneten, von Sorgen, Misserfolgen und Demütigungen geprägt. Bereits in der Hauptschule wird ihnen lediglich eine Karriere als Hausfrau, Krimineller oder Hartz-IV-Empfänger prophezeit, nach der Hauptschule scheitern sie in der Regel bei Bewerbungsgesprächen, Einstellungstests oder dem Versuch, ihren Schulabschluss zu verbessern." (Ebd., S. 127) Unter diesen Voraussetzungen scheint, so Wellgraf, die „Aufrechterhaltung eines positiven Selbstentwurfs (...) fraglich" (ebd.). Die Folge seien „Identitätsverletzungen", welche sich „im Modus des Denkens, des Fühlens und des Handelns artikulieren." (Ebd., S. 134)

Welche Möglichkeiten haben Jugendliche, angesichts solch massiver Identitätsverletzungen überhaupt ein Bild von sich selbst zu entwickeln, welches nicht ausschließlich negative Konnotationen in sich birgt? Im vorigen Abschnitt wurde auf einer abstrakten Ebene herausgearbeitet, dass Jugendluche sich in solchen Fällen alternative Felder der Anerkennung suchen. Wellgraf beschreibt denselben Vorgang am Beispiel der *Neukölln Ghetto Boys* und der Bedeutung, den diese oder ähnliche Jugendgangs für die von Missachtungserfahrungen geprägten Hauptschüler haben: „In Gruppenbeziehungen hergestellte Anerkennungsformen ermöglichen somit Jugendlichen wie Mohamad die Stärkung von Selbstwertgefühl, Selbstvertrauen, Selbstachtung und Selbstrespekt und können demnach als wichtige Ressource im Prozess der Identitätsbildung versanden werden." (Ebd., S. 31) Und das bedeute konkret für das Beispiel dieses migrantischen Hauptschülers: „Die migrantische Jugendbande bietet ihm Formen sozialer Wertschätzung, die ihm in anderen Lebensbereichen weitgehend vorenthalten werden" (ebd., S. 37). Wellgraf führt weitere „Studien zu den Lebenslagen und Jugendkulturen von jungen Muslimen in Deutschland" an, die dies bestätigen (ebd.); Formen „verweigerter Anerkennung" und die damit verbundenen „Exklusionserfahrungen" führen demnach auf direktem Weg zur Bildung solcher Jugendcliquen (ebd.). Auf diese Weise, so Wellgraf, zementiert sich die Exklusion der von ihm beschriebenen Berliner Hauptschüler: „Der bei den Schülern zu beobachtende Wunsch nach positiver gesellschaftlicher Wertschätzung kann als Reaktion auf die Verachtung von Hauptschülern verstanden werden. Das Problem der beschriebenen Anerkennungsstrategien besteht darin, dass häufig gerade die Praktiken, die Statusaspiration erkennen lassen, zu Markierungen von sozialer Randständigkeit werden." (Ebd., S. 304)

3. Rechtliche Anerkennung und soziale Wertschätzung

Nachdem anhand des Beispiels Berliner Hauptschulen die Folgen versagter Anerkennung skizziert wurden, versucht der Text sich nun an einer soziologischen
Analyse des Begriffs der Anerkennung. Honneth unterscheidet Anerkennung
in rechtliche Anerkennung und soziale Wertschätzung. Recht begreift Honneth
(1994, S. 174) als eine überindividuelle Form gesellschaftlicher Anerkennung,
der zufolge wir uns als „Rechtspersonen in dem Sinne verstehen" können, „dass
wir uns der sozialen Erfüllung bestimmter Ansprüche sicher sein dürfen". (Ebd.)
Recht arbeite dabei ohne Ansehen der Person, es seien gerade nicht die individuellen Besonderheiten, sondern die Abstraktheit des Rechtssubjekts mit seinen
anerkannten Ansprüchen, die das Recht anerkenne; Honneth versteht Rechte als
„anonymisierte Zeichen einer gesellschaftlichen Achtung" (ebd., S. 192). Soziale
Wertschätzung sei demgegenüber gerade als Anerkennung individueller Besonderheiten eines Individuums anzusehen, als „graduelle Bewertung konkreter Eigenschaften und Fähigkeiten" eines Individuums anhand gesellschaftlich allgemein anerkannter Normen und Werte (ebd., S. 183).

Rechtliche Anerkennung im Bereich Schule und Beruf treffen wir in allen
gesetzlich und tariflich geordneten Bereichen wieder. Jugendliche im Prozess des
Übergangs werden so gesehen vor allem dann rechtlich anerkannt, wenn sie über
entsprechende Abschlüsse verfügen. Die Diskussion um zertifizierbare Teilqualifikationen, Module etc. (vgl. hierzu bspw. Severing 2006) hat genau an dieser
Stelle ihren Ort: Indem Jugendliche ohne Schul- bzw. Berufsabschluss – bspw.
im „Übergangssystem" – solche zertifizierbaren Teilqualifikationen erwerben
können, können auch sie rechtliche Anerkennung erlangen. Dieser Punkt ist in
der aktuellen Debatte um den Übergang Schule-Beruf prominent vertreten; aus
meiner Sicht ist ein weiterer Punkt bezüglich der hier vorherrschenden Anerkennung aber mindestens ebenso entscheidend.

Es ist nach Honneth die soziale Wertschätzung, die es Individuen ermöglicht, „sich auf ihre konkreten Eigenschaften und Fähigkeiten positiv zu beziehen" (Honneth 1994, S. 196). Das bedeutet, dass ihm zufolge erst die Erfahrung
von sozialer Wertschätzung es einem menschlichen Individuum erlaubt, sich positiv auf sich selbst als einzigartigen Menschen zu beziehen. Erst diese Erfahrung
komplettiert so gesehen die Entwicklung einer personale Identität und ist damit
auch als Basis von individueller Handlungsfähigkeit anzusehen. Nun haben wir
im vorigen Abschnitt Aspekte gesellschaftlicher sozialer *Missachtung* durch den
Besuch der Hauptschule kennengelernt. Wenn aber menschlichen Individuen die
soziale Wertschätzung verweigert wird, fehlt ihnen der Argumentation Honneths
zufolge auch die Basis dafür, sich positiv auf sich selbst zu beziehen, eine trag-

fähige personale Identität auszubilden und somit Handlungsfähigkeit zu erlangen. Es liegt auf der Hand, dass der erfolgreiche Übergang in Ausbildung somit erschwert, wenn nicht verunmöglicht wird.

Bedeutet dies im Umkehrschluss, dass Jugendliche nur die entsprechende soziale Wertschätzung erfahren müssen, damit der Übergang gelingt? Es ist etwas differenzierter. Honneth verortet die Kriterien, anhand derer soziale Wertschätzung sich bemisst, in einem intersubjektiv geteilten Wertehorizont: „Ego und Alter könne sich wechselseitig als individuelle Personen nur unter der Bedingung wertschätzen, dass sie die Orientierung an solchen Werten und Zielen teilen, die ihnen reziprok die Bedeutung oder den Beitrag ihrer persönlichen Eigenschaften für das Leben des jeweils anderen signalisieren." (Ebd.) So gesehen kann ein Jugendlicher im Übergang Schule-Beruf nur dann mit sozialer Wertschätzung rechnen, wenn seine persönlichen Eigenschaften als positiver Beitrag für gesellschaftlich allgemein geteilte Werte und Ziele angesehen werden. Ohne dies hier empirisch belegen zu können: Alle, die im Bereich des Übergangs Schule-Beruf mit „schwachen" Jugendlichen arbeiten, wissen, dass dies in aller Regel gerade nicht der Fall ist. Auch dies wurde bereits im vorigen Abschnitt erkennbar.

Die anerkennungstheoretische Perspektive Honneths verhilft also zu einer differenzierten Analyse der Anerkennung im Übergang Schule-Beruf; sie macht die Bedeutung ebenso wie die Grenzen rechtlicher Anerkennung sichtbar und verdeutlicht die negativen Folgen der Vorenthaltung sozialer Wertschätzung. Auf diese Weise wird erkennbar, wie sehr „schwache" Jugendliche im Übergang Schule-Beruf auf eine *pädagogisch begründete Form der Anerkennung* angewiesen sind, wie sie im ersten Abschnitt skizziert wurde. Erst eine Anerkennung, die anders als die soziale Wertschätzung nach Honneth die konkreten Eigenschaften des Jugendlichen nicht anhand der vorherrschenden Werte und Normen bemisst, sondern dessen kreative Freiheit, das Ausprobieren eigener, neuer Wege (und Umwege) und die je individuelle Lebensgestaltung anerkennt, vermag den Jugendlichen die positive Bezugnahme auf sich selbst zu ermöglichen und somit einer tragfähigen Identität als Basis für subjektive Handlungsfähigkeit den Weg zu ebnen.

Eine solche Form pädagogischer Anerkennung als Grundstein einer Pädagogik des Übergangs ist zunächst eine pädagogische *Haltung* der im Bereich des Übergangs Schule-Beruf handelnden Akteure. Ob sich von dieser Haltung auch Rückschlüsse auf ein *System* des Übergangs Schule-Beruf ziehen lassen, wird im abschließenden Abschnitt diskutiert.

4. Ein „Übergangssystem"?

In der gegenwärtigen Debatte um den Übergang Schule-Beruf ist die Position der Bertelsmann Stiftung sicherlich die dominante (vgl. Bertelsmann Stiftung 2011). Dabei dient der Begriff der Ausbildungsreife als Grundlage für die Strukturentscheidung, zwei Maßnahmetypen vorzuschlagen (nämlich einen für eben jene so genannte ausbildungsreife Jugendliche und einen für Jugendliche, die diesen Status nicht innehaben). Es lässt sich leicht zeigen, dass dieser Begriff hier keine pädagogische Funktion innehat, sondern eine Selektionsfunktion (vgl. Dobischat et al. 2012). Wollte man die Struktur des Übergangs Schule-Beruf von der Pädagogik des Übergangs ausgehend denken, müsste man anders vorgehen.

Hartmut von Hentig hat in seinem Essay „Bewährung" (2006) eine „entschulte Mittelstufe" (ebd., S. 21) für die Jahrgangsstufe 7/8 vorgeschlagen; die Jugendlichen, so sein Argument, die in diesem Alter der Adoleszenz in der Schule nicht die Anlässe für diejenige Form von Erfahrungen erhielten, die sie für ihre Entwicklung benötigten, sollten „Erfahrungen" (ebd., S. 22) im starken Sinne des Wortes machen, indem sie in außerschulischen Kontexten in sozialen, künstlerischen Projekten oder Vorhaben der Entwicklungszusammenarbeit etc. Gemeinschaft und Selbstwirksamkeit erleben. Den Begriff der Anerkennung stellt er zwar nicht systematisch in den Mittelpunkt seiner Überlegungen; es lässt sich jedoch eine gleichsinnige Argumentationsrichtung zur Pädagogik des Übergangs erkennen. Ähnlich wie Honneth beschreibt von Hentig die positiven Auswirkungen auf die Identitätsentwicklung junger Menschen, wenn sie mit ihren individuellen Eigenschaften sich positiv in eine Gemeinschaft einzubringen vermöchten. Und ähnlich wie im Konzept der Anerkennung ist es auch bei von Hentig das Ausbleiben solcher Erfahrungen, das für eine Reihe negativer Folgewirkungen bis hin zur Exklusion aus sozialen Zusammenhängen verantwortlich gemacht wird.

Entscheidend in der Vorstellung von Hentigs ist die Forderung, dass die jungen Menschen in den von ihm genannten außerschulischen Bereichen selbsttätig und eigenverantwortlich handeln und den eigenen Neigungen, Vorstellungen und Ideen folgen können. „Mit anderen Worten: Wir müssen Vorbilder dafür sein, nicht, was man lernt, sondern dass und wie man lernt, und die Jungen nicht lehren, dass sie unseren Entscheidungen zu folgen haben, sondern dass es wichtig ist, eigene Entscheidungen zu treffen und zu verantworten." (Ebd., S. 72)

Welche Rückschlüsse lassen sich hieraus für eine pädagogisch begründete Struktur am Übergang Schule-Beruf ziehen? Anders als von der Bertelsmann Stiftung vorgeschlagen, müsste es nicht um eine Reduzierung der Angebote am Übergang gehen, sondern um deren Vervielfältigung. Es ginge darum, Jugendlichen am Übergang Schule-Beruf je individuelle Erfahrungsräume und Handlungsspielräume zu eröffnen, in denen sie eigene Erfahrungen sammeln, eigene Handlungsoptionen durchspielen und auf diesem Wege eigene Entwicklungsperspektiven realisieren können. Angebote wie das freiwillige soziale bzw. ökologische Jahr weisen hier in die richtige Richtung und könnten vor allem in künstlerisch-kulturelle Richtungen sowie in Bereiche der Entwicklungszusammenarbeit oder allgemeiner des internationalen Austausches gerade auch für „schwache" Jugendliche ausgebaut werden.

Ein „Übergangssystem" hätte also gar nicht den schnellstmöglichen Eintritt in das System der Erwerbsarbeit zum Ziel. Vielmehr ginge es um Erfahrungsräume, in denen die Jugendlichen aufgrund der Selbst-Erfahrung von Anerkennung und Wertschätzung sich so weit in Ihrer Identität entwickeln, dass sie – ihrer selbst positiv bewusst – eine eigene Entscheidung für ihren Lebensweg treffen und diesen dann auch gegen Widerstände und Schwierigkeiten durchsetzen können.

Hier ließe sich einwenden, dass der verzögerte Eintritt in Ausbildung und Arbeit volkswirtschaftlich nicht zu vertreten sei. Dem könnte man erwidern, dass dieser verzögerte Eintritt durch den volkswirtschaftlichen Gewinn dieser freiwilligen gemeinnützigen Tätigkeiten aufgewogen wird und zudem der dann eingeschlagenen Weg weniger den Vorgaben oder Vorschlägen externer Akteure (Lehrer, Eltern, Berufswahlcoaches etc.) entspringt, sondern vielmehr einer eigenen Entscheidung und dass deshalb davon auszugehen ist, dass diese Entscheidung dauerhaft und tragfähig ist. Rechnet man die vielen Maßnahmeabbrüche dagegen, die in erster Linie Konsequenzen einer nicht reflektiert und nicht selbst gewählten und darum weniger tragfähigen Berufswahlentscheidung sind (vgl. Heisler 2008), dann relativiert sich der Einwand des verzögerten Eintritts ins System der Erwerbsarbeit ohnehin.

Halten wir also fest: Eine Pädagogik des Übergangs impliziert zunächst eine bestimmte pädagogische *Haltung* der am Übergang Schule-Beruf handelnden Akteure. Es ginge darum, die kreative Freiheit des Jugendlichen anerkennend zu stützen, indem man den je individuellen Handlungsoptionen und Zukunftsentwürfen die elementare Solidarität nicht verweigert, sondern diese vielmehr als das wertschätzt, was sie sind: Die Wege und Umwege eines jungen Menschen in Richtung eines tragfähigen und dauerhaften Lebensentwurfs. Zweitens impliziert eine Pädagogik des Übergangs eine bestimmte *Struktur* am Übergang Schule-Beruf. Es ginge darum, Jugendlichen nach Beendigung ihrer Schulzeit eine Vielzahl an Handlungsfeldern zu eröffnen, in denen sie sich selbst und ihre Zukunftsentwürfe ausprobieren können, Erfahrungen sammeln, Selbstwirksamkeit und Wertschätzung erfahren, und auf diesem Wege eine personale Identität ausbilden, die als tragfähige Basis für ihren zukünftigen Lebensweg – auch in Richtung Erwerbsarbeit – fungiert.

Literatur

Bertelsmann Stiftung (2011) (Hrsg) Übergänge mit System. Rahmenkonzept für eine Neuordnung des Übergangs von der Schule in den Beruf. Verlag Bertelsmann Stiftung, Gütersloh

Butler J (2001) Psyche der Macht. Das Subjekt der Unterwerfung. Suhrkamp, Frankfurt/ M

Clement U (2012) Ehrbare Berufe für coole Jungs. Wie Ausbildung für schwache Jugendliche gelingen kann. Belz Juventa, Weinheim, Basel

Dobischat R, Kühnlein G, Schurgatz R (2012) Ausbildungsreife. Ein umstrittener Begriff beim Übergang Jugendlicher in eine Berufsausbildung. Hans-Böckler-Stiftung, Düsseldorf

Elster F (2007) Der Arbeitskraftunternehmer und seine Bildung. Zur (berufs-)pädagogischen Sicht auf die Paradoxien subjektivierter Arbeit. transcript, Bielefeld

Heisler D (2008) Maßnahmeabbrüche in der beruflichen Integrationsförderung. Ursachen und Konsequenzen vorzeitiger Maßnahmebeendigungen in der Berufsvorbereitung (BvB) und außerbetrieblichen Berufsausbildung (BaE). Eusl, Paderborn

Honneth A (1994) Kampf um Anerkennung. Zur moralischen Grammatik sozialer Konflikte. Suhrkamp, Frankfurt/ M

Honneth A (2003) Unsichtbarkeit. Über die moralische Epistomologie von Anerkennung. In: Honneth A: Unsichtbarkeit. Stationen einer Theorie der Intersubjektivität. Suhrkamp, Frankfurt/ M, S 10-27

Koller HC (2012) Bildung anders denken. Einführung in die Theorie transformatorischer Bildungsprozesse. W. Kohlhammer, Stuttgart

Peukert H (1998) Zur Neubestimmung des Bildungsbegriffs. In: Meyer M, Reinartz A (Hrsg) Bildungsgangdidaktik. Denkanstöße für eine pädagogische Forschung und schulische Praxis. Leske&Budrich, Opladen, S 17-29

Severing E (2006) Europäische Zertifizierungsstandards in der Berufsbildung. In: Zeitschrift für Berufs- und Wirtschaftspädagogik, Heft 1/2006: 15-29

Schmidt C (2011) Krisensymptom Übergangssystem. Die nachlassende soziale Inklusionsfähigkeit beruflicher Bildung. W. Bertelsmann Verlag, Bielefeld

von Hentig H (2006) Bewährung. Von der nützlichen Erfahrung, nützlich zu sein. Belz, Weinheim, Basel

Waltz M (1993) Die Ordnung der Namen. Die Entstehung der Moderne: Rousseau, Proust, Sartre. Fischer, Frankfurt/ M

Wellgraf S (2012) Hauptschüler. Zur gesellschaftlichen Produktion von Verachtung. transcript, Bielefeld

Wimmer M (1996) Intentionalität und Unentscheidbarkeit. Der Andere als Problem der Moderne. In: Wimmer M, Masschelein J (Hrsg) Alterität, Pluralität, Gerechtigkeit. Academia, Sankt Augustin und Leuven, S 59-85

Inklusion, demographischer Wandel und Übergangssystem – Blinde Flecke in der Debatte zu veränderten Übergangschancen gering qualifizierter Jugendlicher

Anna Nigges-Gellrich / Christian Schmidt

1. Das Übergangssystem als Teil des Berufsbildungssystems

Der Anstieg der Anzahl der Jugendlichen, die nach Beendigung der allgemeinbildenden Schulen nicht direkt in Ausbildung übergehen können und in Schulformen und Maßnahmen verbleiben, die keine zertifizierten beruflichen Qualifikationen vermitteln, sondern berufsvorbereitende und sozialpädagogische Funktionen ausfüllen und in der neueren Literatur als „Übergangssystem" bezeichnet werden, wurde in den letzten zehn Jahren verstärkt unter dem Blickwinkel der Systementwicklung des dualen Systems diskutiert (vgl. Schmidt 2011a).

Diese Diskussion stellte das Übergangssystem zum einen als „Krisensymptom" einer nachlassender Funktionalität des dualen Systems dar (vgl. Schmidt 2011a). Es wurde deutlich, dass rein quantitativ betrachtet das duale System in Zeiten eines unausgeglichenen Ausbildungsstellenmarktes gegenüber dem Schulberufssystem und dem Übergangssystem an Bedeutung verliert, womit auch die Qualifizierungsfunktion beruflicher Bildung zur Debatte steht. So stellt Lipsmeier heraus, dass die duale Ausbildung in ihrem Idealzustand in der Lage sein solle „etwa 2/3 eines Altersjahrgangs zu bedienen, nämlich all diejenigen Jugendlichen, die nicht zu allgemeinen oder beruflichen Vollzeitschulen oder zu den Hochschulen gehen" (Lipsmeier 1996, S. 4). Bereits seit der zweiten Hälfte der 1980er Jahre kann jedoch am Ausbildungsstellenmarkt ein starker Rückgang des Angebots an Ausbildungsplätzen beobachtet werden (vgl. Baethge et al. 2007, S. 25). Somit gingen im Jahr 2004 41,1 % der Neuzugänge in das Berufsbildungssystem in die duale Ausbildung über während 42,7 % im Übergangssystem verblieben (vgl. Konsortium Bildungsberichterstattung 2006, S. 80). Die Teilnehmerzahlen in Schulformen und Maßnahmen des Übergangssystems hingegen stiegen seit 1995 deutlich an (vgl. Konsortium Bildungsberichterstattung 2006, S. 97).

Die Situation am Ausbildungsstellenmarkt gestaltet sich vor allem für gering qualifizierte Jugendliche ungünstig, da, in Bezug auf die Chance, in Ausbildung überzugehen und nicht im Übergangsystem zu verbleiben, individuelle Bildungsvoraussetzungen (Abgangszeugnisse und Abgangsnoten) einen großen Einfluss ausüben. Auf der anderen Seite ist es der Umfang des Ausbildungsstellenangebots seitens der Betriebe, welcher konjunkturbedingt und aufgrund wirtschaftsstrukturelle Veränderungen variiert und die Übergangschancen beeinflusst (vgl. Ulrich 2011, S. 12, 15). Dienstleistungsorientierung und Deindustrialisierung haben für den Ausbildungsstellenmarkt zur Konsequenz, dass Ausbildungsmöglichkeiten für junge Männer mit geringen Qualifikationen selten werden. Überproportional häufig verbleiben daher junge, gering qualifizierte (maximal Hauptschulabschluss) Männer im Übergangssystem (vgl. Beicht 2009, S. 7; Autorengruppe Bildungsberichterstattung 2012, S. 103), während Ausbildungsmöglichkeiten im Schulberufssystem in erster Linie von jungen Frauen wahrgenommen werden und häufig einen Realschulabschluss voraussetzen. Einige Autoren interpretierten diese Verschiebung als Beleg für strukturelle Probleme einer am Berufsbegriff orientierten dualen Ausbildung in einer postindustriellen Gesellschaft (vgl. Baethge et al. 2007; Greinert 2007; Geißler und Orthey 1998).

Erfolgreiche Übergänge aus dem Übergangssystem in qualifizierende berufliche Ausbildung gelingen einem Großteil der Jugendlichen erst langfristig. So gelangt gut die Hälfte der Absolventen eines Berufsvorbereitungsjahres in den ersten drei Monaten nach Beendigung der Schulform in eine qualifizierende Ausbildung. Zwei bis drei Jahre nach Beendigung des BVJ sind immerhin 70 % der Teilnehmer in eine qualifizierende Ausbildung übergegangen. In der teilqualifizierenden Berufsfachschule sind ähnliche Übergangsquoten zu beobachten (vgl. Beicht 2009, S. 10; Schmidt 2011a, S. 113 f.).

Im Zusammenhang mit der Ausdehnung und Institutionalisierung des Übergangssystems wurde problematisiert, dass sich hierdurch die Funktion beruflicher Bildung ändern würde. Anstatt der Qualifizierungsfunktion würden verstärkt sozialpolitische Motive mit dem Berufsbildungssystem verbunden. So beschreibt Bosch, dass mit der Debatte um das Übergangssystem der Eindruck entstünde, die Berufsausbildung in Deutschland insgesamt diene als „sozialpolitisch motiviertes Auffangbecken für lernschwache Jugendliche" (Bosch 2010, S. 57). Er distanziert sich nachhaltig von einer solchen Interpretation und betont, insbesondere die duale Ausbildung sei vielmehr Teil des Innovationssystems einer modernen Wirtschaft und also in erster Linie legitimiert über ihre Qualifizierungsfunktion und ihre Rolle innerhalb der betrieblichen Arbeitsorganisation (vgl. ebd.; Schmidt 2011a, S. 219).

Die gering Qualifizierten im Allgemeinen und die gering qualifizierten jungen Männer im Besonderen erscheinen beim Übergang von der allgemeinbildenden Schulzeit in Ausbildung und Beschäftigung letztendlich als Verlierer der Bildungsexpansion. Die Ausweitung höherer Bildung und die Orientierung an einer meritokratischen Leitvorstellung führen dazu, dass die Gruppe der gering Qualifizierten im Zeitverlauf abnimmt. Dadurch werden sie als vom durchschnittlichen Bildungsniveau abweichende Minderheit zu einer stigmatisierten Gruppe (vgl. Solga 2004). Gleichzeitig wird die abgeschlossene Berufsausbildung zum gesellschaftlich tolerierten Mindestbildungsniveau und Jugendliche ohne dieses Bildungspatent haben geringe Chancen, auf dem Arbeitsmarkt eine Existenz sichernde Beschäftigung aufnehmen zu können (vgl. Hacket et al. 2001, S. 99; Harney et al. 2009, S. 5).

Einerseits wurde und wird das geringe Angebot an Ausbildungsplätzen problematisiert. Gleichzeit beklagen Ausbildungsbetriebe, dass der Anteil der ausbildungsreifen Jugendlichen rückläufig sei und verweisen auf im Zeitverlauf abnehmende Leistungen in Eingangstests als Grund für ein rückläufiges Ausbildungstellenangebot (vgl. Ulrich 2004). Allerdings steht das Konstrukt der Ausbildungsreife unter dem Verdacht, Betriebe von der Verpflichtung zur Ausbildung entlasten zu sollen, da unklar ist, welche Art von Qualifikationsbündel als Indikator für eine Ausbildungsreife angesehen werden könne und sich die Wirtschaft mit dem Verweis auf eine rückläufige Ausbildungsreife gesellschaftlichen Ansprüchen nach mehr Ausbildungsplätzen erwehren kann. Dennoch steht die Debatte um die Ausbildungsreife für ein geringeres Angebot an Bildungschancen für gering Qualifizierte durch duale Ausbildung. Dobischat, Milolaza und Stender konstatieren: „Die ehemals traditionelle Stärke des dualen Systems, ein breites Spektrum verschiedener Ausbildungsberufe anzubieten, das den unterschiedlichen Begabungsniveaus der Schulabgänger gerecht wird und so auch Kinder aus bildungsschwächeren Familien über die Ausbildung beruflich integriert, verliert durch die zunehmenden Selektionsprozesse an Bedeutung und könnte sich weiter zum selektiven Restprogramm mit negativen Folgen für niedrige Schulabschlüsse entwickeln" (Dobischat et al. 2009, S. 129).

2. Der demographische Wandel und seine Auswirkungen auf das Übergangssystem

Seitdem aufgrund des demographischen Wandels die Nachfrage am Ausbildungsstellenmarkt nachlässt und gleichzeitig ein umfassender Fachkräftemangel prognostiziert wird, ändert sich auch die Diskussion um Übergänge und das Übergangssystem nachhaltig. Erst in jüngster Zeit hat sich das Ausbildungsplatzangebot stabilisiert, jedoch auf einem Niveau, welches deutlich unter dem Angebot der

frühen 1980er Jahre liegt (vgl. BIBB 2012, S. 16). Gleichzeitig bedingen die aufgrund des demographischen Wandels rückläufigen Jahrgangsstärken der von den
allgemeinbildenden Schulen abgehenden Alterskohorten und ein steigender Anteil von Zugangsberechtigungen zu tertiärer Bildung innerhalb dieser Kohorten
eine rückläufige Nachfrage nach Ausbildungsplätzen. Die Neuzugänge im Übergangssystem gehen in Folge dessen zwischen 2005 und 2011 um 30% zurück
(vgl. BIBB 2012, S. 224). Gleichzeitig steigt die Zahl der Betriebe, die Schwierigkeiten bei der Besetzung von Ausbildungsstellen meldet. Im Ausbildungsjahr
2010/11 konnten 35% der Betriebe angebotene Ausbildungstellen nicht besetzen
(vgl. Troltsch et al. 2012, S. 2). Einerseits rückt der Fachkräftemangel die Frage
nach Fachkräftereservoirs in den Vordergrund. Die Entwicklung „innerbetrieblicher Interventionen zur Rekrutierung qualifizierter Fachkräfte aus dem bestehenden Mitarbeiterstamm" (Mohr und Albrecht 2011, S. 127) wird gerade für
mittelständige Unternehmen ebenso zu einer zentralen Komponente des Wissens-
managements wie Personalrekrutierungsstrategien auf dem Arbeitsmarkt, welche
unausgeschöpfte Arbeitsmarktreserven adressieren (vgl. ebd.). Die Bundesagentur für Arbeit hat in diesem Zusammenhang zehn Handlungsfelder formuliert,
darunter die Reduzierung der Schulabgänger ohne Abschluss, die Reduktion der
Ausbildungsabbrecher und eine gesteuerte Zuwanderung von Fachkräften (vgl.
Kolodziej 2011, S. 21f.). Das erst in jüngster Zeit in Kraft getretene Gesetz „zur
Verbesserung der Feststellung und Anerkennung im Ausland erworbener Berufsqualifikationen" garantiert einen Rechtsanspruch auf Püfung der Gleichwer-
tigkeit von im Ausland erworbenen Berufsqualifikationen (vgl. Weiß 2012, S. 3).
Auch gering qualifizierte Jugendliche sollen durch Maßnahmen für qualifizierte Tätigkeiten erschlossen werden. Andererseits wird die demographische Entwicklung auch für das berufliche Bildungssystem selbst zum Problem, da Regionen vor dem Hintergrund sinkender Jahrgangstärken vor der Herausforderung
stehen, Bildungsstandorte und eben gerade auch berufsbildende Schulen zu halten und Übergänge in unterschiedliche allgemeinbildende und berufliche Qualifi-
zierungsphasen ermöglichen zu können (vgl. Schmidt 2011b). Insgesamt erscheint
nun ein Szenario des Fachkräftemangels bei gleichzeitigem Ausschluss gering
qualifizierter Jugendlicher möglich. Übergangsquoten und Übergangschancen in
qualifizierende Ausbildung gewinnen vor diesem Hintergrund an Bedeutung ob-
schon das Übergangssystem quantitativ abnimmt.

Mehr implizit als explizit wird in diesem Zusammenhang auch die Frage ver-
handelt, ob die nachlassende Nachfrage am Ausbildungsstellenmarkt eine ver-
ringerte Bedeutung des Übergangssystems mit sich bringt und das duale System
seine zentrale Funktion bei der Qualifizierung Jugendlicher ohne Hochschulzu-

gang behauptet. Kaum diskutiert wird hingegen, ob und inwiefern der demographische Wandel dazu führen könnte, dass das Berufsbildungssystem insgesamt zu einer inklusiveren Einrichtung in Bezug auf gering qualifizierte Jugendliche und Jugendliche mit heterogenen Problemlagen wird. Dies verwundert, da die Forderung nach Inklusion .n der allgemeinen Pädagogik Teil der Fachdiskussion ist und auch der soziologische Blick auf die Inklusionsfähigkeit beruflicher Bildung bereits in den Jahren des Lehrstellenmangels ausformuliert wurde (vgl. Stauber und Walther 1999; Schmidt 2011a).

Bisher bewirkt das Erscheinungsbild des Berufsbildungssystems im Übergang an der ersten Schwelle zwischen allgemeinbildender Schulzeit und beruflicher Ausbildung eine sehr ausdifferenzierte Form der Abgangsselektion und es stellt sich in Bezug auf „Risikogruppen" am Ausbildungsstellenmarkt (darunter auch gering qualifierte Jugendliche) gerade nicht inklusiv dar. Den von den Ausbildungsbetrieben als leistungsstärker eingeschätzten Jugendlichen gelingt der direkte Übergang in eine duale oder vollschulische Ausbildung. Der Großteil der Jugendlichen ohne Ausbildungsplatz wird unterschiedlichen Schulformen und Maßnahmen des Übergangssystems zugeteilt. Dabei wird angestrebt, in Bezug auf die Bildungsabschlüsse homogene Lerngruppen herzustellen. So stehen in Hessen EIBE[1]-Maßnahmen auch Jugendlichen ohne Schulabschluss offen während für den Übergang in ein BGJ oder eine zweijährige Berufsfachschule ein Hauptschulabschluss bzw. ein qualifizierender Hauptschulabschluss vorliegen muss. Fast alle Bundesländer kennen darüber hinaus vollschulische Maßnahmen, die keinen beruflichen Abschluss vermitteln und Jugendlichen mit mittlerer Reife offen stehen. Aufgrund der Tatsache, dass Schulformen und Maßnahmen im Übergangssystem fast immer an Berufsfeldern orientiert sind, ergeben sich aufgrund geschlechtsspezifischer Berufswahltendenzen häufig auch geschlechtsspezifisch homogene Lerngruppen (vgl. Schmidt 2011a, S. 89, S.130ff.).

Dieser blinde Fleck bezüglich der sozialen Inklusionsfähigkeit beruflicher Bildung in Hinblick auf gering qualifizierte Jugendliche stellt sich im Zusammenhang mit dem demographischen Wandel als gravierend heraus. Nur Aufgrund der Tatsache, dass ein günstigerer Ausbildungsstellenmarkt wieder mehr Jugendlichen einen Übergang in Ausbildung ermöglicht, kann nicht davon ausgegangen werden, dass die soziale Selektivität an der ersten Schwelle abnimmt. Gerade vor dem Hintergrund der Tatsache, dass mit dem Zuwachs an Jugendlichen mit Hochschulzugang innerhalb schrumpfender Schulabgangsjahrgänge verstärkt leistungsstärkere Jugendliche in Bachelor-Studiengänge übergehen könnten, stellt sich die Frage, inwieweit sich qualifizierende Ausbildungsgänge in Richtung der gering

---

1   EIBE: Eingliederung in d e Berufs- und Arbeitswelt

qualifizierten Jugendlichen öffnen und sich das Berufsbildungssystem insgesamt zu einem inklusiveren Bildungssegment entwickelt.

3. Inklusion und Berufliche Bildung

3.1 Inklusion aus pädagogischer Perspektive

Werden die Angebote des Übergangssystems vor dem Wortlaut des Nationalen Bildungsberichts 2006 betrachtet als

> „(Aus-)Bildungsangebote, die unterhalb einer qualifizierten Berufsausbildung liegen bzw. zu keinem anerkannten Ausbildungsabschluss führen, sondern auf eine Verbesserung der individuellen Kompetenzen von Jugendlichen zur Aufnahme einer Ausbildung oder Beschäftigung zielen und zum Teil das Nachholen eines allgemein bildenden Schulabschlusses ermöglichen" (Konsortium Bildungsberichterstattung 2006, S. 79),

so ist der Schritt, diese Angebote als Förderangebote zu verstehen, ein nur kleiner und naheliegender. Eine wesentliche Funktion des Übergangssystems besteht darin, Jugendliche, die den Übergang in eine berufliche Vollqualifizierung nicht erfolgreich bewältigt haben, diesbezüglich zu unterstützen. Betrachtet man das Übergangssystem aus der *pädagogischen* Perspektive des „Förderns", dann rücken weitere Aufgaben dieses Systems in den Vordergrund: Unterstützung dabei, Autonomie, Kompetenzerwerb und Kompetenzentwicklung entfalten zu können und gleichberechtigte soziale Teilhabe – d. h. „personale und soziale Integration" (Speck 2011, S. 9) zu ermöglichen. Eine große Herausforderung angesichts der beobachtbaren Probleme, mit denen eine Vielzahl betroffener Jugendlicher zu kämpfen hat: problematische Bildungserfahrungen z. T. schon in der allgemeinbildenden Schule, (chronische) Erfolglosigkeit, Frustrationserleben u. U. kombiniert mit Motivationseinbußen und resignativem Bildungsausstieg, Gefahr für strukturelle Defizite individuell verantwortlich gemacht zu werden und, bei längerem Verbleib im Übergangssystem, negative Signalwirkungen durch Aneinanderreihung von Bildungsmaßnahmen des Übergangssystems an potentielle Arbeitgeber. (vgl. u. a. Beicht 2009, Ulrich 2011) „Die Gefahr, dass sie [*gemeint sind die Jugendlichen*] auf Dauer ohne Ausbildung bleiben und ihnen somit eine tragfähige Integration ins Erwerbsleben nicht gelingt, ist groß" (Beicht 2009, S. 14). Ihr zu begegnen kann auch verlangen, ggf. gegebene, besondere Bedürfnisse dieser Jugendlichen in den Blick zu nehmen.

Im Kontext heil- und sonderpädagogischer aber auch allgemein schulischer Debatten um Förderung von Kindern und Jugendlichen mit „Behinderungen oder mit besonderen Bedürfnissen" (ebd. 7) wird in der neueren Diskussion eher von Inklusion als von Integration gesprochen. Der Inklusionsbegriff erlebt derzeit große Beachtung in der öffentlichen Debatte. Er verkörpert für die einen die Verwirklichung ihrer Träume und Visionen von umfassender Förderung und gleichberechtigter sozialer Teilhabe aller, also z. B. derjenigen mit und derjenigen ohne besondere Bedürfnisse. Andere wiederum sehen vor der Vielfalt der zu bewältigenden Problemlagen (der von Behinderung, dem Vorhandensein besonderer Bedürfnisse oder von Ausgrenzung Betroffenen) durch diesen Begriff Gefahren für die Umsetzung jener Visionen am Horizont dieses Begriffes heraufziehen und wieder andere fragen sich, was denn den Integrationsbegriff, den sie schon lange über die Herstellung von Gemeinsamkeit des Lernens und Arbeitens für alle leben oder zu leben versucht haben vom Inklusionsbegriff unterscheidet (vgl. Speck 2011, S. 7). Für Speck verkörpert der Inklusionsbegriff „mehr und konsequente Gemeinsamkeit des Lebens, Lernens (…) und Arbeitens der Menschen" (ebd.) – unabhängig davon, ob besondere Bedürfnisse bei einigen vorhanden und zu beachten sind oder nicht. Aus der Komplexität der oben angesprochenen Problemstellungen lässt sich für die im Übergangssystem agierenden Jugendlichen auf das Vorhandensein besonderer Bedürfnisse schließen – d. h. es stellt sich die Frage, ob sich die mit dem Inklusionsbegriff verbundenen Potentiale auch für das Übergangssystem nutzbar machen lassen.

In der jüngeren Vergangenheit hat sich der (international gebräuchliche) Terminus „Inklusion" zunehmend den Begriff der Integration abgelöst[2] und Auseinandersetzung mit theoriegeleiteter Abgrenzung des Integrations- vom Inklusionsbegriff notwendig gemacht. Sander (2002) schlägt vor, dass diejenigen, die *Inklusion synonym* mit dem *deutschen fachsprachlichen* Terminus *Integration* verwenden möchten, sinnvollerweise den Fachbegriff Integration beibehalten (sollten). Wird *Inklusion mit optimierter Integration gleichgesetzt*, so kann sie als Intensivierung des Integrationsgedanken verstanden werden. Lerngeschehen soll dann, jenseits der vorzugsweisen Beachtung von *besonderen* Bedürfnissen, die *Bedürfnisse aller* beteiligten Lernenden im Blick haben, weshalb Sander (vgl. 2002) dafür plädiert, *Inklusion als optimierte und erweiterte Integration* zu verstehen.

Andere Definitionen grenzen den Begriff der Inklusion scharf gegen den der Integration ab. Früher seien Gesellschaften darauf hin orientiert gewesen, Menschen an einer unterstellten Einheitsnorm auszurichten, zu selektieren und entlang dieser Norm zu integrieren. Inklusion bedeute hingegen, die Unterschiedlichkeit

---

2 Die Gründe hierfür können an dieser Stelle nicht diskutiert werden. Mit auslösend für die begriffliche Umorientierung gilt die UN-Behindertenrechtskonvention von 2006 (in Kraft getreten 2008), die ein Menschenrecht auf inklusive Bildung vorsieht. (vgl. Speck 2011; Schumann 2009)

der Menschen zu akzeptieren und gesellschaftliche Institutionen so auszugestal-
ten, dass aus der Verschiedenheit der Individuen keine Benachteiligungen er-
wachsen (vgl. Reich 2012, S.7, S. 33ff.).

Damit zielt Inklusion auf Wahrnehmung und Akzeptanz von Heterogenität,
überwindet die fragwürdige Dichotomie von Behinderung und Nicht-Behinde-
rung bzw. von ‚normalen‘ und besonderen Bedürfnissen und umschließt in ihrem
Denkansatz die Vielfalt gesellschaftlicher Varianz und Gruppenbildung entlang
von Behinderung oder Nichtbehinderung, von Einkommens-, Milieu-. Migra-
tions-, und Geschlechtergrenzen (vgl. Feuser 2010, S. 25).

> Inklusion umfasst alle Dimensionen von Heterogenität – seien es Möglichkeiten und Fä-
> higkeiten, Geschlechterrollen, ethnische und kulturelle Hintergründe, Nationalitäten, Erst-
> sprachen, Rassen, Klassen bzw. soziale Milieus, Religionen und Weltanschauungen, sexu-
> elle Orientierungen, körperliche Gegebenheiten und anderes mehr. Sie bilden nicht primär
> Probleme, sondern enthalten ein hohes Potenzial, das in heterogenen Gruppen genutzt wer-
> den kann – sicherlich nicht immer harmonisch, sondern immer auch in konflikthaften Pro-
> zessen (Hinz 2006).

Heterogene Lerngruppen werden als Chance für gelingende Lernprozesse verstanden und das Vorhandensein besonderer Bedürfnisse wird als eine von vielen
„Dimensionen der Verschiedenheit" (Veber 2010, S. 57) betrachtet. Inklusion in
diesem Verständnis zielt also darauf ab, gesellschaftliche Prozesse des ‚An den
Rand Drängens‘ einzelner bzw. einzelner Gruppen zu überwinden, sie kann als
eine Pädagogik der Vielfalt gesehen und verstanden werden. Dies zu ermöglichen, verlangt gleichermaßen die systemische Weiterentwicklung des betroffenen
Systems – d. h. im Kontext dieses Artikels des Bildungssystems im allgemeinen,
des Systems beruflicher Bildung im Besonderen und dort akzentuiert, des Übergangssystems, es verlangt aber auch „vom Einzelnen aus [zu] denken," (ebd. 58),
die Situation (und die besonderen Bedürfnisse) jedes und jeder Einzelnen planend
und handelnd zu berücksichtigen. (vgl. ebd.). Maßgebliche (Veränderungs)not-
wendigkeiten, die das Denken vom Individuum aus ebenso berücksichtigen wie
systemische Betrachtungsaspekte erfasst Hinz (2002, S. 359) gemäß der Übersicht in Tabelle 1 für schulische Kontexte.

Tabelle 1: Praxisgegenüberstellung Integration und Inklusion

Praxis der Integration:	Praxis der Inklusion
Eingliederung von Kindern mit bestimmten Bedarfen in die Allgemeine Schule	Leben und Lernen für alle Kinder in der allgemeinen Schule
Differenziertes System je nach Schädigung	Umfassendes System für alle
Zwei-Gruppen-Theorie (behindert/ nichtbehindert; mit/ ohne sonderpäd. Förderbedarf)	Theorie einer heterogenen Gruppe (viele Minderheiten und Mehrheiten)
Aufnahme von behinderten Kindern	Veränderung des Selbstverständnisses der Schule
Individuumszentrierter Ansatz	Systemischer Ansatz
Fixierung auf die institutionelle Ebene	Beachtung der emotionalen, sozialen und unterrichtlichen Ebenen
Ressourcen für Kinder mit Etikettierung	Ressourcen für Systeme (Schule)
Spezielle Förderung für behinderte Kinder	Gemeinsames und individuelles Lernen für alle
Individuelle Curricula für einzelne	Ein individualisiertes Curriculum für alle
Förderpläne für behinderte Kinder	Gemeinsame Reflexion und Planung aller Beteiligten
Anliegen und Auftrag der Sonderpädagogik und Sonderpädagogen	Anliegen und Auftrag der Schulpädagogik und Schulpädagogen
Sonderpädagogen als Unterstützung für Kinder mit sonderpädagogischem Förderbedarf	Sonderpädagogen als Unterstützung für Klassenlehrer, Klassen und Schulen
Ausweitung von Sonderpädagogik in die Schulpädagogik hinein	Veränderung von Sonderpädagogik und Schulpädagogik
Kombination von (unveränderter) Schul- und Sonderpädagogik	Synthese von (veränderter) Schul- und Sonderpädagogik
Kontrolle durch ExpertInnen	Kollegiales Problemlösen im Team

Quelle: Hinz 2002, S. 359, optisch veränderte Darstellung.

Die Potentiale dieser praxisbezogenen Gegenüberstellung zu reflektieren und für Bildungsprozesse in Übergangssystem zu adaptieren könnte blinde Flecken im Übergangssystem nicht nur zu erkennen sondern auch zu beseitigen helfen. Der Rekurs auf Konzepte der Sonderpädagogik soll hierbei *NICHT* dazu führen, den Verbleib im Übergangssystem mit Lernbehinderungen zu assoziieren. Gerade in Zeiten unausgeglichener Ausbildungsstellenmärkte kann unterstellt werden, dass viele Jugendliche weniger aufgrund persönlicher Defizite als vielmehr wegen eines Mangels an Ausbildungsplätzen im Übergangssystem verbleiben. Das pädagogische Inklusionskonzept soll vielmehr eine Perspektive für eine Beschulung Jugendlicher ohne Ausbildungsplatz eröffnen, die Dimensionen der Verschiedenheit nicht als Selektionskriterium wahrnimmt, Stigmatisierungstendenzen vermeidet und in Bezug auf gering Qualifizierte inklusiv wirkt.

3.2 Inklusion aus soziologischer Perspektive

In der Soziologie beschreibt der Begriff der sozialen Exklusion Prozesse, die Menschen in eine soziale Randständigkeit bringen bzw. Personen und Gruppen, die vom Zugang für die für soziale Teilhabe zentralen Ressourcen ausgeschlossen sind. Soziale Inklusion besteht wiederum dort, wo Zugang zu den zentralen Ressourcen für die soziale Teilhabe gegeben ist. Vor allem der Arbeitsmarkt stellt hier jene zentrale Institution dar, die zwischen Sphären sozialer Inklusion und Exklusion selektiert (vgl. Kronauer 2007, S. 3ff.). Bildungsinstitutionen selektieren ebenfalls zwischen jenen Sphären. „Weniger der Ausschluss aus Institutionen als die Ausgestaltung der Institutionen selbst – wenn Sie so wollen: die Ausgestaltung der institutionellen Inklusion – ist heute für den Verlust von realer Teilhabe entscheidend. Diese paradoxe Gleichzeitigkeit des ‚Drinnen' und ‚Draußen' ist auch und gerade für das Bildungssystem charakteristisch" (Kronauer 2007, S. 10). Das Berufsbildungssystem stellt hierzu ein in vielschichtiger Weise erhellendes Beispiel dar (vgl. Schmidt 2011a, S. 18). Als Institution trennt es zwischen Sphären gesellschaftlicher Inklusion entlang unterschiedlicher sozialer Kategorien. Die für das Verhältnis von Arbeitsmarkt und Berufsbildungssystem in Deutschland typische Aufwertung der Facharbeit in Bezug auf Status, soziale Sicherung und Entlohnung geht gleichzeitig einher mit einem deutlich geringeren Wert ungelernter Arbeit.

In Bezug auf das Verhältnis von dualer Ausbildung und Gender konstatiert Culpepper: „The insider are unionized German men who have received official skill certification through the dual system, for whom the high-wage, high-skill equlilibrium is a happy reality, outsiders are women, whom a variety of German social policies encourage to remain out of the labor force" (Culpepper 1999, S. 18f.). Somit stellen auch die duale und die vollschulische Ausbildung unterschiedliche Sphären sozialer Inklusion dar. Letztere wurde von Krüger (vgl. ebd. 2004) als Ausbildung für Berufe in den Bereichen personennahe Dienstleistungen, die hauptsächlich von Frauen ausgeübt werden (Hauswirtschaft, Krankenpflege, ErzieherInnenberufe) weniger inklusiv in Bezug auf eine Facharbeiterposition am Arbeitsmarkt eingeschätzt als die duale Ausbildung (vgl. Schmidt 2011a, S. 127). Krüger begründete dies mit dem Fehlen übergreifender rechtlicher Normierung und uneinheitlicher Qualität der Ausbildung sowie fehlender gewerkschaftlicher Repräsentanz und entsprechend geringerer Entlohnung (vgl. Krüger 2004). Andererseits ist zumindest in der neueren Literatur erkennbar, dass die vollschulische Ausbildung strukturell als der dualen Ausbildung gleichwertig anerkannt wird (vgl. Baethge et al. 2007). Bestimmte Berufe mit vollschulischer Ausbildung weisen (bei in der Regel niedriger Entlohnung) günstige Beschäftigungschancen auf (Krankenpflege/ ErzieherInnenberufe). Auch wird das vollschulische Berufsbildungssegment in Zeiten eines rückläufigen Ausbildungsangebotes in dualen Berufen aufgewertet, da die vollschulischen Ausbildungsgänge ein konjunkturunabhängiges Bildungsangebot darstellen (vgl. Baethge et al. 2007, S. 46ff.; Schmidt 2011a: 128)).

Ebenfalls bedeutsam erscheint das Berufsbildungssystem in Hinsicht auf den Zusammenhang von Arbeitsmigration und Facharbeiteraufstieg. In den Zeiten der Zuwanderung der sogenannten Gastarbeiter als Arbeitskräfte für ungelernte Tätigkeiten begann das duale System Facharbeiteraufstiege zu ermöglichen und für junge Arbeitnehmer auch mit geringen Qualifikationen eine sozial inklusive Funktion wahrzunehmen. Gleichzeitig ging mit der zunehmenden Bedeutung dualer Ausbildung einher, dass die Anerkennung von im Ausland erworbener Kompetenzen, z. B. jener Gastarbeiter, die bereits in ihren Herkunftsländern berufliche Qualifikationen erworben hatten, in der Regel nicht möglich war.

Jugendliche mit Migrationshintergrund sind heute überproportional häufig im Übergangssystem vertreten. Einerseits verfügen sie über niedrigere schulischen Abschlüssen und Noten, andererseits sind sie auch bei gleichen schulischen Leistungsvoraussetzungen gegenüber Jugendlichen ohne Migrationshintergrund am Ausbildungsstellenmarkt benachteiligt.

Während heute aufgrund der Tatsache, dass vollschulische Ausbildungen fest etabliert sind, junge Frauen in dienstleistungsbezogenen dualen Ausbildungsgängen immer schon stark vertreten waren und mittlerweile auch in bestimmten technisch-gewerblichen dualen Ausbildungsgängen keine Seltenheit mehr darstellen, davon ausgegangen werden kann, dass das Berufsbildungssystem auch in Hinblick auf junge Frauen eine inklusiven Charakter hat, bleibt die Unterscheidung zwischen anerkannter dualer oder vollschulischer Berufsausbildung einerseits (inklusive Sphäre) und Übergangssystem andererseits (Sphäre des Ausschlusses von qualifizierender und anerkannter Ausbildung) bestehen. Das Übergangssystem stellt in Bezug auf die Exklusionsproblematik ein widersprüchliches Beispiel dar. Einerseits resultiert aus dem Übergangssystem, dass relativ wenige gering qualifizierte Jugendliche nach dem Abgang von den allgemeinbildenden Schulen ohne Anschluss verbleiben. Jugendliche, die im angelsächsischen Ländern als „High-School-Drop Outs" nicht in tertiärer Bildung, Beschäftigung oder Ausbildung verbleiben, werden in Deutschland als gering qualifizierte Jugendliche durch ein sehr kostspieliges Bildungssegment aufgefangen, welches sich auch dadurch legitimiert, dass deviante Lebensverläufe verhindert werden sollen. Gleichzeitig wird deutlich, dass das Übergangssystem selbst keine anerkannte beruflich qualifizierende Funktion hat und die Abgänger aus dem Übergangssystem mit Jugendlichen um Ausbildungsplätze konkurrieren, welche nicht das Stigma einer vorübergehenden Exklusion aus qualifizierender Ausbildung tragen. Einige Autoren unterstellen in diesem Zusammenhang sogar einen institutionellen „Cooling-Out"-Mechanismus: Der Verbleib im Übergangssystem habe nicht zuletzt die Funktion, die Bildungsaspirationen in Bezug auf eine Ausbildung der gering qualifizierten Jugendlichen „abzukühlen" (vgl. Stauber und Walther 1999; Skrobanek 2009).

4. Fazit: Verbesserte Inklusionschancen gering Qualifizierter durch berufliche Bildung?

Wenn aufgrund des Fachkräftemangels nun auch gering Qualifizierte als Fachkräftereservoir erschlossen werden sollen, stellt sich die Frage, inwieweit Entwicklungstendenzen in Richtung eines Berufsbildungssystems erwartbar sind, welches anstatt Abgangsselektion und „Cooling Out" Bildungsaspirationen gering Qualifizierter fördert. Die blinden Flecke in der Diskussion um den mit dem demographischen Wandel assoziierten Fachkräftemangel und die Rolle beruflicher Bildung bei der Linderung dieses Mangels liegen also nicht zuletzt auch in der Frage begründet, ob das Berufsbildungssystem pädagogisch und soziologisch inklusiv in Hinblick auf jene Gruppen wirken kann, die bisher eher geringe Inklusionschancen durch berufliche Bildung hatten und haben.

In Bezug auf die Frage der Anerkennung von Qualifikationen unterhalb der Ebene der Facharbeit erscheinen die Fronten verhärtet. Zwar existieren modulare Konzepte zur Anerkennung von Teilqualifikationen (vgl. Euler und Severing 2006), allerdings werden diese stark kritisiert. Neben der Befürchtung, dass modulare Strukturen den ganzheitlichen Charakter der dreijährigen dualen Ausbildung bedrohen könnten, sind es auch Bedenken, dass Arbeitgeber in Zukunft geringer entlohnte Arbeitskräfte mit zertifizierten Qualifikationen an Stelle von Facharbeitern einstellen könnten. Zwar wurden zweijährige Ausbildungsgänge als Qualifizierungsoption für gering Qualifizierte diskutiert, allerdings stellen sie ein rein quantitativ geringes Angebot dar.

Auf politischer Ebene wird der Inklusion von Menschen mit Migrationshintergrund ein hoher Stellenwert zugemessen. Seit sich Deutschland als Einwanderungsland begreift, wird der Zusammenhang von Migrationshintergrund und sozialer Selektivität im Bildungssystem problematisiert. Auch im Berufsbildungssystem setzt der demograph ische Wandel Ausbildungsbetriebe unter Zugzwang, ihre Einstellung zu Jugendlichen mit Migrationshintergrund zu überdenken. Damit steht generell auch die Frage im Raum, unter welchen Voraussetzungen duale und vollschulische Ausbildung in der Lage ist, interkulturelle Kompetenzen anzuerkennen, die durch Migration oder einen Migrationshintergrund erworben wurde (vgl. Boos-Nünning 2011, S. 246ff.).

Es bleibt zu hoffen, dass unter diesen Umständen Förderkonzepte an der ersten Schwelle eine Chance erhalten, die konsequent von Förderbedarf des Einzelnen ausgehen und heterogene Lerngruppen als Chance begreifen. Die Tatsache, dass für ein inklusives Fördern gering qualifizierter Jugendlicher eine Aufhebung des Dualismus Übergangssystem – anerkannte Ausbildung nötig wäre und Bildungsketten die aktuelle Abgangsselektion ablösen müssten, lassen inklusive Ansätze in der Berufspädagogik ambitioniert erscheinen. Zu hoffen bleibt, dass sich die blinden Flecke in der Debatte um Übergangchancen gering qualifizierter Jugendlicher erhellen und die vorherrschende Auffassung, wonach der demographische Wandel das Problem löst, anhand der Realität überprüft wird.

Literatur

Autorengruppe Bildungsberichterstattung (2012) Bildung in Deutschland. Ein indikatorengestützter Bericht mit einer Analyse zur kulturellen Bildung im Lebenslauf. Bertelsmann, Bielefeld
Baethge M, Solga H, Wieck M (2007) Berufsbildung im Umbruch. Signale eines überfälligen Aufbruchs. Friedrich Ebert Stiftung, Berlin
Beicht U (2009) Verbesserung der Ausbildungschancen oder sinnlose Warteschleife? Zur Bedeutung und Wirksamkeit von Bildungsgängen am Übergang Schule – Berufsausbildung. BIBB-Report, 11, Bielefeld, S 1-16
BIBB 2012. Datenreport zum Berufsbildungsbericht 2012. Informationen und Analysen zur Entwicklung der beruflichen Bildung. Bertelsmann, Bonn
Bosch G (2010) Zur Zukunft der dualen Ausbildung in Deutschland. In: Bosch G, Krone S, Langer D (Hrsg) Das Berufsbildungssystem in Deutschland. VS Verlag für Sozialwissenschaften, Wiesbaden, S 37-61
Boos-Nünning U (2011) Blinde Flecken? Bedarf von Forschung und Praxis vor dem Spiegel der Migrationsforschung. In: Granato M, Münk D, Weiß R (Hrsg) Migration als Chance. Ein Beitrag der beruflichen Bildung, Bertelsmann, Bielefeld, S 239-258
Culpepper PD (1999) "Still a Model for the Industrialized Countries?". In: Culpepper PD, Finegold D (Hrsg) The German Skills Machine. Sustaining Comparative Advantage in a Global Economy, Berghahn Books, New York, S 1-36

Dobischat R, Milolaza A, Stender A (2009) Vollzeitschulische Berufsausbildung – eine gleichwerti-
ge Alternative zur dualen Berufsausbildung? In: Zimmer G, Dehnbostel P (Hrsg) Berufsausbildung in der Entwicklung – Positionen und Leitlinien. Duales System, schulische Ausbildung, Übergangssystem, Modularisierung, Europäisierung. Bertelsmann, Bielefeld, S 127–152

Euler D, Severing E (2006) Flexible Ausbildungswege in der Berufsbildung. Bertelsmann, Nürnberg, St. Gallen

Feuser G (2010) Integration und Inklusion als Möglichkeitsräume. In: Stein AD, Krach S, Niediek
I (Hrsg) Integration und Inklusion auf dem Weg ins Gemeinwesen. Möglichkeitsräume und
Perspektiven. Julius Klinkhardt, Bad Heilbrunn, S 17-31

Geißler KA, Orthey F (1998) Der große Zwang zur kleinen Freiheit. Hirzel, Stuttgart

Greinert WD (2007) Kernschmelze – der drohende GAU unseres Berufsausbildungssystems. Berlin.
http://www.bakfst.de/Greinert-Kernschmelze.pdf. Zugegriffen: 01. Dezember 2012

Hacket A, Preißler J, Ludwig-Mayerhofer W (2001) Am unteren Ende der Bildungsgesellschaft. In:
Barlösius E, Ludwig-Mayerhofer W (Hrsg) Die Armut der Gesellschaft. Leske + Budrich,
Opladen, S 97-130

Harney K, Schwankl C, Spillebeen L, Weischet M (2009) Die Funktion der beruflichen Schulen im
Übergangssystem Schule-Beruf in Hessen. FIAB-Arbeitspapier 13. Recklinghausen

Hinz A (2002) Von der Integration zur Inklusion – terminologisches Spiel oder konzeptionelle Weiterentwicklung? In: Zeitschrift für Heilpädagogik, Jg. 53: 354–361. http://bidok.uibk.ac.at/li-
brary/hinz-inklusion.html. Zugegriffen: 30. November 2012

Hinz A (2006) Inklusion und Arbeit – wie kann das gehen? In: Impulse, 39. http://bidok.uibk.ac.at/
library/imp-39-06-hinz-inklusion.html. Zugegriffen: 26. November 2012

Kolodziej D (2011) Fachkräftemangel in Deutschland. Statistiken, Studien und Strategien. Infobrief
wissenschaftliche Dienste/ Deutscher Bundestag. http://www.bundestag.de/dokumente/analy-
sen/2012/Fachkraeftemangel_in_Deutschland.pdf. Zugegriffen: 01. Dezember 2012

Konsortium Bildungsberichterstattung (2006) Bildung in Deutschland. Ein indikatorengestützter
Bericht mit einer Analyse zu Bildung und Migration. Bertelsmann, Bielefeld

Kronauer M (2007) Inklusion – Exklusion: ein Klärungsversuch. Vortrag auf dem 10. Forum Weiterbildung des Deutschen Instituts für Erwachsenenbildung, Bonn, 8. Oktober 2007. www.
die-bonn.de/doks/kronauer0701.pdf. Zugegriffen: 01. Dezember 2012

Krüger H (2004) Zur Datenlage vollzeitschulischer Berufsausbildung. In: Bundesministerium für
Bildung und Forschung (Hrsg) Expertisen zu den konzeptionellen Grundlagen für einen Nationalen Bildungsbericht – Berufliche Bildung und Weiterbildung/Lebenslanges Lernen, Berlin, S 141-164

Lipsmeier A (1996) Berufliche Schulen als regionale Bildungs-, Dienstleistungs-, Entwicklungs-,
Arbeits- und Freizeitzentren. Duales System in der Krise? Was nun – was tun? In: Der berufliche Bildungsweg, 1: 4-11

Mohr B, Albrecht R (2011) Kompetenzmanagement im Mittelstand. In: Loebe H, Severing E (Hrsg)
Strategien gegen den Fachkräftemangel. Bertelsmann, Bielefeld, S 123-136

Reich K (2012) Inklusion und Bildungsgerechtigkeit. Standards und Regeln zur Umsetzung einer
inklusiven Schule. Belz, Weinheim. http://www.bwpat.de/ht2011/ws15/ulrich_ws15-ht2011.
pdf. Zugegriffen: 01. Dezember 2012

Sander A (2002) Von der integrativen zur inklusiven Bildung. Internationaler Stand und Konsequenzen für die sonderpädagogische Förderung in Deutschland. In: Hausotter A, Boppel W,
Menschenmoser H (Hrsg) Perspektiven Sonderpädagogischer Förderung in Deutschland. Do-

kumentation der Nationalen Fachtagung vom 14.-16. November 2001 in Schwerin. European Agency for Development in Special Needs Education. Middelfart, S 143-164

Schmidt C (2011a) Krisensymptom Übergangssystem. Die nachlassende Inklusionsfähigkeit beruflicher Bildung. Bertelsmann, Bielefeld

Schmidt C (2011b) Demografischer Wandel und Entwicklung berufsbildender Schulen. In: Faßhauer U, Fürstenau B, Wuttke E (Hrsg) Grundlagenforschung zum Dualen System und Kompetenzentwicklung in der Lehrerbildung. Budrich, Opladen & Farmington Hills, S 143-152

Schumann B (2009) Inklusion statt Integration – eine Verpflichtung zum Systemwechsel. Deutsche Schulverhältnisse auf dem Prüfstand des Völkerrechts. In: Sonderdruck PÄDAGOGIK, H. 2/ 2009. BELTZ: 1-4. http://www.gew.de/Binaries/Binary43645/SonderdruckManifest.pdf. Zugegriffen: 01. Dezember 2012

Skrobanek J (2009) Migrationsspezifische Disparitäten im Übergang von der Schule in den Beruf. Wissenschaftliche Texte 1. Deutsches Jugendinsitut e.V., München, Halle

Speck O (2011) Schulische Inklusion aus heilpädagogischer Sicht. Rhetorik und Realität, 2. durchgesehene Auflage. Reinhardt, München

Solga H (2004) Increasing risks of stigmantization: Changes in school-to-work transitions of less-educated West Germans. In: Yale Journal of Sociology, 4, S 99-130

Stauber B, Walther A (1999) Institutionelle Risiken sozialer Ausgrenzung im deutschen Übergangssystem. Thematisches Netzwerk (TSER). ,Institutionelle Risiken im Übergang' (,Misleading Trajectories'). Evaluation übergangspolitischer Maßnahmen für junge Erwachsene in Europa hinsichtlich nicht-beabsichtiger Effekte sozialer Ausgrenzung. Tübingen. www.iris-egris.de/ pdfs/tser-bericht-deutschland.pdf. Zugegriffen: 01. Dezember 2012

Troltsch K, Gerhards C, Mohr S (2012) Vom Regen in die Traufe? Unbesetzte Ausbildungsstellen als zukünftige Herausforderung des Ausbildungsstellenmarktes. In: BIBB Report 19/12. http:// www.bibb.de/dokumente/pdf/a12_BIBBreport_2012_19_.pdf. Zugegriffen: 01.Dezember 2012

Ulrich JG (2004) Wer ist schuld an der Ausbildungsmisere? Diskussion der Lehrstellenprobleme aus attributionstheoretischer Sicht. In: Berufsbildung in Wissenschaft und Praxis, 3: 15-19

Ulrich JG (2011) Übergangsverläufe aus Risikogruppen. Aktuelle Ergebnisse aus der BA/BIBB-Bewerberbefragung 2010. bwp@ Spezial 5 – Hochschultage Berufliche Bildung 2011, Workshop 15. Herausgegeben von Münk D, Schmidt C, S 1-21. http://www.bwpat.de/ht2011/ws15/ ulrich_ws15-ht2011.pdf. Zugegriffen: 06. Dezember 2012

Veber M (2010) Ein Blick zurück nach vorn in der Lehrerbildung. Eine empirische Studie zur Alltagstheorie über Behinderung Integration-Inklusion und Sonderschule. Waxmann, Münster

Weiß R (2012) Gleiches Recht für alle! In: Berufsbildung in Wissenschaft und Praxis 4/2012, Bonn

Riskante Übergangsprozesse.
Bildungs- und bewältigungstheoretische Überlegungen

Wolfgang Mack

In den Bildungskarrieren und Beschäftigungsverhältnissen benachteiligter Jugendlicher und junger Erwachsener spiegeln sich Figuren einer Existenz am Rande der Gesellschaft, ständig von sozialem Ausschluss bedroht, Zaungäste einer Arbeitswelt, von der sie selbst weitgehend ausgeschlossen sind, einer Arbeitswelt, die von denen, die einen Platz in ihr errungen haben, immer neue flexible Anpassungsleistungen, auch im Bereich der privaten Lebensführung einfordert (Sennett 1998), und die denen, die draußen vor bleiben müssen, zeigt, dass man sie nicht braucht und auch nicht brauchen kann (Solga 2006), es sei denn, für kurze Gastspiele, die von den an den Rand gedrängten mit einem hohen Preis bezahlt werden. Nur wenige schaffen es, über diese Nebenrollen und Aushilfstätigkeiten einen festen Platz im Ensemble derer zu ergattern, die auf der Bühne auftreten dürfen und für ihre dargebotene Leistung Beifall erhalten. In den Biographien sozial und marktbenachteiligter junger Menschen werden diese Widersprüche sichtbar: Außen vor zu sein, auch in den Maßnahmen des Übergangssystems, und dabei dennoch einen Hauch davon mitzubekommen, wie es ist, wenn man drinnen wäre; Brüche zu erleben in der Schullaufbahn und bei den Versuchen, sich für eine Ausbildung und Arbeit zu qualifizieren, und dennoch nicht zu wissen, wie man diese zerfaserten Anläufe, Abbrüche und wiederholten neuen Versuche in ein biographisches Muster einpasst, dem man zustimmen und zu dem man stehen kann.

Das Übergangssystem birgt biographische Risiken bei dessen Nutzerinnen und Nutzern. Um diese Risiken einschätzen zu können, ist das Übergangssystem als Sozialisationsinstanz in den Blick zu nehmen, und damit dessen Wirkungen auf Bildungsverläufe und auf Bewältigungsstrategien.

Ich werde in meinem Beitrag diese riskanten Übergangsprozesse bildungs- und bewältigungstheoretisch reflektieren und frage danach, welche disziplinäre und institutionellen Perspektiven auf diese biographischen Grenzgänge notwendig sind.

Meine These lautet: Das Übergangssystem soll eine berufliche Integration sozial, markt- und bildungsbenachteiligter Jugendlicher und junger Erwachsener ermöglichen. Es führt jedoch zu Prozessen der Selbstausgrenzung und Zweifeln an der eigenen Selbstwirksamkeit.

1. Das Übergangssystem als Bildungsfalle

Gering qualifizierte und marktbenachteiligte Jugendliche und junge Erwachsene im Übergangssystem haben bereits eine Bildungsgeschichte hinter sich und eine offene Bildungskarriere vor sich. Beides ist in Bezug auf Bildung im Übergangssystem relevant. In einer bildungsbiographischen Perspektive ist nach den zurückliegenden Schullaufbahnen zu fragen. Sie sind häufig von Misserfolgen und Erfahrungen des Scheiterns gekennzeichnet: Schulwechsel aufgrund schlechter schulischer Leistungen oder störendem Verhalten in der Schule, Überweisungen an Förderschulen im Bereich des Lernens und der Erziehungshilfe, Schulversäumnisse und Schulabbrüche markieren diese Schullaufbahnen. Und unterhalb der in Akten, Gutachten und Schulausschlüssen dokumentierten missratenen Schulkarrieren sind nicht selten schuldistanzierte Einstellungen gegenüber Schule zu finden – in bildungsdistanzierten sozialen Milieus habituell übernommen von den in der Familie intergenerationell tradierten Einstellungen (Büchner und Brake 2006). Diese missratene Bildung wird im Gepäck auch ins Übergangssystem mitgenommen und findet dort ihre Fortsetzung, solange sie nicht aufzuarbeiten versucht wird und durch gegenläufige Erfahrungen veränderbar gemacht wird. Im Übergangssystem gibt es in der Regel keine geeigneten Ansätze und Verfahren, diese bildungsbiographischen Erfahrungen aufzugreifen und einer konstruktiven Bearbeitung zugänglich zu machen.

Hinter gescheiterten Schulkarrieren benachteiligter Jugendlicher stehen jedoch oft Selbsteinschätzungen und Selbstwahrnehmungen, die Bildung im Sinne einer Entwicklung und Entfaltung der Persönlichkeit unmöglich machen. Wenn sich nach dem erfolglosen Durchlaufen der allgemeinbildenden Schule und der bisher erfolglosen Suche nach einer Berufsausbildung ein Bildungsangebot anschließt, das im Prinzip nur mehr von dem bietet, was ohnehin schon versucht worden ist, ohne oder nur mit mäßigem Erfolg – bei schulischen Bildungsgängen des Übergangssystems im besonderen, im Prinzip aber auch bei den nachschulischen Maßnahmen –, hat das Übergangssystem als Bildungsinstanz bereits im Ansatz versagt, mehr noch, es trägt dazu bei, diese Erfahrungen bei deren Nutzerinnen und Nutzern biographisch weiter festzuschreiben. Eine Offenheit für künftige Bildungsanstrengungen und ein anderer Umgang mit sich und der Welt

wird dadurch nicht erreicht. Doch darum geht es im Kern bei einer bildungsthe-
oretischen Reflexion riskanter Übergangsprozesse.

Versteht man Bildung als ständigen Prozess der Vermittlung von Subjekt und
Welt, dann ist Bildung nur möglich in der Auseinandersetzung mit der Welt und
der Aneignung von Welt (vgl. Thiersch 2011). Dieses Verständnis von Bildung
vorausgesetzt, stellt sich die Frage, inwiefern das Übergangssystem zur Vermittlung von Subjekt und Welt beiträgt. Es bietet eine Form der Vorbereitung auf Arbeit und Beruf, ohne allerdings eine Auseinandersetzung zu ermöglichen, warum
Teilhabe am Arbeitsleben erfolgt oder Ausschluss davon erzwungen wird. Die
Arbeitswelt als wichtiger Teil der Welt wird vorgestellt in Curricula mit schulischen Inhalten im Berufsvorbereitungsjahr (BVJ) und vergleichbaren Bildungsgängen. Es handelt sich um eine Vorbereitung, bei der nicht klar ist, ob das, was
erlernt und trainiert wird, auch angewendet und gebraucht werden kann. Teilnehmerinnen und Teilnehmer an diesen Maßnahmen sind Rezipienten vorgefertigter
Bildungsgüter, deren Sinn sich subjektiv kaum erschließen lässt, da keine realen
Erfahrungs- und Überprüfungsmöglichkeiten vorliegen. Das Ganze ist als Vorbereitung angelegt, der Bewährungspunkt ist eine erfolgreiche Vermittlung in Ausbildung oder Arbeit. Damit wird das Subjekt des Bildungsprozesses entmachtet,
ihm wird keine Chance gegeben, sich zur Arbeitswelt als einem in den Maßnahmen des Übergangssystems präsentierten Teil der Welt in Aneignungsprozessen
konstruktiv zu verhalten. Der subjektive Sinn des Bildungsangebots steht und
fällt mit gelingender oder scheiternder Vermittlung in Ausbildung und Arbeit.

Das Übergangssystem ist deshalb also nicht auf Bildung angelegt, vielmehr
auf Qualifizierung. Diesbezügliche Erfolge sind jedoch maßgeblich davon abhängig, mit welchen Einstellungen und Strategien Adressatinnen und Adressaten diese Angebote nutzen. Und damit geht es auch um die Frage, welche Bewältigungsstrategien zur Verfügung stehen und angewandt werden.

2. Lebensbewältigung bei prekären Übergangsprozessen

Eine Teilnahme an einer Maßnahme des Übergangssystems wird von der Mehr-
heit der Teilnehmenden als zweite Wahl oder Notlösung gesehen. Studien wie das
DJI-Übergangspanel zu Übergangsprozessen von Hauptschülern zeigen, dass eine
Maßnahme des Übergangssystems kurz vor Schulabschluss nur für eine kleine
Minderheit als Option gesehen wird, nach Schulabschluss befindet sich jedoch
ein großer Teil in einem Bildungsgang des Übergangssystems (Reißig et al. 2008)
Das erfordert ein Umdenken und eine biographische Neubewertung.

Bewältigungsleistungen werden erforderlich während der Teilnahme an einer Maßnahme des Übergangssystems. Wie können gescheiterte Schulkarrieren und schwierige Übergangsprozesse verarbeitet werden, wie verhält man sich dazu? Das Spektrum möglichen Bewältigungshandelns reicht von Sich-abfinden und Sich-arrangieren am Rande der Gesellschaft, Aufbegehren und Opponieren bis zur produktiven Bearbeitung von schwierigen Herausforderungen im Sinne aktiver Bewältigungsstrategien.

Bewältigungsprozesse sind biographisch angelegt. Um diese Bedeutung von Bewältigung genauer auszuloten, möchte ich zunächst den Begriff Lebensbewältigung genauer bestimmen. Danach will ich Bewältigungsaufgaben skizzieren, die bei benachteiligten Jugendlichen im Übergangsprozess Aufmerksamkeit erfordern.

Bewältigung bezieht sich auf Situationen und Ereignisse, die als belastend oder fordernd empfunden werden, von einer unterstellten Normalität abweichen und Handlungen und Verhaltensweisen der betroffenen Individuen erfordern, die in der Regel mit erheblichem Aufwand oder Anstrengung verbunden sind (Mack 2008).

Ich möchte an dieser Stelle nicht einzelne Bewältigungsstrategien, die vor allem in psychologischen Konzepten und Theorien der Lebensbewältigung entwickelt worden sind, buchstabieren, ich verwende hier einen sozialpädagogischen Bewältigungsbegriff. Dabei stehen weniger einzelne Bewältigungsstrategien im Zentrum des Interesses, vielmehr Bewältigungskonstellationen. Dabei unterscheide ich drei Typen von Bewältigung: „Entwicklung", „Krise" und „Risiko" (Mack 1999). Bewältigung im Typus „Entwicklung" ist eine Aufgabe, die allen jungen Menschen in der modernen Gesellschaft abverlangt wird, Bewältigung im Typus „Krise" bezieht sich auf prekäre und krisenhafte Situationen im Alltag, Bewältigung im Typus „Risiko" bezeichnet einen riskanten Prozess der Vergesellschaftung, in dem in Form von Normalisierungshandeln eine biographische Balance in anomischen Strukturen zu erreichen versucht wird. Dieser dritte Typus von Lebensbewältigung korrespondiert mit Böhnischs Begriff von Lebensbewältigung als Modus der Vergesellschaftung und als sozialpädagogische Handlungsmaxime (vgl. Böhnisch 2002). Bewältigung in diesem Sinne nimmt somit Ansätze und Traditionen der Entwicklungspsychologie, wie sie im Modell der Bewältigung von Entwicklungsaufgaben formuliert sind, und der Coping-Forschung auf, die sich mit der Bewältigung von belastenden und krisenhaften Ereignissen und Situationen befasst, der Begriff bezieht sich auf sozialpädagogische Zugänge der Bewältigung von Krisen im Alltag (Thiersch 1986) und auf sozialstrukturelle Dimensionen der Lebensbewältigung.

Welche Bewältigungsaufgaben stellen sich Jugendlichen und jungen Erwachsenen im Übergangsprozess von Schule in Ausbildung und Arbeit? Sie sind

in drei Bereichen gelagert: Bewältigung jugendspezifischer Entwicklungsaufgaben, Bewältigung des Übergangsprozesses und Bewältigung von benachteiligten
und prekären Lebensverhältnissen. Der erste Bereich soll hier nicht weiter vertieft
werden, von besonderem Interesse sind der Übergangsprozess und, bei vielen Jugendlichen im Übergangssystem, benachteiligte und prekäre Lebensverhältnisse.

Übergänge im Jugendalter und insbesondere Übergänge in Ausbildung und
Erwerbsarbeit sind vor dem Hintergrund der Entstandardisierung und Biographi-
sierung der Jugendphase und dem Integrationsparadox in Bezug auf Ausbildung
und Arbeit, wonach Integration in Arbeit von allen Heranwachsenden gefordert,
einem Teil von ihnen aber strukturell bedingt durch arbeitsmarkt- und wirtschafts-
politische Vorgaben und Bedingungen verwehrt wird, riskant und stellen an alle
Jugendlichen und jungen Erwachsenen hohe Anforderung in Bezug auf Bewältigung dieser Übergänge. „Die wachsende Komplexität der Bewältigungsaufgaben
im Übergang spiegelt sich zwangsläufig in den subjektiven Bewältigungsstrategi-
en und wird zunehmend zu einer der entscheidenden Fragen sozialer Integration.
In dem Maße, als hierbei institutionell nicht vorgesehene Realitäten entstehen (z:B
Alleinerziehen, Teilabhängigkeit bzw. -autonomie etc.), laufen sie Gefahr, nicht
nur nicht unterstützt, sondern als abweichend oder als nicht rational wahrgenommen und klassifiziert zu werden (Walther und Stauber 2007, S. 36).

Das Übergangssystem schafft eigene Herausforderungen für Bewältigungsprozesse von Jugendlichen in sozial benachteiligten Lebenslagen. Dabei zeigen
sich unterschiedliche Bewältigungsmuster, neben aktiven Strategien der Bearbeitung von Problemen stehen auch problemmeidendes Verhalten und resignativer
Rückzug. Peter Rahn hat in seiner Studie zu Bewältigungsstrategien von Jugendlichen, die ein BVJ besuchen, herausgefunden, dass Problemmeidung, Rückzug
oder Regelübertritt weit verbreitet sind (Rahn 2005).

Ich möchte Herausforderungen der Bewältigung des Übergangsprozesses nun
in Bezug setzen zu Bewältigungshandeln, das aus schwierigen und benachteiligten Lebenslagen resultiert. Hier finden wir bei vielen Jugendlichen und jungen
Erwachsenen Muster der Bewältigung entsprechend der Typen „Krise" und „Risiko". Armut, soziale Ausgrenzung und stigmatisierende Erfahrungen im Schulsystem machen eine Bewältigung von prekären Lebenslagen erforderlich. Dabei geht
es darum, wie Lothar Böhnisch gezeigt hat, Handlungsfähigkeit in anomischen
Strukturen zu bewahren. Das Bewältigungsverhalten zielt vor allem auf den Erhalt oder die Wiedergewinnung des Selbstwerts bei ausgrenzenden Erfahrungen
und fragil gewordenen Bindungen an gesellschaftliche Institutionen und gesellschaftlichen Erwartungen. „Selbstwertstabilisierende Handlungsfähigkeit wird

also gerade um den Preis der Normverletzung gesucht und steht – entsprechend der Logik des Bewältigungsverhaltens – vor der Norm" (Böhnisch 2005, S. 1120). In einem Interview mit einem jungen Mann, das wir in einem kleinen Projekt in Reutlingen durchgeführt haben, äußert dieser sich über seinen Rauswurf aus dem BVJ wenige Tage vor Beginn der Abschlussprüfung. Vorausgegangen waren Sachbeschädigungen in der Schule und eine gewalttätige Auseinandersetzung mit einem Mitschüler. Im Interview stellt er das so dar: *„Wenn ich eh flieg, dann geh ich auch"*. Sein Abgang von der Schule wird zur heldenhaften Tat stilisiert – er wollte sich weder von einem anderen Schüler drangsalieren und beleidigen noch vom Direktor vorführen lassen. Schulerfolg ist dabei nicht mehr der Erfolg durch schulische Leistung, sondern erfolgreich durch die Schule zu kommen, und sei es nur durch den, in der biographischen Deutung, eigenen Entschluss, ein verkommenes System freiwillig zu verlassen. Das Scheitern im Berufsvorbereitungsjahr wird als Versagen der Schule gedeutet, das Verlassen der Schule als Akt des Erhalts des Selbstwertgefühls.

Es handelt sich in diesem Fall um ein kontraproduktives und sozial nicht akzeptiertes Bewältigungsmuster. Wie ist es zu erklären, dass Jugendliche subjektiv solche Muster wählen, die ihre objektive Situation in Bezug auf Chancen auf Bildung und Ausbildung massiv verschlechtern? In einer psychoanalytisch inspirierten Analyse interpretieren Freyberg/Wolff massiv störendes Verhalten Jugendlicher in der Schule, das schulabsentes Verhalten, Schulabbrüche, Schulverweise und Nicht-Beschulbarkeit zur Folge hat, als Reaktionen dieser Jugendlichen auf Lernerfahrungen in den Institutionen formaler Bildung: „Ihre Störungen sind häufig unverzichtbare Überlebensstrategien, unglückliche, destruktive, kranke und krankmachende Strategien, die Entwicklung und Lernen und wachsende Reife und erwachsene Autonomie sabotieren; aber es sind Überlebensstrategien mit Sinn. Diese Störungen werden nur aufgegeben, wenn verlässliche und bessere Alternativen annehmbar erscheinen. Und diese Störungen sind entwickelte, ausformulierte, pointierte Störungen geworden – auch in Reaktion auf Erfahrungen mit Schule und Jugendhilfe. Zu lernen also wäre etwas über den professionellen und institutionellen Anteil an diesen Störungen, an der Lerngeschichte dieser Jugendlichen, an deren deformierter Bildungsgeschichte" (Freyberg und Wolff 2005, S. 17).

Bude interpretiert solche destruktiven Verhaltensweisen „verwilderter Jungmänner" dergestalt, dass sie damit subjektiv eine Distanz zum Bildungs- und Ausbildungssystem herstellen, die die individuell als nicht einlösbaren Erwartungen zurückweist und Ausgrenzungserfahrungen in Bezug auf Bildung und Arbeit in einer paradoxen Weise spiegelt: „Das Lachen ist in der Gegenkultur der Ausbildungsmüden eine komplexe Äußerung mit einem spezifischen sozialen Sinn. (…) Das Thema ist der Widerspruch gegen die Norm: Noch in der Verächtlichmachung des anderen rebelliert das Lachen dagegen, daß alles und alle über einen Kamm geschert werden. Im gemeinsamen Lachen steckt ein plötzlicher Kraftgewinn, bei dem der Körper, lustvoll, direkt und eruptiv, über die Gesellschaft triumphiert. (…) Darin kommt ein innerer Widerspruch zwischen Bindung und Abstoßung zum Ausdruck: Die Bedingungen, die man aushebelt, die man aber gleichwohl nicht überwinden kann, geben Anlaß zum Lachen" (Bude 2008, S. 94f.).

Nicht immer steht dabei jedoch das sarkastische Lachen im Vordergrund. In Interviews im Rahmen einer Absolventenstudie, in der wir junge Erwachsene, die ein Berufsvorbereitungsjahr besucht haben, mittlerweile zweimal interviewt haben, kommen auch ganz andere Verhaltensweisen und Bewältigungsmuster zum Vorschein. Einige dieser Jugendlichen sind nach dem Durchgang durch eine berufsvorbereitende Bildungsmaßnahme in eine geförderte Reha-Ausbildung vermittelt worden. Das Problem der Suche nach einem Ausbildungsplatz und des Bestehens gegen eine große Konkurrenz stellt sich dabei nicht. Dennoch sind es schwierige Übergangsprozesse: Es fällt vielen schwer, den Ausbildungsberuf, in den sie, mangels anderer Wahlmöglichkeiten vermittelt worden sind, zu akzeptieren, weil er nicht ihren Wünschen entspricht. Sie nehmen hin, was sie selbst nicht wollten. Sie finden sich ab, beinahe resignativ, auch wenn es sich dabei um offensichtliche Fehlplatzierungen handelt, z. B. wegen gesundheitlicher Beeinträchtigungen. In den Interviews wird aber auch sehr deutlich, dass die Situation in Bezug auf Berufsvorbereitung und Berufsausbildung nur einen kleinen Teil dessen ausmacht, was sie zu bewältigen haben. Gravierend sind Probleme in der Familie und mit dem Freundeskreis, Schulden, gesundheitliche Beeinträchtigungen und Legalitätskonflikte. Dabei zeigen sich wiederum Bewältigungskonstellationen in Bezug auf krisenhaften Alltag und riskante Lebenslagen. Diese Versuche der Bewältigung vielfacher Schwierigkeiten und Benachteiligungen verdienen Respekt. Ein respektvoller Umgang damit sollte auch für institutionelles und professionelles Handeln im Übergangssystem handlungsleitend sein.

In der Debatte zu den Problemen benachteiligter Jugendlicher im Übergang Schule – Beruf und zum Übergangssystem werden diese Aspekte der Bewältigung des Übergangs und krisenhafter und prekärer Lebenslagen bisher kaum berücksichtigt. Im Vordergrund stehen Fragen der Qualifizierung und Vermittlung in Ausbildung und Arbeit, Strukturen der Maßnahmen und Möglichkeiten ihrer Optimierung. Aus dem Blick geraten dabei subjektive Perspektiven von Jugendlichen und jungen Erwachsenen im Übergangssystem, ihre Erfahrungen, Einstellungen und Deutungen in Bezug auf all das, was ihnen angeboten und abverlangt wird (vgl. Stauber et al. 2007).

Es gilt deshalb, bisher vernachlässigte Aspekte in der Debatte genauer aus-zuloten: Das ist erstens eine biographische Perspektive auf Übergangsverläufe, in der die Bildungsgeschichten in der Schule und die zukünftigen Erwartungen in Bezug auf Arbeit und Beruf reflektiert und zum Ausgangspunkt für die Pla-nung von Angeboten und Maßnahmen im Übergang von der Schule in Ausbil-dung und Arbeit genommen werden. Das ist zweitens ein fehlendes Verständnis für die Lebenswelten von benachteiligten Jugendlichen und jungen Erwachse-nen. Wenn lebensweltliche Strukturen und daraus resultierende Probleme eine erfolgreiche Teilnahme am Bildungs- und Ausbildungssystem beeinträchtigen oder gar unmöglich machen, müssen lebensweltbezogene Angebote adressaten-spezifisch geschaffen werden. Dazu gehört u. a., Maßnahmen der Berufsvorbe-reitung und Leistungen der Jugendhilfe aufeinander abzustimmen, um eine Pas-sung zwischen institutionellen Angeboten und lebensweltlichen Hintergründen zu ermöglichen. Das erfordert drittens, in der Debatte zu Übergangsverläufen und zum Übergangssystem Bildung und Lebensbewältigung aufeinander zu be-ziehen und sie als Ausgangs- und Bezugspunkte für eine Analyse und für Refor-men des Übergangssystems zu betrachten.

3. Fazit

Das Übergangssystem setzt mit seinen institutionellen Arrangements und der Struktur des Bildungsprogramms fort, was Schule begonnen hat. Lernen ist auf künftige Aufgaben und Anforderungen angelegt, es geht um Vorbereitung und Training. Kompetenzen werden vermittelt für ein Handeln in einem anderen Kon-text, der allerdings unverfügbar bleibt. Damit fordert das Übergangssystem ein Bewältigungsverhalten heraus, das in der Schule bereits angewandt worden ist und festigt diese Verhaltensmuster weiter. Bei schulisch wenig erfolgreichen Ju-gendlichen – und das ist der große Teil der Teilnehmerinnen und Teilnehmer an Maßnahmen des Übergangssystems – haben diese Bewältigungsstrategien in der Schule mit dazu beitragen, Schule erfolglos zu durchlaufen oder gar abzubrechen. Im Übergangssystem angewandt, haben diese Bewältigungsstrategien ebenfalls die bereits bekannten Effekte.

1.   Bildung im Übergangssystem kann nur gelingen, wenn kontraproduktiv wirkende Bewältigungsstrategien aufgegeben und neue, produktiv wirkende Strategien entwickelt und aufgebaut werden können. Das ist nur möglich,

wenn das institutionelle Arrangement grundlegend so verändert wird, dass die alten Muster der Bewältigung nicht mehr gebraucht werden.

2. Das Sich-einlassen und Ausprobieren neuer Muster der Bewältigung stellt bereits den Beginn eines Bildungsprozesses dar. Denn wenn Handlungsmuster in Frage gestellt und aufgegeben werden, bedeutet das, das Subjekt verhält sich zu sich selbst und zur Welt anders als in den gewohnten Bahnen und Mustern. Ein Prozess der Auseinandersetzung mit sich selbst und mit der Welt kommt in Gang. Diesen Prozess bezeichnen wir bildungstheoretisch als Bildung. Lebensbewältigung in diesem Sinne kann deshalb auch als Teil des Bildungsprojekts angesehen werden.

3. Bildung braucht allerdings mehr als aktive und problemlösungsorientierte Lebensbewältigung. Bildung braucht einen Bezugspunkt, der es dem sich bildenden Subjekt ermöglicht, sich mit sich selbst und mit der Welt auseinanderzusetzen und sich neu dazu zu verhalten. Bildung braucht Differenzerfahrung. Deshalb muss Bildung im Übergang von Schule in Ausbildung und Arbeit gerade benachteiligten Jugendlichen und jungen Erwachsenen etwas völlig anderes bieten als das, was sie bereits kennen, wie sie sich erleben, wie sie sich selbst wahrnehmen. Bezugspunkt darf deshalb gerade nicht das Ausbildungssystem in dem Sinne sein, dass fehlende Qualifikationen nachträglich vermittelt und eingefordert werden, Berufsvorbereitung lediglich auf formale Bedingungen für eine Aufnahme in Ausbildung abhebt und der Erfolg berufsvorbereitender Maßnahmen an dem Erreichen dieser Qualifikationsziele gemessen wird, ohne die lebensweltlichen Verhältnisse und die bildungsbiographischen Erfahrungen zu berücksichtigen. Differenzerfahrungen, die geeignet sind, neue Bewältigungsstrategien auszuprobieren und Bildung entgegen negativer Erfahrungen im Lebenslauf zu ermöglichen, bieten dagegen z. B. kulturelle Bildung und produktive Arbeit, wie sie in Projekten der Kulturellen Jugendbildung und in Produktionsschulen, in denen Jugendliche und junge Erwachsene ohne vorherigen Nachweis von formalen Qualifikationen an realen Arbeitsprozessen für Aufträge an Produkten und Dienstleistungen für Kunden mitarbeiten können.

4. Institutionelle und professionelle Unterstützung in der Lebensbewältigung kann sich nicht nur auf den Übergangsprozess im engeren Sinne beziehen, sie muss die Lebenslage von Jugendlichen und jungen Erwachsenen in sozial benachteiligten und riskanten Lebenslagen insgesamt in den Blick nehmen und geeignete Formen der Bearbeitung finden.

Literatur

Böhnisch L (2002) Lebensbewältigung. Ein sozialpolitisch inspiriertes Paradigma für die Soziale Arbeit. In: Thole W (Hrsg) Grundriss Soziale Arbeit. Ein einführendes Handbuch. VS Verlag für Sozialwissenschaften, Opladen, S 199-213

Böhnisch L (2005) Lebensbewältigung. In: Otto HU, Thiersch H (Hrsg) Handbuch Sozialarbeit Sozialpädagogik, 3. Aufl. Luchterhand, München, S 1119-1121

Bude H (2008) Die Ausgeschlossenen. Das Ende vom Traum einer gerechten Gesellschaft. Hanser, München

Büchner P, Brake A (2006) (Hrsg) Bildungsort Familie. Transmission von Bildung und Kultur im Alltag von Mehrgenerationenfamilien. VS Verlag für Sozialwissenschaften, Wiesbaden

Freyberg T von, Wolff A (2005) (Hrsg) Störer und Gestörte. Band 1: Konfliktgeschichten nicht beschulbarer Jugendlicher. Brandes & Apsel, Frankfurt/ M

Mack W (1999) Bildung und Bewältigung. Vorarbeiten zu einer Pädagogik der Jugendschule. Deutscher Studien-Verlag, Weinheim, München

Mack W (2008) Bewältigung. In: Coelen Th, Otto HU (Hrsg) Grundbegriffe Ganztagsbildung. Das Handbuch. VS Verlag für Sozialwissenschaften, Wiesbaden, S 146-154

Rahn P (2005) Übergang zur Erwerbstätigkeit. Bewältigungsstrategien Jugendlicher in benachteiligten Lebenslagen. VS Verlag für Sozialwissenschaften, Wiesbaden

Reißig B, Gaupp N, Lex T (2008) Von der Hauptschule in Ausbildung und Erwerbsarbeit. Ergebnisse des DJI-Übergangspanels. BMBF, Berlin

Sennett R (1998) Der flexible Mensch. Die Kultur des neuen Kapitalismus. Berlin-Verlag, Berlin

Solga H (2006) Ohne Abschluss in die Bildungsgesellschaft. Die Erwerbschancen gering qualifizierter Personen aus soziologischer und ökonomischer Perspektive. B. Budrich, Opladen

Stauber, B., Pohl, A., Walther, A. (2007) (Hrsg) Subjektorientierte Übergangsforschung. Rekonstruktion und Unterstützung biografischer Übergänge junger Erwachsener. Juventa-Verlag, Weinheim, München

Thiersch H (1986) Die Erfahrung der Wirklichkeit. Perspektiven einer alltagsorientierten Sozialpädagoagik. Juventa, Weinheim, München

Thiersch H (2011) Bildung. In: Otto HU, Thiersch H (Hrsg) Handbuch Soziale Arbeit, 4. völlig neu bearbeitete Aufl., Reinhardt Verlag, München, Basel, S 162-173

Walther A, Stauber B (2007) Übergänge in Lebenslauf und Biographie. Vergesellschaftung und Modernisierung aus subjektorientierter Perspektive. In: Stauber B, Pohl A, Walther A (Hrsg) Subjektorientierte Übergangsforschung. Rekonstruktion und Unterstützung biografischer Übergänge junger Erwachsener. Juventa-Verlag, Weinheim, München, S 19-40

Angaben zu den Autorinnen und Autoren

Bojanowski, Arnulf, Dr. habil., Professor für „Sozialpädagogik für die berufliche Bildung" am Institut für Berufspädagogik und Erwachsenenbildung der Leibniz Universität Hannover, Abteilung Sozialpädagogik. Forschungs- und Arbeitschwerpunkte: Didaktik der Berufsbildung Benachteiligter, Professionsentwicklung in der Benachteiligtenförderung, Regionale Berufsbildungsentwicklung, Produktionsschulforschung.
E-Mail: arnulf.bojanowski@ifbe.uni-hannover.de

Buchen, Sylvia, Dr., habil., Professorin (em.) für Erziehungswissenschaft und Gender Studies (Pädagogische Hochschule Freiburg) und Supervisorin (Dipl.), Coach und Organisationsberaterin (DGSv) in freier Praxis. Arbeits- und Forschungsschwerpunkte: Demografischer Wandel, älter werdende Belegschaften und Fragen der (betrieblichen Weiter-)Bildung und Gesundheit; Veränderungen des Sozialstaats und soziale Ungleichheit; Strukturwandel der Arbeitswelt und psychosoziale Folgen.
E-Mail: s.buchen@buchen-supervision.de

Büchter, Karin, Dr., habil., Professorin an der Helmut-Schmidt-Universität Hamburg, Fakultät für Geistes- und Sozialwissenschaften, Fachgebiet Berufsbildung.
E-Mail: buechter@hsu-hh.de

Frieling, Friederike, Wissenschaftliche Mitarbeiterin im Arbeitsbereich „Bildungsangebot und -nachfrage, Bildungsbeteiligung" des Bundesinstituts für Berufsbildung (BIBB) in Bonn. Arbeitsschwerpunkte: Ausbildungsmarkt- und Übergangsforschung, Berufsorientierung und Berufsfindung von Jugendlichen.
E-Mail: Frieling@bibb.de

Elster, Frank, Dr. phil., Geschäftsführer der Jugendbildung Hamburg gGmbH.
E-Mail: frank.elster@jugendbildung-hamburg.de

Hormel, Ulrike, Dr., derzeit Vertretung einer Professur für Interkulturelle Pädagogik am Institut für Erziehungswissenschaft der Universität Osnabrück. Arbeitsschwerpunkte: Migrationspädagogik/-soziologie, soziale Ungleichheit und institutionelle Diskriminierung im Bildungssystem.
E-Mail: ulrike.hormel@uni-osnabrueck.de

Heinrich, Martin, Dr., habil., Professor für Bildungsforschung am Institut für Erziehungswissenschaft der Leibniz Universität Hannover. Arbeits- und Forschungsschwerpunkte: Educational Governance, Professionsforschung, Bildungsgerechtigkeit, Bildung für Nachhaltige Entwicklung, Schulentwicklungsforschung.
E-Mail: Martin.heinrich@iew.phil.uni-hannover.de

Kierchhoff, Arnd, M.A., Wissenschaftlicher Mitarbeiter im Arbeitsbereich Bildungsforschung am Institut für Erziehungswissenschaft der Leibniz Universität Hannover. Arbeits- und Forschungsschwerpunkte: Educational Governance, Transformation des Übergangsbereichs Schule-Berufsausbildung.
E-Mail: arnd.kierchhoff@iew.phil.uni-hannover.de

Koch, Martin, Dipl. Soz.-Wiss., Lehrkraft für besondere Aufgaben am Institut für Berufspädagogik und Erwachsenenbildung der Leibniz Universität Hannover, Abteilung Sozialpädagogik. Forschungs- und Arbeitsschwerpunkte: Milieuspezifische Arbeitsidentitäten benachteiligter Jugendlicher, Strukturen der Benachteiligtenförderung.
E-Mail: martin.koch@ifbe.uni-hannover.de

Kohlrausch, Bettina, Dr. rer. pol.; Soziologisches Forschungsinstitut Göttingen. Arbeitsschwerpunkte: Lebenslaufforschung, Arbeitsmarktforschung, Erforschung des Übergangssystems, international vergleichende (Berufs)bildungsforschung.
E-Mail: Bettina.Kohlrausch@sowi.uni-goettingen.de

Lehmkuhl, Kirsten, Dr., habil., Professorin im Fachgebiet Schul- und Berufspädagogik am Institut für Erziehungswissenschaft der Technischen Universität Berlin. Leitung der Arbeitsstelle „Integrative Förderung schulschwacher/behinderter Kinder und Jugendlicher".
E-Mail: kirsten.lehmkuhl@tu-berlin.de

Mack, Wolfgang, Dr. phil., Professor für Sonderpädagogik mit dem Schwerpunkt Sonderpädagogische Erwachsenen- und Berufsbildung an der Pädagogischen Hochschule Ludwigsburg. Arbeitsschwerpunkte: Bildungsforschung, sozialpädagogische Theorie der Lebensbewältigung, Übergänge in Ausbildung und Erwerbsarbeit, Bildungslandschaften, Kooperation Jugendhilfe und Schule.
E-Mail: mack@ph-ludwigsburg.de

Maier, Maja S., Dr.phil., Wissenschaftliche Mitarbeiterin am Zentrum für Schul- und Bildungsforschung an der Martin-Luther-Universität Halle-Wittenberg. Arbeitsschwerpunkte: Bildungs- und Schulforschung, Gender Studies, qualitative Methoden, Paar- und Familienforschung.
E-Mail: smaja.maier@zsb.uni-halle.de

Puhr, Kirsten, Dr., Professorin für soziale und berufliche Integration, Pädagogische Hochschule Heidelberg, Institut für Sonderpädagogik, Arbeitsbereich sonderpädagogische Grundlagen und Handlungsfelder.
E-Mail: kirsten.puhr@ph-heidelberg.de

Nigges-Gellrich, Anna, Wissenschaftliche Mitarbeiterin am Lehrgebiet Berufs- und Wirtschaftspädagogik der Fernuniversität Hagen. Forschungsschwerpunkte: „E-Learning und Gestaltung von Online-Lernumgebungen" sowie „Gender und Berufliche Bildung".
E-Mail: anna.nigges-gellrich@fernuni-hagen.de

Schmidt, Christian, Dr., Professurvertretung des Lehrstuhl für Berufs- und Wirtschaftspädagogik am Institut für Bildungswissenschaft und Medienforschung der Fernuniversität Hagen. Forschungsschwerpunkte: „Übergangssystem", der „Europäische und Deutsche Qualifikationsrahmen" sowie die „Entwicklung beruflicher Bildung im Zeichen von demographischem Wandel und Heterogenität".
E-Mail: Christian.Schmidt-KSW@FernUni-Hagen.de

Schmidt, Guido, Wissenschaftlicher Mitarbeiter im Fachgebiet Schul- und Berufspädagogik am Institut für Erziehungswissenschaft der Technischen Universität Berlin.
E-Mail: guido.schmidt@tu.berlin.de

Schöler, Cornelia, Wissenschaftliche Mitarbeiterin im Fachgebiet Schul- und Berufspädagogik am Institut für Erziehungswissenschaft der Technischen Universität Berlin.
E-Mail: cornelia.schoeler@tu-berlin.de

Thielen, Marc, Dr. phil., Dipl-Päd., Professor für Erziehungswissenschaft mit dem Schwerpunkt Bildungsinstitutionen/-verläufe und Migration an der Universität Bremen. Arbeitsschwerpunkte: Migrations- und Männlichkeitsforschung, berufliche Eingliederung benachteiligter Jugendlicher und Erwachsener.
E-Mail: m.thielen@uni-bremen.de

Ulrich, Joachim-Gerd, Dr., Mitarbeiter im Arbeitsbereich „Bildungsangebot und -nachfrage, Bildungsbeteiligung" des Bundesinstituts für Berufsbildung (BIBB) in Bonn. Arbeitsschwerpunkte: Ausbildungsmarkt- und Übergangsforschung, Berufsorientierung und Berufsfindung von Jugendlichen.
E-Mail: Ulrich@bibb.de

Vogel, Thomas, Dr., habil., Professor für Schul- und Berufspädagogik, Pädagogische Hochschule Heidelberg, Institut für Erziehungswissenschaften. Arbeitsschwerpunkte: Qualitätsentwicklung allgemeiner und beruflicher Bildungsprozesse, Entwicklung des Systems allgemeiner und beruflicher Bildung, Übergänge von der Schule in den Beruf, Naturgemäße Berufsbildung – Bildung in der gesellschaftlichen Naturkrise.
E-Mail: t.vogel@ph-heidelberg.de

Völker, Susanne, Dr., habil., Professorin für Soziologie mit dem Schwerpunkt qualitative Methoden und Geschlechterforschung an der Universität zu Köln und wissenschaftliche Leiterin der zentralen Einrichtung ‚Gender Studies in Köln' (GeStiK). Arbeitsschwerpunkte: Praxeologische Soziologie, Transformationsforschung, Feministische Theorie, Arbeits-, Bildungs- und Ungleichheitssoziologie und Prekarisierungsforschung.
E-Mail: susanne.voelker@uni-koeln.de